中國文化通史

清前期卷·下冊

目錄
CONTENTS

第四章　國內外的文化交流

第五章　博大精深的學術

第六章　哲學的發展

第七章　異彩紛呈的宗教

第八章　倫理道德思想的新趨向

第九章　教育和科舉制度

第十章　史學的發展

第十一章　璀璨的文學

第十二章　多彩的藝術

第十三章　科學技術的緩慢發展

第十四章　清前期的社會風俗

參考書目

再版後記

第九章

教育和科舉制度

　　清朝建立以後，沿襲明朝制度，在中央和地方都設有學校。中央設立的學校除國子監外，還有宗學、覺羅學和景山官學等。地方上設立的學校是府、州、縣學，以及社學、義學、衛學等。除清政府設立的學校外，清前期在地方上還有私學和書院。私學即私人講學，包括家塾、蒙館等啟蒙教育。書院作為研習學問的場所，在清前期教育中占有一定地位。在藏傳佛教和伊斯蘭教的寺院中，寺院教育也有一定規制。和學校教育密切相連的是科舉制度。清政府通過科舉考試選拔各級官吏，讀書的士子通過科舉步入仕途。科舉考試一般分文、武兩科，每科都有童試、鄉試、會試、殿試等不同級別。文科以八股文為考試文體，武科以考察騎馬射箭的武功為主。

多種形式
的教育

清前期的教育制度比較完備，既有官方教育，也有私學教育，還有寺院教育，在不同的社會群體中發揮著作用。

一、學校教育

清前期的官方教育主要表現為學校教育。清政府在中央和地方都設有學校，「以興行教化，作育人才」[1]。

（一）國子監學

中央設立的學校是國子監，又稱太學，也稱國學。順治元年（1644 年）清朝建立後，便把原明朝的北監加以修繕，作為太學，同時設置了祭酒、司業以及監丞、博士、助教、學正、學錄、典籍、典簿等官。還設立了六堂為講肄之所，

1　《清聖祖實錄》卷二〇八，康熙四十一年六月戊午。

六堂的名稱分別是率性、修道、誠心、正義、崇志、廣業，沿襲了明朝的舊稱。祭酒、司業的職責是總理整個國子監事務，嚴立規矩，表率屬員，鼓勵後進。監丞的職責是重在懲罰違反校規的人，包括教師有悖於師訓，監生破壞監規，不精習功課等。博士、助教、學正、學錄，職責在於具體教授學生，包括要認真教誨，嚴立課程，用心講解。典籍職掌書籍碑版，典簿負責章奏文移。祭酒是從四品官，滿、漢各設一人。司業是正六品，滿、蒙、漢各一人。監丞是正七品，博士是從七品，典簿是從八品，都是滿、漢各一人。典籍從九品，漢一人。六堂助教從七品，學正、學錄正八品，都是滿二人，蒙古一人。此外，國子監還設管理監事大臣一人，從滿、漢大學士，尚書、侍郎內特簡。還設有教習，滿一人，蒙古二人，漢四人，從恩、拔、副、優貢生內選充；筆帖式，滿四人，蒙古、漢軍各二人。[2]綜上所述可知，國子監規制完備，各級管理人員權限和職責明確。不過，這裡應當指出的是，國子監官員的設置在清前期有一個發展完備的過程。最初滿、漢祭酒都兼太常寺少卿銜，司業兼太常寺寺丞銜。國子監一度還隸屬禮部，只是到了康熙十年（1671 年），才最終成為獨立機構。特簡大臣管理國子監事務，則是從雍正二年（1724 年）開始的。

國子監的學生有貢生、監生之分。貢生包括歲貢、恩貢、拔貢、優貢、副貢、例貢六種。監生分恩監、廕監、優監、例監四種，其中廕監又包括恩廕和難廕。

歲貢，也稱挨貢，是指地方各省學政在各府、州、縣學廩膳生員中按年資選送到國子監的學生。歲貢的名額，府學一年一人，州學三年二人，縣學二年一人。每個正式名額配備二個候補名額。一般情況下，府、州、縣學的學生需經過十年以上的學習，才有資格被選送到國子監學習。

恩貢，是指皇帝特別恩賜到國子監學習的學生。每逢遇有國家慶典，或者皇帝登基，或者關係到國家的某一項政策，都有恩貢。順治元年（1644 年），清政府為了籠絡漢族知識分子，就決定把當年各省的正貢作恩貢，候補貢生作歲貢。

2　以上參見《清朝文獻通考》卷六十五，《學校考三》；《清史稿》卷一一五，《職官志二》。

順治九年（1652 年），順治皇帝第一次視察國子監，來京師觀禮的十五名孔、孟、顏、曾氏子孫，被恩賜到國子監學習。康熙、乾隆年間，皇帝多次出巡，也有許多生員被恩賜到國子監讀書。

拔貢，也稱選貢，是指地方上選拔品學兼優的生員送到國子監學習。當然，這種選拔也是經過皇帝認可的。康熙十年（1671 年），康熙皇帝採納祭酒查祿建議，曾令各直省學政在院試中考取一、二等的生員內，選拔優秀者入太學學習。康熙十一年（1672 年），又令在滿洲、蒙古、漢軍八旗生員內各選二人入國子監學習。雍正皇帝對拔貢非常重視，他認為「欲得人才，必須選拔」[3]，因而命令各省學政選拔時不要局限於一、二等生員，「其人果有識見才幹，再訪其平日品行端方，即正考未列優等，亦准選拔」[4]。雍正皇帝還命令把十二年舉行一次的拔貢改為六年舉行一次。乾隆七年（1742 年），拔貢又改為十二年舉行一次，並形成定制。

優貢，也稱貢監，始於順治二年（1645 年）。是指各直省府、州、縣學不拘廩、增、附生，選文行皆優的大學二人、小學一人到國子監學習。從雍正十一年（1733 年）起，「優生由廩、增升入太學者，准作優貢，由附生、武生者，准作監生」[5]。乾隆四年（1739 年），優貢名額確定，大省不超過五、六名，小省一、二名。

副貢，是指各直省鄉試，有文理優長者，因名額所限，取作副榜，由副榜貢入太學的。

例貢，是指由廩生、增生、附生，或俊秀監生援例報捐貢生的。

在監生中，皇帝恩賜入監的稱恩監。貴族官僚子弟因祖、父輩為朝廷效力，或死於國事而得以入監的稱為廕監，前者又稱恩廕，後者又稱難廕。由增生、附生選優入監的稱優監。由優秀童生援例報捐的監生稱例監。

3　文慶等：《欽定國子監志》卷十一，《學志三》。
4　光緒朝：《欽定大清會典事例》卷三八四，《禮部·學校》。
5　同上。

國子監生有內外班之分。起初，內班一百五十名，每堂各二十五名；外班一百二十名，每堂各二十名。戶部每年發帑銀，給食宿費，根據學習優劣獎勵和懲罰不等。乾隆初年，改內班每堂各三十名，內、外班共三百名。以後，內、外班名額多有變化，大體上維持在二百至三百名之間。國子監生所以劃分內、外班，一是因為住宿條件的限制，二是因為每年發帑銀給膏火的區別。凡住宿和給銀多的，為內班，不住在監內和給銀少的，為外班。

國子監生學習的內容以《四書》、《五經》、《性理》、《通鑑》等書為主，兼及《十三經》、《二十一史》。此外，也要學習大清詔、誥、表和策論、判等。每天還要臨摹歷代名帖數百字。國子監的教學方法是，每月初一、十五釋奠結束，諸生聚集博士廳，聽經書講解。每月上旬助教講授，下旬由學正、學錄講授各一次。監生所學課業，每十天呈助教等批析，初一和十五呈堂查驗。祭酒、司業每月十五輪課《四書》文一、詩一，名為大課。祭酒季考，司業月課，都用《四書》、《五經》文，以及詔、誥、表、策論、判等。每月初一，博士廳課經文、經解及策論。每月三日，助教課，十八日，學正、學錄課，各試《四書》文一、詩一、經文或策一。[6]

國子監學生的學習期限，因生員不同，時間規定也不一樣。恩貢六個月，歲貢八個月，副貢廩膳六個月，增、附八個月，拔貢廩膳十四個月，增、附十六個月，恩廕二十四個月，難廕六個月，例貢廩膳十四個月，增、附十六個月，優秀童生二十四個月。雍正五年（1727年）規定，各監生肄業大致以三年為期，告假、丁憂、考劣、記過，則扣除月日。

國子監對監生管理比較嚴格。曠大課一次或無故離學三次以上，由內班改為外班以示懲罰。設有集惡簿，監生出入要記在簿上，以所記為憑據，對不服管理或違章者給予懲罰。省親、完婚、丁憂、告病等請假歸鄉，要按時回監，遲誤限期要給以懲罰。無正當理由未經准假而私自返家，要開除學籍並革去原來政治待

6　《清史稿》卷一〇六，《選舉志一》。

遇。[7]

其實，清政府對國子監生的要求，不僅僅限於以上數端，更主要的還是政治上的控制。康熙二十四年（1685 年），康熙皇帝發布上諭：「令本監嚴查監生，凡各項監生有素行不端，違悖條教，及娼優隸卒濫廁太學，並武斷鄉曲、懶惰度學者，本監題參革處。」[8]所謂違悖條教，是指以下幾方面應當遵守，不能違反。一是生員之家，父母賢智者，子當受教，父母愚魯或有為非者，子既讀書明理，當再三懇告，使父母不致危亡。二是生員立志當學為忠臣清官，書史所載忠清事跡，務須互相講究，凡利國愛民之事，更宜留心。三是生員居心忠厚正直，讀書方有實用，出仕必作良吏。若心術邪刻，讀書必無成就，為官必取禍患，行害人之事者，往往自殺其生，常宜思省。四是生員不可干求官長，交結勢要，希圖進身。若果心善德全，上天知之，必加以福。五是生員當愛身忍性，凡有司官衙門不可輕入。即有切己之事，止許家人代告。不許干預他人詞訟，他人亦不許牽連生員作證。六是為學當尊敬先生，若講說皆須誠心聽受，如有未明，從容再問，毋妄行辨難。為師亦當盡心教訓，勿致怠惰。七是軍民一切利病，不許生員上書陳言，如有一言建白，以違制論，黜革治罪。八是生員不許糾黨多人，立盟結社，把持官府，武斷鄉曲。所作文字，不許妄行刊刻。違者聽提調官治罪。[9]以上可以看到清政府對國子監生的嚴格控制。

國子監在順治年間曾採用積分歷事法。監生學習期滿，撥歷部院練習政體。三月考勤，一年期滿送廷試。順治三年（1646 年），祭酒薛所蘊奏定漢監生積分法：常課以外，月試經義、策論各一，合式者拔置一等。歲考一等十二次為及格，免撥歷，送廷試超選。順治十五年（1658 年），祭酒固爾嘉渾奏議，令監生考到日，拔其優者許積分，不與者，期滿咨部歷事。積分法一年為限。常課之外，月試一等與一分，二等半分，二等以下無分。如果有的監生五經兼通，全史精熟，或者善摹歷代名帖，雖文不及格，也可以給一分。積滿八分為及格，每年

7　參見楊榮春：《中國封建社會教育史》，439 頁，廣州，廣東人民出版社，1985。
8　《清朝文獻通考》卷六十五，《學校考三》。
9　《清朝文獻通考》卷六十九，《學校考七》。參見楊榮春：《中國封建社會教育史》，439-440 頁。

不超過十人。恩貢、拔貢、歲貢、副貢，咨部歷滿考職，照教習貢生例，上上卷用通判，上卷用知縣。例監歷滿考職，與不積分貢生一樣參加廷試。每百名取正印八名，其餘的用州、縣佐貳。積分不滿數額，願分部的，咨部不得優選。願意再學習積滿分的，也可以。順治十七年（1660 年），積分法停止實行。康熙初年，歷事辦法也停止了，只是期滿咨部考試，以州同、州判、縣丞、主簿、吏目使用。從此以後，部院各司再沒有監生。那些通文理能楷書的，考選以後，送各修書館，經過一段時間評議後，以應得職銜選用，優秀的提高等級。

乾隆年間，由於乾隆皇帝對國子監學的重視，經管監大臣孫嘉淦提議，國子監舊有號房五百餘間進行了修整，並且監南官房也撥給國子監使用，令助教等官及肄業生居住，每年給銀六千兩作為講課、桌飯、衣服、賑助的費用。從此國子監設立了南學。此外，國子監這時還實行了以經義、治事分齋教學的辦法。明經的或治一經，或兼他經，務取《御纂折中》、《傳說》等書，探其原本，講明人倫日用的道理。治事的如歷代典禮、賦役、律令、邊防、水利、天官、河渠、算法等類，或專治一事，或兼治數事，務必弄懂其源流利弊。考試的時候，要特別考察經術是否湛深，事理是否通達，稽古愛民的學識如何。三年期滿，分別等第，以示勸懲。監生有心得或疑義，逐條記下，呈助教批示，按期呈堂。季考月課，也改《四書》題一，《五經》講義題各一，治事策問一。這時期國子監學呈現了興旺景象，「六堂講師，極一時之選。舉人吳鼎、梁錫，皆以薦舉經學授司業。進士莊亨陽，舉人潘永季、蔡德峻、秦蕙田、吳鼎，貢生官獻瑤、王文震，監生夏宗瀾，皆以潛心經學，先後被薦為本監屬官。分長六堂，各占一經，時有『四賢五君子』之稱。師徒濟濟，皆奮自鏃礪，研求實學。」[10]

皇帝親臨國子監視察對國子監學來說是件頭等大事，被稱作「臨雍視學」。順治九年（1652 年），順治皇帝首次視察國子監，有孔氏及先賢後人赴京觀禮，順治皇帝在彝倫堂，聽祭酒講《四書》，司業講經，並對國子監官員賞賜不等，從此奠定了以後清朝帝王臨雍視學的規制。康熙年間，清政府重修國子監，康熙

---

10 《清史稿》卷一〇六，《選舉志一》。

皇帝親自為國子監彝倫堂題寫匾額。乾隆四十八年（1783 年），乾隆皇帝諭示：「稽古國學之制，天子曰辟雍，所以行禮樂、宣德化、昭文明而流教澤，典至鉅也。國學為人文薈萃之地，規制宜隆。辟雍之立，元、明以來，典尚闕如，應增建以臻美備。」[11] 於是，管監大臣等人仿《禮經》舊制，在彝倫堂南建圓池一座，池中方形臺基上建造了辟雍殿。該殿四面各為三間，四脊攢尖，寶頂重簷。乾隆五十年（1785 年），乾隆皇帝駕臨辟雍行講學禮，命大學士伍彌泰、大學士兼管監大臣蔡新進講《四書》，祭酒覺羅吉善、鄒奕孝進講《周易》。乾隆皇帝本人也頒發御論二篇，宣示義蘊。王公大學士等官及肄業觀禮諸生三千〇八十八人圜橋聽講。禮成，乾隆皇帝賜宴禮部，賞賚不等。這是國子監學歷史上最輝煌的時期。

清前期國子監也接收外國留學生。康熙二十七年（1688 年），琉球國梁成楫等人進國子監學習，此後琉球國進國子監學習的人絡繹不絕。雍正六年（1728 年），俄羅斯魯喀等人也來國子監學習，從滿、漢助教學習滿文漢文，國子監每月供給他們銀米器物，學成以後歸國。後來俄羅斯人進入國子監學習的又有許多批，他們中的不少人成了漢學專家。

國子監設有算學。乾隆四年（1789 年），學生名額滿、漢各十二名，蒙古、漢軍各六名，後來又設漢肄業生二十四名。按照《御製數理精蘊》，分線、面、體三部。部限一年通曉。七政限二年。有季考、歲考。五年期滿考取者，滿、蒙、漢軍學生咨部，以本旗天文生序補。漢學生舉人用博士，貢監生童用天文生。

國子監還設有八旗官學。順治元年（1644 年），因國子監位於城東北，滿族大臣子弟就學不便，決定在滿洲八旗旗署所在地各立書院，以國子監二廳、六堂教官分別前往教授，規定時間去國子監參加考試。八旗官學建有學舍，每佐領取官學生一名，以十名習漢文，其餘習滿文。順治二年（1645 年），合兩旗為一學，每學設教習十人。教習在國子監肄業生中考選，只用恩、拔、副、歲貢生。

---

11 同上。

雍正元年（1723 年），在八旗蒙古護軍、領催、驍騎內，選熟練滿語、蒙古語十六人充蒙古教習。雍正五年（1727 年），規定每旗學生名額一百名，滿洲六十名，學習滿文和漢文各三十名，蒙古、漢軍各二十名，在全旗選擇，不拘限每一佐領。年幼的學習滿文，稍大的學習漢文。規定漢教習每旗五人。乾隆初年，規定八旗官學學生學習期限為十年，三年內講誦經書，通過考試，選擇才資聰穎有志力學的歸漢文班，年長願學繙譯的歸滿文班。乾隆三年（1738 年），通曉漢文的經過欽派大臣考取，提拔為監生，升入國子監，與漢貢監一樣明經治事，學習期滿，擇優保薦，考選錄用。乾隆八年（1743 年），規定漢教習三年期滿，分等引見。一等用知縣，二等用知縣或教職銓選。一等再教習三年，果能實心訓課的，即以知縣用。蒙古教習五年期滿實心訓課的，以護軍校、驍騎校使用。滿助教每旗二人，從八旗文進士、舉人，翻譯進士、舉人，恩、拔、副、歲貢生，文生員，翻譯生員，廢員，筆帖式中考取。乾隆三十三年（1768 年），下五旗包衣每旗增設學生十名，滿洲六名，蒙古、漢軍各二名，不給錢糧。乾隆五十四年（1789 年），在每旗一百名內裁減十名，選取熟讀經書、文理優秀的二十人，增加學習費用以資鼓勵。嘉慶、道光朝以後，八旗官學日漸衰廢。

（二）宗學、覺羅學、景山官學、咸安宮官學

清前期在中央設立的學校還有宗學、覺羅學、景山官學和咸安宮官學。順治十年（1653 年），八旗各設宗學，選滿洲生員為師。凡未封宗室子弟，十歲以上，均入校學習滿文。雍正二年（1724 年）定制，左、右兩翼各設滿、漢學校一所，王公將軍及閒散宗室子弟十八歲以下，進入學校分別學習滿、漢文，兼習騎射。以王公一人負責學校事務，另設總管、副總管，以宗室年長者充任。滿文教習二人，選閒散旗員及進士、舉人、貢生、生員中擅長繙譯的人充任。騎射教習二人，選閒散旗員及護軍校善射者充任。每十名學生，設漢文教習一人，由禮部考取舉人、貢生充任，三年期滿，分別等第錄用。雍正十一年（1733 年），兩學各以翰林官二人負責教授功課，分日講解經義、文法。乾隆初年，以滿、漢京堂各一人負責學課，每月考試經義、繙譯及騎射技藝。乾隆九年（1744 年），規定每屆五年，派遣大臣考試兩翼學生，考試合格者欽定名次，注冊備案。等到會

試年，習繙譯的，與八旗繙譯貢生一同引見，賜進士，以府屬額外主事錄用。習漢文的，與天下貢士一同殿試，賜進士甲第，以翰林部屬等官錄用。乾隆十一年（1746 年），規定學生名額，左翼七十名，右翼六十名。乾隆二十一年（1756 年），裁漢教習九人，改為繙譯教習，增加騎射教習，每翼各一人。嘉慶初年，兩翼學生名額相等，右翼增加十名。規定每學教習滿三人，漢四人。嘉慶十三年（1808 年），兩翼各增加學生名額三十，變成各為一百名，從此成為定制。

覺羅學設於雍正七年（1729 年）。當年雍正皇帝諭示，在八旗衙署旁設立滿、漢學校各一所，覺羅子弟八歲至十八歲，入學讀書練習騎射，規制和宗學大體相同。以王、公為學校總管，春秋考試。三年欽派大臣會同宗人府考試一次，根據成績好壞分別獎懲。學成以後，與旗人同應歲、科試及鄉、會試，考中的以中書、筆帖式錄用。覺羅學學生名額，鑲黃旗六十一名，正黃旗三十六名，正白旗、正紅旗各四十名，鑲白旗十五名，鑲紅旗六十四名，正藍旗三十九名，鑲藍旗四十五名。滿、漢教習，每旗各二人，只有鑲白旗各一人。

景山官學設於康熙二十四年（1685 年）。康熙皇帝當年諭示，在北上門兩旁官房內設官學，選內府三旗佐領、管領下幼童三百六十名，分滿文三房，各設教習三人，漢文三房，各設教習四人。起初，滿教習用內府官老成者擔任，漢教習由禮部考取生員文理優秀者擔任。不久，改選內閣中文武兼備的中書充任滿教習，新進士中老成的人充任漢教習。雍正朝以後，漢教習以舉人、貢生考取，三年期滿，咨部敘用。學生肄業三年，考列一等用筆帖式，二等用庫使、庫守。乾隆四十四年（1779 年），允許維吾爾族佐領下選補學生四名，進景山官學學習。嘉慶年間，學生名額固定，鑲黃旗、正白旗均為一百二十四名，正黃旗一百四十名，維吾爾族兒童四名。

雍正六年（1728 年），設立咸安宮官學。選內府三旗佐領、管領下幼童及八旗俊秀者九十名，入學校學習，以翰林官居住咸安宮教授學生。學生分漢文十二房，滿文三房，各設教習一人，教騎射和滿文各三人。考試規則同於景山官學。五年欽派大臣考試一次，一、二等的以七、八品筆帖式錄用。漢教習三年，滿語騎射教習五年分別議敘。乾隆初年，規定漢教習選取新進士充任，不足，再從明

通榜舉人中考選。任期滿後，進士以主事、知縣錄用，舉人以知縣、教職錄用。乾隆二十三年（1758 年）以後，不論年份，允許學生考翻譯中書、筆帖式、庫使，規定教習漢九人，滿六人。

在隸屬機構上，宗學、覺羅學隸宗人府，景山官學和咸安宮官學隸內務府。需要指出的是，由於各學總管、教習缺乏稱職人才，所以各學盡儘花費了許多經費，取得的效果並不好，甚至校舍空虛，學生名額純為虛報。

清前期在中央還有一些特設學校，如世職官學，八旗及禮部義學，健銳營、外火器營、圓明園、護軍營等學。這些學校的學生，主要是學習滿、蒙語言文字。

（三）府、州、縣、衛學

清前期地方設立的學校是府學、州學、縣學、衛學等。這些學校的規制在明朝時已經比較完備，清前期只是沿襲了明朝制度。

清朝建立後，順治皇帝頒發諭旨，命賑助貧困學生，優免在校的學生，由國家給予食宿費用。順治七年（1650 年），南京國子監改為江寧府學。順治九年（1652 年），順治皇帝頒布臥碑文，刻石立於直隸省學宮。他還諭示禮部：「帝王敷治，文教為先。臣子致君，經術為本。自明末擾亂，日尋干戈，學問之道，闕焉未講。今天下漸定，朕將興文教，崇經術，以開太平。爾部傳諭直省學臣，訓督士子，凡理學、道德、經濟、典故諸書，務研求淹貫。明體則為真儒，達用則為良吏。果有實學，朕必不次簡拔，重加任用。」[12] 這樣，地方學校的制度逐漸完備。

清前期中央政府中禮部尚書「典領學校貢舉，以布邦教」[13]。每省則設提督學政一人，掌管學校政令，以及歲、科考試；此外，還要到各府、州、縣巡察，

---

12 《清史稿》卷一○六，《選舉志一》。
13 《清史稿》卷一一四，《職官志一》。

了解師生情況，賢能者提升，不稱職者斥責。學政一般以侍郎、京堂、翰、詹、科、道、部屬等官進士出身人員內簡用。府學設府教授、訓導，州學設州學正、訓導，縣學設縣教諭、訓導。教授、學正、教諭負責教育學校學生，檢查學業勤惰情況，評比學生品行優劣，接受學政的領導。訓導則輔佐教授、學正和教諭工作。

　　府、州、縣學的學生稱為生員。知識分子要取得生員資格，必須參加考試。這種考試也稱為童試，其中又分縣試、府試和院試。縣試由各縣知縣主持。只有家世清白、非娼優皂隸後代、未居父母喪的本縣考生，才有資格參加縣試。縣試一般考四場或五場，考試內容為《四書》文、試帖詩《性理》論或《孝經》論。縣試被錄取的參加府試。府試由各府知府主持，考試程序和考生條件大體上與縣試相同，只是擔保人由一名變成了二名。府試合格的人參加院試。院試由學政主持，又有歲試和科試之分。院試一般在各府或直隸州、廳的治所進行。考試的試場稱貢院。經過院試以後，錄取生員名額的數目，由當地文風高低、錢糧丁口多少決定。清初府、州、縣學分為大、中、小三類，即所謂大學、中學、小學。它們並不表示學生程度的高低，是由人文情況決定的。順治四年（1647 年）規定，大學四十名，中學三十名，小學二十名。順治十五年（1658 年）又規定，大府二十名，大州、縣十五名，小縣四或五名。康熙九年（1670 年）再次規定，大府、州、縣仍照舊額，中學改為十二名，小學七或八名。[14]此後，生員錄取名額仍不時有所變化。

　　院試以後被錄取的考生，留州縣的稱州縣學生員，撥往府學的稱府學生員。生員初次入學要舉行隆重儀式，除行簪花禮外，還要到文廟拜孔子，到學宮拜學官。初入學的稱附學生員，也稱附生，一般稱呼則為秀才。入學後經過考試優等的稱廩膳生，即供給膳食的學生，考試成績次等的稱增廣生員。

　　地方學校的學習內容，有《四書》、《五經》、《性理大全》、《資治通鑑綱目》、《大學衍義》、《歷代名臣奏議》、《文章正宗》等，提調教官負責督促學生

---

14 《清朝文獻通考》卷六十九，《學校考七》。

誦讀和講解。為了檢查學習的情況，學校規定了考試制度，分歲考和科考兩種形式。歲考一年考試一次，《四書》文二篇，經文一篇。科考二年考試一次，《四書》文一篇，經文一篇，時事策一篇。雍正、乾隆年間，考試篇目有所變化，直到乾隆二十三年（1758 年），才定為歲考《四書》文、經文各一篇，科考《四書》文、策各一篇，無論春夏秋冬都增試五言六韻詩一首。

衛學是地方學校的一種，招生對象為衛所軍童生。清前期在山海關、宣化府，直隸懷來、永寧、保安，陝西涼州、古浪等地，沿襲了明朝建置，設有衛所。於是，這些地方便設有衛學，專招衛籍學生入學。

清前期地方學校中還有社學和義學。社學一般是一鄉置一所，選擇通曉文義、行為敦厚的人充社師，差役免除，政府酌量給予食宿費用。社師要經過學政批准並備案，才有資格教授學生。社學招收的學生，多是該鄉中十二歲至二十歲有志學文的人。義學多設於邊疆少數民族地區，招收少數民族首領的子弟入學學習。內地的一些府、州、縣，甚至京城一些地方也設有義學，招收對象多是孤寒生童。

二、私學教育

清前期私學教育廣泛存在，這首先表現在家塾、蒙館的設立。家塾、蒙館屬於啟蒙教育，教育的對象是兒童。當時有條件的家庭，在孩子五至六歲的時候，便開始讓他受教育了。教育的場所，或在自己家裡，請塾師教授；或幾家設一學館，送孩子到學館學習。清前期在私塾教學中，許多人都總結出了有益的經驗。有人認為，小兒五六歲時，語音未朗，不能讀長句，便採擇《禮經》中的《曲禮》、《幼儀》部分，編成《節韻幼儀》一書，或三字，或五字，成韻律，兒童讀來朗朗上口，又便於記憶。[15]也有人認為，教兒童如植樹，只有培養澆灌，才

---

15 陸世儀：《思辨錄》卷一。

能令其日後長成參天大樹，所以教學方法是很重要的。他們特別推崇孔子循循善誘的方法，強調以鼓勵為主。在具體教授方法上，則主張「蒙養之時，識字為先。不必遽讀書。先取象形指事之純體教之。識日月字即以天上之日月告之，識上下字即以在上在下之物告之，乃為切實。純體字既識，乃教以合體字，又須先易講者，而後及難講者。講又不必盡說正義，但須說入童子之耳，不可出之我口，便算了事。」[16]以上這些，既反映了清前期私學啟蒙教育的情況，也反映了這一領域中的經驗。

清前期私學教育在成人教育中也廣泛存在。《清史稿・儒林傳》中有不少資料，說明那時私人講學之風非常興旺。[17]

孫奇逢，字啟泰，又字鐘元，直隸容城（今河北省容城縣）人。順治七年（1650 年），他遷居到輝縣蘇門。順治九年（1652 年），工部郎馬光裕把夏峰田廬送給孫奇逢，孫奇逢遂率子弟躬耕，四方來向他求學的人也都能得到一塊土地耕種，大家居住在一起好像一個部落。孫奇逢在夏峰地方教學耕種有二十五年之久。他講學以慎獨為宗，以體認天理為要，以日用倫常為實際。他特別強調，治身務必嚴格要求，人無賢愚，如果求學，一定要啟發自身的素質，身體力行。對於求學者，無論是什麼人，孫奇逢都以誠相待。康熙十四年（1675 年），孫奇逢病逝，年九十二歲。河南河北的學者在百泉書院祭祀他。道光八年（1828 年），又從祀文廟。孫奇逢的學生很多，像湯斌、耿介等人，都是做官以後又到他那裡求學的。

李顒，字中孚，陝西盩屋（今周屋）人。他平民出身，安於貧困，在關中地方倡導理學，關中許多讀書人都以他為師。後來，經常州府知府駱鍾麟邀請，李顒先後到無錫、江陰、靖江、宜興等地講學，聽講的人非常多。

宋之盛，字未有，江西星子人。他在髻山築屋，足不入城市，以講學為己任。宋之盛講學以明道為宗，識仁為要。

---

16 王筠：《教童子法》，參見孟憲承等：《中國古代教育史資料》，北京，人民教育出版社，1962。
17 參見楊榮春：《中國封建社會教育史》，452-462 頁。

顧培，字昀滋，江蘇無錫人。他少年時跟從宜興湯之錡學習，之錡病逝後，顧培修建共學山居屋室，請之錡弟子金敞前來講學，從早到晚，學習不斷。顧培從金敞學習，以整齊嚴肅為入德之方，篤守性善之旨。在他晚年，前來學習的人更多。

張履祥，字考夫，浙江桐鄉人。世居楊園村，學者稱為楊園先生，長大以後，跟隨山陰劉宗周學習，遂成為著名學者。他向前來求學的人，以朋友之道對待，強調經濟之學。起初，張履祥向學生講授慎獨的學問，晚年則強調程朱理學，提倡以仁為本，以修己為務，以中庸為歸宿。

姚宏任，字敬恆，浙江錢塘人。他受業於摯謙，每天朗誦《大學》一遍，一言一行，都照老師說的去做，遇到什麼事都以忠厚對待。摯謙病逝，姚宏任以弟子之禮執喪。

范鎬鼎，字彪西，山西洪洞人。康熙六年（1667 年）進士，以母老不仕。當地許多人向他求學，范鎬鼎遂設立希賢書院，並買下田地供養向他求學的人。

曹本榮，字欣木，湖北黃岡人。順治六年（1649 年）進士，曾任國史院侍讀學士。康熙四年（1665 年），他因病回原籍。病重期間，門生計東在旁邊，曹本榮還給他講窮理盡性之學。

劉原淥，字崑石，山東安丘人。他讀宋儒書，相信諸子學說。每天五更起來，拜謁祠堂後，便和弟子們討論學問，常常到深夜。

顏元，字易直，直隸博野（今河北省博野縣）人。同鄉郝文燦請顏元到肥鄉漳南書院講學，有文事、武備、經史、藝能等科。向顏元求學的多達幾十人。

李塨，字剛生，直隸蠡縣（今河北省蠡縣）人。他年輕時和王源一起向顏元求學，康熙二十九年（1690 年）舉人。因為他有學問，朝中大臣明珠、索額圖都想請他到自己家中給子弟授課，李塨均未應允。李塨講學強調以實用為主，認為程朱理學多屬空談。

刁包，字蒙吉，晚號用六居士，直隸祁州（今河北省安國縣）人。順治年

間，他在縣城的一個角落建造一所住宅，屋名曰潛室，亭曰肥遯，每天都閉戶讀書，一年四季都如此。當地許多人紛紛前來求學。

張爾歧，字稷若，山東濟陽人。遜志好學，篤守程朱學說，著有《天道論》、《中庸論》等，受到當時人們的讚揚。他在家鄉教了一輩子私學，康熙十六年（1677年）病逝。

毛奇齡，字大可，又名甡，浙江蕭山人。康熙十八年（1679年），薦舉博學鴻儒科，授翰林院檢討，充《明史》纂修官。後因病回鄉，不再做官，專門著述。李塨、陸邦烈、盛唐、王錫、章大來、邵廷寀等，都曾向他求學。

惠周惕，字元龍，原名恕，江蘇吳縣人。父有聲，以《九經》教授鄉里。周惕曾受業於汪琬。其孫惠棟所教授弟子中，以余蕭客、江聲最有名。

江永，字慎修，安徽婺源人。他專心《十三經注疏》，對《三禮》尤有研究。向他求學的人很多，戴震、程瑤田、金榜尤為有名。

盧文弨，字召弓，浙江餘姚人。乾隆十七年（1752年）一甲進士，曾任翰林院侍讀學士。乾隆三十三年（1765年）以病回歸故里。他孝謹篤厚，潛心漢學，歷主江、浙各書院講席，以經術訓導學子，跟隨他學習的人非常多，使當地學術風氣發生了很大變化。

王鳴盛，字鳳喈，江蘇嘉定人。他幼年時跟隨沈德潛學詩，後來又跟從惠棟學經義，遂通漢學。乾隆十九年（1754年），以一甲進士授翰林院編修。

段玉裁，字若膺，江蘇金壇人。乾隆二十五年（1760年）舉人，至京師見戴震，羨慕他的學問，遂拜戴震為師。段玉裁自己後來也有許多學生，其中徐頲、沈濤都知名於當世。

孔廣森，字眾仲，山東曲阜人，孔子第六十八代孫。乾隆三十六年（1771年）進士，曾任翰林院庶吉士，散館授檢討。他曾經以戴震、姚鼐為師，學習經、史。

武億，字虛谷，河南偃師人。乾隆四十五年（1780 年）進士，乾隆五十六年（1791 年）授山東博山縣知縣。乾隆五十七年（1792 年）罷官，貧不能歸，所到之處以經史訓詁教授生徒。

戚學標，字鶴泉，浙江太平（今溫嶺）人。年幼時他以天臺齊召南為師，被稱為高才生。乾隆四十五年（1780 年）進士，著有《漢學諧聲》、《毛詩證讀》等書。

孫星衍，字淵如，江蘇陽湖人。乾隆五十二年（1787 年）以一甲進士授翰林院編修，乾隆六十年（1795 年）授山東兗沂曹濟道。嘉慶元年（1796 年）授按察使。嘉慶四年（1799 年）丁母憂歸。浙江巡撫阮元聘請他主講詁經精舍。孫星衍給諸生講經史疑義及小學、天部、地理、算學、詞章，只十年時間，其中不少人成了著名學者。

朱駿聲，字豐芑，江蘇吳縣人。以錢大昕為師。錢大昕一見到他，就說：「繼承我的學問，就是你了。」朱駿聲著述很多，嘉慶二十三年（1818 年）中舉，曾任伙縣訓導。

馬宗槤，字器之，安徽桐城人。少年時跟從舅父姚鼐學詩、詞和古文，長大以後，又以邵晉涵、任大椿、王念孫為師，學問更加長進。嘉慶六年（1801 年）成進士。

林伯桐，字桐君，廣東番禺（今廣州市）人。嘉慶六年（1801 年）舉人。他生平喜好考據學，與兩弟友愛，教授生徒百餘人。

從以上所引二十餘人的有關情況可以看出：第一，私人講學涉及的地區比較廣。僅上述這些人中就有直隸、陝西、江西、江蘇、浙江、山西、湖北、山東、安徽、河南等省。由於我們所引材料有限，人物又只限於《清史稿》「儒林傳」所載，因而其他省區未能涉及。不過從中可以想見，清前期私人講學是一種普遍的現象，甚至蒙古地區某些王公貴族，也不顧清政府禁令，從中原內地延請漢族塾師，到蒙古民族居住地區教授儒家經典，學習的人既有少年兒童，也有成

人。[18]第二，從私人教育的目的來看，有的是以研討學問為主，例如孫奇逢的學生很多，一些人是當官以後向他求學的，這些人顯然是為了進一步探討學問。此外，江永的學生戴震、程瑤田、金榜等，戴震的學生段玉裁等，錢大昕的學生朱駿聲等，都是為了探討學問才接受私學教育的。正因為如此，清前期在私學教育中，培養了許多著名學者，他們有許多學術著作問世。也有的接受私學教育，是為了考取功名，因為從事私學教育的有許多是名儒，精通儒家經典。比如王鳴盛，正是通過私學教育以後，以一甲進士步入仕途。孔廣森、戚學標等人，也都是這種情況。應當承認，清前期大多數接受私學教育的士子，目的恐怕還是以考取功名為主。第三，從私學教育的發展趨勢看，和清前期的學術發展軌跡幾乎是同步。清朝初年，王陽明的學說還有一定影響，社會又處於從動亂走向穩定的過程中，因而這一時期私學教育中，沿襲了王陽明的觀點，強調慎獨和體認天理，孫奇逢、邵廷寀、顧培等人的私學教育，都有這種情況。康熙年間，隨著統治階級提倡程朱理學，私學教育領域也逐漸拋棄王陽明，而接受了程、朱的觀點。比如張履祥、摯謙、張爾歧等人的私學實踐，就都是這種情況。乾隆、嘉慶年間，隨著考據學派的興起，許多私學教育也開始專注經學，比如毛奇齡、惠周惕、江永等人，便是這樣。上述情況表明，清前期的私學教育。始終受著社會學術思潮主流的影響。[19]

三、書院教育

作為研討學問的場所以及學校教育的補充形式，清前期書院教育經歷了一個從受抑制到發展的過程。

清朝建立後，鑑於明朝末年生徒「聚眾結社、糾黨生事」的歷史教訓，對書院採取了抑制政策。順治九年（1652 年），順治帝諭示：「各提學官督率教官生

---

18 參見趙雲田：《清政府對蒙古、東北封禁政策的變化》，《中國邊疆史地研究》，1994 年第三期。
19 參見楊榮春：《中國封建社會教育史》，460-461 頁。

儒，務將平日所習經書義理，著實講求躬行實踐，不許別創書院，群聚徒黨，及號召他方游食無行之徒，空談廢業。」[20]康熙年間，康熙帝多次頒發諭旨，強調的也是「招呼朋類，結社要盟」，為「名教不容，鄉黨勿齒」[21]。由上可見，清初不許創立書院，主要是清朝統治者害怕人們結社立盟，危及社會秩序的穩定。但是，書院的存在已有悠久的歷史，況且書院也有可供統治階級利用的地方。順治十四年（1657 年），「撫臣袁廓宇疏言，衡陽石鼓書院，崇祀漢臣諸葛亮及唐臣韓愈、宋臣朱熹等諸賢，聚生徒講學於其中，延及元、明不廢。值明末兵火傾圮，祀典湮墜，今請倡率捐修，以表章前賢，興起後學。歲時照常致祭。從之。」[22]衡陽石鼓書院的修復，說明清初統治階級對書院採取抑制政策並不是絕對的。

雍正年間，滿族貴族的統治已經比較穩固，特別是鑑於籠絡漢族知識分子的需要，雍正皇帝終於決定全國各地可以設立書院。雍正十一年（1733 年），雍正帝諭示：「地方大吏每有設立書院，聚集生徒講誦肄業者。……但稔聞書院之設，實有裨益者少，浮慕虛名者多。是以未嘗敕令各省通行。……近見各省大吏漸知崇尚實政，不事沽名邀譽之為，而讀書應舉者，亦頗能摒去浮囂奔競之習，則建立書院，擇一省文行兼優之士讀書其中，使之朝夕講誦，整躬勵行，有所成就，俾遠近士子觀感奮發，亦興賢育才之一道也。督撫駐扎之所為省會之地，著該督撫商酌奉行，各賜帑金一千兩。將來士子群聚讀書，須預為籌劃，資其膏火，以垂永久。其不足者，在於存公銀內支用。」[23]雍正皇帝的這番話，不僅有助於我們了解清前期對書院的解禁政策，而且也有助於我們對當時書院和政府關係的認識。

雍正皇帝的上述諭旨頒布以後，各地紛紛設立書院。省一級的書院有：直隸蓮池書院，江蘇鍾山書院、紫陽書院，浙江敷文書院，江西豫章書院，湖南岳麓書院、城南書院，湖北江漢書院，福建鰲峰書院，山東濼源書院，山西晉陽書

---

20 《大清會典》卷三十二。
21 《清朝文獻通考》卷六十五，《學校考三》。
22 《清朝文獻通考》卷六十五，《學校考三》。
23 《清朝文獻通考》卷七十，《學校考八》。

院，河南大梁書院，陝西關中書院，甘肅蘭山書院，廣東端溪書院、粵秀書院，廣西秀峰書院、宣城書院，四川錦江書院，雲南五華書院，貴州貴山書院。以上書院，由清政府各給帑銀，歲取租息，贍給師生膏火。一般都是銀一千兩，只有湖南岳麓、城南二書院，以及廣西秀峰、宣城二書院，各共一千兩。此外，奉天瀋陽書院，是在每學學田租銀內酌量撥給，作為師生膏火。除省一級書院外，各省府、州、縣也設有書院，這些書院或者由紳士出資創立，或者由地方官撥公款經理，報當地政府主管官員審核批准。

清前期全國書院沒有確切的統計數字，因而具體數目不詳。[24]根據有的學者統計，只廣東一省，從康熙元年（1662 年）至雍正十三年（1735 年），共有書院一百〇一所，從乾隆元年（1736 年）至道光二十年（1840 年），又創設了一百九十所。這些書院遍布於各縣市，有的一個縣就有十五所之多，比如香山縣，就創設了景行、豐山、欖山、鰲山、旗山、桂山、東山、悅山、三山、澄瀾、鳳池、鳳山、金山、雲衢、潭山等書院。番禺（今廣州市）也有番山、穗城、濂溪、粵秀、西湖、文瀾、羊城、學海堂等書院。新會縣則有岡州、景賢、觀瀾、禹門、禮樂、雲漢、天河、龍光、養心等書院。潮州有東莆、城南、韓山、瀛洲、大和、龍湖等書院。只康熙朝六十一年中，廣東就建立了八十一所書院，其中由政府創建的六十九所，民間創建的十二所。[25]上述情況告訴我們，省級以下書院的創設，從康熙年間就已經開始了，並未受到清政府抑制政策太多的影響。這也許和當地社會秩序穩定程度有關，以及當地文化本來就很發達的歷史淵源的影響。從另一個角度考慮，也可以說，正是順治十四年衡陽石鼓書院的修復，使得清初抑制書院的諭令在很多地方成為一紙虛文。

清前期設立書院，目的在於「輔學校所不及」[26]。再從前述廣東省許多書院是由總督、巡撫、知府、知州、知縣創建或改建的情況來看，清前期書院仍然具有官學的性質。正是因為書院的官學化，所以，不僅書院院長、講師由地方官選

---

24 商衍鎏先生認為，全國十餘行省，書院近二、三千之數。參見《清代科舉考試述錄》，225 頁，北京，三聯書店，1958。

25 劉伯驥：《廣東書院制度沿革》，轉引自楊榮春：《中國封建社會教育史》，465-466 頁。

26 《清史稿》卷一〇六，《選舉志一》。

聘，而且書院學生的錄取和考核權也掌握在地方官手裡[27]。清前期書院官學化的性質，從前面所引雍正十一年雍正皇帝的諭旨中也得到了證明。

清前期書院既是講學之所，也是為士子科舉做準備的地方，肄業學生有生員，也有童生，因而所學內容既有經史詞章，也有《四書》、《五經》、策論等準備科考的功課。李顒主講關中書院，高世泰主講東林書院，朱玙主講鍾山書院，孫星衍主講詁經精舍，他們的講授便是以研討學問為主，包括經史文字音訓之學等內容。此外，顏元主講直隸漳南書院，沈廷芬主講福建鼇峰書院，黃彭年主講直隸蓮池書院，沈德潛主講江蘇紫陽書院，也都是以探究學問為主。不過，從總的方面來說，清前期書院重在考課，為士子作科舉的準備，因而學習內容重在詩、文兩項，即四書文、試帖詩，間及經文、律賦、策論之類。[28]乾隆九年（1744年），禮部議覆：「嗣後書院肄業士子，令院長擇其資稟優異者，將經學、史學、治術諸書，留心講貫，以其餘功兼入對偶聲律之學。其資質難強者，且令先攻八股，窮究專經，然後徐及餘經，以及史學、治術、對偶聲律。」每月課試，「仍以八股為主，或論、或策、或表、或判，酌量兼試」[29]。由此看來，清前期書院教育重在為科舉做準備，研討學術之風已日益淡漠。

四、寺院教育

清前期回族等信仰伊斯蘭教，藏族、蒙古族等信仰藏傳佛教。在伊斯蘭教和藏傳佛教中都存在寺院教育，對回族和藏族等少數民族文化的發展產生了一定影響。

---

27 參見楊榮春：《中國封建社會教育史》，464 頁。
28 參見王德昭：《清代科舉制度研究》，105 頁，北京，中華書局，1984。
29 《大清會典事例》卷三九五。

（一）伊斯蘭教的經堂教育

經堂教育是指清真寺內由阿訇招收學生傳習伊斯蘭教功課以培養宗教人才的一種教育。[30]這是伊斯蘭教在中國回族中傳播到一定階段的產物。還在明朝中葉，隨著伊斯蘭教在中國回族中的發展，需要伊斯蘭教的宗教職業者也越來越多，恰在這一時期，回族經濟的發展也為這一需要提供了物質基礎。於是，陝西渭南回民胡登洲（1522-1597 年）開始在自己家中招收學生，傳授伊斯蘭教知識。胡登洲字明普，是一位精通伊斯蘭教經典、教義的經師。他曾去麥加朝覲，回國後立志興學，培養宗教人才。他起初在家中招收弟子，並以工讀方式維持學員生活，後來就在清真寺內辦學，制度逐漸完備。胡登洲通過經堂教育培養出一批門徒，其弟子傳人中如海巴巴、蘭州馬、周老爺等都是在經堂教育下培養出來的幾代著名經師和學者。正因為如此，胡登洲被尊為「師祖」，被稱為「胡太師巴巴」。

經堂教育內容主要是阿拉伯文和波斯文的《古蘭經》、《聖訓》，以及伊斯蘭教的各種教義教法。到清代前期，經堂教育之風日益盛行，遍及陝西、甘肅、河南、山西、山東、雲南等地的回族聚居地區。與此同時，也湧現出常志美、舍蘊善等一批有名的經師。常志美，字蘊華，康熙年間的伊斯蘭教經師。據說其先世為撒馬爾罕人，他九歲時，「隨乃叔奉使押一獅入貢北京，留居陝西，從胡太師第四代門人學經，後至濟寧，與當地常姓聯宗，遂姓常」[31]。常志美學問淵博，精通波斯文，著有波斯文法書，其學說後來發展為經堂教育的「山東派」。常志美之弟舍蘊善也是當時有名的經師，因主張遵經革俗，被教中視為「新行」。康熙十八年（1679 年）他譯有《醒迷錄》一書。

在經堂教育發展過程中，根據傳教的需要，不少經漢兼通的伊斯蘭教學者開始用漢文譯著有關伊斯蘭教的宗教讀物，其中的代表人物有王岱輿、張中、金天

---

30 參見馬壽千：《回族伊斯蘭教的經堂教育》，《西北回族與伊斯蘭教》，239-242 頁，銀川，寧夏人民出版社，1993。

31 金吉堂：《中國回教史研究》，轉引自《中國伊斯蘭教參考資料選編》下冊，1026 頁，北京，商務印書館，1984。

柱、馬注、劉智等人。

王岱輿，別號真回老人，明末清初人。據說其先世本為西域人，洪武年間在南京作欽天監官。岱輿幼年深受家庭伊斯蘭教薰陶，長大以後又學習漢族儒家文化，熟讀經史，具有深厚的漢文化基礎，著有《正教真詮》四十篇，「前二十篇是論歸真明心之學，後二十篇是修道之學」[32]。此外，他還撰有《清真大學》與《希真正答》二書。

張中，又名時中，字君時，明末清初人。張中在南京曾與印度經師阿世格相識，並以師相待。他根據阿世格對伊斯蘭教基本信仰的解釋，著有《歸真總義》一書，闡述伊斯蘭教基本信仰「伊瑪尼」。他還著有《四篇要道》，講述穆斯林日常生活應遵行的條件。

金天柱，字北高，南京人，雍正初年入京，供職四譯館，著《清真釋疑》，以問答形式介紹伊斯蘭教基本知識。

馬注，字文炳，雲南金齒（今保山）人，早年攻讀儒學，著有《經權》與《樗樵》等文集。三十歲以後，學習阿拉伯文、波斯文，從事伊斯蘭教經典研究，其所著《清真指南》一書，通過論述、推理、答客問等方式，闡發了伊斯蘭教的基本要旨。

劉智，字介廉，南京人。他自幼從其父劉漢英經師學習《古蘭經》，年長博覽經史文集等書，並攻讀阿拉伯文與波斯文。劉智五十歲以後在南京清涼山麓掃葉樓閉門著書，著有《天方性理》、《天方典禮》、《天方至聖實錄》、《五功釋》等。

大量漢文譯著伊斯蘭教宗教讀物的出現，從一個側面反映了清前期伊斯蘭教經堂教育的發展。這裡應當指出的是，在這些漢文伊斯蘭教宗教讀物中，多採用儒家學說去闡釋伊斯蘭教教義，這反映了伊斯蘭教的宗教職業者力圖借用儒學權

---

32 白壽彝：《中國回教小史》，30 頁，北京，商務印書館，1944。

威來維護伊斯蘭教的目的。

在伊斯蘭教經堂教育中求學的人，一般要在幾年時間內讀完伊斯蘭教的宗教經典，並具備了獨立宣講的能力，即可畢業。屆時由教師及當地伊斯蘭教的信仰者為畢業生舉行授衣典禮，包括阿訇穿的長袍一套，錦帛一方。這樣，該畢業生便取得了被其他清真寺聘為阿訇的資格。伊斯蘭教的經堂教育對伊斯蘭教在中國的傳播和發展，以及穆斯林群眾文化水平的提高，起到了一定作用。

（二）藏傳佛教的寺院教育

藏傳佛教的寺院教育源遠流長，發展到清前期，由於五世達賴喇嘛在順治九年（1652 年）入京朝覲，受到順治帝隆重禮遇，並被封為「西天大善自在佛所領天下釋教普通瓦赤喇怛喇達賴喇嘛」，聲威愈高，於是，在五世達賴喇嘛的整頓下，藏傳佛教格魯派的寺院教育更加嚴謹和制度化。眾所周知，格魯派是藏傳佛教中的一派，從明朝初年宗喀巴實行宗教改革以後，在藏傳佛教中逐漸居於統治地位。因此，敘述清前期藏傳佛教的寺院教育，不能不以格魯派的寺院教育為代表。

西藏拉薩甘丹寺、哲蚌寺、色拉寺，日喀則的札什倫布寺，青海湟中縣的塔爾寺，甘肅夏河縣的拉卜楞寺，是藏傳佛教格魯派著名的六大寺院，也被稱為清前期藏族地區寺院教育的最高學府。格魯派寺院的組織機構一般分為三級，第一級是拉吉，為全寺最高管理機構，由德高望重的高僧充任總堪布，管理全寺。總堪布之下設有總管、總法官、總引經師等重要僧職人員，分掌全寺財務、紀律、誦經等事務。札倉，亦稱學院，是全寺第二級組織機構，實際上這是由僧人組成的教育單位，設札倉主持管理全札倉事務，又設總管、司法官、引經師等分管財務、紀律、誦經事宜。康村是寺院的第三級管理機構，也是札倉僧眾食宿及學經的基層組織，設長老總理康村事務，長老之下也設有管理財務、誦經及生活事宜的僧職人員。康村是按地域劃分的，其數目的多少由札倉決定。朱解琳先生指出：哲蚌寺羅塞林札倉總轄康藏及內地僧人，分二十三個康村；代洋札倉總轄前後藏僧人，分七個康村；昂巴札倉總轄藏內僧人，分五個康村。甘丹寺的夏仔札

倉分十一個康村，相仔札倉分十二個康村。色拉寺三個札倉共有三十二個康村。一個僧人進札倉後，要按照他的家鄉的地域分配到所屬的康村中去，如金川一帶的僧人到三大寺都必須住甲絨康村，康定以西至木讓地方的僧人都必須住木讓康村，爐霍、甘孜、道孚、瞻化一帶的僧人都必須住諸吾康村，甘、青和蒙古地區的僧人都必須住安多康村，拉達克、門巴族和珞巴族的僧人都必須住白迪康村等。[33] 了解以上這些情況，有助於我們認識藏傳佛教的寺院教育。

藏傳佛教格魯派的寺院教育，可分顯宗學院的教育、密宗學院的教育、時輪學院的教育和醫宗學院的教育等幾個方面。

首先是顯宗學院的教育。格魯派六大寺院中，甘丹寺、色拉寺各有二個顯宗學院，哲蚌寺、札什倫布寺各有三個顯宗學院，塔爾寺、拉卜楞寺各有一個顯宗學院。在藏傳佛教格魯派中，顯宗重於對經典的理解，因而是顯宗學院的正宗教育。在顯宗學院學習的僧人，每天早晨要到大經堂誦經，並在那裡喝酥油茶，吃早飯，然後回到康村誦經，再到學院聽堪布講經，或和同學辯經。午飯以後，學僧到法園集會、學經，有時向高年級學生請教，有時請老師指導。晚飯以後，學僧回到自己的康村誦經。這就是每天的學習安排。一年中學習安排，大體上有五個月是講學期，其餘七個月，除假期和大小法會用去一個多月外，餘下的時間都用於讀書。

顯宗學院的學僧要學完因明學、般若學、中觀學、俱舍學、戒律學等藏傳佛教格魯派顯宗方面的五部分課程，需要在十三個班級中，花費十五年的時間。其中，學習有關推理、論證方法以及有關思維方法的因明學，要上卡多噶瑪、卡多廣、堆仲、堆欽、達仁等五個班級，費時五年；學習增長智慧才能的般若學，要上央薩肖、央薩廣、噶當布和噶玉哇四個班級，用去四年時間；學習佛教關於不執著諸法有無二邊、觀中諦之理說教的中觀學，要上吾瑪薩和吾瑪格二個班級，用二年時間；學習論述佛教人生觀和世界觀的俱舍學，要上佐這一個班級，用四

---

33 參見朱解琳編著：《藏族近現代教育史略》，85～86 頁，西寧，青海人民出版社，1990。按，本節藏傳佛教的寺院教育內容，吸收了朱解琳等先生的研究成果，特此致謝。

年時間；學習專講僧人行動規矩的戒律學，要上噶仁一個班級，時間不定。學習中所用的教材，有《現觀莊嚴論》、《中觀論》、《入中論》等藏傳佛教經典著作，也有這些顯宗學院宗師自己編撰的講義。順治和康熙年間的一世嘉木祥阿旺宗哲（1648-1712 年），他編寫的講義不僅用作哲蚌寺果莽札倉學僧們的教材，而且也供拉卜楞寺和塔爾寺的學僧們作教材用。

顯宗學院的學經僧人花費十五年時間、學完五部經典課程之後，還要繼續學習五至十年時間，根據學習成績，由老師推薦提名，經學院堪布認可，去考取格西學位。格西學位共四等。一等格西叫做拉仁巴，是學經僧人中佛學知識最淵博的高僧，是在藏曆正月祈願大法會上，經過三大寺僧眾考取的。大法會一般舉行二十餘天，考取格西學位是大法會的重要內容之一。每天考試一至二名，被考學僧要在大昭寺講經院立宗答辯。考取的學僧還要參加復試，達賴喇嘛親自參加，和相關僧職人員評定後，作出是否錄取的決定。這樣錄取的學僧，還要經過正月法會的再次立宗答辯，才能最後張榜公布。一等格西學位一般只取前六、七名。考取者按慣例由甘丹赤巴率領繞大昭寺一周，讓僧俗人眾瞻仰，以示尊榮。

二等格西叫措仁巴，是僅次於拉仁巴格西的有學問的僧人，是在藏曆二月法會上，經三大寺僧眾考取的。二月法會與正月法會的程序基本相同，只是規模稍小一些，達賴喇嘛一般不參加，一些高僧也可以不參加。考取二等格西是二月法會的重要內容之一。二等格西的考試辦法和一等格西的考試辦法基本相同，只是不那麼嚴格。二等格西一般取十名。

三等格西叫林塞，是在本寺院範圍內經過立宗答辯考取的。每寺錄取名額五至八名不等。

四等格西叫多仁巴，是在本學院內立宗經過答辯考取的。錄取名額在十人左右。

應當指出的是，學僧在考取格西學位後，要向全學院僧眾發放布施和茶飯，也要向堪布和上師作供養。這是很大的一筆費用。一些貧困的學僧無力承擔，因而他們也就不可能取得格西學位。取得格西學位以後，學僧在顯宗學院的學習便

結束了。他們或到寺院去做堪布；或到密宗學院繼續學習；或繼續留在寺院中，收徒講經；或走入社會，誦經弘法。到底怎麼樣，完全依取得格西學位僧人的具體情況而定。

　　其次是密宗學院的教育。藏傳佛教格魯派密宗學院的教育可分兩類。一類是普通的密宗學院，即昂巴札倉。在這裡學習的僧人稱為昂巴札巴。哲蚌寺、色拉寺、札什倫布寺等密宗學院就屬於這一類。學僧在這裡專修密宗，而不習顯宗。這些僧人還念咒、降神、祈雨、防雹，因而可以得到西藏地方政府的一些俸祿。昂巴札巴可以考取昂仁巴密宗學位。另一類是拉薩上、下密宗學院，它們獨立於拉薩三大寺之外。這裡的僧人稱喇嘛居巴，即修顯宗，也修密宗。喇嘛居巴一部分來源於沒有取得格西學位的顯宗學僧，他們被稱為吉仁巴；另一部分是在顯宗學院取得格西學位後的深造者，被稱為佐仁巴，是密宗學院的正宗僧人。

　　密宗學院學僧要研習事續部、行續部、瑜珈續部和無上瑜珈續部四部經典。佐仁巴經過三年以上的學習，可擔任高一級的僧職，例如堪布等。有的還可以升為法王，即甘丹赤巴的候補高僧，不過只有兩位，即夏仔曲吉和相仔曲吉。因此，真正在密宗學院學習後，升為法王即而又可以升任甘丹赤巴的人，除了要具備學問、資歷等條件外，還必須是長壽者。這裡需要說明的是，甘丹赤巴是甘丹寺的主持，格魯派始祖宗喀巴的傳承弟子，職位僅次於達賴喇嘛和班禪喇嘛，權力很大。

　　再次是時輪學院的教育。這是專門研習天文、曆算等專門知識和專業技術的學院。不是所有藏傳佛教格魯派寺院都設有時輪學院的，只有塔爾寺有一所時輪學院，名丁科札倉，拉卜楞寺有二所時輪學院，即丁科札倉和吉多札倉。時輪學院的組織機構大體上同於顯宗學院和密宗學院。時輪學院的僧人要學習天文、曆算等專門知識，畢業時應獨立編寫一年的年曆。由此可見，時輪學院學習的內容，同藏族人民的生產和生活有密切關係。藏傳佛教格魯派寺院所以設立時輪學院，也是適應了藏族社會發展的需要。

　　時輪學院的僧人學習到一定年限，掌握了所學的專業知識和專業技術後，要進行具體考核，成績及格的，授仔仁巴學位。

最後是醫宗學院的教育。醫宗學院主要是學習醫學方面的知識，這也是藏傳佛教格魯派寺院適應藏族社會生活需要而設立的。據統計，塔爾寺有一所醫宗學院，名曼札倉；拉卜楞寺也有一所醫宗學院，名曼巴札倉。醫宗學院的組織機構也和顯宗學院和密宗學院相同。醫宗學院的學僧主要學習一些醫療技術知識，還要外出採藥，加工炮製，並進行一些醫療實踐活動。醫宗學院的學僧在掌握了一定的醫療知識和技術以後，經過考核，成績及格，可以得到曼仁巴學位。

談到藏傳佛教格魯派的寺院教育，還應提及塔爾寺的法舞學院欠巴札倉。原來，寺院舉行法會期間，一般要舉行「跳欠」活動，跳欠俗稱「跳神」，藏語叫「尕欠」，這是一種帶有獨特味道、富於宗教色彩的舞蹈。塔爾寺法舞學院的《法王舞》和《馬首金剛舞》最出名。佛教認為，法會舉行跳欠活動可以驅逐魔鬼，去掉不祥，所以，法舞的各種姿態都表示以武力降伏一切妖魔鬼怪。塔爾寺設立法舞學院的緣起是，康熙五十五年（1716 年），七世達賴喇嘛九歲，被青海蒙古僧眾迎到塔爾寺供養。於是，七世達賴決定在塔爾寺設立法舞學院，派布達拉宮南傑札倉的舞蹈師前來教習舞蹈、樂器，賜給扮演法王、馬首金剛等角色用的文武護法面具幾十副，還有其他舞衣、法器等。從此，塔爾寺每次法會期間都要舉行跳欠活動。乾隆十三年（1748 年），西藏永安寺七世濟嚨活佛把自己在塔爾寺的活佛院捐給塔爾寺法舞學院，從此，法舞學院有了自己的排練場地。法舞學院作為塔爾寺的一個機構，專用於舉行法會時的跳欠活動，最高僧職是「欠哄」，相當於札倉堪布，另有舞蹈教師名「欠郭」。舉行法會參加跳欠的僧人，一般是從顯宗各學院臨時抽調的，從法舞學院領取一定的布施。

藏傳佛教格魯派的寺院教育，在清前期培養、造就了一批人才，例如五世達賴阿旺·羅桑嘉措（1617-1682 年）、三世松布（1704-1787 年）、三世土觀（1737-1802 年）、三世章嘉（1717-1786 年），司都（1700-1774 年）等人。這些人都有許多著述問世，對藏族文化教育事業的發展作出了貢獻。此外，藏傳佛教格魯派的寺院教育在積累藏族歷史文化典籍、傳播社會科學和自然科學知識方面，也發揮了重要作用。世上曾流行這樣一種說法，在過去的西藏，「舍寺院外無學校，舍宗教外無教育，舍僧侶外無教師」。在這樣的情況下，在清代前期，藏傳佛教格魯派的寺院教育對推動藏族文化發展所起的積極作用是應當肯定的。

當然，藏傳佛教寺院教育宣傳虛無縹緲的佛教教義，把許多學僧束縛在為爭得學位而苦讀經典的神學牢籠之中，其消極作用也是顯而易見的。[34]

附｜藏傳佛教格魯派六大寺院札倉設置表[35]

寺院名	學院性質	學院名稱
甘丹寺	顯宗學院	夏仔札倉、相仔札倉
哲蚌寺	顯宗學院	羅塞林札倉、果莽札倉、代洋札倉
	密宗學院	昂巴札倉
色拉寺	顯宗學院	色拉邁札倉、色拉吉札倉
	密宗學院	昂巴札倉
札什倫布寺	顯宗學院	夏仔札倉、吉康札倉、脫塞林札倉
	密宗學院	昂巴札倉
塔爾寺	顯宗學院	夏周林札倉
	密宗學院	昂巴札倉
	醫宗學院	曼巴札倉
	時輪學院	丁科札倉
	法舞學院	欠巴札倉
拉卜楞寺	顯宗學院	脫塞林札倉
	密宗學院	居多巴札倉、居瑪巴札倉
	醫宗學院	曼巴札倉
	時輪學院	丁科札倉、吉多札倉

---

34 參見李延愷：《淺談歷史上的藏族教育》，《藏族史論文集》，140-151 頁，成都，四川民族出版社，1988。
35 參見《藏族近現代教育史略》，101 頁。

第二節 ·

科舉制度

清朝建立後，順治二年（1645 年），大臣范文程上奏：「治天下在得民心，士為秀民，士心得，則民心得矣。請再行鄉、會試，廣其登進。」[36]於是，清朝統治者決定，順治二年秋八月舉行鄉試，順治三年（1646 年）春二月舉行會試，「嗣後以子、卯、午、酉年鄉試，丑、辰、未、戌年會試。奉特旨開科，則隨時定期。」[37]清前期的科舉制度就這樣開始了。

清朝的科舉制度沿襲了明朝的規制，設有文科、武科、制科等，文、武科又有童試、鄉試、會試、殿試之別。

一、文科

文科的童試，上節已述及，此處不贅。文科的鄉試，一般在各省省城舉行，直隸則參加順天鄉試。考試的場所稱為貢院。參加鄉試的資格，府、州、縣學的生員在科試中名列一、二等或三等前幾名的，國子監的貢生、監生經國子監考試錄科的，都可以參加鄉試。清初規定，鄉試分三場：第一場試《四書》三題，

---

36 《清史稿》卷二三二，《范文程傳》。
37 《欽定大清會典事例》卷三二〇。

《五經》各四題，考生任選一經，以朱熹、程頤、蔡沈、胡安國、陳澔等人的注釋為標準。第二場試《孝經》論一篇，詔、誥、表各一通、判五條。第三場試經史時務策五道。後來，鄉試各場的內容有所變化，乾隆二十一年（1756 年）規定：第一場，試《四書》文三篇。第二場，經文四篇。第三場，策五道。論、表、判均刪省。乾隆五十二年（1787 年），乾隆帝認為考生各治一經，對其他經則不涉及，這不是敦崇實學的態度；況且分經閱卷，也容易產生弊端。這樣，從乾隆五十三年（1788 年）開始，鄉試內容又有所變化，決定在五次鄉試之內，按《詩》、《書》、《易》、《禮記》、《春秋》的順序輪流出題，考完《五經》，然後將第二場論題裁去，以《五經》各出一題，一並進行考試。這樣，鄉試內容遂固定下來。[38]鄉試的三場試題由各省考官自行擬定，只有順天府的頭場試題由皇帝「欽命」。

清前期鄉試中的三場考試，分別定於八月初九、十二、十五進行。考場規則比較嚴格。順治二年（1645 年）規定：「生儒入場，細加搜檢。如有懷挾片紙只字者，先於場前枷號一個月，問罪發落。如有請人代試者，代與受代之人一體枷號問罪。搜檢員役知情容隱者同罪。」[39]康熙五十三年（1714 年）又規定，考生只能穿拆縫衣服、單層鞋襪入場，攜帶的東西，只限於籃筐、小凳、食物、筆硯，其餘東西一律不准帶進考場。考生全部進入考場後，還要鳴炮三響，關閉貢院的大門、二門和三門，並上鎖加封。在貢院的四角，還各設有瞭望樓一座，用以察看考生的活動。

考生繕寫試卷有一定的規格，不能違反。凡是試卷題字錯落，真草不全，中間有空頁，有白卷，有塗抹污染，以及行文不避廟諱、御名、至聖（孔子）諱的，都算是違反了規格，要用藍榜在貢院外牆公布。這樣的考生，不僅取消了參加下一場考試的資格，而且這次鄉試也一點希望沒有了。

主持鄉試的官員稱主考，分正副，由皇帝欽派。一般由翰林官、給事中、光

---

38 本節在撰寫過程中，吸取了王道成《科舉史話》（中華書局，1988）一書的研究成果。
39 《清朝文獻通考》卷四十七，《選舉考一》。

祿寺少卿、六部司官充任。主考、副主考都是臨時差遣性質,鄉試結束,即回原任。負責分房閱卷的稱同考官。順天同考官由皇帝欽派,具體人則是由禮部會同吏部選用科甲出身的中下官吏充任。各省同考官,則由各省督撫在本省進士、舉人出身的屬員中選任。監臨、監試和提調也是負責鄉試的官員。順天鄉試的監臨由皇帝選派,滿漢各一人。滿監臨在二、三品官員中選用,漢監臨由順天府尹擔任。各省監臨或由總督擔任,或由巡撫擔任,有時也由學政或布政使代巡撫行事。順天鄉試的監試由滿、漢御史擔任,提調由順天府丞擔任。各省監試和提調分別由布政使、按察使或道員擔任。負責鄉試的官員還有受卷、收掌、彌封、謄錄、對讀等,或一、二人,或七、八人,視具體情況而定。順天在進士、舉人、五貢中選派,各省由府、州、縣佐貳官員中選任。

參加鄉試的考生試卷經過彌封、謄錄、對讀與套分朱墨卷之後,便開始評閱。同考官把優秀試卷推薦給主考官,主考官根據考生三場考試的成績決定是否錄取。初步決定錄取的,還要對朱墨卷進行核對,最後檢查是否有誤。

經過鄉試被錄取的考生稱舉人。各省及順天錄取舉人名額的多少,由當地文化是否發達,人口多少,丁賦輕重決定。凡按原定名額錄取的考生稱正榜,是名副其實的舉人。在原定名額以外錄取的考生稱副榜,中副榜的不是舉人,只有在以後的鄉試中進入正榜,才取得了舉人的資格。舉人不僅可以戴金雀頂冠,穿青綢藍邊的公服和披領,而且可以通過揀選等途徑進入仕途。

文科中的會試,是由禮部在北京舉行的全國性的考試,有資格參加會試的,必須是經過磨勘和復試的舉人。所謂磨勘,是指清政府對鄉試進行檢查,主要是檢查試卷,以「防弊竇,正文風」[40]。所謂復試,是指對舉人再次考試,看有無名不副實者。經過磨勘和復試合格的舉人,便可參加會試。參加會試的舉人,要自己提出申請,經審查合格,順天由順天府,各省由布政使司,發文到禮部投遞,同時給予考生路費。會試時間清初定於二月,乾隆朝改為三月。會試也分三場,每場三天。第一場初九日舉行。第二場十二日舉行。第三場十五日舉行。會

---

40 《欽定大清會典事例》卷三五八。

試主考官稱總裁，一般以閣部大員四到六人充任。會試同考官在翰林院官員中選派，二十人左右。主考官和同考官，先由禮部提出候選人名單，最後由皇帝欽定派出。此外，會試官員還有知貢舉二人，滿、漢各一名，以一、二品大員充任；正副提調二人，由禮部司官擔任。這些也都由皇帝選派。會試的其他官員，比如內外簾官等，和順天鄉試基本一樣。會試的內容，也基本上同於鄉試，用八股文體，每篇清初定為五百五十字，至乾隆朝定為七百字。會試錄取的名額不固定，雍正八年（1730 年），錄取了 四百〇六名，乾隆五十四年（1789 年），僅錄取九十六名。會試發榜日期由主考官商議決定。會試考中的稱貢士。貢士經過磨勘和復試，合格者便取得了參加殿試的資格。

文科中的殿試，是科舉考試中最高的級別，由皇帝親自主持。舉行殿試的時間一般是在會試之後的四月份。殿試地點，清初曾在天安門外，後來移到太和殿前，從乾隆五十四年（1789 年）起，改為保和殿殿內。殿試內容為經史時務策一道，每策約三至五題。題目最初由內閣預擬，後改為讀卷大臣密擬，皇帝圈定。殿試卷書寫有一定格式，對策字數不得少於一千字，以一天為限。

殿試因為是以皇帝名義進行的，所以評閱殿試卷稱為讀卷，不敢稱評卷。讀卷官在大學士、六部九卿中選派，十人左右。一般說來，殿試後的第二天便開始讀卷，讀卷官們集中閱卷，限兩日內結束。讀卷標準，以清統治者的角度說，是形式和內容並重，既要注重繕寫工整，更要強調內容充實。如果只是書法好，內容全無根據，屬敷衍成文的，絕不能錄選。但是，在實際錄取工作中，讀卷大臣或因為學問寡陋，鑑別力低，往往重書法而輕策文。這樣，殿試的錄取不可能沒有偏頗。清前期規定，殿試後的第三天早晨，皇帝要在中和殿聽讀卷官讀卷，並親自審定第一甲前三名。一般說來讀卷官要呈上前十名的試卷，並擬定好第一至第十的名次。皇帝審閱後，名次變動的事時有發生。殿試發榜時用黃紙書寫，稱為金榜。宣布一甲前三名名次時，要舉行隆重的傳臚典禮，典禮在太和殿進行。屆時鳴鼓奏樂完畢，由鴻臚寺官宣布：某年月日，策試天下貢士，第一甲賜進士及第，第二甲賜進士出身，第三甲賜同進士出身。然後報出具體姓名。金榜在東長安門外張掛三日以後，再回交內閣貯存。傳臚禮以後，禮部要宴請新進士，名為恩榮宴。此外，獲得第一甲第一名的狀元還要率領各進士上表謝恩，到先師孔

子廟行禮，易頂服。禮部還要在國子監立石題名。傳臚禮後，新進士還要在保和殿參加朝考，考試內容為論、疏、詩各一道，皇帝親命試題，當日交卷。試卷由閱卷大臣擬定三等進呈皇帝，皇帝親定前十卷名次。

清前期規定，殿試揭曉後一甲三名立即授職。狀元授翰林院修撰，榜眼、探花授翰林院編修。別的進士，要按照復試、殿試、朝考三次具體情況，分別授以庶吉士、主事、中書、行人、評事、博士、推官、知州、知縣等官。對清代科舉制度頗有研究的王道成先生曾經指出：進士，是科舉的終點，也是仕途的起點。在清代的政治舞臺上，許多飛黃騰達的人物，都是由進士出身的，即使不做官，進士也有很高的社會地位。[41]這說出了清前期為什麼那麼多讀書人熱衷於科舉的根本原因。

二、武科

清前期武科童試三年舉行一次，有縣試、府試、院試等步驟。院試一般在學政到任的那年舉行。參加院試的武童要經過審查，合格以後才准報考。武童院試分三場，第一場騎馬射箭，三矢未中的不能續考。第二場是步射五箭，未中靶或僅中一箭的停止續考。第三場考試策論，多以默寫《武經》為主。第一、二場考試，有外籍的副將、參將等武職人員參加選拔。院試被錄取的武生要造冊呈報兵部，同時將名單轉發各學校。武生學習內容除騎射外，還有《武經》、《百將傳》、《孝經》、《四書》等。學習期間，「騎射不堪，文理荒疏，以及品行不端者，許教官詳請學政裭革」[42]。武生三年舉行一次歲考，無故不參加者革退。年滿六十歲的武生，由政府給予衣頂，歸州縣管轄。

武科鄉試也是三年舉行一次，分別在子、卯、午、酉年的十月。鄉試中試者為武舉人。鄉試進行三場，頭場、二場稱外場，三場稱內場。順天鄉試外場考官

---

41 《科舉史話》，84頁。
42 《欽定大清會典事例》卷七一九。

以內大臣、大學士、都統擔任，內場考官以翰林官二人擔任，同考官以科甲出身的京員四人擔任。各省鄉試，以總督、巡撫為監臨、主考官，科甲出身的同知、知縣四人為同考官，就近省城的提督、總兵一人同考外場。

武科鄉試頭場試馬射，以氈球為目標，分三次，每次三矢，中二矢者即為合格。二場試步射，射布侯，共九矢，中三矢者為合格。另外，還試開弓、舞刀、掇石三項技藝。弓分八力（10 斤為一力）、十力、十二力，刀分八十斤、一百斤、一百二十斤；石有二百斤、二百五十斤、三百斤。要求弓開滿、刀舞花、石離地一尺，三項中有一、二次達標即為合格。第三場試策二問，論一篇。順天鄉試由內場考官出題，各省由巡撫出題，題目多用《武經七書》。康熙年間，議定論題二篇，首題用《論語》、《孟子》，次題用《孫子》、《吳子》、《司馬法》。乾隆年間，以武場原是選取將才，講明韜略，應當重《武經》，便將《四書》論一篇裁去，只留《武經》論一篇、策一篇。

武科鄉試在錄取的時候，注重外場，看輕內場。這種情況在乾隆年間就已存在。乾隆三十年（1765 年），趙翼任順天武鄉試考官，考生的策文中錯誤很多，但因為外場成績好，便也不得不錄取。於是，到嘉慶年間，因武生員多不能文，便把內場策論改為默寫《武經》中的一段話，不過幾百字而已。

武鄉試取中的名額，因時間地點不同，數目也不一樣。康熙年間，曾規定各省名額是文鄉試名額的一半，雍正年間有所減少。從嘉慶年間開始，武鄉試有磨勘；從道光年間開始，亦有復試。這表明清前期對武生考試要求，一度也是比較嚴格的。

武科會試在鄉試舉行的次年，即丑、辰、未、戌年的九月進行，應試者為武舉人，考中者稱武進士。會試也分內外場，一、二場為外場，考官以內大臣、大學士、都統等四人擔任，第三場為內場，考官以閣、部、都察院、翰、詹堂官二人擔任。同考官以科甲出身的閣、科、部員四人擔任。

會試各場的考試程序和內容同於鄉試。錄取名額自一百名至三百名不等，視每年具體情況而定。武會試從乾隆四十年（1775 年）實行磨勘，嘉慶六年（1801

年）實行復試，不合格者或停止殿試，或除掉其名。

武科殿試是清前期武科的最高一級考試，一般在會試之後的十月裡進行。武殿試的內容以馬步射，弓、石、刀為主，也有試策。在殿試時，朝廷設有提調官、讀卷官、掌卷官、受卷官、彌封官、巡綽官、印卷官、填榜官、供給官等，均由兵部根據各部院開送的職名密題請旨選派。試策在太和殿進行，以默寫《武經》為主，限幾百字。演練馬步射和弓石刀，則在西苑（今中南海）紫光閣大幄進行。考試分兩天，第一天考馬步射，第二天考弓石刀。考試結束，皇帝回宮。武殿試也重外場輕內場，道光十三年（1833 年），道光帝諭示：「武科之設，以外場為主。其弓力強弱，尤足定其優劣。至馬、步箭本有一日之長短，第能合式，即可命中。」「默寫《武經》，又其餘事，斷不能憑此為去取。」[43] 誰輕誰重，這裡講得已經很清楚了。

武進士的傳臚典禮也在太和殿進行，程序大體上同於文進士。一甲三名賜武進士及第，二甲若干名賜武進士出身，三甲若干名賜同武進士出身。一甲前三名分別稱為武狀元、武榜眼、武探花。金榜張掛在西長安門外。武狀元要授予盔甲。傳臚的次日，要在兵部舉行「會武宴」，禮節和文進士的恩榮宴基本相同。宴席上，要賜給武狀元盔甲、腰刀、繳袋、靴、襪等，賞給各武進士銀兩。

對武進士的錄用，清初曾規定，一甲進士授副將、參將、游擊、都司；二甲授守備；三甲授署守備。雍正年間改定：一甲第一名授一等侍衛，二、三名授二等侍衛；二、三甲授三等侍衛、藍翎侍衛，以及營、衛守備等。[44]

三、制科

清前期的制科，主要是指博學鴻詞科，這是皇帝在常科之外特詔舉行的，對

---

43 《欽定大清會典事例》卷七一七。
44 參見《清朝文獻通考》卷五十三，《選舉考七》。

象是那些有特殊才能的讀書人。康熙十七年（1678 年），康熙帝諭示：「自古一代之興，必有博學鴻儒，振起文運，闡發經史，潤色詞章，以備著作之選。朕萬幾餘暇，游心文翰，思得博洽之士，用資典學。」「凡有學行兼優，文詞卓越之人，不論已仕未仕，在京三品以上及科道官員，在外督撫布按，各舉所知，朕將親試錄用。其餘內外各官，果有真知灼見，在內開送吏部，在外開報督撫，代為題薦。務令虛公延訪，期得真才，以副朕求賢右文之意。」[45]這就是康熙朝博學鴻詞科的緣起。

博學鴻詞科試場──體仁閣

康熙皇帝的上諭頒布後，內外官員遵旨保薦，有一百八十六人陸續到達京師。戶部酌情給這些人衣食、俸廩和柴炭銀兩。康熙十八年（1679 年）三月初一日，考試在體仁閣進行，一百四十三人參加，試題是《璇璣玉衡賦》並《序》，《省耕詩》五言排律二十韻。考試中途，還賜午宴，肴饌極為豐盛，為清代科舉史上所未有。午宴後，繼續考試，直到夜幕降臨。考卷全部交齊後，有關官員當夜就進呈給了康熙皇帝。

康熙帝命有關大臣閱讀試卷，分一、二、三、四等。最後，經過康熙皇帝親自評閱，錄取了一等彭孫遹等二十人，二等李來泰等三十人，都授為翰林官，入

---

45 《清朝文獻通考》卷四十八，《選舉考二》。

史館纂修《明史》。其餘三、四等作罷。錄取的這五十名人員中，有的是已仕進士，做過道員、郎中、主事、知縣等官，也有的是未仕進士、未仕舉人，還有四人以布衣入選，人稱「四大布衣」。康熙朝的這次博學鴻詞科，不但使清朝統治者網羅了很多人才，為清前期的文化發展做出了貢獻，而且在政治上也產生了很大影響，促進了清前期國家的統一。

雍正十一年（1733 年），雍正帝因「數十年來，館閣詞林儲材雖廣，而宏通博雅、淹貫古今者未嘗廣為搜羅」[46]，為延攬「卓越淹通之士」[47]，便詔諭開博學鴻詞科。不料，詔書下達兩年之久，僅河東督臣舉一人，直隸督臣舉二人，其他省都沒有舉薦。不久，雍正帝病逝，乾隆皇帝即位，又諭示京內大臣及各省督撫舉薦博學鴻詞，並要求一年之內齊集京師，候旨廷試。

根據御史吳元安建言，乾隆年間的這次博學鴻詞科，決定改為試兩場，詩賦之外，增加策論。乾隆元年（1736 年）九月，一百七十六人在保和殿應試，照例賜宴。乾隆皇帝欽命試題。第一場賦、詩、論各一，第二場試經、史制策各一。考試結果，取一等劉綸等五人，授翰林院編修；二等十人，分授翰林院檢討、庶吉士。乾隆二年（1737 年），在體仁閣補試後到者二十六人，第一場試制策二，第二場試賦、詩、論各一。結果，取一等萬松齡一人，授檢討；二等三人，分授檢討和庶吉士。

四、八旗鄉、會試

順治八年（1651 年），吏部疏言：「八旗子弟多英才，可備循良之選，宜遵成例開科，於鄉、會試拔其優者除官。」[48]於是，八旗鄉、會試正式開始。不過，八旗子弟取得官職，不完全需要通過科舉的方式，因而很長一段時間內，八旗子

---

46 李富孫：《鶴徵後錄》卷首。
47 同上。
48 《清史稿》卷一〇八，《選舉志三》。

弟鄉、會試時舉時停，直到康熙朝中葉，清政府決定八旗與漢人一體應試，八旗鄉、會試才步入有序軌跡。

八旗鄉、會試的內容，先試騎射，合格者再應策論。鄉試是滿文或蒙古文一篇，會試則為滿文或蒙古文兩篇。漢軍子弟則試經藝一篇，書藝二篇。康熙二十六年（1687年），八旗與漢人一體應試後，各種規制與漢人一樣，最初滿洲、蒙古、漢軍分開放榜的做法也有了改變。

清前期的科舉制度，是維護滿族貴族和漢族地主階級等聯合專政的封建國家利益的制度，其階級性是非常鮮明的。除倡、優、隸、皂之家的子弟沒有考試資格外，就是一般下層群眾的子弟，實際上也不可能參加考試。這樣，參加科舉考試的則只有官僚和地主階級的子弟。另外，科舉制度發展到清前期，其消極因素日益明顯，特別是以八股文作為考試的主要文體，對人才的摧殘和對思想的禁錮，比以往更是有過之而無不及。正因為如此，清前期統治階級對是否實行科舉制度也有過爭論。康熙皇帝就曾表示：「八股文章，實於政事無涉。」[49]乾隆年間的兵部侍郎舒赫德也直言不諱地說：八股文章都是空言抄襲，不是遴選真才實學之道。既然如此，清前期科舉制度為什麼還延續下來了呢？那是因為，統治階級「非不知八股為無用，而牢籠志士，驅策英才，其術莫善於此」[50]。而這也恰恰反映了科舉制度是為統治階級服務的，實際上是一種扼殺人才的制度。

49 王逋肱：《蚓庵瑣語》，《說鈴》。
50 《滿清稗史》第37節。

第十章

史學的發展

　　清前期統治者非常重視歷史的作用。清代的官修史書，在數量上和種類上都遠遠超過了以往任何一個封建王朝，是清代文化發展史上一項重大收獲。

　　清代官修史書的高度發展，有其深刻的社會文化背景。清朝經過康、雍兩朝的恢復和發展，到乾、嘉時期，出現了封建社會最後一個「盛世」年代。國家空前統一，經濟有了長足發展，社會較為安定，為學術發展提供了客觀的物質條件。乾隆中葉，以整理古籍為重點的治史活動，由於封建統治者的提倡而蔚然成風。所有這些都為大規模的修史工作奠定了一個好的政治、經濟、人力和技術方面的堅實基礎。

　　再者，清朝統治者高度重視，成立規模龐大、組織嚴密的各類史館，保證了修史工作的正常開展。在每個史館之中，均由一些學識淵博、通於經史的學者參與諸史的編纂。又有皇帝詔諭征收、購置天下圖書，送交史館以供參考。無論是從人力上、物質條件上都超過了歷代封建王朝。在修纂諸史的過程中，清政府注意充分利用當時最先進的印刷技術，書籍的印刷和裝幀十分精美，達到了世界最高水平，為後人保留了一大批寶貴的文化遺產。

　　在統治階級的推動下，清前期湧現了許多著名的史學家，他們有的著述宏富，有的在史學理論上提出了新見解。此外，清前期少數民族史學也有所發展。

第一節 ·

修史機構
的創設

　　清前期統治者對本朝歷史非常重視，認為「凡一代之興，必垂一代之史」[1]。
因此，從順治朝開始，就有計劃地組織人力，把大臣章奏、皇帝諭示分門別類進
行編輯，作為纂修國史之用。順治帝曾提出纂修《清太宗實錄》的原則：「毋浮
誇以失實，毋偏執以廢公，毋疏忽以致闕遺，毋怠玩以淹歲月。敬成一代之令
典，永作萬年之成憲。」[2]康熙帝即位以後，準備纂修清太祖、太宗、世祖三朝
的歷史，為此任命了監修總裁官、副總裁官。他還就開國功臣傳主的先後順序作
出諭示，認為應當以事績先後定次第，不宜以功績分次第，避免出現子孫列前的
現象。雍正帝即位以後，不僅準備纂修三朝國史，而且準備纂修四朝國史。他諭
令有關部門行文八旗，將諸王、貝勒、貝子、公以及文武大臣的冊文、誥敕、碑
記、功牌、家傳等詳加查核，匯集成冊，作為纂修國史用。雍正帝還任命大學士
鄂爾泰為四朝國史、八旗志書館總裁官。

　　綜上所述可見，清前期統治者對修國史的確是非常重視的。正因為此，清朝
建立後，便設立了修史機構。「翰林院……掌院……掌國史筆翰，備左右顧

1　《清世祖實錄》卷四十二，順治六年正月丁卯。
2　同上。

問。……修實錄、史、志，充提調、總纂、纂修、協修等官……」[3]

不過應當指出，翰林院不單純是修史機構。康熙帝曾說：「翰林職掌，專事纂修。」[4]「國家設立翰林院衙門，原以儲養人才，嫻習文學，以備顧問編纂之用。」[5]由此可知，修史只是翰林院職掌的一個方面。原來，在翰林院中，設有國史館機構，專門掌修國史。「國史館總裁，（特簡，無定員。）掌修國史。清文總校一人。（滿洲侍郎內特簡。）提調，滿洲、（內閣侍讀學士或侍讀派充。）蒙古、（內閣蒙古堂或理藩院員司派充。）漢（翰林院侍讀學士以下官派充。）各二人。總纂，滿洲四人，蒙古二人，漢六人。纂修、協修，無定員。（蒙古由理藩院司官充。滿、漢由編、檢充。）校對，滿、蒙、漢俱各八人。（內閣中書充。）」[6]

清前期統治者以翰林院中的國史館作為修史機構。此外，軍機處中的方略館專修方略，也負有一部分修史之責。眾所周知，清朝皇帝在每一次大的軍事行動之後，都編有方略，也稱「紀略」，記載這一次軍事行動的始末。可見，方略記載的是清朝本朝的歷史。軍機處方略館的組織機構及職掌是：「總裁，軍機大臣兼充。掌修方略。提調、收掌，俱滿、漢二人。纂修，滿洲三人，漢六人。（俱由軍機章京內派充。漢纂修缺內由翰林院咨送充補一人。）校對，無員限。（六部司員、內閣中書兼充。）有事權置，畢乃省。」[7]

由上可以看出，在清前期，翰林院國史館是常設的修史機構，軍機處方略館是臨時的修史機構。此外，為修《明史》，清政府也曾臨時組織機構。順治朝，內三院大學士馮銓、洪承疇、范文程、剛林等人曾充任纂修《明史》總裁官，寧完我、朱之俊等人為副總裁官，圖海、張端等人為纂修官，石圖等人為收掌官。[8]到康熙和雍正朝，《明史》纂修機構的人選又多有變化。不僅如此，為修某一部

3　《清史稿》卷一一五，《職官志二》。
4　《清聖祖實錄》卷三十九，康熙十一年閏七月甲午。
5　《清聖祖實錄》卷一一九，康熙二十四年二月丁酉。
6　《清史稿》卷一一五，《職官志二》。
7　《清史稿》卷一一四，《職官志一》。
8　《清世祖實錄》卷十六，順治二年五月癸未。

專書，清政府還要臨時組成某某館，作為該書的修撰機構，比如修「聖訓」、「實錄」等，就都曾組成修聖訓館、修實錄館。

總之，國家常設修史機構、臨時修史機構、不同類別史書修撰機構的設立，既表明了清統治者對歷史的重視，也為各種史書的修撰提供了良好的條件。

第二節 ·
多種體裁
的官修諸史

一、《明史》

《明史》是中國二十四史之中最後一部，也是官修正史中體例較嚴謹、內容較好、編纂時間最長的一部。

《明史》的修撰，從順治二年（1645 年）開局詔修到乾隆四年（1739 年）書成刊印，歷時九十五年之久。如果從康熙十八年（1679 年）正式編修算起，也花費了整整六十年時間。從著手準備到全書告成刊印，之所以用去近一個世紀，歷經順治、康熙、雍正、乾隆四朝，一是因為清初社會矛盾激烈，時局動盪，人才缺乏，條件不備；二是由於清朝統治者對修史的專橫控制，史館人事屢變，總裁調動頻繁。早在順治初年，馮銓、洪承疇等負責這項工作，當時由於時局未定，各地抗清鬥爭不止，加之洪承疇等人不但缺乏史學修養，而且身為降臣，對修明代歷史自然避忌多端，沒有什麼成效而告終。康熙十八年征「博學鴻

儒」，重開史館，正式修撰《明史》。當時人才濟濟，史料備具。但清統治者加強思想文化的專制，文字獄不斷，因私著明史而被構陷入獄者不斷出現，致使史家視修撰明史為危途。再加上處理明代萬曆朝以後明清之間的關係，以及明清之際全國各地抗清的事蹟是一難題，在史書體例上如何安排南明福、唐、魯、桂諸王政權，更有困難。這些問題，在清朝政局完全穩定之前不可能尋找到一個較為穩妥的解決辦法，自然影響到《明史》的修撰進程。

清朝修撰《明史》，參考史料之富，動用人力之多，都是空前的。除了官修的《明實錄》和《明會典》外，還有大量的私人著作可資參考。因為自明朝中葉以來，私人寫史之風盛行，因而記述明代故事的史籍特別多。《四庫全書總目提要》就曾指出：「明人學無根柢，而最好著書，尤好作私史。」這些記錄本朝史事的明代作品，如鄧元錫的《明書》、王世貞的《弇州史料》、何喬遠的《名山藏》、陳建的《皇明通紀》，還有各種雜史、傳記等書，卷帙浩繁，內容廣博，為清修《明史》提供了極為豐富的參考史料。清修《明史》，因為距離明朝覆亡不遠，「見聞尚接，故事蹟原委，多得其真」[9]，而且在編纂過程中許多著名的學者都參與其事，可謂人才濟濟，保證了成書的質量。後又經反覆修改，所以《明史》在正史中以體例嚴謹、材料豐富、內容牴牾較少，而被後世史家譽為上品。在二十四史當中，除前四史之外，《明史》的地位是比較高的。

《明史》共三百三十二卷，包括本紀二十四卷、志七十五卷、表十三卷、列傳二百二十卷，另有目錄四卷。就內容而言，它記載了明代近三百年的史事，基本上反映了這一時期的社會問題、民族關係、階級矛盾和統治階級內部鬥爭的情況。如關於農民起義的史料，書中直接或間接記載的地方相當多，儘管史作者的立場是站在農民起義的對立面，但它畢竟反映了當時突出的社會現實問題。因為清朝統治者編寫《明史》的目的，是企圖把明朝興亡的歷史，引為自己的借鑑，為鞏固本朝的統治服務，因而對明代的政治得失、社會矛盾等，都要求在書中加以揭露。因此，書中記載得最詳細的內容，是關於明朝統治階級內部的矛盾和衝

---

9 趙翼：《廿二史札記》卷三十一。

突。從洪武時期朱元璋殺戮功臣，到萬曆時期的閹宦擅權、東林黨爭等，都備載無遺，在一定程度上暴露了當時政治的黑暗和當權者的暴虐。《明史》對統治階級人物的評價，一般能做到功過並舉，很少有完全的肯定，這是歷史著作中值得提倡的一個優點。

《明史》與前代官修諸史相比，在體例上有創新之處。根據明代社會的特點，增設了《閹黨傳》，專記宦官結黨擅權誤國；又設《流賊》、《土司》等列傳，記述了明代突出的社會問題，為了解明代農民起義和民族關係提供了比較集中、系統的材料。在表的部分，增加了《七卿表》。以前正史有志無圖，而《明史》的《曆志》則增圖以明之，實現了鄭樵所提倡的「左圖右書，不可偏廢」的主張。前代諸史《藝文志》部分大都失之斷限，把前代和當代的作品羅列在一起，條理不甚清楚，而《明史》則只記載當代藝文，避免了重複。在史料的取捨和編排上，《明史》採取了較為客觀的態度。材料取捨中，凡不可信者，皆棄而不取；對歧說難定是非者，則採取存疑互見的方法，列出各種不同的記載，讓讀者自己去定奪。在材料的剪裁上，力求多刊載史料原文，儘可能多地保留原始文獻，增加了史書的信息含量。

至於《明史》存在的問題，首先表現為有些記事過於簡略，如關於社會經濟和自然科技發展就記述的很少，未能充分反映出明代自然科學發展的水平。雖然設立了《外國傳》，敘述明朝與周邊各國的貿易往來和友好交往，但範圍僅限於近鄰及南洋諸國。像鄭和七下「西洋」，前後歷經數十年、途經數十國，在世界航海史上堪稱壯舉的事蹟，《明史》記載卻十分簡略。涉及明清關係的史事，由於清代文網森嚴，忌諱很多，有關清人入關之前及南明諸王政權、各地抗清鬥爭和清朝統治者的血腥鎮壓等史實，記載零星，語焉不詳，且多有失實之處。書中專設《流賊傳》，對農民起義竭盡詆毀之能事，更是有悖於歷史真實。再者，宣揚封建倫理道德，強調君主集權，《明史》也達到了前代諸史所未有的高度。在《忠義》、《孝義》、《列女》等傳中，大肆標榜封建綱常名教，暴露出愚弄百姓、維護封建皇權的反動立場。

但是從整體上說，《明史》在編纂方面有不少長處，史料依據豐富，體例嚴

謹，敘事清晰，編排得當，文字簡練，稱得上是唐以後官修正史中比較完善的一部史書，是了解明代歷史的首選著作。

二、《清實錄》和《東華錄》

《清實錄》是清代官修編年體史料長編。全書自太祖努爾哈赤起，至德宗光緒帝止，共十一朝，計十二部、四千四百〇四卷（包括《滿洲實錄》八卷及各朝實錄之首卷）。

清代所謂修國史，一般泛指纂修實錄。歷朝皇帝都非常重視實錄的纂修，每一皇帝登極之後，都把纂修前朝實錄視為大典，專設實錄館，由寵信大臣主持修撰，最後由皇帝本人審閱欽定。實錄修成，分別以漢、滿、蒙三種文字繕寫正本四部、副本一部，分藏於皇史宬、內閣、內廷和盛京崇謨閣。

現存清代實錄，太祖、太宗、世祖三朝均經過「重修」、「核訂」。《太祖實錄》初修於入關前，兼天聰、崇德兩朝的《太宗實錄》初修於入關不久，《世祖實錄》修成於康熙十一年。康、雍、乾三朝對上述清初三朝實錄作了大量的修改加工，使實錄中絕大部分失去了初修時的面目。清廷之所以屢次修改前朝實錄，主要是出於美化祖先，掩蓋清室祖先在立國之初的歷史真相和清室內部相互傾軋的內幕，以及暴虐政治和民族壓迫的史實。清室祖先原為明朝在建州的臣屬，只是在努爾哈赤、皇太極兩代才開始擺脫明朝的統治。入關之後，清廷把初修實錄中有關這一部分的記載作了徹底的剔除。在乾隆朝重修前朝實錄時，對諸如圈占漢人土地、逃人法、文字獄等清朝推行的野蠻和殘酷的統治政策，都進行了大量的修改和刪削。有的史事，如牽連七省、遷延三十多年的曾靜冤獄，是當時震驚全國的特大要案，而雍正、乾隆兩朝實錄對此竟然只字未提，「實錄」之名多有虛妄。為了使實錄的內容編訂適應不斷變化的社會現實的需要，清廷完全置歷史於不顧，隨時都在對歷朝實錄進行斟酌修改。光緒時定制，日講官每日進講實錄一卷，每遇對內容不滿意之處，就在講筵之間加以修改。每次修改完畢，即將前本焚毀，不留任何修改的痕跡。這種隨意篡改歷史的做法，在數千年的歷史上，

實在是不多見。清史研究專家孟森先生對此感嘆說，清「改實錄一事，遂為清世日用飲食之恆事，此為亙古所未聞者」[10]，可謂直陳其弊。

《清實錄》是以皇帝為中心的大政日志，逐年逐月逐日排列皇帝的活動、詔諭和臣下的奏議，是皇帝活動和詔諭的匯集。臣下的奏章非經皇帝批過不載。《清實錄》對皇帝一味歌功頌德，粉飾太平。但它畢竟匯集排列了大量的原始檔案材料，仍不失為研究清史的史料寶庫。它文字不計優劣，記述務求其詳，不僅詳盡地記載了皇帝的一言一行，以及一些大臣的一生政績，而且包括了一代刑法政令、科舉吏制、錢糧財賦、人口戶籍、兵役戰爭、封疆建置，外交封貢、文化典籍以及自然災異等社會生活多方面的內容，是匯集清代史料最全的典籍之一。

能在一定程度上彌補《清實錄》因頻繁改動而造成許多內容失實這一缺陷的是《東華錄》。《東華錄》是清朝史臣因職務之便抄錄的歷代實錄的縮編本。有乾隆朝蔣良騏摘抄的清初五帝六朝《東華錄》、光緒朝王先謙所集《東華錄》。蔣氏《東華錄》成書三十二卷，起自太祖天命元年（1616 年），迄於世宗雍正十三年（1735 年），保存了傳本所不載的一些清初史料。王氏據改修本實錄，仿蔣氏的做法抄錄乾隆、嘉慶、道光三朝史料，輯為《東華錄續編》二百三十卷；對蔣氏《東華錄》加以詳編、補充，增至一百九十五卷，合稱《九朝東華錄》；後又增補潘頤福咸豐朝《東華錄》一百卷和自輯同治朝《東華錄》一百卷，成《十一朝東華錄》，俗稱《王氏東華錄》。全書在《清實錄》未刊行之前，頗為學者所推重。

三、《大清一統志》

《大清一統志》是清代官修的一部全國性的歷史地理總志。該書從康熙二十五年（1686 年）開設「一統志館」著手纂修算起，前後共修纂過三次。第

---

10 孟森：《讀清實錄商榷》，參見《明清史論著集刊》，619 頁，北京，中華書局，1959。

一次修於康熙二十五年，最初由內閣學士徐乾學主持，後來徐乾學因罪免職，編纂工作一度停頓下來。雍正七年（1729 年）敕令各省纂輯通志，「上諸史館，以備一統志之採擇」[11]。在朝廷詔令下，各省通志編纂進度加快，《一統志》的纂修隨之恢復。乾隆六年（1741 年），畿輔、盛京、山東、山西、河南、湖廣等省十七部通志相繼修成。乾隆九年（1744 年），《一統志》也最後成書，共三百四十二卷。其編排次序是按省分述，先有概述及圖表，再分別記述一省之內的建置沿革、形勢、職官、戶口、田賦、名宦。省以下再以府、州分卷，記述一府或直隸州之分野、建置沿革、形勢、風俗、城池、學校、戶口、田賦、山川、古跡、關隘、津梁、堤堰、陵墓、寺觀、名宦、人物、流寓、列女、仙釋、土產共二十一門。所記時間自清初開國至乾隆八年（1743 年）。其體例雖多依仿《大明一統志》，但較之於元明兩代一統志，內容充實，考證精詳。

該書修成不久，清朝對西北邊地接連用兵平定了蒙古、維吾爾等族上層分子的叛亂，版圖擴大；加上部分行政區的劃分有所變動，職官又有增減。於是，乾隆二十九年（1764 年）十一月，乾隆帝接受御史曹學閔的建議，下令重修《大清一統志》，歷經二十年，至乾隆四十九年重修工作告成，凡五百卷（含子卷），俗稱「乾隆《大清一統志》」。

該書第三次重修是在嘉慶十七年（1812 年）至道光二十二年（1842 年）。從乾隆五十年到嘉慶年間，全國的情況又有很多新的變化。特別是戶口、田賦、稅課較前大有增加，行政區劃和職官也有不少新的變化。嘉慶帝令國史館進行補纂和修訂工作。補修工作自嘉慶十七年四月開始，至道光二十二年十二月完稿，前後耗時三十二年。重修後增輯資料截止到嘉慶二十五年，故定名為《嘉慶重修一統志》，共五百六十卷。書中乾隆五十年以前的內容悉抄舊志，稍有修改；增輯部分，主要取資於朝廷各部、院、寺、監及各省的冊籍，同時又博採群書，特別是國史、地方志和《天下輿地全圖》等。與前兩部《大清一統志》相比較，《嘉慶重修一統志》不僅敘述的時間長，而且內容更加豐富，體例日臻完備，考訂也更精詳。是中國古代最完善的一部全國性地理總志。

---

11 《四庫全書》卷六十八，《史部·地理類一》。

四、續三通和清三通

乾隆十二年（1747 年），清廷開始設館對「三通」（《通典》、《通志》、《文獻通考》）進行續修。至乾隆三十二年，仿「三通」體例纂修《續文獻通考》二百五十卷，《續通典》一百五十卷，《續通志》六百四十卷，人稱「續三通」。

《續文獻通考》，根據明代王圻所編《續文獻通考》加以改纂，體例與南宋馬端臨《文獻通考》相同，共二十六門，比《通考》多出「群社」（從「郊社考」分出）、「群廟」（從「宗廟考」分出）兩門，記事上接《文獻通考》，下迄於明亡，記載了自宋寧宗嘉定年間至明末四百多年社會政治經濟等的沿革變遷，眉目門類比較清楚，史料引證宋、遼、金、元、明各代舊史以及文集、史評、語錄，並參以說部雜編加以考證，後又經紀昀等人校訂，對《文獻通考》未詳部分有所補正。

《續通典》，體例與《通典》相同，僅將兵刑分為兩門。記載從唐肅宗至德元年到明崇禎末年共計一千年左右的典章制度，因為明代見聞最近，所以史料也以明代部分最為豐富。

《續通志》，承襲鄭樵《通志》之舊，內容體例均無多少變化。

清廷在纂修「續三通」的同時，還修了「清三通」——《清朝文獻通考》、《清通典》、《清通志》。三部書在乾隆五十一年至五十二年（1786-1787 年）間定稿。

《清朝文獻通考》，又稱《皇朝文獻通考》。全書共三百卷，初與《續文獻通考》共為一編，乾隆二十六年，「以前朝舊事，例用平書，而述昭代之典章，錄列朝之詔諭，尊稱鴻號，於禮當出格跳行，體例迥殊，難於劃一，遂命自開國以後，別自為書，後《續通典》、《續通志》，皆古今分帙，即用此書之例」[12]。體例與《文獻通考》相同，除仍《通考》二十四門分類外，又加「群廟、群祀」兩

---

12 《四庫全書總目提要》，《史部・政書類一》。

考共二十六門。根據清代社會特點，在子目中刪去均輸、和買、和糴、童子科、戰車等，增入八旗田制、銀色、銀直及回部普兒、外藩、八旗官學、安奉聖容、蒙古王公等。

《清朝通典》一百卷，亦稱《皇朝通典》，體例與《續通典》相同，分為九門，各門子目又根據當時實際情況做了調整而有所增減。所載典章制度，自清初迄於乾隆。所用材料，大多取自《大清通禮》、《皇朝禮器圖式》、《大清律》、《中樞政考》、《大清一統志》、《滿洲源流考》、《大清會典》等書編輯而成，材料豐富，分門別類，便於檢索。

《清朝通志》一百二十六卷，亦稱《皇朝通志》，體例與《通志》、《續通志》不同之處，省去了本紀、列傳、世家、年譜，僅存二十略。二十略之目，也與鄭樵原書相同。該書內容除氏族、六書、七音、校讎、圖譜、金石、昆蟲草木諸略外，大都與《清朝通典》相重複。所以《四庫全書總目提要》說：「名為《通志》，實與《通典》、《通考》為類。」這說明當時官修諸書，並不是真正從實際需要出發，而是硬套名目，「附庸風雅」，點綴太平。

乾隆時期所修「續三通」和「清三通」共六部，加上前朝的「三通」，這就是人們常說的「九通」。後來近人劉錦藻又編了一部《清朝續文獻通考》，於是便有了「十通」之稱。

五、《大清會典》等書

《大清會典》專門記載清朝的典章制度，簡稱《清會典》。初修於康熙二十三年（1684 年），雍正、乾隆、嘉慶、光緒四朝迭加續纂。《清會典》的編纂，形式上仿照《大明會典》，但在具體類目上有所增損。書中把典則與事例分開，稱「會典」和「會典事例」。採取「以官統事、以事隸官」的寫法，編排上「以典為經，例為緯」，事例作為會典的輔助，把各門各目的沿革損益情況，按年進行排列，匯編清朝各官衙的執掌、政令、事例，以及職官、儀禮等制度。

康熙《清會典》162 卷，成書於康熙二十九年。記載崇德元年（1636 年）至康熙二十五年（1686 年）事，康熙二十六年孝莊文皇后喪禮，則以特例附載於禮部。雍正《清會典》250 卷，雍正二年（1724 年）下詔修纂，十年書成。續載康熙二十六年至雍正五年事，個別有延至雍正七年、八年者。乾隆《清會典》100 卷，增加則例 180 卷。乾隆十二年（1747 年）開始修纂，二十九年成書。全書起於清初，迄於乾隆二十三年，有少數典則為「奉特旨增入，皆不拘年限」。嘉慶《清會典》，會典 80 卷，事例 920 卷，圖 132 卷。嘉慶六年（1801年）開館修纂，二十三年成書，所載內容以嘉慶十七年為限。光緒《清會典》，會典 100 卷，事例 1220 卷，圖 270 卷。光緒十二年（1886 年）開始編纂，二十五年成書，紀事下限光緒二十二年。

自嘉慶朝，又官修以圖說形式記載官署職掌制度的《大清會典圖》。有嘉慶朝《大清會典圖》132 卷，光緒朝《大清會典圖》270 卷，後者把嘉慶會典圖157 幅擴編為 333 幅，更為完備。包括禮、樂、冠服、武備、天文、輿地等內容。《大清會典》除漢文本外，又有滿文本，是研究清代典章制度的重要資料。

清代官修史書是空前的。除了以上介紹的幾種外，還有其他一些史書，都為人們所注意。

《滿文老檔》，舊藏一百八十冊。又稱《無圈點檔》、《滿洲老檔》、《老滿文原檔》。為清代最早官修的一部滿文編年體史書。是書反映內容，始於明朝萬曆三十五年（清太祖丁未年，1607 年），止於明崇禎九年（清崇德元年，1636年）。除卷首反映努爾哈赤以兵甲十三副崛起於長白山的內容殘缺不全及中間少數年代內容有缺外，從努爾哈赤征滅烏拉、葉赫各部，繼而發動對明朝戰爭，奪取遼東，建都遼陽，遷都瀋陽，到皇太極即位，繼續用兵遼西等歷史，老檔中均有記載。老檔還反映了當時滿族的社會組織、八旗制度、經濟發展及與蒙古、朝鮮的交往等，是研究清入關前的歷史和滿族發展史的最重要的第一手資料，乾隆年間，先後進行多次重抄、整理，把原本的老滿文圈點翻譯為新滿文，藏置於內閣。

《通鑑輯覽》一百六十卷。該書兼採《資治通鑑》和《通鑑綱目》兩書體

例，編年紀事，敘述自上古至明朝末年歷代史實。經乾隆皇帝審定並加以論斷，故稱《御批歷代通鑑輯覽》。因為是官修、御批，其觀點被定為科舉考試必須遵守的原則。

《滿洲源流考》二十卷。該書專述滿族自肅慎以來的歷史，分部族、疆域、山川、風俗四門。書中隱諱建州女真臣服於明朝的歷史事實，但對於了解清朝滿族的發祥地──東北地區的自然和社會歷史環境，仍有很大幫助。

《開國方略》三十二卷，記述清朝開國到順治入關的史事，編年分述。

《貳臣傳》十二卷。清國史館輯。清初，為了入主中原，朝廷對一些明朝降臣優禮相待，委以重任，死後被「恩准」入祀「昭忠祠」或「鄉賢祠」。但是，當清政權穩固之後，乾隆轉而提倡忠於一姓君主的封建倫理道德，便把這些降臣稱為「貳臣」，表示對他們「失節」行為的貶斥，同時命史館為他們立傳，編為《貳臣傳》。書中記載明臣降清者如洪承疇、祖大壽、賈漢復等共一百二十餘人。

《國史列傳》，又名《滿漢大臣列傳》，八十卷。清代定制，二品以上文武官員、王公大臣，以及皇帝特准的其他重要人物，死後一律由國史館立傳。此書匯集清國史館列傳稿本，傳主多係乾隆年間大臣。

《國朝宮史》三十六卷。成書於乾隆二十六年（1761 年），由鄂爾泰、張廷玉、於敏中等人奉敕撰修。該書分訓諭、典禮、宮殿、經費、官制、書籍等部分，凡宮闈制度，皆一一羅列。嘉慶十一年（1806 年），大學士慶桂等又纂修《國朝宮史續編》一百卷。

在纂修上述史書的同時，清朝政府還編修了大型類書《古今圖書集成》、《四庫全書總目提要》和《歷代職官表》等重要的工具書，反映了當時官修圖書事業的興盛發達，成為中國封建社會官修圖書事業的最高峰，為中國古代文化的發展作出了重要貢獻。

第三節 ·
史家及其撰述

　　清前期史學上的成就，不僅表現在大量的官修史籍的問世，而且還表現在許多傑出史學家的不斷湧現，人才輩出；一批取材宏富、體裁新穎、立論卓異的史學作品，為中國傳統史學的發展增添了無限的光彩。顧炎武、王夫之、黃宗羲並稱清初三大家，不僅在思想領域開啟一代新風，在史學園地也以各自的學術成就影響了一代學人。乾嘉時期，王鳴盛、錢大昕、趙翼三大史家均以考史著稱，他們的治史精神及各自的代表作《十七史商榷》、《廿二史考異》、《廿二史札記》，突出地反映出那個時代學術發展的精神面貌和史學研究的基本特色。在為數眾多的史學著作中，清初黃宗羲所著的《明儒學案》，綜貫有明一代理學源流，成為中國古代第一部系統的斷代學術史專著。顧祖禹撰寫的《讀史方輿紀要》，「以一代之方輿，發四千餘年之形勢，治亂興衰，於此判焉」[13]，遠遠超越前代同類著述，成為中國古代歷史地理學的輝煌總結。章學誠畢一生之精力，撰著《文史通義》一書，縱論文史，品評古今學術，是史學評論中不可多得之書，總結和發展了中國史學理論，在史學研究上做出了巨大的貢獻。

---

13 《讀史方輿紀要》卷首「總敘三」。

一、開闢一代新風的顧炎武

清初學術文化的發展，上承晚明學術開啟的道路，帶著激烈動盪的時代色彩，呈現出以經世思潮為主流，從對明朝覆亡的沉痛反思入手，在廣闊的學術領域掀起用著述救世，以期「明學術，正人心」的新潮流。顧炎武就是這一進步思想的首倡者和身體力行者。

明末以來的社會動盪，至明清易幟達到極點。農民起義摧枯拉朽，明王朝在起義軍的打擊下土崩瓦解。清王朝入主中原，推行民族高壓政策，整個社會陷入空前的危機之中。於是，知識階層中不少人響應時代的召喚，為完成挽救社會危機這一重大歷史課題，去吶喊，去奮爭。當他們投筆從戎的壯舉被清兵的鐵騎無情地否定、復國的夢想被徹底粉碎之後，嚴酷的社會現實逼迫他們轉向沉痛的歷史反思，開始以著述救世，倡導講求「當世之務」的經世實學，扭轉前代脫離社會實際的虛妄學風。顧炎武、王夫之、黃宗羲，一批進步的思想家和史學家，在經歷了明末農民大起義和「社稷淪亡」的巨大社會變動之後，對當時的社會的黑暗、政治的腐敗有著深切的感受，他們面對嚴酷的社會現實，認真思索，尤其是在武裝抗清失敗之後，痛定思痛，潛心於學術，從歷史研究中總結明朝滅亡、清朝入主的原因，以歷代興亡為借鑑，具體地去探討國家政治制度、文教設施、賦役財政、軍制兵法、「夷夏之防」、山川之利等歷史經驗教訓，尋求社會改革的辦法。

顧炎武身當明清之際，深感於晚明以來文人空言誤國的惡習，「嘆夫百餘年以來之為學者往往言心言性，而茫然不得其解」[14]，「不習六藝之文，不考百工之典，不綜當代之務……以明心見性之空言，代修己治人之實學」[15]。面對如此風習，他大張「明道救世」的大旗，提倡學術必須「經世致用」。他說：「君子之為學也，以明道也，以救世也。徒以詩文而已，所謂『雕蟲篆刻』，亦何益

---

14 《亭林文集》卷三，《與友人論學書》。
15 《日知錄》卷七，《夫子之言性與天道》。

哉。」[16]又言：「愚所謂聖人之道者如之何？曰『博學於文』，曰『行己有恥』。自一身以至於天下國家，皆學之事也；自子臣弟友以至出入、往來、辭受、取與之間，皆有恥之事也。」「士不先言恥，則為無本之人，非好古而多聞，則為空虛之學。以無本之人而講空虛之學，吾見其日從事於聖人而去之彌遠也。」[17]「博學於文」和「行己有恥」合二為一，成為顧炎武一生執著追求的新學風，其目的和落腳點就是要經世致用，也就是他所說的「救世」。所以，他明確表示：學問文章，如果是「有益天下」的，多多益善；反之，多一篇就多一篇的損害。故曰：「載之空言，不如見諸行事」，「引古籌今，亦吾儒經世之用。」[18]他一生廣泛地涉足經學、史學、音韻學、金石考古和輿地、詩文等領域，其目的非常明確，那就是為了對自己的國家和民族能有所貢獻。

顧炎武「經世致用」的思想，在史學研究中，通過他的著作得到具體的發揮和運用。在他年輕的時候，就開始著手編寫與當時現實有著密切聯繫的兩部歷史地理著作，即《天下郡國利病書》和《肇域志》。他在《天下郡國利病書序》中說：「崇禎乙卯（1639年），秋闈被擯，退而讀書，感四國之多虞，恥經生之寡術，於是歷覽二十一史以及天下郡縣志書，一代名公文集及章奏文冊之類，有得即錄，共成四十餘帙。一為輿地之記，一為利病之書。」[19]《天下郡國利病書》主要記錄全國各地的疆域、形勝、關塞、兵防、田疇、水利、物產、賦役等，試圖從這些關乎國計民生和社稷存亡的社會歷史和自然現象入手，探討社會興衰演進的動因。

最能體現顧炎武「救世」精神的著作，是他積三十餘年之功力撰寫的《日知錄》。他在初刻本《日知錄》自序中說：「所著《日知錄》三十餘卷，平生之志與業皆在其中。」他在給朋友的信中也曾明確地表露：「某自五十以後，篤志經史……著《日知錄》，上篇經術，中篇治道，下篇博聞，共三十餘卷。有王者起，將以見諸行事，以躋斯世於治古之隆，而未敢為今人道也。」在書中，他回

---

16 《亭林文集》卷四，《與人書》。
17 《亭林文集》卷三，《與友人論學書》。
18 同上。
19 《亭林文集》卷六。

溯前代:「周末風俗」、「兩漢風俗」、「宋世風俗」,探討吏治、賦役、典禮等古制的來龍去脈,「疏其源流,考證其謬誤」,以達到「規切時弊」的目的。顧炎武還十分注意把學術活動與實地考察結合起來。他晚年游歷北方的時候,用兩匹馬、兩匹騾馱載著書籍,每到一處關隘要塞,就向當地的老兵退卒調查,有與平時所了解的情況不相符的,當即就取自帶的書籍檢查核對,予以改正。這部書和他的其他著述如《營平二州地名記》、《昌平山水記》,除取材於他人著述之外,更是他經歷了多年艱辛的實地考察才寫成的。

顧炎武「明道救世」的經世思想和嚴謹求實的治學精神,都直接影響到當時及後世的許多學者,開創了一種嚴謹樸實的新學風,開拓了廣闊的學術門徑。在他之後,學者們或是繼承他的為學方法,或是發揚他的治學精神,沿著他所開闢的道路走下去,不僅促成了乾嘉漢學的鼎盛局面,而且也取得了清代學術文化多方面的成果。

二、王夫之和《讀通鑑論》

王夫之是清初重要的思想家和歷史學家。因為他晚年定居衡陽石船山,所以學者稱之為船山先生。他本人也自署船山遺老、一瓠道人等。王船山自三十三歲就開始他的隱居著述生活,從事著述四十年,對天文、地理、曆法都很有研究,尤其精於經學、史學和文學。因為他大半生都隱居於湘西窮鄉僻壤的深山中,不為外人所了解,其著述直到道光朝才被人發現,傳播漸廣,影響日益擴大,和顧炎武、黃宗羲並稱為明末清初三大家。

王夫之在史學領域內,建樹豐富。主要著作有《讀通鑑論》、《宋論》、《永曆實錄》和《籜史》等。《永曆實錄》和《籜史》,詳細記載了南明永曆政權興亡始末,表達了對故國「亡明」的懷念之情。書中所載史實可補官修史書的闕漏,是清初私人著寫當代歷史的代表作品之一,突出的一點是,《永曆實錄》沒有像傳統的史家那樣囿於成見,把農民起義領袖都稱之為「盜賊」。凡是參加永曆政權以及在西南地區堅持抗清的歷史人物,王夫之都為他們作傳。其中有明朝

宗室，有明朝各級官吏，也有原農民起義的首領，如李自成餘部李過、高一功、郝搖旗，張獻忠的餘部李定國、劉文秀等人。在這些人物傳記中，作者肯定了他們抗清救國的歷史功績，並沒有因這些農民領袖參與推翻明朝政權而一筆抹殺他們的歷史地位。《讀通鑑論》和《宋論》是他根據《資治通鑑》和《宋史》所載的歷史事實，用評論歷史的形式來發表自己的政治主張和歷史哲學的史論專著，是他史論中的代表作。

《讀通鑑論》三十卷。其中評論秦史的一卷，兩漢史八卷，三國史一卷，兩晉史四卷，南北朝史四卷，隋史一卷，唐史八卷，五代史八卷。每卷依據《資治通鑑》所列歷代帝王世系，又分為若干篇，每篇選擇這一時期的典型歷史事件和有代表性的人物若干進行分析和評論。卷末附《敘論》四篇，概括說明本書的寫作意圖和主題思想。

《讀通鑑論》成書於康熙二十六年（1687 年），是王夫之晚年的一部作品。王夫之撰寫此書的目的，是為了從史書中找到「經世之大略」，即所謂「讀古人之書，揣當今之務」。他運用樸素的辯證法和進步的社會進化史觀，系統地分析、批判了從秦朝建立大一統帝國到五代十國分崩離析這千餘年間各代封建統治者成敗得失的經驗教訓，試圖從中總結出治亂圖存的道理。當時，他是滿懷著亡國的隱痛撰述此書，因此，書中所選擇的歷史事例，都是針對著明末清初各種政治流弊而發。例如，王夫之認為明末統治者對女真族在政治上、軍事上犯下一系列錯誤，才造成建州地區的軍事行動失利，最後養患為害，招致清人入關、明朝覆亡的歷史結局。他認真分析了歷代統治者對少數民族的政策和策略，及其利弊得失，提出對於「邊患」不可掉以輕心，應「防患於未然」，切不可國內亂而「借援於夷狄」。清兵入關之初，南明弘光皇帝和一批朝臣曾幻想借助於清兵鎮壓農民起義，而後劃江為界偏安江南，重蹈南宋故事。結果不過一年，清兵攻陷南京，弘光政權滅亡了。王夫之指出，「借援於夷狄」的結果，只能是「毀中外之防」，「亟病中國而自絕其胤」，加速自身的滅亡。從這些評論中，不難發現王夫之做史論的目的，完全是從「經世致用」的需要出發，即其所謂「述往以為來者師也」。

王夫之在分析歷代治亂興衰的原因時，反覆強調選賢任能、重用人才的重要性。《讀通鑑論》中有許多地方都表露出這種正確的人才觀。秦王朝短命的原因，他認為最主要的一點是用人不當。他評論秦始皇其人時說：「秦始皇之宜短祚也不一，而莫甚於不知人。非其不察也，惟其好諛也。托國於趙高之手，雖中主不足以存，況胡亥者！漢高祖之知周勃也，宋太祖之任趙普也，未能已亂而足以不亡。建文立而無托孤之舊臣，則兵連禍結，而尤為人倫之大變。徐達、劉基有一存焉，奚至此哉？」[20]他還把曹操、諸葛亮和劉裕放在一起作比較，反覆論證用人的重要性。他認為，一個政治家要想施展自己的才能，「必下有人而上有君」。諸葛亮「上非再造之君，下無分猷之士，孤行其志」[21]，縱有雄才大略，最後也只能是鞠躬盡瘁，死而後已；而曹操「能用人而盡其才，人爭歸之」[22]。這是曹操能夠取得勝利的重要因素。所以，「能用人者，可以無敵於天下」。

《讀通鑑論》一書，不僅反映了王夫之的政治思想和政治立場，而且比較集中地反映了他的進化史觀。他在書中許多地方的論述，都肯定了歷史是進化的、發展的，而且認識到歷史的發展是由分裂逐步走向統一的趨勢。所以，隨著歷史的發展和社會的進步，每個時代的政體法令、典章制度都同樣在不斷發展變化。他說：「事隨勢遷，而法必變」[23]，「就今日而必法堯、舜也，即有娓娓長言為委曲因時之論者，不可聽也」[24]。他在解釋歷史進化和社會發展的根源時，繼承了劉知幾、柳宗元等人重「勢」的進步歷史觀，帶有樸素的唯物思想。

三、黃宗羲和《明儒學案》

在清代史學發展史上，黃宗羲是一位開拓史學研究新領域、成就非凡、影響

---

20 《讀通鑑論》卷一，《秦始皇》三。
21 《讀通鑑論》卷十，《三國》五。
22 同上。
23 《讀通鑑論》卷五，《成帝》八。
24 《讀通鑑論》卷二十四，《德宗》三十三。

深遠的領袖人物。他的史學名著《明儒學案》是中國古代第一部系統的斷代學術史專著，為學術史的發展做出了不可磨滅的貢獻。

黃宗羲自幼秉承家教，對史學抱有濃厚的興趣。十九歲，便讀完了二十一史。他身歷明清更迭之變，在他參加抗清活動失敗後，就陪伴老母返回鄉里，一面講學，一面「閉戶著述，從事國史，將成一代金石之業」[25]。當時知識界的學術風氣，使他深感史學的危機。他說：「自科舉之學盛，而史學遂廢。昔蔡京、蔡卞當國，欲絕史學，即《資治通鑑》版亦議毀之，然而不能。今未嘗有史之禁，而讀史者顧無其人，由是而嘆人才之日下。」[26]他和顧炎武、王夫之兩位學者一樣，懷抱經世致用的治學宗旨，深入鑽研古代歷史和當代史，認為「二十一史所載，凡經世之業，亦無不備矣」。明亡之後，他深懷故國之思，認定「國可滅，史不可滅」，刻意搜求有明一代、尤其是南明歷朝史事，集匯鄉邦文獻、朝野掌故，成《行朝錄》九種，又編著《明史案》二百四十卷（今僅存篇目）。康熙十八年（1679 年），清廷重開明史館，他雖然力辭不就，但在《明史》修纂過程中，凡遇重大疑難問題，往往是「總裁千里貽書，乞公審正而後定」[27]。《明史》曆志亦多賴其審核，地理志又採據黃氏《今水經》。所以，黃宗羲雖沒有親赴史局，但對《明史》編修的貢獻，功不可沒。

在黃宗羲的史學著作中，最能代表他史學成就的作品，首推《明儒學案》。

《明儒學案》全書六十二卷，記載了明代二百多年間學術思想的發展概況，把明季三〇八名有成就的學者，依照時代順序和各自的學術特點，分成不同的學派，採摘各家文集、語錄，成立十九個學案。該書內容可劃分為三個時期，四個部分。明初九卷，以程朱理學為主，陸象山學派為次，先立「崇仁」、「河東」兩學案。崇仁學案中以吳與弼為首，胡居仁、婁諒等人隨後；河東以薛瑄居首，呂柟等附之。這些人都屬於程朱學派。又立「白沙學案」，以陳獻章為主，屬陸學一派，下啟王（陽明）學之流。在初期九卷中，作者又分出「三原學案」，是河

---

25 《南雷文定》附錄，《李遜之與黃氏書》。
26 黃宗羲：《歷代史表序》。
27 全祖望：《鮚埼亭集》卷十一，《梨洲先生神道碑文》。

東薛氏一派派生出來的新派別。這說明黃宗羲在分立學案時，不但把握著各個學派之間的師承關係，而且還注意到各家之間的差別，使得各派分立條理清楚，持論允當，便於讀者把握其脈絡走向。

明朝中期部分，專述王學各家傳承。首闢「姚江學案」，詳細敘述這一學派創始人王陽明的學術思想。然後依次分列浙中、江右、南中、楚中、北方、閩粵各學案，這幾個學案都師承王學。另有止修、泰州、甘泉三個學案，雖同出於王學，但各有不同，所以單列，以示王學變化。後期則包括東林、蕺山兩學案。東林以顧憲成、高攀龍為代表；蕺山一派則僅列劉宗固一人。在中期與後期之間，另立「諸儒學案」，把以上各學派之外的學者收入其中，如實地反映明代學術發展的全貌，做到兼收並蓄，博採百家，體現出作者可貴的實事求是的精神。

在整部書的編排體例上，每一學派之前均有序文，接著是每位學者的小傳，對他們的生平經歷、著作、思想以及學術傳授，一一作出扼要介紹，然後是學者本人的著作或語錄的選輯，中間還夾帶作者自己的意見，這樣完善的編排方法，是作者的發明獨創，不僅表現出淵博的學識，而且反映了他的治學精神。就歷史編纂學而言，學術史是一種出現較早的著述形式。黃宗羲的《明儒學案》吸收前代著述的優點，使之臻於完善和定型，為後世學術史的發展奠定了良好的基礎。

在寫完《明儒學案》的同年（1676 年），黃宗羲不顧年事已高，又繼續撰寫另一部學術史著作《宋元學案》。但只寫完《序錄》和正文十七卷即去世，最後由其子黃百家及其門人全祖望續寫完成，共一百卷。幾乎與黃氏撰《明儒學案》同時，萬斯同撰《儒林宗派》十六卷，上起孔孟，下迄明季，按不同時代記述儒家各派學術的源流及發展。隨後又有朱彝尊、章學誠等人有關經學、史學學術發展的著作問世，形成了清代學術史或相近體裁史作的不斷出現。

四、顧祖禹和《讀史方輿紀要》

中國史學家一貫注重地理沿革的研究，自從《史記》、《漢書》分設《河渠

書》和《地理志》後，不少正史都沿承不斷，並且相繼出現了諸如《水經注》、《括地志》、《元和郡縣志》、《太平寰宇記》以及元、明《一統志》等一批歷史地理學專著。到了清代，歷史地理專著更是接連不斷的問世。最能反映當時這一學科成就的著作，應以顧祖禹的《讀史方輿紀要》為代表。

顧祖禹（1631-1692年），字景範，號宛溪，江蘇無錫人。因為他的父親柔謙入贅常熟譚氏，所以他也自稱是常熟人。其高祖顧大棟曾任明光祿寺丞，作《九邊圖說》一書。其父也精於史學，入清後拒不出仕，以遺民終老。顧祖禹在學術上和政治立場上都深受父祖輩的影響。清軍入關時，他年方十四，隨父徙居常熟虞山，家貧無計，弱冠即為塾師，過著「子號於前，婦嘆於室」的生活，無力買書，只好四處借讀。他痛心於明朝的滅亡和清朝入主中原，有感於《明一統志》及當時此類著作對全國山川形勢、關隘險要語焉不詳，文人學士不知史地研究是為了實用，當政者不懂得利用地理上的優勢抗擊敵人，招致國破家亡，在父親的敦促下，絕意仕途，從順治十六年起，一面教書，一面開始撰寫《讀史方輿紀要》，當時他才二十九歲。

康熙年間，三藩起兵反清。顧祖禹只身入閩，入耿精忠幕，想借此進行反清復明。失敗後北歸，館於昆山徐氏，得以遍覽傳是樓藏書，重理舊業。後受徐乾學聘請，參與編修《大清一統志》。但他一生的主要精力，都用在了《讀史方輿紀要》的編寫上。他遍考群籍，「遠追《禹貢》、《職方》之紀，近考《春秋》歷代之文，旁及稗官野乘之說，參訂百家之志」，「出入二十一史，縱橫千八百國」[28]，加上個人游歷考察所得，經過三十餘年的艱苦努力，到他臨終不久，撰成《讀史方輿紀要》一百三十卷。

該書前九卷總論全國州域形勢，中一百一十四卷按省分述，每省先以總序敘述疆域沿革及山川險要，附以地圖，再用較大篇幅詳細敘述一省內各府、州、縣的城邑、山川、關隘。後六卷概述全國的河流、漕運及海道。最後一卷敘述地理分野。全書仿照《綱目》體例，先撰綱要，再以正文詳注，必要時又注中夾注，

---

28 梁啟超：《中國近三百年學術史》三，《清代學者整理舊學之總成績》。

編寫體裁，獨創一格。歷代州域，以朝代為經，地理為緯；京省形勢，以地理為經，以朝代為緯，經緯並列，縱橫連貫，構成一部眉目清晰、體裁新穎的輿地著作。該書「體裁組織之嚴整明晰，古今著述中蓋罕其比」[29]。作者卷首三篇《總敘》中自述了撰寫此書的動機和指導思想。他說做此書是為了「明地利」，使「任天下事者」明了地理沿革變化，利用山川地利，「世亂則由此而佐折衝，鋤強暴，時平則以此而經邦國，理人民」。正是因為他在書中有所寄託，所以此書內容側重於古今地理的沿革變化，詳論「山川險易，古今用兵戰守攻取之宜，興亡成敗之跡」，對於各地「景物游覽之勝」則一概不涉及。作者取材的標準非常明確，即著眼於社會現實問題，有關國計民生的便寫，無關的就不寫。

《讀史方輿紀要》與歷代輿地類著作最大的區別，是具有濃厚的軍事地理特色，經世致用的思想貫穿全書始終。顧祖禹在書中不僅記錄歷代州域變遷及山川分野，而且評述各地城郭、山川、關隘等險要之地和彼此之間的地理聯繫，從歷史上追根溯源地描述其軍事上的價值，並從歷代地理的沿革變化入手，總結前代歷次軍事勝敗的經驗教訓。此書不僅是一部史地沿革專著，而且為軍事地理的研究開闢了一條途徑。

除了上述軍事形勢方面的內容外，《讀史方輿紀要》還涉及全國經濟地理的變化，如交通的變遷、城市的興衰、漕運的增減，以及不同歷史時期經濟文化中心的轉移，反映了歷史上中國農業生產的發展和經濟文化的繁榮。他評述蘇州地區物產之富饒，說「吳郡之於天下，如家之有府庫，人之有胸腹也。門戶多虞而府庫無恙，不可謂之窮；四肢多病而胸腹尤充，未可謂之困。蓋三代以後，東南之財力，西北之甲兵，並能爭雄於天下。」[30]簡潔數語，概括出江南經濟的歷史地位。

在考察中國疆域政區的變化時，作者廣徵博引，敘述詳明，有不少觀點是「發前人所未發」，表現出可貴的創新精神。如一個朝代都城的建立，顧祖禹認

---

29 梁啟超：《中國近三百年學術史》三，《清代學者整理舊學之總成績》。
30 《讀史方輿紀要》卷二十四，《江南》。

為是由那個歷史時期多種因素決定的。建都地點的確定，不僅要看它自然形勢是否險固，地理交通是否便捷，而且還要看它的生產物質條件是否發達，對敵鬥爭形勢是否有利等多種因素，絕不是單純地由地理位置是否險要來決定。而且，隨著時間的變化，一個朝代建都之地，就不一定適合後繼者定都。這種辯證地評判事物的思想方法，很有說服力。另外值得稱道的是，顧祖禹的文學才能相當高，在這部書中有很好的表現。全書文字清新，音韻抑揚頓挫、富有氣勢；敘述生動，描寫委婉曲折，使原本較為枯燥的輿地之書變成了一部發人深省、引人入勝的博雅巨著，讓人愛不釋手。所以其書問世之後即博得廣泛的讚譽。江藩稱：「讀其書可以不出戶牖而周知天下形勝，為地理之學者，莫之或先焉。」[31]劉繼莊則說：「方輿之作，誠千古絕作。」[32]當時人們曾把它列為「海內三大奇書」之一，可見人們對它的普遍推許。

需要指出的是，該書限於體例，詳古略今，對明清之際的地理環境變化一字不提，缺乏鮮明的時代氣息，是其美中不足。

五、乾嘉時代三大史學家及其著作

王鳴盛、錢大昕和趙翼是乾嘉時代以歷史考證而著稱於世的三大家。他們的治史道路和各自的代表作品《十七史商榷》、《廿二史考證》、《廿二史札記》，突出地反映了這個時期學術文化的精神面貌和史學研究的基本特色，在清代史學領域占有重要的位置。

王鳴盛（1722-1797年），字鳳喈，號禮堂，又號西莊，江蘇嘉定人。乾隆十九年（1754年）進士，官至內閣學士兼禮部侍郎。乾隆二十八年（1763年），解官居蘇州，不復出仕，時年四十二歲。王氏年輕時先以詩文著名，後研究《尚書》，與惠棟往來討論經義，成《尚書後案》三十卷。自解官歸田之後，便轉而

---

31 江藩：《漢學師承記》卷一。
32 劉繼莊：《廣陽雜記》卷二。

治史：「詩文皆輟不為，惟以考史為務」，於乾隆五十二年（1787年）寫成《十七史商榷》一百卷，為其史學代表作品。

《十七史商榷》，包括《史記》以下十三種史著，加上《南史》、《北史》、《新唐書》、《新五代史》，總共十七部正史。書取名《商榷》，表明了王鳴盛治史的目的，用他自己的話說，就是為這十七部史書「改訛文，補脫文，去衍文，又舉其中典制事蹟，詮解蒙滯，審核舛駁」[33]，可見此書的主要內容，一是校勘文字，補正其訛脫；二是考證其中的典章制度。

在全書近二千個條文中，有很多條屬於文字校勘，這是該書的重點。作者說：「好著書，不如多讀書；欲讀書，必先精校書。校之未精而遽讀，恐讀亦多誤矣。」[34]這一工作是乾嘉學者們的專長，而王氏又是其中名家。書中往往用三言兩語校一字或數字，更正了不少訛誤。另有不少條目屬考證兩漢至五代的地理和職官，有助於讀者閱讀。

王鳴盛在考校十七史的時候，通過對諸史的比較研究，特別是對同一歷史時期的兩種史書（如新、舊《唐書》，新、舊《五代史》）的對比，發現異同，對史書的體例、選材、紀事、文筆，以及史作者的修史態度加以評論，有些觀點值得重視。王氏對范曄的《後漢書》評價極高，《十七史商榷》卷三十八《黨錮傳總序》一條，用短短數語將《後漢書》與袁宏《後漢紀》加以比較，指出范曄和袁宏對待漢季黨人的不同態度，進而肯定前者的可貴，很有說服力。

在對歷史事件和人物的評論方面，王鳴盛也能夠不受前人定論的束縛，敢於提出一些不同的看法。如對唐代王叔文改革，他說「後人惡之太甚，而不加詳察，《舊唐書》亦狗眾論」[35]，並不公正。他批評這是以成敗論人。這個評論符合實際，客觀公正。可見他對歷史人物和事件的評論，一般都有自己的主見。但作者有一個明顯的傾向，就是只限於談歷史，而缺乏對現實的觀照。

---

33 《十七史商榷‧序》。
34 同上。
35 《十七史商榷‧序》。

錢大昕（1728-1804 年），字曉徵，又字辛楣，號竹汀，江蘇嘉定人。早年以詩賦聞名江南。乾隆十六年（1751 年）乾隆帝南巡，因獻賦獲賜舉人，授內閣中書。十九年，中進士。擢升翰林院侍講學士，歷官詹事府少詹事、廣東學政等職。曾參與編修《熱河志》、《續文獻通考》、《續通志》、《一統志》等書。與紀昀並稱「南錢北紀」。乾隆四十年退隱，時年四十八歲。歸田三十年，潛心著述課徒，歷任鍾山、婁東、紫陽書院講席，出其門下的士人多至二千。一生著述宏富，大部分是史學著作，《廿二史考異》是其代表作。

《廿二史考異》一百卷，是錢大昕一生精力的結晶。他在《廿二史考異序》中說：「余弱冠時好乙書（即史學——引者注），通籍以後，尤專斯業，自《史》、《漢》迄《金》、《元》，作者廿有二家，反覆校勘，雖寒暑疾痰，未嘗少輟，偶有所得，寫於別紙。……歲有增益，卷帙滋多。」可見作者用功之勤。該書的內容重在文字校勘、典章制度的考釋和名物訓詁等方面。錢氏說：「予嘗論史家先通官制，次精輿地，次辯氏族，否則涉筆便誤。」[36]作者正是從這幾個方面入手，對前代諸部正史加以詳細的考證，糾舉疏漏，校正訛誤，袪疑指瑕，以期嘉惠後學。

從《廿二史考異》的考證內容來看，錢大昕對宋、遼、金、元諸史用功最深，其中又以《元史》考異最突出。全書用十五卷的篇幅來指摘《元史》中的錯誤。他曾一度想重修《元史》，但最終也沒有實現。為了訂正史書的訛誤，作者引用資料之多、範圍之廣、耗時之久，都令人驚嘆。僅以《宋史》為例，除用原書的紀、傳、表、志互校外，還引用宋人雜史、方志、詩文、碑傳筆記、小說等六十餘種書來訂正《宋史》的錯誤。書成之後，錢氏在做《諸史拾遺》時，又繼續補訂《宋史》，徵訂參考書二十餘種。

錢大昕考證歷史的方法，主要有三種途徑：一是取證，匯集大量的史料，主要是從官修正史，加上譜牒家乘、稗官野史作參考，還運用一些金石材料作物證。二是比較，從眾多的取證材料中推究出歷史事實，先排比其現象，審視其異

---

36 《廿二史考異》卷四十，《外戚傳》。

同，觀察彼此之聯繫，從中得出真實的結論。三是專題考索，抓著一個具體問題，作專題研究，有目的地歸納，分析有關材料，最後弄清所考證的問題，寫成專條，或構成一篇獨立文章。錢氏這種治學精神和研究方法，對後世學者是一個很好的參照。但他也有一定的局限性，那就是典章制度等考證過於零散，缺乏系統的分析。側重史考，史論的東西不是太多。

趙翼（1727-1814 年），字雲崧，號甌北，江蘇陽湖（今江蘇常州市）人。乾隆二十六年進士，授翰林院編修，參與修纂《通鑑輯覽》。歷官廣西鎮安知府，貴州貴西兵備道。四十六歲休官歸裡，不復出仕，主講安定書院，專心著述。所著有《陔余叢考》四十三卷，《廿二史札記》三十卷，《皇朝武功紀盛》四卷，另有詩文集八十五卷。其中以《廿二史札記》影響最大。

《廿二史札記》的成書經過，趙翼在該書自序中作了簡要的說明。他自言：「閒居無事，翻書度日。而資性粗鈍，不能研究經學，惟歷代史書，事顯而義淺，便於瀏覽，爰取為日課，有所得，即札記別紙，積久遂多。」可見他這部書屬於讀書筆記匯編。其書名為《廿二史札記》，其內容實際包括二十四部史書，沒有把《舊唐書》、《舊五代史》算在其中。作者承襲明人所謂「二十一史」的習慣，另加《明史》一部，合稱之為《廿二史札記》。

該書內容，除考證史實、校勘文字之外，還對歷代治亂興衰的歷史變化加以推究評論。這是該書與《十七史商榷》和《廿二史考異》明顯的不同，這一部分所占全書的比例較大，從中可以看出作者研讀史書的著力點。

趙翼在進行史實的辨訂考證時，主要是就正史紀傳表志中的有關記述，參互校核，即以本書證本書，「以史證史」。他之所以這樣做，完全是出於尊重前代史書所記，不憑依野史稗說簡單否定，走的是搜尋內證這樣一條穩妥的史考方法。他說：「惟是家少藏書，不能繁徵博採以資參訂。間有稗乘脞說，與正史歧互者，又不敢遽詫為得間之奇。蓋一代修史時，此等記載無不搜入史局，其所棄

而不取者，必有難以徵信之處，今或據以駁正史之訛，不免貽譏有識。」[37]這種客觀求實的治史方法，值得借鑑。

在考證史實、辨訂文字訛誤的同時，作者也論及修史之取材、文筆、史家品德等問題。對於每部史書，先敘述其著述經過，再評價其得失優劣。他稱讚修史貴在取材和文筆簡潔，反對曲筆和諱飾，肯定直書和實錄。更值得提及的是，趙翼在書中提倡「自成一家之言」。如他在批評《隋書》記事不實，而《北史》又照舊承襲時說：「然正史隱諱者，賴有私史，若依樣葫蘆，略無別白，則亦何貴於自成一家之言也？」[38]在評價《三國志》時，又表達此種觀點：「自左氏、司馬遷以來，作史者皆自成一家言，非如後世官修之書也。」[39]說明趙翼重視史書的獨創性，指出官修史書不可克服的弊病，很有見地。

全書的大部分條文是評論歷史事件和人物。這是本書的重點內容。所謂：「古今風會之遞變，政事之屢更，有關治亂興衰之故者」，都是作者評論的對象，其中議論最多的是歷代政治的利弊得失。如漢代之外戚、宦官、黨禁、經學，魏晉南北朝之門第、九品中正、清談，唐代之宦官、藩鎮，五代之武人，宋代之談和，遼金元之邊釁，明代之刑獄、朋黨、「流賊」，趙翼都一一加以指陳、歸納，從不同的角度揭示出一個朝代的政治特點和社會風尚。儘管書中許多觀點因陳前人，但對初讀史書的人來說，仍不失為入門指南。

應當指出的是，趙翼在評論歷史的時候，用唯心主義的歷史觀來解釋歷史現象，宣揚「天命」史觀和因果報應的思想。如他在評價南宋與金、元的外交政策，岳飛抗金與秦檜議和這些世人已有確論的史實時，竟然偏執一端，不惜歪曲歷史真相，為秦檜之流翻案，顯得尤其錯誤。

綜上所述，王鳴盛、錢大昕、趙翼三大家，他們的治史方法和史學著作集中反映了乾嘉時代史學發展的主要方向。乾嘉時期，考據之學籠罩著當時整個學術

---

37 《廿二史考異》序。
38 《廿二史考異》卷六。
39 《廿二史考異》卷十三。

界。這種學風影響之下的史學研究，不可避免地走上考證之路。加之當時政治高壓迫使不少學者埋頭於故紙堆中，逃避現實。私人治史也表現出博古傾向，但經世致用的精神已蕩然無存。只有章學誠獨樹一幟，高唱義理，於眾口一詞之風氣下，力糾乾嘉之世的不良學風，為當時史學研究領域增添了彌足珍貴的新思想，成為那個時代建樹不凡的優秀史學家。

第四節·
史學理論
的新發展

在清前期史學領域內，許多優秀的歷史學者把他們的畢生精力都投入到研究之中，各種題材和內容的歷史著作層出不窮，在對前代歷史著述進行考察和研究的基礎上，以其獨到的學術眼光和深邃的思想，發展和創新了史學理論，這一切共同造就了清代史學的輝煌成就。其中觀點最突出、對後世影響最大的要數章學誠和他的《文史通義》。有關歷史研究的宗旨、研究方法和史學編纂等問題，他都作了精闢的論述，集中體現了清代史學理論的發展成就。

章學誠（1738-1801 年），字實齋，浙江會稽（今浙江紹興）人。他生活的時代，正是所謂的「乾隆盛世」，但他的家庭從父輩起，就已經破落。家貧不能購書，只好借讀於人，即使這樣，章學誠二十歲時已博覽群書，「四部九流，泛

覽不見涯矣」[40]。章學誠在青年時代，「意氣落拓，不可一世，不知人世艱也」，然而「試其藝於學官，輒置下等」[41]，二十三歲初應順天鄉試，不第；二十五歲再試，又不中，不得已肄業國子監。二十八歲師從翰林院編修朱筠，筠家藏書甚富，因得縱覽群籍，並得以和往來於朱氏之門的當時學界名流，如戴震、錢大昕、邵晉涵等人交遊，討論學術，學識日增。三十五歲，開始寫《文史通義》，從此二十餘年連續不斷。

章學誠的一生是在窮困潦倒中度過的，幾乎全靠主持書院講席和編修方志來維持生計，或靠朋友救濟，過著寄人籬下的生活。四十一歲那年，終於考中進士，卻又顧慮重重，「自以為迂拘，不合世用」[42]，不敢進入仕途。他把一生的精力都用在了史學研究上。章學誠主張做學問要「經世致用」，提倡學術應當為時所用。一生治學所得，薈萃於所著《文史通義》和《校讎通義》兩書。

《文史通義》是章學誠的代表作。他在三十一歲以前，就有著述此書的意願。他在翻閱前人歷史著作的時候，曾言道：「嘗以二十一家義例不純，體要多舛，故欲遍察其中得失利病，約為科律，作書數篇，討論筆削大旨。」[43]但因生活所迫，遲遲沒有動筆。真正開始此書的寫作，是在他三十五歲那年。直到他逝世前，這部書稿也沒有最終完成。

《文史通義》的著作目的，據章學誠所言，主要可歸納為以下幾點：第一，闡明史「意」。他認為，「史所貴者意也」，「史家著述之道，豈可不求史意之所歸乎？」[44]他比較前代史家說，「鄭樵有史識而未有史學，曾鞏具史學而不具史法，劉知幾得史法而不得史意。此予《文史通義》之所作也」[45]。第二，校讎古今著作之得失。他在《文史通義》外篇三中說，「《文史通義》，專為著作之林校讎得失」，「上探班、劉，溯源《官》、《禮》，下核《雕龍》、《史通》。甄別名實，

40 《章氏遺書》卷二十二，《與祖孫汝楠論學書》。
41 《章氏遺書》卷十九，《庚辛之間亡友列傳》。
42 《章氏遺書》卷二十九，《上梁相公書》。
43 《章氏遺書》卷二十二，《與祖孫汝楠論學書》。
44 《文史通義》內篇四，《鄭申》。
45 《章氏遺書》卷十六，《和州志·志隅自序》。

品藻流別」。之所以這樣，是因為「古人差謬，我輩既已明知，豈容為諱。但期於明道，非爭勝氣也」。這也表明他有別於一味專事考據的「漢學」做法。第三，經世致用，評論當時的學風流弊和世教民俗，他說：「學誠讀書著文，恥為無實空言，所述《通義》，雖以文史標題，而於人心風俗，未嘗不三致意，往往推演古今，竊附詩人義焉。」[46]「天下事，凡風氣所趨，雖善必有其弊。君子經世之學，但當相弊而救其偏。」[47]

章學誠像

《文史通義》是一部縱論文史、品評古今學術的著作。在對歷史著作和社會不良世風的批評之中，章學誠提出了自己獨到的見解。

一、史學與「經世致用」

明末清初，顧炎武針對晚明以來知識階層空言誤國的弊病，提倡「君子之學」要「明道」、「救世」，開創了一代「經世致用」的學風。這一思想幾乎影響了整個清代學術文化的發展和學者們的治學道路。清代史學之所以能取得巨大的成就，也得益於這一思想的感染。顧炎武在學術上倡導的博求實證的樸實學風，促成了乾嘉學派的形成。其中，乾嘉時代的歷史學者，絕大多數人都以考證的方法從事歷史學的研究，專注於對古籍的校注、辨偽和輯佚，在這方面取得了不少成績。但是，他們雖然在治學方法和研究對象上繼承了前代學者所開闢的道路，卻在有意和無意之間，丟棄了前代大師們治學的精神，把前輩學者的治學手段當成了目的，目光僅僅局限於對古籍的整理與考訂，淡化了對歷史理論的探討與闡

---

46 《章氏遺書》卷七，《上尹楚珍閣學書》。
47 《章氏遺書》卷一，《淮南子洪保辨》。

述。

章學誠對這種現象表示出極大的不滿。他說：「自四庫館開，寒士多以校書謀生，而學問之途，乃出一種貪多務博而學無倫次者，於一切撰述，不求宗旨，而務為無理之繁富，明知其載非倫類，輒以有益後人考訂為辭，真孽海也。」在該書中，作者繼承清初學者經世致用的精神，對乾嘉時代的不良學風作了尖銳的批評，既反對「務考索」，也反對「騰空言」。他批評說：「今日考訂之學，不求其意，而執行跡之末，銖黍較量，小有異同，即囂然紛爭」，又說，「近日學者風氣，徵實太多，發揮太少，有如桑蠶食葉而不能抽絲。」[48]同時，他嚴厲批評那些「空言德性，空言學問」的「宋學」陋儒，認為他們是「外輕經濟事功，內輕學問文章，守陋自是，枵腹空談性天。」[49]

他強調史學必須要「經世致用」。他說：「史學所以經世，固非空言著述也。且如六經同出於孔子，先儒以為其功莫於《春秋》，正以切合當時人事耳。後之言著述者，舍今而求古，舍人事而言性天，則吾不行而知之矣。學者不知斯意，不是言史學也。」[50]《文史通義》一書的內容之一，就是論述史學的意義和史學的作用，闡明研究歷史的目的就在於對社會有所貢獻。他不止一次指出，「文章經世之業，立言以期有補於世。否則古人著述已厭其多，豈容更益簡編，撐床疊架為哉！」[51]他特別重視史學的教育懲戒作用，堅決反對那種「捨器而求道，捨今而求古，捨人倫日用而求學問精微」的治學態度，因為在他的眼中，「史家之書，非徒記事，亦以明道也。」[52]

正是從這一思想出發，章學誠提出了對待古代文化和歷史典籍的正確立場。要批判地繼承前代的東西，因為「今不殊古」，「古之糟粕，可以為今之精華，非貴糟粕而直以為精華也，因糟粕之存而可以知精華之所出也；古之疵病，可以

---

48 《文史通義》外篇三，《與江龍莊書》。
49 《章氏遺書》卷五，《家書》。
50 《文史通義》內篇五，《浙東學術》。
51 《文史通義》補遺續，《與史餘村》。
52 《文史通義》外篇二，《永清縣志前志列傳序例》。

為後世之典型也，非取疵病而直以為典型也，因疵病之存可以想見典型之所在也。」進而指出，研究歷史的目的是經世致用，史學家就不可捨今而求古，而應該做到「史部之書，詳近略遠，諸家類然」[53]。在考據之風盛行的乾嘉時代，他這些直面現實、提倡學以致用、力糾不良學風的言論，可謂發人深省，意義非同一般。

二、「六經皆史」

明清之際的學者一度提出「六經皆只是史」的觀點。王陽明、王世貞、李贄等人先後發表過這樣的意見，但都沒有作進一步的具體論述。到了章學誠這裡，他大膽地繼承這一觀點，加以充分的發揮並賦予鮮明的時代內容，成為他史學理論的主要成就。

他在《文史通義》中明確地提出：「六經皆史也。古人不著書，古人未嘗離事而言理也。六經皆先王之政典。」他認為「三代學術，知有史而不知有經」[54]，「無經史之別，六藝皆掌之史官不特《尚書》與《春秋》也」[55]。「古之所謂經，乃三代盛時典章法度見於政教行事之實。」[56]至於把前代的典籍尊奉為神聖的經書，那是後世儒家所為。章學誠在《文史通義》的《易教上》、《經解上》和《經解下》等篇中集中闡述了自己的觀點。這一說法把儒家加在《六經》上的神秘面紗全部揭了下來，如此言論在當時令人聞之驚駭。

「六經皆史」的意義在於，它擴大了歷史研究的視野和搜集材料的範圍；同時也是對當時空談心性的「宋學」和專事考據的「漢學」不良學風的批判。「宋學」把「六經」視為「載道之書」，不顧歷史事實而求索所謂的「道」。章學誠則一針見血地指出，「六經」是有著實實在在內容的「史」，是對社會現實的真

---

53 《文史通義》外篇二，《記與戴東原論修志》。
54 《文史通義》內篇一，《易教上》。
55 《章氏遺書》卷十三，《論修史籍要略》。
56 《文史通義》內篇一，《經解上》。

實記錄。而「漢學」家專注於對經傳條文的考訂，完全背離了「六經」的真正內涵。章學誠說，孔子作《六經》的目的在於讓後人從先王的政典中獲取治國安邦的道理；研究《六經》就是為了從中尋求對現實有用的東西，不能脫離當今人事而僅僅滿足於為古書拾遺補缺。「六經皆史」的觀點，在一定程度上也把史學的地位提高了。既然先王的政典是古代的歷史記錄，那麼研究歷史無疑就是研究前代政治，就與社會現實緊密地聯繫在一起。

章學誠進而提出了研究《六經》的正確態度。即應該緊緊圍繞現實生活，從具體的歷史事件中汲取有用的東西，「約《六經》之旨而隨時撰述以究大道」[57]，而不應食古不化，墨守成規，他批評一些學者「昧於知時，動矜博古，譬如考西陵之蠶桑，講神農樹藝，以謂可禦飢寒而不須衣食也」[58]。所以他大力主張學術要經世致用，反對死守章句、背離現實的治學之道。

三、史家與「史德」

唐代著名史學家劉知幾在《史通》中曾說，一個好的史學家，必須具備才、學、識「三長」。章學誠在《文史通義》中對此加以肯定，但他認為判斷「良史」的標準，僅這三點還不夠全面，他在「三長」的基礎上又提出了一個「史德」。什麼是「史德」呢？章學誠說：「德者何？謂著書者之心術也。……蓋欲為良史者，當慎辯於天人之際，盡其天而不益於人也。盡其天而不益於人，雖未至，苟允知之，亦足以稱著述者之心術矣。而文史之儒，競言才學識而不辯心術，以議史德，烏乎可哉！」[59]

從這段話中不難看出，章學誠所提出的「史德」的核心內容，就是史學家在研究歷史時應如何處理主觀與客觀兩者之間的關係。章學誠明確地指出，「當慎

---

57 《文史通義》內篇二，《原道下》。
58 《文史通義》內篇五，《史釋》。
59 《文史通義》內篇五，《史德》。

辯於天人之際，盡其天而不益於人」，這樣才能做到「善惡褒貶，務求公正」。
這一觀點的提出，具有重要的現實意義。因為，在當時的史學領域中，明顯地存
在著脫離歷史實際的治學風氣。官方史學自不必說，在私人著述之中也有此種不
良習氣。「好名之人，則務揣人情之所向，不必出於衷之所謂誠然也。且好名
者，必趨一時之風尚也，必屈曲與徇之，故於心術多不可問。」有的史學家，富
有才情，學識淵博，見識出眾，但在著述之中，卻私意地篡改史實，任情褒貶，
完全置客觀實際於不顧，結果對問題的看法大相徑庭。在章學誠看來，這種做法
與「良史」的要求相距甚遠。要解決這一矛盾，就必須端正態度，正確把握
「天」與「人」之間的關係，從客觀事實出發，力求從歷史事件中探尋出規律性
的東西，而不是人為地、想當然地對史實作出解釋。

關於「史德」跟「史才」、「史學」、「史識」的關係，章學誠特別強調，「史
德」居於首要的地位，是靈魂，對才、學、識具有駕馭和統帥作用。因為史學的
重要目的是從紛繁複雜的歷史事件中尋求「真義」，以期對現實有所借鑑。只有
做到「盡其天而不益於人」，秉持公正的態度，才能很好地運用個人的才、學、
識，如實地描繪出歷史的真實面貌，「傳人適如其人，述事適如其事」[60]。否則，
如果拋開「史德」，只求顯露才情，或賣弄學問，那顯然是捨本逐末，走上歧
路。當然，章學誠強調「史德」，並不是說就完全不重視其他方面，他說：「史
所貴者義也，而所具者事也，所憑者文也。……非識無以斷其義，非才無以善其
文，非學無以練其事。」但這些只有和作者的「著述之心術」有機地結合在一
起，才能發揮更大的作用。章學誠的這些言論，比之前代劉知幾的「直書」觀
點，顯然更進了一步。

此外，章學誠還在歷史編纂和校讎等方面提出了一些新的理論。如他提出通
史編寫應做到「綱紀天人」，「通古今之變」；後世史家要在對古代史籍改造基礎
上，創造出新的史體，以適應時代發展的需要。為克服前代各種史體的不足，他
自己設想出一種新史體，並決定用以改編《宋史》，可惜因早逝沒能如願。在

---

60 《文史通義》內篇二，《古文十辯》。

《校讎通義》一書中，他從「辨章學術，考鏡源流」的目的出發，提出「互著法」，為學術研究指出了一條嶄新的路子。

章學誠把歷史研究作為自己畢生的事業，但他的這種學術見解和方法與當時的學術風氣水火不容，因此，他的史學思想在生前並不為社會所認同，且多遭訾議而「為人隱恨」。直到晚清學風變化，其《文史通義》、《校讎通義》不脛而走，他的史學革新精神始昭顯於世。這些嶄新的歷史評論對清代歷史乃至整個中國歷史研究貢獻良多。

第五節 ·
少數民族史學

清前期，蒙古、藏、維吾爾、彝等少數民族的史學有所發展。

一、蒙古族史學

成書於清代康熙元年（1662 年）的《蒙古源流》是這一時期蒙古族史學中的一部巨著。本書原名為《額爾德尼·托卜赤》，簡譯為《寶貝史綱》，是鄂爾多斯蒙古族學者薩囊徹辰以蒙古文寫成的。這部蒙古文史學著作由喀爾喀親王成袞扎布把家傳抄本進獻給乾隆帝后，奉敕譯成滿文，並由滿文譯成漢文，名《欽定蒙古源流》，收入《四庫全書》史部。這部蒙古編年史記載了元、明兩代蒙古

各汗的事跡，尤以達延汗與俺答汗的記述更為詳盡。本書是研究蒙古歷史的重要著作，與《元朝秘史》、《蒙古黃金史》合稱為蒙古族三大歷史著作。

這一時期的史學著作中，還有克什克騰旗的拉西彭楚克的《大元盛朝史》、噶爾丹臺吉的《寶貝念珠》以及成書於十九世紀上半期的《水晶鑑》等。此外，還有一些精通漢文的蒙古族學者用漢文撰寫的著作，如博明的《西齋偶得》、《鳳城瑣錄》和松筠的《綏服紀略》等，對蒙古族的歷史與地理均有所考訂與論證。

這一時期，有關衛拉特蒙古的幾種托忒文史學著作是值得重視的，這些史學著作對研究衛拉特蒙古史和北方民族關係史有著重要參考價值。應該提到的是《咱雅班第達傳》，這是一本論述和碩特喇嘛僧咱雅班第達的傳記，但本書論述的內容並未局限於咱雅班第達個人的一生活動，而是以咱雅班第達一生活動為主線，揭示出當時衛拉特蒙古各部的社會狀況、政治變遷以及與喀爾喀蒙古和西藏的關係，為研究十七世紀上半期的蒙古史和蒙藏關係史提供了可貴的資料。本書作者拉特納哈德勒是咱雅班第達的弟子，追隨其師學佛傳教，對其師一生活動十分知情，故其所記頗為真實可靠。本書大約完成於一六九〇年前後。

三種《四衛拉特史》也是研究衛拉特歷史的重要著作。第一種加班沙拉勃著的《四衛拉特史》，本書中國內蒙古自治區社會科學院歷史研究所藏有它的托忒文鉛印本，書名為《衛拉特簡史》。據說本書托忒文原本藏於蘇聯彼得格勒日丹諾夫大學圖書館，它被譯成俄文，名為《關於衛拉特人的故事》。[61]本書作者是土爾扈特部醫生，據說於一七三九年寫成。第二種《四衛拉特史》是由和碩特諾顏巴圖爾烏巴什丘緬撰寫的，俄國學者雷特金把本書譯成俄文，書名《關於杜爾本——衛拉特人的故事》，發表於一八五九至一八六〇年《阿斯特拉罕省報》。蘇聯學者認為該書成書於一八一九年。第三種《四衛拉特史》的抄本保存於蒙古國國立圖書館，該書作者不詳，據蒙古學者認為成書於一七五一年。

---

61 〔蘇〕茲拉特金：《准噶爾汗國史》，13 頁，北京，商務印書館，1980。

二、藏族史學

藏族是一個富有歷史記錄的民族，但其史學著作多與文學、宗教結合在一起。

《西藏王臣史》，作者阿旺羅桑嘉措，是藏傳佛教格魯派的五世達賴。萬曆四十五年（1617 年）生於前藏瓊結地方。他一生著述很多，對西藏政治與宗教方面都有很大的貢獻。他的這部《西藏王臣史》是應顧實汗請求而寫的，本書於康熙二十一年（1682 年）問世。該書詳細記述了自西藏有史以來直至顧實汗之間歷代王朝的歷史，其中對帕竹噶舉興衰的歷史記載尤為詳細。它是研究西藏學及其有關歷史的珍貴史料，在國內外有一定影響，一九八二年，中國民族出版社出版了該書的漢譯本。[62]

藏族的傳記文學也是研究西藏歷史的珍貴史料。這種作品因受佛教的影響，寫的多為藏傳佛教各派著名僧人的傳記，而作者一般皆為僧人。清前期藏族傳記文學中出現了記述俗人事蹟的著作，多卡夏仲・策仁旺傑（1617-1736 年）寫的《頗羅鼐傳》就是其中著名的一部。頗羅鼐出身於西藏貴族，江孜人。和碩特蒙古統治西藏時，他為拉藏汗的傳事官。康熙五十九年（1720 年），他與康濟鼐聯合起兵抗擊准噶爾部對西藏的侵擾。雍正元年（1723 年）被清廷封為臺吉，升任噶倫，管理後藏事務。雍正五年（1727 年）阿爾布巴發動叛亂後，頗羅鼐自後藏起兵攻下拉薩，平定叛亂，清廷封他為郡王，總理西藏政務長達十九年，在清代西藏歷史上作出了重大貢獻。作者策仁旺傑是一個頗有才華的藏族學者，曾受到頗羅鼐的賞識，提拔為噶倫。這部傳記完成於雍正十一年（1733 年），其內容主要記述了上述頗羅鼐一生經歷的重大歷史事件，行文流暢，語言優美，是研究藏族文學與清代前期西藏歷史的珍貴史料。

---

62 譯者郭和卿，書名譯為《西藏王臣記》。

三、維吾爾族史學

維吾爾族有著悠久的歷史與文化。清前期出現了許多維吾爾文的歷史著作，穆罕默德·薩迪克·喀什噶裡所著《和卓傳》是首先應該提到的。著者是十八世紀中國新疆喀什噶爾人，這部著作是他任喀什噶爾城阿奇木伯克鄂斯曼的首席祕書官時寫成的。和卓在中國新疆十七至十八世紀歷史上占有重要地位，書中就和卓家族由伊斯蘭教宗教貴族勢力轉化為世俗統治力量的發展過程，作了系統的論述。其中特別詳細敘述了阿帕克和卓攫取葉爾羌汗國政權以及其後大小和卓反清失敗的歷史過程。關於和卓在新疆活動的歷史，中國漢文歷史文獻中鮮有記述，因此，這部歷史著作對我們研究十七至十八世紀新疆歷史與中亞史都是十分珍貴的資料。

十八世紀中期以後，還有穆罕默德·依瓦孜寫的《瑪哈圖木·阿雜木與和卓伊斯哈克》一書，敘述了十七世紀中期到十八世紀中期左右南疆維吾爾地區政局的和卓家族兩派——黑山派與白山派的勢力消長與歷史變遷。此書也是研究和卓家族的重要歷史資料。

四、彝族史學

彝族也是一個富有歷史知識的民族，在彝族地區流傳著許多歷史故事。自十四世紀起，彝族便以彝文著述自己的歷史，明清時期貴州的地方志中常引用彝文史書的內容，貴州彝文史書中以《西南彝志》最為重要，內容包括哲學、史學、科學知識、宗教等方面，是一部百科全書式的著作。從內容看，本書可能成書於清康熙初年至雍正改土歸流這段時期。[63] 此外，如《吳三桂入黔記》和《水西制度》也是這一時期彝族史學的重要著作。前者記述了從古代直到吳三桂入侵後彝族與清朝之間的歷次戰爭；後者則專記水西、茫布（鎮雄）兩個統治家族的

---

63 參見《民族辭典》，389 頁，上海，上海辭書出版社，1987。

晚期歷史。彝族史書中還有專門敘述某些統治家族歷史的，如《德布氏史略》、《德施氏史略》、《德慕氏史略》等，這些都是研究彝族歷史的重要史料。

　　清前期是中國多民族統一國家發展和鞏固的時期，中原內地和邊疆少數民族地區文化聯繫日益加強，因而少數民族史學也呈現出繁榮發展的景象。

第十一章

璀璨的文學

　　清朝是中國封建社會最後一個王朝，也是封建社會文化發展的最後一個繁盛階段。從整體上講，清代前期的文學和清代社會一樣依舊是在傳統的軌道上緩慢地向前發展，處於一個舊時代行將終結的歷史盡頭。這一時期的文學，由於其所處的社會文化環境與前代有著很大的差異，因而有著鮮明的時代特色和不同尋常的創作成就。在詩、詞、散文、駢文領域裡，湧現出了為數眾多的作家和不同的創作流派，歷代盛行的各種文學體裁均有所繼承和發展。戲曲文學繼承明代《鳴鳳記》和《牡丹亭》等優秀作品的現實主義和浪漫主義傳統，出現了以《長生殿》、《桃花扇》為代表的一批好作品，突出反映了當時戲曲創作的最高成就。在小說創作方面，蒲松齡、曹雪芹、吳敬梓等作家在全面汲取歷代文學藝術創作經驗和進步思想的基礎上，創作出了《聊齋志異》、《紅樓夢》、《儒林外史》等長篇小說巨著和短篇小說集。這些作品生動地描繪了那個時代五彩斑斕的社會生活，刻畫出許多不朽的藝術形象，淋漓盡致地暴露出封建社會的各種複雜矛盾，客觀上揭示了封建社會必然滅亡的歷史命運，具有極高的思想價值和藝術價值。特別是小說《紅樓夢》，以其思想性和藝術性的完美結合，達到了中國古典小說創作的最高峰，是中國文學史和世界文學史上不可多得的藝術珍品。此外，地方戲曲和說唱文學也得到不同程度的發展。少數民族文學得到長足的進步，出現了一批有代表性的作家和作品。這一切共同構成清前期文學發展的整體風貌。

第一節·

詩詞的新成就

清前期詩詞創作取得了新成就。

一、詩歌創作流派及代表作家

清前期詩歌創作，數量大，流派多，呈現出一派蓬勃繁榮的氣象。先後活躍在詩壇的主要作家和流派有：以顧炎武、王夫之為代表的清初遺民詩人，康熙年間以王士禎為首的「神韻詩派」，乾嘉時期標榜「格調」說的沈德潛，力主「肌理」說的翁方綱，主張直抒「性情」的鄭燮、袁枚，等等。這些詩人和詩歌派別，在不同理論的主導下，在詩歌創作中表達了各自不同的現實感受和人生理想，從不同角度反映了一個時代社會發展變化的進程，使清代詩壇呈現出流派紛呈、搖曳多姿的景象。

（一）清初愛國遺民詩人和其他詩家

清朝入關以後，實行殘酷的高壓政策和民族壓迫，引起全國人民的強烈不滿和激烈的反抗，各地武裝抗清鬥爭一直延續了四十年。許多士大夫深懷亡國之痛，積極投身到抗清運動之中，捨身拋家，前僕後繼，不屈不撓，表現出可貴的

愛國精神和高尚的民族氣節。一部分明末遺民不甘心屈從於滿族貴族的統治，採取與清朝統治者不合作的態度，走的是一條消極回避的抗爭之路。他們當中有不少人是有名的詩人和作家。生逢家國破敗、民族危難之際，他們不但用自己的血肉之軀去和暴虐的清朝統治者展開殊死的較量，而且用自己飽含激情的筆鋒，抒發故國之思、懷舊之情，反映了當時如火如荼的民族鬥爭場面。這其中包括以顧炎武、黃宗羲、王夫之等為突出代表的愛國遺民詩人。他們的詩作，在清初詩壇上有著特定的位置和貢獻。

顧炎武一生都致力於國家和民族興亡的偉大事業。他的詩歌是他關注現實、反映社會人生的寫照。在社會變亂、民族危機空前嚴重的時代，顧炎武始終堅持現實主義的創作精神，寫下了一系列充滿深厚的民族感情和愛國思想的詩篇，表現了自己渴望建功立業、恢復中國的希望與理想，激發人們去為國家民族的前途命運而奮鬥。他的詩歌大都託物寄興，弔古傷今，具有鮮明的愛國思想、豐富的歷史內容和沉雄悲壯的藝術風格。

在詩歌選材上，他常常通過擬古、詠史、遊覽、即景等題材來抒寫自己的懷抱，歌頌自己心目中敬仰的歷史人物和同時代的民族英雄。當清兵南下的時候，顧炎武一面率眾堅持武裝抗擊，同時也不忘用筆記錄下清兵的殘暴和抗清鬥爭的艱苦，詩作《秋山》，歷述江陰、昆山、嘉定等地抗清失敗以及失利後被屠殺劫掠的慘景：「一朝長平敗，伏屍遍岡巒。北去三百舸，舸舸好紅顏。」在《擬唐人五言八韻》六首詩中，他以申包胥、班定遠、諸葛亮、祖豫州等為題，借歷史舊事來抒寫懷抱，感懷古人而傷悼時事，寓意頗深。在《秋雨》一詩中，他寫道：「生無一錐土，常有四海志」，寄托著自己恢復中國的決心。即使到了晚年，他的這一雄心壯志仍未消減，正如《又酬傅處士》中所言：「蒼龍日暮還行雨，老樹春深更著花。」讀後令人蕩氣回腸，力量倍增，有著很強的藝術感染力。

在創作風格上，他的詩歌大都格調蒼涼悲壯、沉鬱頓挫，有杜甫之遺風。《酬王處士九日見懷之作》一詩寫道：

是日驚秋老，相望各一涯。
離懷消濁酒，愁眼見黃花。

> 天地存肝膽，江山閱鬢華。
>
> 多蒙千里訊，逐客已無家。

此詩集中體現了顧炎武詩歌的藝術特色。

與顧炎武同時代的著名學者黃宗羲和王夫之，他們在學術研究之餘，也用詩歌創作來抒發自己對時事的關注和評價，不少詩作在追懷往事、俯仰今昔之際，吐露出懷念故國、不滿時政、不屑與統治者為伍的情緒。這類作品的共同特點是深沉悲壯，多激昂感慨之氣，讀後令人回味無窮，久久難以平靜。

黃宗羲在《出北門，沿惜字庵至范文清東籬》一詩寫道：

> 兩兩三三廊外阡，僧房籬落共連延。
>
> 高林初帶冰霜氣，風景俄成慘淡天。
>
> 如此江山殘照下，奈何心事菊花邊。
>
> 不須更覓登高地，只恐登高便泫然。

詩人內心顯然有不平之事，卻無法排遣，試圖通過出遊賞景來驅散心中鬱結之氣，而眼前所見，竟是愁雲、殘照、嚴霜、寒林，不禁觸景生情，愁懷更重，登高賞景的興致也蕩然無存。全詩不言悲而自悲，不言情而情志自現。

王夫之在他隱居生涯中，創作了多篇詠史之品，其目的也是以古喻今，在與古代先賢的情感交流中抒發自我的現實觀感，表達了詩作者本人關心世事民情的可貴精神。

除顧、黃、王三位之外，清初遺民中以詩名見著於世的還有錢澄之、歸莊、屈大均等人。

錢澄之（1612-1693 年），字飲光，初名秉初，安徽桐城人。他早年做過南明桂王朝翰林院庶吉士，後歸隱鄉間，以布衣終老。他的詩作多描寫當時平民百姓的生活和田園風光。如《水夫謠》、《催糧行》、《捉船行》、《孤雁篇》，通過典型的事件反映民生疾苦，揭露統治階級對廣大人民的剝削和壓迫，表現了作者進步的民主思想。最能代表錢澄之詩歌藝術成就的是他創作的一系列田園雜詩，

詩風清淡閒逸，自然恬靜，平和中見真情，有陶淵明詩作的韻味，是清代田園詩歌的最早實踐者，對後代多有影響。

歸莊（1613-1673 年），字玄恭，江蘇昆山人。他是明代散文家歸有光的曾孫，少年時與顧炎武同學。善書能畫，尤工墨竹。清兵下江南，下令剃髮，歸莊鼓動民眾奮起反抗，殺縣令，據城自守。城破，士民被殺者近四萬人，歸莊逃亡，不得已削髮為僧，一生窮困潦倒。即使這樣，他也不改初衷，抱著「豪傑由來須際會，寒灰他日定重燃」的自信，絕不與清朝統治者妥協，詩歌中流露出強烈的民族感情和不屈不撓的鬥爭精神。著作有《歸玄恭遺著》和《歸玄恭文續抄》存世。

屈大均（1629-1696 年），字翁山，廣東番禺（今廣州市）人。他堅決反對剃髮垂辮，屈從清人，自己削髮為僧，以示對清朝的不滿和抗爭。他有著強烈的反清情緒，在詩歌中常常通過對歷史英雄人物的歌頌來寄托愛國的情感。他的詩工於近體，最擅長五言律詩，是遺民詩人中藝術成就最突出的一位。《攝山秋夕》是其代表作之一，詩中寫道：

> 秋林無靜樹，葉落鳥頻驚。
> 一夜疑風雨，不知山月生。
> 松門開積翠，潭水入空明。
> 漸覺天難曉，披衣念遠征。

情景交融，意象超然，可與唐詩媲美。

上述遺民詩人有一個共同的特點，那就是他們始終不與清朝政權合作，或是不甘心做清朝的順民，走的是一條積極反抗或消極避世的生活道路。亡國之思、懷舊之情和對現實的批判精神是他們詩歌創作上的最大特色，其藝術成就和影響彼此不一，是清初一個特殊的詩人群體。與此相反，當時還有另外一部分在詩壇享有一定聲望的詩人，他們自願投靠或者屈從於現實的壓力，入仕清廷，做了清朝的臣民。錢謙益、吳偉業就是其中的代表。

錢謙益（1582-1664 年），字受之，號牧齋，江蘇常熟人。萬曆進士，崇禎時為官禮部侍郎，弘光時官至禮部尚書，取媚馬士英之流，清兵渡江攻陷南京，他率先迎降，留任禮部侍郎，不久辭官。晚年一度支持抗清活動，後被清廷宣布為貳臣，列《貳臣傳》。錢謙益在明末已負有盛名，主盟文壇數十年。著有《初學集》、《有學集》、《投筆集》等。錢謙益論詩反對宋人嚴羽的「妙悟」說，認為是無知妄言，不足為憑，主張詩要「有本」，如古代的《國風》、《小雅》、《離騷》及李白、杜甫等人的作品，皆出自肺腑。要求詩歌反映現實，抒發內心的感受。他的詩作題材廣泛，詩體皆工，技巧成熟，風格接近晚唐，頗為時人稱道，被譽為「江左大家」，是清初影響最大的詩人。晚年他和杜甫《秋興》，先後寫了一百二十四首《後秋興》詩，詩中流露出恢復故國的願望，對清朝和吳三桂多有微詞。乾隆時期，他的詩文因為多處觸犯朝廷忌諱，遭禁毀。

吳偉業（1609-1671 年），字駿公，號梅村，江蘇太倉人，崇禎進士，為翰林院編修，官至左庶子，明亡後一度隱居十年，受清廷所迫入仕清朝，為國子監祭酒，不久請假辭歸。著有《梅村家藏稿》、《梅村集》等。吳偉業在清初享有詩名，與錢謙益齊名，是清初最有成就的詩人。他的詩多寫明末清初的時事，通過一些重大的歷史題材，反映興亡更替的社會變化，有「詩史」之稱。《圓圓曲》、《琵琶行》、《松山哀》、《聽女道士卞玉京彈琴歌》、《永和宮詞》、《楚兩生行》，都是廣為傳頌的名篇。其中《圓圓曲》寫明末一代名妓陳圓圓的命運悲劇。詩中描寫了吳三桂「衝冠一怒為紅顏」，為了奪回愛妾，不惜叛國降清，合兵反擊李自成農民起義軍的事件，委婉地嘲諷了吳三桂逞個人義氣，置民族大義於不顧的做法。還有一些詩作集中反映社會現實生活中的不平之事，如《蘆洲行》、《捉船行》等，是仿照杜甫的「三吏」、「三別」而作。他的創作可以說無體不備，俱見功力，尤以歌行體最為擅長。《四庫全書總目提要》稱其「格律本乎四傑，而情韻為深；敘述類乎香山，而風華為勝」。而且文辭清麗，音韻和諧，朗朗上口。但他喜歡用典，有時又未免用辭欠精練，他自己評價說其詩「鏤金錯采，未達到古人自然高妙之處」，可謂擊中要害。

清初富有詩名的還有宋琬和施閏章，號稱「南施北宋」。宋琬（1614-1673年），字玉叔，號荔裳，山東萊陽人。順治進士，官至四川按察使，曾遭人誣陷

下獄，囚禁三年，險些喪命，其詩多寫個人憂患與感傷。他的創作以五言歌行為勝，著有《安雅堂集》。施閏章（1618-1673 年），字尚白，號愚山，安徽宣城人。順治進士，為翰林院侍講。他作詩注重學識和修養，主張言之有物，長於五言詩，著有《學餘堂集》。

（二）神韻說和王士禎的詩歌創作

清初詩人，大都經歷了農民起義和滿族入關的社會巨變，國家危亡和民族矛盾變得異常尖銳和激烈，救亡圖存成為第一位的問題，人們不得不面對現實，去思考、去尋找自我的生計和社會發展的未來之路。社會的動盪不安，也使得詩人們無法安心於詩歌創作藝術的研究與探討，新的詩歌流派尚在孕育之中。而明末王、李、鍾、譚的詩風，也為一般詩人所厭惡，許多人只是根據自己的愛好和學力來進行創作，不拘一格，不名一家。清初詩壇在一段時間內呈現出各有遵依、互不攀附的創作局面。到了順治、康熙時代，王士禎提出論詩以「神韻」為宗，形成神韻詩派，這才有了很大的轉變。

王士禎（1634-1711 年），字貽上，號阮亭，又號漁洋山人，山東新城人。順治進士，官至刑部尚書。他少年即有詩名，一生著有《帶經堂全集》、《漁洋詩話》，等等。

王士禎生活的時代，與清初遺民詩人相比有著很大的不同。明朝覆亡的那一年，王士禎剛剛十歲，所以明清易幟在他心理上的陰影並不像其他遺民詩人那麼明顯。他一生中大部分時光處於清政權逐步鞏固、社會日益安定、經濟得以恢復和發展的時期，清初遺民詩人所抱有的恢復故國家園的思想已不復存在，代之以對新朝的認同、歌頌和太平盛世將臨的企盼。這一社會環境的重大變化對詩歌創作的影響顯然是極其嚴重的。首先，社會的漸趨穩定，為詩人們專心於詩歌創作和研究提供了一個較為安定的大環境。其次，人們的思想意識也發生了一些明顯的變化，民族矛盾暫時被壓制下去，雖然詩歌中不乏對社會現實的批評和揭露，但詩人們所持的立場和態度已不再是清朝立國之初的那種民族對立情緒。王士禎的詩歌理論和創作道路就是在這一背景下產生的。

王士禎繼承唐代司空圖《詩品》和南宋嚴羽《滄浪詩話》有關詩論中「妙悟」、「興趣」之說，提出詩歌當以「神韻」為宗，以《詩品》所言「不著一字，盡得風流」為詩的最高境界。強調詩歌要有深邃的意境、高妙的韻味和流暢婉轉的音律。力糾明代「七子」以及當時一些人專學盛唐的膚廓和晚唐的縟麗之風，認為那只是徒襲唐人衣冠而不得其旨；批評宋人以議論為詩、以學問為詩，反對豔麗浮華的詩風，倡導典雅淡遠的風格。他推許唐代的王維、孟浩然等人，欣賞他們詩作中清遠閒淡的意境，特意選錄王維以下四十二人的作品輯為《唐賢三昧集》。他認為學詩當從五言入手，在《論詩絕句》中寫道：「風懷淡雅推韋柳，佳句多從五字求。」王士禎的詩歌正是在這一理論的指導下進行的。

王士禎的詩歌題材多樣，內容豐富。有一些作品反映了社會現實以及作者同情民生疾苦的心態，如《養馬行》、《秦淮雜詩》、《春不雨》，等等。最能體現「神韻」說的是那些詠懷抒情、描繪風物之類的作品，如《江山》、《秋柳》、《高郵雨泊》、《雨中度故關》、《真州絕句》，等等，大都以神韻超然、清閒脫俗見長。例如《江山》寫江南之景：

> 吳頭楚尾路如何，煙雨秋深暗白波。
> 晚趁寒潮渡江去，滿林黃葉雁聲多。

富有迷離縹緲的韻致。再如《碧雲寺》一詩：

> 入寺聞山雨，群峰方夕陽。
> 流泉自成響，林壑坐生涼。
> 竹覆春前雪，花寒劫外香。
> 湯休何處是，空望碧雲長。

詩中的夕陽、春雨、山寺、竹林、野花，構成一幅美妙動人的圖畫，天然韻致，呼之欲出，與王維、孟浩然此類詩作相仿佛。

在他的作品中，還有一部分是通過對歷史人物、個人際遇的反思和感想，表現了社會變遷的不可捉摸和人生現實的種種矛盾與痛苦，以及作者追求人生理想的思想歷程，如《晚登夔府城樓望八陣圖》、《漫興》、《送洪昉思由大梁之武康》，詩風沉雄俊美，慷慨多氣，酣暢淋漓。

王士禛的詩歌理論和創作，突出反映了當時一部分士大夫的思想情趣和藝術追求。再加上他少有文名，才華出眾，而且位高權重，聲名顯赫，他的「神韻」說提出以後，立即得到許多人的讚譽和認同，風靡一時；他的詩歌也被人競相傳頌，酬唱應和之作應接不暇，在當時形成了一個人數較多的詩歌創作群體，王士禛也因此主盟詩壇十幾年。

當然，在當時站出來反對王士禛「神韻」說的也大有人在，趙執信就是其中一位。趙執信（1662-1744 年），字伸符，號秋谷，山東益都人。康熙進士，官贊善，在當時也很有詩名。他的詩論觀點與王士禛不合，專門著有《談龍錄》與之論爭。他認為「神韻」說專以「風流」相尚，實際是「詩中無人」，導致詩歌意境空疏，容易流於空調，過於講求用詞煉句、追求格調的典雅，反而會影響作者思想的表達和感情的傳遞。他主張詩中有人，詩外有事，以意為主，語言僅僅是表情達意的工具。這些見解擊中了王士禛詩論的弊病，非常有道理。他的詩作，意氣豪放，風格深峭。《四庫全書總目提要》比較他和王士禛詩歌的風格差異，說：「王以神韻縹緲為宗，趙以思路峻刻為主。」這一評論是非常有見地的。

（三）沈德潛的「格調」說與乾隆時期的詩風轉變

乾隆朝是清朝實行高壓政治和文化專制政策日趨嚴重的時期，政治、文化上的專制主義和考據學風的盛行，對文學創作的影響甚劇。就詩歌而言，出現了維護統治階級需要、力求用傳統詩教來規範詩歌創作的詩論，從康熙晚年到乾隆中葉，在詩壇上發生過較大影響的首推沈德潛所標榜的「格調」說。

沈德潛（1673-1769 年），字確士，號歸愚，江蘇長洲（今江蘇蘇州）人。乾隆進士，官至內閣學士兼禮部侍郎。著作有《沈歸愚詩文全集》、《說詩晬語》等。他早年就以詩論和詩選家知名於世，編選有《古詩源》、《唐詩別裁》、《明詩別裁》等。沈德潛論詩主格調，尊盛唐，承襲明代七子的觀點，貶抑公安派、竟陵派及錢謙益、王士禛。他雖然提倡詩學盛唐，但主導思想實際上是以漢儒詩教之說來評價詩歌，即所謂「詩之為道，可以理性情，善倫物，感鬼神，設教幫國，應對諸侯」。在詩的內容上，強調要言之有物，言之在理；在風格上，提倡

「溫柔敦厚」,「怨而不怒」;在方法上,講求比興含蓄蘊藉;在形式上,提出要有唐詩的格調和韻味。即如他選詩的標準,從詩道、格律、聲調等角度來評判詩歌的優劣。這一詩論的出現,客觀上是適應當時正統思想和現實政治的需要。從創作實際來看,這一詩歌主張是難以實現的,有著不可克服的弊病。他不懂得盛唐詩歌的意境與其外在的形式和風格是相統一的,互為表裡,不能截然分割。而沈德潛所提倡的那種詩歌表達方式和溫柔敦厚的風格,與唐詩的格調是很難調和的。

所以,儘管他在評論和選輯前人詩作的時候,大力倡導格調說,但在實際創作過程中,就很難達到他所期望的效果。通常是詩歌表達過於直露,缺乏詩歌應有的意境和美感,詩歌的藝術性和欣賞性大大削弱。所謂的格調,也不過是一句空話而已。沈德潛自己的詩歌創作就是一個很好的證明。他是一個典型的「臺閣體」詩人,作品大都為歌功頌德,宣揚封建倫理綱常,談不上有什麼特別的藝術成就。

格調說的出現和流行,突出說明了當時詩歌領域內嚴重的擬古傾向和形式主義的作風。這樣的創作風氣,因為受到官方的讚許和提倡而盛行一時,影響面極大,但對於整個詩歌發展來說,沒有多少積極的作用。

與沈德潛同時代的詩人中,不受此種風氣影響、自成一派,且有獨到思想見解和藝術特點的要數鄭燮。鄭燮(1693-1765年),字克柔,號板橋,江蘇興化人。乾隆進士,曾任過知縣,任期內多有政聲,因忤惡大吏而辭官歸田。著有《鄭板橋集》。他因出身貧苦,對下層平民的生活有著較多的了解和同情,為人曠達,蔑視權貴。詩、書、畫都有很高的造詣,世稱「三絕」。他論詩不同意王士禎的「神韻」說和沈德潛的「格調」說,主張直抒性情,反映社會現實生活。他的詩歌平易暢達,富有真情實感,為詩壇帶來一股清新活潑的氣息和健康向上的精神。

（四）袁枚的「性靈說」和詩歌成就

乾嘉時期，繼鄭燮之後主張詩歌直抒「性情」，反對擬古創作傾向的是袁枚。他以其進步的思想觀點和靈活自如的詩歌創作享譽詩壇。

袁枚（1716-1797 年），字子才，號簡齋，浙江錢塘人。他少年得志，二十四歲中進士，為翰林，後出任知縣。三十三歲即辭官歸隱，在南京小倉山築「隨園」，優游林泉，吟風弄月，過著世外桃源般的生活，人稱「隨園先生」。著有《小倉山房文集》、《隨園詩話》，等等。

袁枚是一個追求個性解放和思想自由的人。他繼承晚明以來追求個性解放的進步思潮，不滿於社會對人們思想和行為的壓抑與禁錮。他對知識界的漢學和宋學兩大派別都不以為然，指出，「宋學有弊，漢學更有弊：宋偏於形而上者，故心性之說近元〔玄〕虛，漢偏於形而下者，故箋注之說多附會」[1]。在詩歌理論上，他提倡詩歌要寫「性情」，表達自我的思想感受和個性特點。他說「作詩不可以無我」[2]，就是強調詩歌要表現創作主體的思想和感情，不能只是毫無感情地描述外在世界，或者是忽視主觀個體的存在。在袁枚眼中，「性情」是詩的核心，而要想更好地表達自我的「性情」，最重要的一點是詩人要保持一顆真善之心，「詩人者，不失其赤子之心者也」[3]。詩歌外在的形式，如語言、格律、音韻、風格都是「有定而無定」，全受制於詩人的運用和調遣，是手段而不是目的。正是抱有這種態度，袁枚自稱對古往今來的詩歌流派與作品，「無所不愛，無所偏嗜」，採取兼容並包的態度。對於前期的「神韻派」、「格調派」，他也不是一概否定，而是有所分析，較為公正地指出其優劣得失。這些觀點在詩壇上產生了很大的影響，對扭轉詩歌創作上出現的形式主義和擬古傾向有著重要的意義。但袁枚的詩論，由於受他生活道路和思想視野的限制，脫離外在豐富複雜的社會現實，一味地強調個人「性情」，把「性情」抽象化，容易造成詩歌內容的

---

1 《小倉山房文集》卷十八，《答惠定宇書》。
2 《隨園詩話》卷七。
3 《隨園詩話》卷三。

空洞和貧乏，陷入另一種形式主義的境地。

袁枚的詩歌，正如他自己所言，直抒「性情」，主要是描寫個人的生活遭遇和思想感受，即作者生活道路上的種種見聞和喜、怒、哀、樂，表達自我對人生的理解和追求。詩歌題材範圍多為家居生活、宴飲游樂、旅行紀事、詠古懷人，等等。作者一生都過著優游林泉、寄情山水的安逸生活，這使得他的不少詩歌充滿了怡然自得、超脫塵俗的純美意境。如小詩《沙溝》寫旅途所見：

> 沙溝日影漸朦朧，隱隱黃河出樹中。
> 剛卷車簾還放下，太陽力薄不勝風。

這些詩作，意象鮮明，氣韻流動，有一種自然靈巧、新奇別致的風格，為乾嘉時期的詩壇帶來一股清新活潑的風氣。但袁枚詩歌的不足之處也非常明顯，因為作者甘於做一個「太平盛世」的逍遙派，現實生活中的各種矛盾和失意都被安逸的個人小天地所遮蓋，詩在他手中只是一種運用自如的消遣，內容不免失之於褊狹和單調。

（五）翁方綱的「肌理」說與宋詩派

翁方綱著有《復初齋集》。他是乾嘉詩壇宗宋一派的代表人物。他在詩論中提出「肌理」一說，認為「為學必以考證為准，為詩必以肌理為准」；「詩必研諸肌理，而文必求諸實際」。所謂的「肌理」，主要指作詩應具備的學問材料。在翁方綱看來，要想作出好詩，重在讀書長知識，有學問、有方法，而不是講求什麼「神韻」、「格調」，或空談性情，率意而為。他推崇宋詩，「詩宗江西派，出入山谷、誠齋」，就是因為黃庭堅等人多以學問為詩、以議論為詩，與他詩論所提倡的精神相一致。「肌理」說是當時考據學風盛行下的產物，嘉慶年間風行一時，導致了清代詩歌創作方向的一大轉變，對近代宋詩運動的興起有著前導作用。翁方綱也因此成為詩壇一位領袖人物。翁方綱學識淵博，喜歡以詩談學，致使金石考證之類雜錯其間，這類作品枯燥呆板，有損於詩歌的藝術趣味。

二、詞的復興和著名詞派及詞人

　　與詩歌並稱的詞，在南宋時期形成一個創作高峰。元明時期，戲曲、小說盛行，詞作漸漸退居次要地位，創作成就不大。入清以後，詞人輩出，佳作紛呈，詞又出現復興的景象。創作上湧現出了陳維崧、朱彝尊、納蘭性德、張惠言等名家，以他們為代表分別形成了陽羨派、浙西派、常州派等著名詞派。此外，《詞綜》、《詞律》、《詞藻》、《詞話》等詞集和詞學研究著作相繼問世，也進一步推動了詞的發展，共同形成清詞的繁榮興盛。

（一）陽羨派詞人陳維崧

　　陳維崧（1625-1682 年），字其年，號迦陵，江蘇宜興人。一生落拓，康熙年間，應博學鴻儒試，授翰林院檢討，修《明史》，旋即辭世。他學識淵博，工詩能文，尤其擅長作詞，著有《湖海樓詞》。長調小令，運用自如，皆有佳品，作品多達一千六百二十九首，在清詞中堪稱第一，亦為古今詞家所未有。其詞宗法蘇軾和辛棄疾，詞風慷慨高昂，雄渾豪邁，是陽羨派的開山。作品的題材多為描述身世、弔古抒懷之作，也有不少是反映現實民生疾苦。他的弟弟給他的詞集寫的序言中說：「方伯年少時，值家門鼎盛，意氣橫溢……不無聲華裙屐之好，故其詞多作旖旎語。迨中更顛沛，飢驅四方；或驢背清霜，孤篷夜雨；或河梁送別，千里懷人；或酒旗歌板，鬚髯奮張；或月榭風廊，肝腸掩抑；一切詼諧狂嘯，細泣幽吟，無不寓之於詞。」[4] 這是對迦陵詞的內容和創作環境的最好說明。小令〔醉太平〕《江口醉後作》、《夜宿臨洺驛》和長調〔滿江紅〕《汴京懷古》、《秋日經信陵君祠》等闋都可以代表迦陵的主要風格特點。迦陵詞的另一個藝術特色是不太追求格律，不雕琢，直抒胸臆，樸素自然。但不足之處是有時過於直露，豪放有餘，沉厚不足。〔點絳唇〕《夜宿臨洺驛》寫自我孤苦之狀：

　　晴髻離離，太行山勢如蝌蚪。稗花盈畝，一寸霜皮厚。趙魏燕韓，歷歷堪回

4　陳宗石：《湖海樓詞集序》。

首。悲風吼，臨洺驛口，黃葉中原走。

以深秋隨風飄蕩的黃葉來擬寫自己的漂泊無依，取景闊大，感情真摯，是迦陵詞中優秀作品之一。

與陳維崧風格相近的還有曹吉貞，山東安邱人，著有《珂雪詞》。他的詞主獨創，詞風雄渾蒼茫，語多奇氣。

（二）浙派詞人朱彝尊

朱彝尊（1629-1709 年），號竹垞，浙江秀水（今嘉興）人，五十歲才以布衣應博學鴻儒考試，授翰林院檢討，官日講起居注。他博學能詩，也擅長填詞。在詞學研究方面，他曾纂輯唐宋金元五百餘家詞為《詞綜》，為詞的研究和創作提供了重要的資料。朱彝尊是浙派詞家的代表作家，所作詞集有《江湖載酒集》、《靜志居琴趣》、《茶煙閣體物集》、《蕃錦集》四種。有單行本《曝書亭詞》。

他的詞標榜南宋，宗師於姜夔、張炎，他說：「數十年來，浙西填詞者家白石（姜夔）而戶玉田（張炎），春容大雅，風氣之變，實由於此。」[5]主張詞要醇雅清空，注重格律技巧，尤其是在詞句和音韻上下工夫，力求字句的工麗和聲調的和諧。他的作品以抒情和吊古題材為佳，有「句琢字煉，歸於雅正」之勝。但失敗之處是精巧有餘，沉厚不足，往往徒有華麗的形式而沒有實際的內容。〔賣花聲〕《雨花臺》寫道：

衰柳白門灣，潮打城還。小長干接大長干。歌板酒旗零落盡，剩有漁竿。秋草六朝寒，花雨空壇。更無人處一憑闌，燕子斜陽來又去，如此江山！

作品詠懷往事，吊古傷今，寄寓了對明亡的感慨，淒涼之情，溢於篇中，體現了其詞的風格特點。

---

5 朱彝尊：《靜志居詩話》。

與朱彝尊同時代的浙派詞人還有李良年、李符、沈岸登、龔翔麟等，時稱浙西六家。清代中葉以後，浙派詞盛極一時，當時尊奉浙派的詞家，尤以厲鶚和項祚鴻為中堅。厲鶚（1692-1752 年），字太鴻，號樊謝，浙江錢塘（今杭州）人，是繼朱彝尊之後的詞壇領袖，著有《樊榭山房詞》，他標榜「清空」境界，注意詞句的清俊和音律的和美，詞風清遠超脫，但沉厚不足，有時失於柔弱萎靡之病。項祚鴻，一名廷紀，字蓮生，浙江錢塘人，著有《憶雲詞》。作品多寫個人的富貴閒愁，辭婉而情傷，過於低沉。

（三）滿族詞人納蘭性德

納蘭性德（1655-1685 年），原名成德，字容若，滿洲正黃旗人，太傅明珠之子。一六七六年應殿試，賜進士出身，選授侍衛，曾出使塞外。著有《飲水詞》。

在清初詞壇上，他的創作很有特色，成就也較為突出。他出生於貴族之家，生活閱歷決定了他的創作視野僅局限於自身生活天地。他雖然過著錦衣玉食的生活，但並沒有從中得到特別的快樂，而是常常不由自主地滋生出莫名的悲傷和惆悵，使他的詞充滿了哀傷和幽怨的情調，多淒婉之音。其詞作大都直抒胸臆，自然流麗，風格接近南唐李煜。小令《長相思》寫鄉關之思：

> 山一程，水一程，身向榆關那畔行，夜深千帳燈。風一更，雪一更，聒碎鄉心夢不成，故園無此聲。

用白描的手法，通過自然界中常見的景物狀寫詞人的思鄉之情，情景交融，真切感人。

與納蘭性德風格接近的詞作者還有佟世南和顧貞觀。佟亦為滿族人，其詞以纏綿婉約見長，著有《東白堂集》。顧為無錫人，著有《彈指詞》。他與納蘭性德交誼很深，詞風也很接近。他的〔金縷曲〕《寄吳漢槎寧古塔以詞代書》二闋尤為人所傳頌。

（四）常州派詞人張惠言

嘉慶年間，以張惠言為首的幾位詞人打著反浙派的旗幟，高唱「意內言外」，比興含蓄，形成了名動一時的常州派。

張惠言曾輯《詞選》一書，闡發他的詞作主張。他提倡風、騷傳統，主張詞要運用比興寄託手法，要求「緣情造端，感物而發」，反對專事雕琢詞句。所著《茗柯詞》四十六首，樸實自然，凝練純淨，別具特色。如〔水調歌頭〕《春日賦示楊生子歌》（其一）：

百年復幾許？慷慨一何多！子當為我擊築，我為子高歌。招呼海邊鷗鳥，看我胸中雲夢，蔕芥近如何？楚越等閒耳，肝膽有風波。生平事，天付與，且婆娑，幾人塵外相視，一笑醉顏酡。看浮雲過了，又恐堂堂歲月，一擲去如梭。勸子且秉燭，為駐好春過。

張惠言之後，周濟著《詞辨》，編《宋四家詞選》，選周邦彥、辛棄疾、吳文英、王沂孫四家，繼承張氏之說並加以推廣，提出作詞「非寄託不入，專寄託不出」，使常州派的影響日重。到了晚清時期，常州派成為壟斷詞壇的一大流派。隨著時間的推移，常州派的弊病也日益明顯，由於過分講求比興之法，愈追求比興愈使詞意曲折隱晦，把詞的創作引上迷語化的歧路，使得詞作晦澀生硬，十分難懂。加之當時考據風盛行，不少詞人又是學問家，學問越大，知道的典故也就越多，於是就在詞中大量用典來顯示學問，這樣的詞作一般人根本無法看懂，嚴重影響到詞的發展。

第二節 ·
芬芳的
散文園地

　　清代散文在中國散文發展史上占有重要的地位。清前期的散文，從時間跨度上大體可以劃分為兩個階段，一是以侯方域、魏禧、汪琬為代表的清初散文；一是以方苞、劉大櫆、姚鼐為代表的桐城派古文。前者，時間較短，影響範圍較小；後者，從康熙年間開始，持續時間達二百年之久，對清代文壇產生了空前的影響。

一、清初散文作家及其作品

　　清王朝初建的幾十年間，顧炎武、黃宗羲、歸莊、屈大均等愛國遺民作家先後活躍在文壇，寫下了不少懷念故國、寄託自己思想情志的文章，如歸莊的《送顧寧人北游序》、屈大均的《孝陵恭謁記》等在當時廣為人們所傳頌。他們的民族思想和經世致用的文風對清代散文的發展產生了一定的影響。

　　除此之外，清初專以散文著稱的作家有侯方域、魏禧和汪琬，時稱「三大家」。他們既不滿於明代前後七子文必秦漢的復古文風，也看不起晚明公安、竟陵派輕佻虛浮的習氣，繼承明代唐宋派散文的傳統，創作出不少散文名篇。

侯方域（1618-1654 年），字朝宗，河南商丘人。明末，與方以智、冒襄、陳貞慧齊名，合稱「四公子」。曾加入復社，名聲很大。順治年間，參加河南鄉試，中副榜，卒年三十七歲。他早年以詩和製藝名布海內，為文取法六朝，工整排儷，富有情彩。中年幡然改轍，毀棄舊作，致力於古文辭，在創作上「奉馬遷為高曾，而實宗乎昌黎、柳州、盧陵、眉山諸子，一氣磅礴，百折不移」[6]。著有《壯悔堂集》、《四憶堂詩存》。

侯方域論文極力標榜才氣，把文章的要素概括為氣與骨，論作品則標舉氣骨，言作者則偏尚才思。主張「才與法合」，認為凡有真才必合與法，必達於理。[7]他所講的「才」多指作者主觀的藝術創造才能，「法」是藝術創作的規律。他注重從藝術的角度來評價文章的社會價值和演變規律，強調文章內容和形式相統一，批評當時「取人於進士一途」的科舉制度和八股文，不僅使應考之人心粗氣浮，而且也破壞了文章寫作的規律。提出為文之道要從生活積累和精神文化修養兩方面入手，提高自我的藝術才能，力求做到創作對象和創作主體之間融合無間，這樣方可創作出好的文章。

侯方域的散文是典型的「才子」之文。作品以人物傳記見長，才氣縱橫，精光四射。由於受當時風氣的影響，他有意識地把市井小說的語言和手法摻雜在古文中，形成一種前人所無的新面目。《李姬傳》、《任源邃傳》、《馬伶傳》是其代表作。這些文章，內容多反映明末抗清人物的事跡，風格有類於唐人傳奇，人物形象栩栩如生，藝術成就較高。其中《李姬傳》描寫自己接受秦淮名妓李香君的勸阻而拒絕閹黨餘孽阮大鋮之流利誘的經過，集中刻畫了李香君的「俠而慧」，「能辨別士大夫賢否」的品格特徵，通過這位嚴正高潔的女性形象，反襯出明末清初民族危難之際一些漢奸賣國賊的醜惡嘴臉。這段史實後來成為戲劇家孔尚任創作《桃花扇》的藍本。李香君也因此成為中國古代家喻戶曉的女性形象之一。另外，他的《癸未去金陵日與阮光祿書》，義正詞嚴地譴責了阮大鋮的卑劣行徑，飽含激情，氣勢充沛，也是他的一篇名作。

6　徐鄰唐：《壯悔堂文集序》。
7　參見侯氏：《與任王谷論文書》、《倪涵谷文書》。

魏禧（1624-1680 年），字凝叔，亦字冰叔，又字叔子，號裕齋，又號庭勺，學者稱為庭勺先生。江西寧都人。禧與其兄祥、弟禮皆以文名世，有「寧都三魏」之稱。魏禧自幼隨父讀書鄉里，十一歲時即以時文得名。明朝滅亡後，隱居翠微峰上，與其兄弟、姐婿和好友共九人，躬耕自食，講《易》讀史，時號「易堂九子」。三十九歲後，他改裝下山，漫遊江、淮、吳、浙，以文會友，遍交奇士，結納賢豪，希望反清復明。康熙年間詔舉博學鴻儒科，力辭不就。著作有《魏叔子文集》等。

　　魏禧有一套較為系統的文章理論，可以概括為「尚用」、「立本」、「貴變」。他說：「予平生論文，主有用於世。」[8]這是古代文論家的共同主張，但他賦予了鮮明的時代內容，他所說的「有用於世」，是針對明代八股文的腐朽、擬古之作的卑陋、理學的虛浮，最終導致江山易主的政治現實而發，要求文章之作擔負起救國家之敗亡、正人心之惑溺的責任。他強調「文章之道，必先立本」，講求主觀的見識、實踐和才能，既要廣博地學習前人總結出的歷史經驗，又要通過自己親身的實踐來發現並掌握規律，肯定生活實踐是作文的根本。同時，他認識到任何時代的作品都有其獨特的個性、獨特的價值，文章是隨著時代的變化而不斷變化的，不可「株守古人之法」而失去創新精神。這些藝術見解在當時有著很大的影響。

　　魏禧的散文學歐、蘇，以說理論事為主，多以瑰麗典博為工，兼具陽剛之氣，有著強烈的用世目的。文集中有許多人物傳記，專門讚揚死於亡國之難的遺民志士，很有成就。文筆最精彩的篇章是為他弟弟寫的《吾廬記》和人物傳記《大鐵椎傳》。其中《大鐵椎傳》描寫江湖異人大鐵椎的神力和勇氣，對他懷才不遇的遭遇深表同情。作者把這位江湖異人比作是椎擊秦始皇的力士，寄寓了作者希望改變現實的理想，其用意是非常明顯的。他的文章感情慷慨激昂，描摹淋漓盡致，跌宕起伏，情文並茂，富有藝術感染力。

　　汪琬（1624-1690 年），字苕文，號鈍翁，又號玉遮道人，晚年號堯峰，江

8　魏禧：《俞右吉文集序》，《魏叔子文集》卷八。

蘇長洲（今屬吳縣）人。順治進士，累官刑部郎中。曾因奏銷案降職，以病告歸，隱居洞庭堯峰。康熙十八年，舉博學鴻儒，授編修，預修明史，旋即乞歸。著有《鈍翁類稿》，晚年刪定為《堯峰文鈔》五十卷。

在清初的文壇上，汪琬代表了願意與新王朝合作的那一部分漢族知識分子。他的文論觀點也明確地體現出這一思想傾向。他主張詩文創作要為清王朝的現實政治服務，力求將道統和文統「匯其源流而一之」[9]，為清代正統文章理論奠定了基調。所以《四庫全書》對他評價甚高，說「古文一脈，自明代膚濫於七子，纖佻於三袁，至啟、禎而極弊。國初風氣還淳……琬與寧都魏禧、商丘侯方域稱最工……然禧才雜縱橫，未歸於純粹，方域體兼華藻，稍涉於浮誇。惟琬學術既深，軌轍復正，其言大抵原本六經……氣體浩瀚，疏達通暢。」這正是因他的文章理論符合清朝官方的需要，但他的散文成就不及侯、魏二人。

清初，以散文名世的作家還有王猷定、邵長蘅、戴名世等。王猷定（1599-1661年），江西南昌人。曾入史可法幕府，入清以後絕意仕途，「以古文自雄」，有意扭轉明人文風。他的作品以傳奇性散文見長，《李一足傳》、《湯琵琶記》、《義虎記》都是廣為世人傳頌的名篇。邵長蘅（1637-1704年），江蘇武進人。他的《閻典史傳》歌頌江陰縣典史閻應元抗擊清兵英勇殉難的事跡，是一篇優秀的傳記散文，在當時產生了巨大的影響。戴名世（1653-1713年），安徽桐城人。他的《南山集》中有不少描寫抗清歷史、激勵民族氣節的作品，如《宏光乙酉揚州城守記》等。後因「南山集」案被害。他作文主張「道與法合」，推許程朱理學，標舉唐宋八大家和歸有光的古文。他和方苞交誼很深，其散文理論對方苞影響很大，實開桐城派散文的先聲。

9　汪琬：《王敬哉先生集序》，《堯峰文鈔》卷二十九。

二、桐城派古文

桐城派是清代散文創作中影響最大的一個流派，創於康、乾之際，盛於嘉、道年間。「桐城派」一名的由來，是因為開宗立派的三位代表作家和理論家方苞、劉大櫆和姚鼐都是安徽桐城人。

桐城派並不是一個地方性文人集團和創作流派，它的產生有著深刻的政治歷史背景和思想文化根源。它是以滿洲貴族為主的滿漢地主階級的聯合統治穩定之後的產物。在清朝政權穩定之後出生的新一代漢族地主階級知識分子中，有不少人已經不再像他們的祖輩和父輩們那樣，滿懷君父之仇，反抗滿族統治，而是想通過科舉考試，致身顯達，政治立場已經完全站在清廷一邊，自覺地來維護清王朝的統治。因此，在文化藝術領域創造一種為新王朝服務的創作規範和文章式樣不僅成了客觀需要，而且有了一個較為適宜的社會基礎。再者，滿洲貴族以落後的民族君臨全國，既要排除漢族傳統思想中的夷夏之防，又要充分利用封建倫理道德規範來駕馭漢族地主階級在思想文化方面的優勢，鞏固自己的統治秩序。於是，清廷大力提倡程、朱理學，一方面重用一批所謂的「理學名臣」，如魏象樞、李光地等人；另一方面希望創造出與之相適應的新的語言文字形式。他們先為科場文字立下一個「清真雅正」的衡文標準，然後逐漸推及到其他文學式樣。另外，這個時期，中國傳統散文的創作，由於清初作家有意識地接受了明代秦漢派散文失敗的教訓，吸取了唐宋派古文成功的經驗，也發展到一個新的階段，客觀上形成了全面總結幾千年來豐富的創作經驗、完善散文理論體系的要求和趨勢。桐城派以清廷的統治思想為依據，以清廷的文化政策為準繩，又能較為全面地總結中國古代散文的經驗，建立起以「義法」為中心的理論體系。這可以說是桐城派影響深廣的根本原因。

方苞（1668-1749 年），字九鳳，一字靈皋，晚年自號望溪。三十二歲中江南鄉試第一名，成為八股文名家。康熙四十五年進士，曾因《南山集》牽連，下獄論死，得李光地力救，康熙皇帝下諭寬宥，旋召入南書房。在此後的三十年中，他歷經康、雍、乾三朝，先做了十年的文學侍從，又做了十年的武英殿修書總裁，最後十年歷任翰林院侍講、內閣學士、禮部侍郎等職。曾選編《明清制

義》頒行天下，著有《望溪先生文集》。

　　方苞是桐城派的始祖。他繼承唐宋古文家文道合一的主張，提出「學行繼程朱之後，文章在韓歐之間」[10]，即以程朱理學為內容、韓歐古文為形式作為他文章的準則。他所謂的道統，就是孔子、孟子、董仲舒、韓愈、二程、朱熹；所謂的文統，就是六經、《論語》、《孟子》、《左傳》、《史記》、唐宋八大家，一直到歸有光。他文論的核心是「義法」：「義即《易》之所謂『言有物』也，法即《易》之所謂『言有序』也。義以為經，而法緯之，然後為成體之文。」[11]義指的是內容，法指的是形式，即要求文章形式服務於內容，內容和形式相統一，這個道理是正確的。但方苞所講的「義」有著特定的內涵，是「本於經術」的「聖道倫常」之類，是為封建統治秩序服務的。他要求寫文章要講究章法的嚴謹和語言的純潔，這些意見也是好的，但他所說的「法」，是在文章章法上「明於體要，而所載之事不雜」；在語言上，要去「冗辭」，刪「枝義」，淘汰一切雜質。他說：「古文中不可入語錄中語，魏晉六朝人藻麗俳語，漢賦中板重字句，詩歌中雋語，南北史佻巧語。」以及小說家語、佛家語都在排斥之列。[12]認為只有這樣才能達到「澄清無滓，澄清之極，自然而發其精光」的境界，才符合「雅潔」的風格。這些清規戒律不僅割斷了散文語言與日益發展的口語之間的關係，而且也割斷了與豐富多彩的古代文學作品中書面語言的關係，難免使文章缺乏生氣和活力，形成一套束縛思想的死間架。桐城派古文大多內容貧乏、氣象狹小的原因即在於此。

　　方苞的散文不少是崇經明道之作。他曾說，自己為文「非闡道翼教、有關人倫風化者不苟作」。由於方苞一度遭受過文字之禍，生活經歷決定了他對現實的複雜感受，其作品中有一些現實性比較強的優秀作品。如《獄中雜記》，通過自己在獄中的親身見聞，揭露了封建社會司法制度的黑暗和罪惡，布局整飭，語言雅潔明暢。《左忠毅公逸事》記述東林黨人左光斗的生前事跡，突出了他忠正剛毅、捨身為國的高貴品質。全文字數不多，敘事簡潔，感情飽滿，語言明快，人

---

10 王兆符：《望溪文集序》。
11 方苞：《又書貨殖傳後》，《方苞文集》卷二。
12 沈蓮芳：《書方望溪先生傳後》；方苞：《答程鬗州書》。

物形象生動感人，如在目前，讀後令人久久不能平靜。

劉大櫆（1698-1779 年），字才甫，一字耕南，號海峰，副貢生，乾隆時舉博學鴻詞、經學，皆不中，僅做過黟縣教諭，著作有《海峰文集》、《論文偶記》等。

在桐城派的發展、成熟過程中，劉大櫆是上承方苞、下啟姚鼐的中間人物。雖然出於方苞門下，但由於其遭遇不同和政治地位不同，其文風、文論與方苞也不相同。他的文章以「品藻音節為宗」，不像方苞那樣，「非闡道翼教、有關人倫風化者不苟作」。其文論著力探討散文創作中的審美規律，繼承並修正了方苞的「義法」說。《論文偶記》是其理論專著。他論文以「法」為主，重視神、氣、音節；「行文之道，神為主，氣輔之」；「神、氣、音節者，匠人之能事也；義理、書卷、經濟者，匠人之材料也」；「神氣者，文之最精處也；音節者，文之稍粗處也；字句者，文之最粗處也……蓋音節者，神氣之跡也；字句者，音節之矩也。神氣不可見，於音節見之；音節無可准，於字句准之。」在創作上，劉大櫆著重在文章音節的和美、字句的平仄上用力；強調熟讀吟誦古文作品，以圖「積字成句，積句成章，積章成篇」，這樣才能得古人之神氣音節，自己的文章也能「自然鏗鏘發金石」[13]。劉大櫆論文而言「神」，既包括創作主體主觀精神的作用，又包括文章中支配全局、最能打動讀者的審美特性，也包括行文中的藝術規律和方法；其言「氣」，則偏重於作品內在的氣勢、力量以及人們對作品的審美感受。劉大櫆的這些觀點，是在繼承中國古代作為哲學範疇和文藝理論中審美範疇的有關見解並加以發揮，專門用來概括散文創作和審美中的規律。但其局限之處是過分強調文章外在的形式，而忽視文章內在的思想性，立論偏頗。在桐城派中，劉大櫆的理論建樹大於其創作成就。

姚鼐辭官以後，先後在梅花、鍾山、紫陽等書院講學四十餘年。著有《惜抱軒全集》，選編《古文辭類纂》、《七五言今體詩鈔》等。

---

13 以上引文均見劉大櫆：《論文偶記》。

姚鼐是桐城派影響最大的代表作家和文學理論的集大成者。方東樹說他「因望溪之義法」,「取海峰之品藻」,而以「超卓之識,精詣之力」,超越方、劉兩人。《清史稿》本傳中說他「論文根極於道德,而探源於經訓。至其淺深之際,有古人所未嘗言,鼐乃抉其微,發其蘊。」他將方苞、劉大櫆的文學主張引申擴充,以古文理論為中心,溝通時文、詩歌、辭賦等多種文學樣式,建立起相當完整的理論體系,使桐城派的理論更加系統化。他說:「吾嘗以為文章之源,本乎天地。天地之道,陰陽剛柔而已。苟有得乎陰陽剛柔之精,皆可以為文章之美。」[14]他所說的「道德」,並不是倫理學範疇,而是哲學範疇。「道」即自然天地的根本規律,「德」是個別事物的特殊本質。姚鼐直接把文章之作提高到與自然規律相一致的高度,提出「藝與道合」,強調文學的社會本質和功能,把傳統的道、藝觀向前推進了一大步。在文章寫作的諸要素中,他提出「才」與「法」兩大範疇,「才」指作者的才能,是作者主觀天賦、學力、思想的綜合表現;「法」指文章自身的規律,他認為兩者應很好地結合在一起,特別注重義理、考據、辭章合一。他說,「三者苟善用之,則皆足以相濟;苟不善用之,則或致於相害」[15]。主張兼收並蓄,在程朱、韓歐之外,加上鄭許等人的考證,以考據為義理和辭章服務。他還提出為文的「八要」:「神、理、氣、味者,文之精也;格、律、聲、色者,文之粗也。」[16]這裡的「精」,相當於文章的內容,「粗」相當於形式。他認為:「學者之於古文,必始而遇其粗,中而遇其精,終則御其精者而遺其粗者。」關於文章的風格,姚鼐提出陰陽剛柔之分,並認為這是因作者「才性氣質」不同所致。這些理論在方、劉兩人的基礎上更進一步,擴大了桐城派的影響。《古文辭類纂》就是在其理論指導下編纂的一部古代散文集,流傳極廣。

姚鼐的散文創作,內容比較單一,多是一些以個人生活為中心的抒情、寫景以及談藝論文之作,語言簡潔,層次分明,剪裁得體,風格上偏向於陰柔之美。其中尤以寫景類散文藝術成就最高,如《登泰山記》,寫深冬季節泰山的景象,

---

14 姚鼐:《海愚詩鈔序》,《惜抱軒全集》文四。
15 姚鼐:《述庵文鈔序》,《惜抱軒全集》文六。
16 姚鼐:《古文辭類纂·序目》。

色彩鮮明，形象生動，特別是日出時的奇異景象，作品中描繪得極為逼真，如詩如畫，令人神往。作者在描寫景物的時候，善於用非常精煉的語言，用烘托渲染的手法，把泰山雄奇壯麗的景色凸顯出來，絢麗而不濃豔，疏淡而不蕭瑟，蒼勁樸茂，功力深厚，顯示出桐城派散文的特色。

桐城派發展至姚鼐時期達到成熟階段，形成一個聲勢浩大的運動。桐城古文一時風靡天下，步其門庭者日眾，有「天下文章，盡出桐城」之說。姚鼐的弟子方東樹、梅曾亮、管同、姚瑩在推廣桐城派古文上，都起到過一定的作用，但他們的創作成就不大。

隨後，桐城派出現了一個旁支「陽湖派」。其代表人物是張惠言和惲敬（1761-1802 年），他們都是劉大櫆的再傳弟子，因為同屬於陽湖（今江蘇武進）而得名。陽湖派出於桐城，其創作主張與桐城派大同小異，主要區別在於作文取法範圍要寬一些，除六經八家之外，還兼及諸子雜書、史家禪學。他們又都是詞和駢文作家，也比較注意辭采，因而所作文章氣勢上要開闊一些，但不及桐城派的嚴謹、精煉。

應當指出的是，桐城派的文論，在當時也受到不少的批評。這些持批評態度的多是一些經史學家，其中以章學誠為代表。他針對社會上流行的桐城派古文的弊病，專門寫了《古文十弊》一文，歸結出桐城派古文的十種毛病：剜肉為瘡；八面求圓；削趾適履；私署頭銜；不達時勢；同里銘旌；畫蛇添足；優伶演劇；井底天文；誤學邯鄲。提出文章應從實際出發，重視文章的內容，反對形式主義和因襲前人。這樣的批評是中肯的，但當時桐城派日盛一日，這些意見並未起太大的影響。

三、清前期的駢文創作

和詞的「中興」一樣，駢文在清前期也很盛行，出現了不少駢文作家，作品數量也非常多。清初陳維崧、吳綺的駢文，都很有名。清中葉以後，作家更是層

出不窮，著名的有胡天游、汪中、袁枚、孫星衍、洪亮吉、阮元、李兆洛等。李兆洛曾選編《駢體文鈔》一書，與姚鼐的《古文辭類纂》相對立，以駢文來反對桐城派的古文，認為只有駢文才是文學作品，才是文學的正統。在那些眾多的駢文作家中，汪中是一個突出的代表人物，他的駢文創作成就最高。

汪中出身窮苦，因為助書商賣書，才得以博覽群書。他高唱墨學，倡導復興諸子，思想比較進步，「不信釋老陰陽神怪之說，又不喜宋儒性命之學」[17]。這種反傳統的言論與封建正統思想相抵觸，因此不容於世俗，屢遭迫害，一生過著屈辱和窮困潦倒的生活。著作有《述學》、《容甫先生遺詩》。

汪中一生寫了不少廣為傳頌的駢文名篇，如《廣陵對》、《黃鶴樓銘》、《自序》、《哀鹽船文》、《吊黃祖》、《經舊苑吊馬守貞文》、《狐父之盜頌》等。他的駢文不事雕琢，能「狀難寫之情，含不盡之意」[18]，感情真摯，淒婉動人。其代表作《哀鹽船文》中，寫揚州江面鹽船失火的慘狀，作者懷著沉痛的心情，對遇難的鹽戶表示了深切的同情，淒麗哀怨，真切感人。《吊黃祖》、《經舊苑吊馬守貞文》、《狐父之盜頌》等篇，控訴了社會中的不平，寄寓著作者對自我身世的感慨和對社會現實的不滿，悲郁憤懣，讀後令人沉思再三。

---

17 江藩：《漢學師承記》。
18 李詳：《汪容甫先生贊序》。

古典小說
的輝煌成就

　　小說發展到清代，在思想內容和藝術成就上都達到了一個前所未有的新高度。許多優秀的作家繼承並發揚魏晉志怪小說、唐宋傳奇、宋元話本和明代擬話本及長篇章回小說的優良傳統，發揮自我的藝術創造才能，相繼創作出《聊齋志異》、《儒林外史》、《紅樓夢》、《鏡花緣》和《閱微草堂筆記》等小說作品，使得中華民族又增加了幾位躋身於世界文學之林的偉大作家，擴大了中華文化在世界上的傳播和影響。清代優秀小說家的湧現和小說名著的產生，共同造就了中國古典小說發展史上最後的輝煌，為最終走向沒落的中國封建社會抹上了一筆引人注目的色彩。清代小說也因此成為清代文學史上成就最大的文學體裁形式。

一、《聊齋志異》和清代文言短篇小說

　　中國文言短篇小說有著悠久的歷史。魏晉時期，出現大量的記錄鬼怪神異和人物軼事的筆記小說；到了唐代，人們開始「有意為小說」，出現了具有現代意義的短篇小說——唐傳奇。宋元時期，以「話本」為主要形式的白話小說開始發展，文言小說創作雖然一直持續不斷，作品數量也不少，但成就不大。明代文言小說一度非常活躍，出現了瞿佑《剪燈新話》等作品，但就整體而言，文言短篇

小說在藝術上仍沒有太大的突破。直到清代《聊齋志異》的問世，蒲松齡創造性地繼承了前人的創作成就，用傳奇的手法來志怪，在對花妖狐魅之類故事的描述中，揭露和批判了不合理的現實生活，寄托了人們對美好生活和愛情幸福的渴望與向往，把文言小說創作推到了一個前所未有的高度。

《聊齋志異》是一部文言短篇小說集，全書一共收入四百九十一篇作品，四十多萬字。作者蒲松齡（1640-1715 年），字留仙，一字劍臣，別號柳泉，山東淄博（今淄博市）人。他出生在一個貧窮的知識分子家庭，父親為照顧家庭被迫棄儒經商。受當時社會風氣和家庭的影響，蒲松齡從小就熱衷功名，希望通過科舉來改變自己的命運，十九歲時曾接連考取縣、府、道三個第一名，轟動一時。但從此以後卻屢試不中，蹭蹬科場。三十一歲時因家計應聘入幕，在寶應、高郵縣當了一年多幕賓，後辭歸返鄉，設帳教書。在此後的四十年間，他一面教書，一面應考，但都沒有結果，過著「十年不知肉味」的清苦生活。直到七十一歲的時候，蒲松齡才援例成為一名貢生，四年之後便辭世而去。

蒲松齡生活的年代，是清代民族矛盾和階級矛盾非常尖銳和激烈的時代，也是封建思想統治不斷加強和鞏固的時代。他的一生，代表了封建社會中許多中下層知識分子的一般命運。除一度游幕蘇北之外，他一生大部分時間都生活在鄉邑。科舉的失意，生活的貧困，以及長期與下層百姓的接觸，使他深刻地感受到社會現實的齷齪黑暗、科舉制度的不公正和廣大人民生活的疾苦。這種生活閱歷和清醒的思想意識為他的創作打下了一個良好的基礎。

蒲松齡像

《聊齋志異》是蒲松齡的代表作，在他四十歲左右已經基本完成，以後又經過不斷的修改和補充，是作者一生心血的結晶。作品中有一些為作者親身見聞，也有一些是根據舊的故事題材改編而成，但大部分是採自民間傳說和故事，經過作者的搜集、整理和精心加工成篇。蒲松齡通過自己對現實生活的深刻觀察，運用非凡的文學手法，把自己的生活感受和滿腔的情

感融匯到這些光怪陸離的故事情節之中，賦予作品真實的現實內容和深厚的思想內涵，塑造出許多令人難忘的藝術形象。

《聊齋志異》寫得最多的是狐鬼精怪與人戀愛的故事。作者通過這類曲折奇異的愛情題材，歌頌自由純潔的愛情生活，揭露封建禮教的虛偽本質，寄託著人們對美好愛情的理想和向往。著名的篇章如《紅玉》、《嬰寧》、《鴉頭》、《蓮香》、《姣娜》、《青鳳》，等等。在這類故事中，女主人公都具有容貌美麗、心靈高貴、純潔善良的特點，同時又具有鮮明的個性，如紅玉的機智賢惠，嬰寧的天真爛漫，青鳳的痴情執著，等等。這些鮮明的女性形象，是作者幻想化的產物，集中體現了作者理想中的兩性關係和理想化的女性，同時也表現出人們對美好生活普遍的渴望與憧憬。這樣的愛情故事把讀者帶入一個神奇迷離的超現實世界中，女主人公為了追求自由平等的愛情生活，自始至終不屈服於封建禮教的束縛和壓迫，為了自己所愛的人，捨生忘死，歷盡劫難也在所不惜，毫不退讓。《連城》寫連城與心上人喬生倆人的愛情故事：史孝廉徵詩擇婿，喬生的詩才得到其女連城的喜愛，彼此引以為知己，但史孝廉以喬生家貧為借口，不答應這門親事。兩個人雖私下愛慕，卻無法走到一起。不久，連城因情志不遂憂鬱而死。喬生聞訊，前往弔唁，當場一慟而絕。他在陰間找到了連城，在其好友顧生的幫助之下，兩個人被允許還魂人間，有情人最終成了眷屬。相同題材的故事在全書中還有很多。這一題材在前代小說作品中多有反映，蒲松齡繼承了前人的創作成就，並且在思想深度和生活廣度上加以擴大。這些作品歌頌了男女主人公為爭取婚姻自由所表現出的可貴品質和反抗精神，流露出作者進步的思想意識。

《聊齋志異》所表現的另外一個重大主題，是揭露和批判科舉制度的弊端。作者本人對科舉原本是一往情深，極為熱衷，一直都在做著「朝為田舍郎，暮登天子堂」的美夢，卻屢遭現實的無情捉弄。多年的科舉之路，帶給他的不是夢寐以求的榮華富貴，而是一次又一次的打擊和無盡的屈辱。痛苦和失意使他清醒地認識到科舉制度的弊病，也促使他操起筆管，用飽含感情的語言來編織一個又一個故事，通過對科舉弊端的揭露和對一些知識分子精神面貌的剖析，批判了科舉制度的腐朽。作者用生動真實的事例揭露了一些考官瞞頂、徇私舞弊和嫉賢妒能的嘴臉，抨擊了封建社會埋沒人才的現實。《葉生》、《司文郎》、《於是惡》、《賈

奉雉》、《羅剎海市》、《續黃粱》等篇，就是這一類作品。

《司文郎》寫一個能用鼻子嗅出文章好壞的瞎和尚，他嗅過王生的文章之後，說：「君初法大度，雖未逼真，亦近似矣。我適受之以脾。」再嗅余杭生的文章，則咳逆數聲曰：「勿再投矣！格格而不能下，強受之以膈；再焚，則作惡矣。」可是榜發以後，余杭生高中，而瞎和尚看好的王生卻名落孫山。和尚聞訊感嘆道：「僕雖盲於目，而不盲於鼻；簾中人並鼻盲矣！」作品構思奇巧，寓意深刻，用辛辣的語言無情地嘲諷了科舉制度的虛偽。《葉生》中的葉生，雖然「文章辭賦，冠絕當時」，偏偏屢試不中，鬱悶而死，為了顯示自己的才華，他的鬼魂幫助一個邑令之子考中舉人，「借福澤為文章吐氣，使天下人知半生淪落，非戰之罪也」。這則故事既暴露了科舉制度的埋沒人才，也反映了廣大士子對此道的執迷不悟，竟達到生死繫之的地步。在作者筆下，沒有走上仕途的士子汲汲以求，而一旦僥幸過關者，不少人則成了貪圖功名利祿的社會蛀蟲，鮮有能為國家和民眾出力的人。相反，作者對那些不肯向科舉制度低頭屈服的讀書人，則給予熱情的贊揚，如《賈奉雉》中的賈生，最後抱著對科舉之途的失望「遁跡丘山」，表現了一些士人幻想的破滅和夢醒之後無路可走的心態。這類作品，可以說是後來吳敬梓《儒林外史》全面揭露和批判封建科舉制度的先聲。

《聊齋志異》反映的再一個重大主題，是暴露封建社會的黑暗現實，如吏制的腐敗、土豪劣紳的暴虐和廣大平民百姓苦難的生活。作者長期生活在社會基層，耳濡目染，洞悉生活的真實，對社會生活中種種不平之事有著深刻的感受，抱著對被侮辱與被損害的下層人民的無限同情，在書中向封建社會發出了強烈的控訴和批判，這類作品有著深厚的生活基礎和現實意義。《促織》、《席方平》、《紅玉》、《夢狼》、《石清虛》、《向杲》等篇就是此類題材。

在《促織》一篇中，作者把批判的矛頭直接指向封建社會的最高統治者皇帝，通過成名一家的悲慘遭遇，有力地揭示出平民百姓生活痛苦和貧窮的根源在於統治者的剝削和壓迫。由於皇帝愛鬥蟋蟀，各級官吏競相媚上邀寵，借機盤剝勒索，致使「每責一頭，輒傾數家之產」，皇帝一己之好結果成了小民百姓家破人亡的災星。成名一家就是無數受害家庭中的一個。因為交不上應徵的蟋蟀，成

名受盡官府的杖責，命將不保。後來百法用盡，終於捉到一只，不料又被兒子不小心弄死，真是雪上加霜。小兒自知闖下彌天大禍，悔懼交加，投井而死，成名一家陷入無邊的恐懼和悲憤之中，「夫妻向隅，茅舍無煙，相對默然，不復聊賴」。最後，成名的兒子之魂化為一只輕捷善鬥的蟋蟀，才挽救了一家人的性命。這只蟋蟀被獻入宮中之後，得到皇帝的歡心，參與舉薦的各級官吏也因此得到不同的賞賜。小說用無可辯駁的事實說明了封建社會人吃人本質。封建統治者的一切吃喝玩樂都是建立在普通百姓的納獻和痛苦之上，各級官吏為了自己能夠飛黃騰達，更是不遺餘力，壓榨百姓。《席方平》一篇則反映了封建官府暗無天日，人民有冤無處伸的黑暗現實。《夢狼》更直接地揭露封建官吏一個個都是嗜血如命、欺榨百姓的虎狼。在對統治者進行鞭撻的同時，作者也熱情地歌頌那些敢於向惡勢力做鬥爭的各階層人物和他們的高尚品質。席方平為了伸冤，歷盡官衙和陰曹地府的杖笞鋸解，絕不低頭，直到冤屈昭雪。在這類反抗隊伍之中，有不少是女性，這更增添了作品的閃光之處。

《聊齋志異》還有一些很有教育意義的寓言故事，如《畫皮》、《黑獸》、《勞山道士》，等等。《畫皮》一篇最為典型，它告訴人們一定要通過現象看本質，絕不可被外表和假象所迷惑，故事廣為傳頌，深受人們喜愛。除此之外，該書還有其他方面的內容。

《聊齋志異》之所以偉大，就是因為作品深刻地揭露了封建社會的本質，所反映的內容不僅是清初社會的真實寫照，而且是對幾千年封建社會的典型概括；作品所描繪的理想世界，寄託著廣大人民對幸福生活的向往，這是作品深受人們喜愛的一個重要原因。

《聊齋志異》的藝術成就是卓越的。它根植於民間文學的土壤中，繼承中國古典小說的優秀傳統，發揮作者的創作才能，成功地創作出這部劃時代的偉大著作，為文言短篇小說創作樹立了一個光輝的典範。在形象塑造、情節安排、敘事結構、語言運用等方面都有著獨到之處。魯迅先生在《中國小說史略》中對該書作了高度的評價，他說：

《聊齋志異》雖亦如當時同類之書，不外記神仙狐鬼精魅故事，然描寫委

曲，敘次井然，用傳奇法，而以志怪，變幻之狀，如在目前；或又易調改弦，別敘畸人異行，出於幻域，頓入人間；偶述瑣聞，亦多簡潔。故讀者耳目，為之一新。

這是對該書藝術特徵的一個全面概括。

《聊齋志異》藝術上的成就，首先表現在它成功地塑造了眾多的典型形象。蒲松齡注意抓住人物的本質特徵，傾注自己的愛憎情感，寥寥數筆，就能把描寫的對象栩栩如生地展現在讀者面前。在創作手法上，作者最善於運用浪漫主義的藝術手法，發揮超人的想象力，把幻域和現實巧妙地結合在一起，把現實與超現實的情節有機地疊加在一起，通過典型環境和典型事件來塑造典型人物。作者筆下的花妖狐鬼，作者多賦予她們以人的美麗容貌和性格，使她們具有追求自由、反抗強暴、愛憎分明的優秀品質，成為現實人生的理想化人物；同時，作者也適當地保留其原形的某些本性，使之具有超現實的本領，增加了藝術形象的可塑性。正如魯迅先生所言：「花妖狐魅，多具人情，和易可親，忘為異類，而又偶見鶻突，知復非人。」

其次，《聊齋志異》在情節結構的安排上，布局巧妙，結構嚴密，敘事清晰，搖曳多姿。故事的敘事方式，基本上採用短篇小說最常見的順序方法，在故事的開頭，多用簡潔數語交代故事的主人公，以及事件發生的時間、地點。受體制所限，情節的發展一般是單線流向，不枝不蔓，讀起來讓人一目了然。但在事件的發展過程中，作者又尊重生活的真實，注意使用倒序和插序的方法，力求把事件的多樣性和複雜性描述出來，使得故事本身如同現實生活一樣矛盾衝突不斷，增加了故事的可讀性。作者巧運匠思，注意保留民間文學的特點，把超現實的情節組織安排得恰到好處，故事的戲劇色彩大大增強。許多故事中的主人公，就是在激烈的矛盾衝突和戲劇因素的交織發展進程中，表現了自身的性格特點。讀者在欣賞富有刺激性的情節的同時，也為主人公的性格和命運所打動，給讀者留下難忘的印象。

蒲松齡「用傳奇法，而以志怪」，這一藝術手法不僅表現在情節結構和敘事方法上，也表現在具體生活場景的描繪上。作品在對富有意義的景物描寫和顯示

人物特定性格的細節刻畫上，著力用筆，鋪陳渲染，並能做到突出重點，力求通過外在的景物和典型細節來揭示人物的內心活動，使人物的身份和行為相統一，氣氛協調，恰到好處。

再者，《聊齋志異》在語言運用上也非常嫻熟自如。全書使用雅潔的文言寫成，暢達自然，具有綺麗典雅、明朗生動的清新風格。句式多變，在鋪陳敘事中兼用駢文韻語，富有音樂的動感。最為人稱道的是，在人物對話中大量採用民間口語和方言，典雅中平添幾分生動活潑，突破了古文平正板直的格局，有助於人物性格的塑造。在語言使用上，《聊齋志異》堪稱文言小說的範本。當然，文言形式在一定程度上影響到一般人的閱讀與欣賞。

總之，《聊齋志異》以其深廣的思想內容和巨大的藝術成就，為清代文言短篇小說樹立了一個很好的榜樣，在中國短篇小說發展史上，它是一個承前啟後的里程碑。

《聊齋志異》問世以後，風行一時，清代文壇上掀起了一個文言短篇小說創作的高潮。其影響之巨，一直延續到清末。模擬之作迭出，乾隆年間就有沈起鳳的《諧鐸》、邦額的《夜譚隨錄》、浩歌子的《螢窗異草》等。當時，還出現了與《聊齋志異》並立而異趣的另一部小說集，這就是紀昀的《閱微草堂筆記》。作者紀昀（1724-1805 年），字曉嵐，直隸獻縣（今河北獻縣）人。曾主持纂修《四庫全書》，是乾、嘉時期的著名學者。

聊齋——蒲松齡故居

《閱微草堂筆記》共五種，包括《灤陽消夏錄》、《如是我聞》、《槐西雜志》、《姑妄聽之》和《灤陽續錄》，是作者從乾隆到嘉慶年間陸續創作完成的。作者由於堅持保守的文學創作觀點，對蒲松齡用傳奇之法來志怪表示不解和非難，說：「小說既述見聞，即屬敘事，不比戲場關目，隨意裝點……今燕暱之詞狎昵之態，細微曲折，摹繪如生，使出自言，似無此理；使出作者代言，則何從而聞見之，又所未解也。」[19]由於作者無視小說創作中虛構的合理性和敘事角度的多樣化特點，反而單純地模仿漢晉小說那種簡單的形式，加之作者著述的目的是要「不乖於風教」，「有益於勸懲」，書中大部分故事是宣揚因果報應和忠孝節義思想，缺乏蒲松齡的「孤憤」之情和批判精神。《閱微草堂筆記》的主要成就如魯迅所言：「雋思妙語，時足解頤；間雜考辯，亦有灼見。」[20]另外，文筆優美，趣味橫生。由於紀昀的文筆好，地位高，該書在當時文壇上享有很高的聲響，與《聊齋志異》並稱，為世所重。

　　這一時期的文言短篇小說還有袁枚的《新齊諧》（初名《子不語》）。作者在《自序》中說：「余平生寡嗜好……文史外無以自娛，及廣採游心駭耳之事，妄言妄聽，記而存之，非有所感也。」寫作的目的純粹是為了消遣，無論是思想性還是藝術性都無法與《聊齋志異》相比。

　　嘉慶以後，文言小說不斷問世，如黍余裔的《六合內外瑣言》、許元仲的《三異筆談》、俞鴻漸的《印雪齋隨筆》，等等。這些作品有的模仿《聊齋志異》，有的取法《閱微草堂筆記》，或兼受兩書的影響。其思想內容越來越狹窄，獵奇、遊戲、說教、狹邪的東西充斥其間，文言小說整體上呈現數量龐雜、質量低劣的狀況，漸漸走向末路。

---

19 參見盛世彥：《姑妄聽之跋》所引。
20 魯迅：《中國小說史略》。

二、長篇小說創作

清前期，長篇小說創作空前繁榮，各種題材的作品相繼問世。歷史小說有《水滸後傳》、《說岳全傳》、《隋唐演義》、《說唐全傳》、《檮杌閒評》等；世情小說有《醒世姻緣傳》和《紅樓夢》；諷刺小說有《儒林外史》；傳奇小說有《鏡花緣》、《斬鬼傳》、《濟顛大師醉菩提全傳》；才子佳人小說有《好逑傳》、《玉嬌梨》、《平山冷燕》，等等。作品數量之多，超過前代，但藝術成就良莠不齊，差別極大。吳敬梓和曹雪芹各自用其畢生的心血創作出《儒林外史》和《紅樓夢》兩部偉大的作品，代表了清代長篇小說的最高成就，在後面將專門加以論述。這裡，簡要介紹其他較有影響的作品。

（一）《說岳全傳》

宋代岳飛抗金的故事，南宋以來一直在民間廣為流傳。人們通過各種文藝形式來歌頌他的愛國事蹟，元代有雜劇《東窗事發》，明代有傳奇《如是觀》、雜劇《岳飛精忠》、戲曲《精忠記》，《古今小說》中有《游豐都胡母迪吟詩》。特別值得注意的是，明代還出現了幾部相同題材的長篇歷史演義，如《大宋中興通俗演義》、《大宋中興岳王傳》、《岳武穆王精忠傳》等。到了清代，說岳故事流傳更廣。康熙年間，錢采、金豐兩人匯集前人和同時代同類題材故事，編寫出《說岳全傳》（全稱《新增精忠演義說本岳王全傳》）一書，廣為時人傳頌。

作品展現了南宋時期異常尖銳的民族矛盾，描寫中原人民遭受外族侵略的苦難和奮起反抗、保家衛國的事蹟，著力塑造了「精忠報國」的民族英雄岳飛的形象。愛國主義精神是全書貫穿始終的主題。在作者筆下，岳飛是一位文武雙全的傑出統帥和抗金英雄。在母親的教誨下，少有大志，抱定「以身許國，志必恢復中原，雖死無懼」的偉大志向和獻身精神，積極投身到保家衛國的民族鬥爭中，最後卻遭漢奸秦檜等人的陷害，慘死在風波亭下。作品用對比的手法，突出表現了忠臣與奸賊兩種勢力的對立，通過岳飛的抗戰和屈死，熱情地歌頌了為中國英勇獻身的民族英雄，鞭笞了賣國求榮的漢奸賣國賊。

《說岳全傳》以《水滸》續書自居，作者有意識地繼承和弘揚水滸精神，歌頌廣大人民群眾同仇敵愾、無私無畏的鬥爭品質。書中用濃筆重墨描寫幾位水滸英雄和英雄的後裔，把他們放置在民族危亡、家園淪陷的背景下加以表現。這些故事情節不僅進一步表現了梁山英雄們前赴後繼、不屈不撓的反抗精神，同時也表現了這些民間英雄自覺為國獻身、抵禦外侮的民族氣節。

作品吸收了前代英雄傳奇的創作優點，用簡潔生動的語言，較為成功地塑造了幾位主人公形象。作者抱著「不宜盡出於虛，而亦不必盡由於實」的創作態度，採用廣大人民群眾所喜聞樂見的表現形式，在尊重基本歷史事實的前提下，大膽地進行藝術虛構，使作品充滿生活氣息和傳奇色彩。但作者把岳飛與強權和外敵的矛盾鬥爭錯誤地歸結為前世冤冤相報，大肆宣揚因果報應和宿命思想，嚴重削弱了故事本身原有的歷史和政治意義。

《說岳全傳》把幾百年來廣為流傳的岳飛故事加工匯總，不僅使廣大人民群眾豐富了歷史知識，更重要的是傳播了偉大的愛國主義精神，是一本通俗生動的愛國主義教科書。因為該書中有著強烈的民族傾向，乾隆年間，《說岳全傳》被列為禁書，遭到統治者的查禁。

（二）《醒世姻緣傳》

《醒世姻緣傳》是繼明代《金瓶梅》之後又一部反映婚姻家庭生活的世情小說。原名《惡姻緣》，全書共一百回。作者署名西周生，有人推測可能是蒲松齡的化名。

該書主要描寫一個冤仇相報的兩世姻緣故事。故事發生的時間是從明代英宗正統年間到憲宗成化以後。全書共分前後兩大部分，前二十二回為前世姻緣，寫武城縣官紳之子晁源射死一只仙狐，又娶妓女珍哥為妾，妻妾不和，結果其嫡妻計氏上吊而死，為後世留下報應的禍根。二十三回以後為今世姻緣，地點轉至繡江縣明水鎮，晁源託生為狄希陳，仙狐託生為其妻薛素姐，計氏託生為其妾童寄姐，珍哥託生為妾婢珍珠。在這個重新組合的家庭中，矛盾百出，吵鬧不斷。結

果，珍珠被寄姐逼死，狄希陳則備受妻妾的虐待，針刺、棒打、火烤，家無寧日。後經高僧指點迷津，狄希陳誦《金剛經》萬遍，才得以解除前世冤孽。

小說通過這個兩世姻緣報應的家庭故事，反映了封建婚姻制度特別是一夫多妻制的罪惡，以及當時社會生活中政治腐敗、人倫關係失常、金錢勢力對封建道德的衝擊等諸多現實問題。小說描寫晁源和他的小妾珍哥逼死計氏，計家告官，晁源可以用錢財買通縣衙，一度逍遙法外；珍哥後來囚入死牢，他竟然賄賂典吏，在死牢中蓋起福堂，大擺壽筵，大肆張狂。當晁源父子死後，族人就迫不及待地要搶其家產；素姐怕公公的妾生出兒子後會爭奪家產，竟然想到要閹割公公。這些事件聽起來令人驚駭，卻是封建社會的真實寫照。作品試圖通過對當時許多生活現象的描繪和剖析，來批判人們的貪欲和暴虐。作者面對污濁的世道人情，痛心疾首，卻無法找到一個能夠挽救的方法，最後只能求助於佛教，用因果報應來勸誡人們恪守封建禮教，調和家庭矛盾，其基本思想傾向是消極落後的。

《醒世姻緣傳》圍繞晁源的兩世婚姻這一主線，刻畫了周圍各階層形形色色的人物形象，反映了廣闊的社會生活場面，有著極高的社會歷史價值。全書結構嚴謹，前後照應。通篇用山東方言寫成，洋溢著濃郁的地方色彩，在清代小說中占有一席之地。

（三）《鏡花緣》

《鏡花緣》是嘉慶年間出現的一部比較優秀的長篇小說。作者李汝珍，直隸大興（今北京大興縣）人。一生仕途不達，曾任河南縣丞。他學問淵博，精研音韻，兼通雜學，著有《李氏音鑑》一書。《鏡花緣》是他晚年的作品，原來準備寫二百回，結果只完成了一百回。

小說以一個傳說故事開頭：唐朝武則天年間，女皇武則天下令讓百花寒天開放，眾花神不敢忤旨，開花後遭天界譴責，謫為一百個女子下凡人間。花神領袖百花仙託生為唐敖之女小山。唐敖科舉落第，隨妻弟林之洋出海遠遊，經舵工多九公導遊，歷觀海外諸國異人奇事，最後入小蓬萊求仙不返。小山思父心切，出

海尋父，在小蓬萊泣紅亭內尋得一部「天書」。回國適逢女試，錄取百女，實際是上天安排被貶仙女在人間相會。眾仙女考中之後，聚會京城，歡極而散，小山重入蓬萊仙山。

小說中最引人的地方，是作者描繪了許多海外諸國的奇異景象。這些海外奇國並不是當時人們從地理考察中了解到的國家，而是作者根據古代《山海經》、漢晉宋元以來筆記雜著的有關記載，馳騁藝術想象創造出來的。作品著力描述和渲染這些海外國家的見聞，一方面寄托著作者的社會理想，一方面用以譏諷當時的某些社會現實。如好讓不爭的君子國、民風淳樸的大人國，都體現了作者的社會理想；而欺詐成風的兩面國、刻薄成性的無腸國、好吃懶做的結胸國等，又是當時現實生活中醜陋世俗和淺薄風氣的再現。作者抱著儒家的禮治思想，對當時的各種社會問題發表自己的見解和主張，但在許多地方只限於羅列和暴露，缺乏對問題的嚴肅剖析和探究，提出的不少見解也顯得迂闊無當。這都影響到作品思想內容的深化。

由於作者富有才學，對以往古書中記載的海外奇聞非常了解，並有意識把這類故事組織在一起，匯集為一書，讓當時從未跨出國門的中國人大開眼界。從這個意義上講，《鏡花緣》和英國的《格列佛游記》相仿佛。清代考據學盛行，加上作者又「於學無所不窺」，不免把小說當成了炫耀學問的工具，書中充滿了學究氣，嚴重影響到小說的藝術性。這不能不說是創作上的一大失誤。

三、吳敬梓與《儒林外史》

吳敬梓（1701-1754 年），字敏軒，一字文木，安徽全椒縣人。他出生於一個世代書香的官僚地主家庭，他的曾祖父、祖父、叔祖等都是科舉入仕，名聲顯達。只是到了他的父輩，情況發生了變化。他的父親吳霖起，科名不顯，拔貢生出身，做過江西贛榆縣教諭。他是一個飽學之士，為人耿介正直，不慕名利，對吳敬梓的學問和品行都有很大的影響。

吳敬梓從小聰穎過人，曾隨父宦游大江南北。二十三歲時，父親病故，由他支撐家庭門戶，但他不善治家，為人豪放，喜好結交賓朋，慷慨好施，很快就把萬金家產揮霍殆盡。由於家境日漸貧困，他的舉止行為又遭到鄉里親族的鄙視和指責，就離開故鄉到南京定居，這一年他三十三歲。吳敬梓早年曾考取秀才，以後再應考沒有考中。三十六歲時，安徽巡撫趙國麟徵辟他應博學鴻詞試，他稱病不赴，從此絕意仕途。四十歲時，為了倡捐修復南京泰伯祠，他賣掉了最後一點家產全椒老屋，日益窮困潦倒，靠賣畫售文和朋友救濟為生。最後貧病交加，五十四歲那年冬天，病逝於揚州。

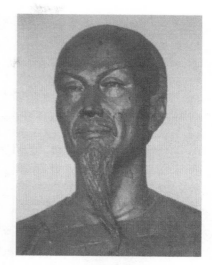

吳敬梓像

《儒林外史》大約作於吳敬梓五十歲以前，是他晚年思想成熟時期的作品。作者另有《文木山房集》十二卷，今存四卷。

吳敬梓生活的年代，是清王朝思想統治最為嚴酷的時期。文化專制和八股取士制度把知識分子牢牢地控制在封建藩籬之中，文士們除了醉心於科名舉業之外，無所追求，百不經意。整個社會在程朱理學的禁錮之下，充斥著虛偽、鑽營和貪欲。吳敬梓出生於名門望族，從小接受儒家的正統思想教育，但由於家境破敗和絕意仕途，從富貴公子降為一貧如洗、不名一文的書生，其間所經歷的人情冷暖非常深刻，對世態炎涼的體驗也超乎常人。他對當時士大夫階層的墮落無恥，社會風氣的卑劣齷齪有著深切的體會。這一痛苦的人生體驗使他清醒地認識到科舉制度和程朱理學對知識分子的毒害，從而否定功名富貴，厭棄科舉，憎惡程朱學派的道學虛偽和八股文取士，走上一條背離封建傳統的人生道路，並在長期的生活接觸中逐漸從下層平民勞動者身上看到了新的希望。吳敬梓的生活經歷和長期的思想探索為創作《儒林外史》打下了一個堅實的基礎。從書中一些人物身上，很容易發現作者本人的影子。在一定意義上說，這部偉大的作品，是吳敬梓一生生活道路和思想歷程的總結與昇華。

《儒林外史》是一部長篇諷刺小說。作品主要描寫科舉制度下封建知識分子群體的生活道路和精神世界，通過形形色色的社會人物和複雜的生活情節，全面而深刻地揭露和批判了行將崩潰的封建制度的腐朽與罪惡。全書以反對科舉和功名富貴為中心，內容涉及當時的封建官僚政治制度、社會風氣、人倫關係、學術活動、風俗習慣，等等，筆鋒指向整個封建社會。在對儒林群醜進行無情的描繪和剖析的同時，作品也熱情地歌頌了作者自己心目中的理想人物，給黑暗中的人們一點點微弱的光明和希望。

《儒林外史》書照

作者在小說的楔子中塑造了元末詩人王冕的形象，作為自己理想的楷模和臧否人物的標準來「敷陳大義」，「隱括全文」，明確提出反對功名富貴和科舉制度的主題，接下來著重描寫儒林群醜的種種表現。在作品一開始，作者首先用濃筆重墨描寫六十歲的老童生周進和連考二十多次都不取的范進兩個人中舉前後的悲喜劇，提示科舉制度是如何腐蝕士人的心靈，以及讀書人為何熱衷科舉的原因。作者通過馬二先生、臧蓼齋、農家弟子匡超人、魯編修及其女兒魯小姐等一大批人物活動，充分說明了科舉制度對人心靈的腐蝕和毒害。書中還塑造了一些考取科名的士人形象，他們出仕則為貪官污吏，鄉居則為土豪劣紳，南昌太守王惠、高要縣的湯知縣、退仕的張靜齋、嚴貢生與嚴監生兄弟，都屬這類人物典型。這些官吏、鄉紳的惡劣表現，證明科舉制度培養出的人根本不是對社會和人民有益的人才，而是搜刮民脂民膏、魚肉百姓的吸血鬼和寄生蟲，進一步暴露了科舉制度的罪惡，同時也反映了封建官僚政治的腐敗與黑暗。在諷刺舉業中人的同時，作品還描寫了在社會上招搖撞騙的各類「名士」，如婁三、婁四公子，醫生趙雪齋，開頭巾店的景蘭江，等等。這些人要麼是科場失意之徒，要麼是不學無術之輩，他們「假託無意功名富貴」，以風流名士自居，到處招搖撞騙，趨炎附勢，沽名釣譽，過著無聊的寄生生活。小說從一個側面反映了士林文人真實的生活狀況和空虛污濁的精神世界。除此之外，作品還通

過儒林中人的各種活動，暴露了封建禮教的極端虛偽和學術風氣的敗壞。

作者在揭露、諷刺封建社會黑暗現實的同時，熱情地歌頌自己理想中的人物。書中具有叛逆性格的杜少卿，是作者理想的化身，他的許多表現都是作者自身經歷的真實反映。作品還描寫幾位抱有儒家正統思想的人物，如真儒虞育德、賢士莊紹光和遲衡山，他們鄙視一味熱衷功名富貴、丟棄人格尊嚴的儒林敗類，對頹廢的世風痛心疾首，企圖用祭太伯祠、倡導儒家真義來挽救世道人心，這一迂闊的行為表現出作者用心之良苦，卻經不起現實的衝擊。作者醒悟之後，轉而把目光投向置身功名富貴圈外的市井平民，如不甘做鹽商小妾的繡花女子沈瓊枝、賣火筒的王太、開茶館的蓋寬、裁縫荊元等人。在這些自食其力、普普通通的下層人物身上，作者發現了生活的樂趣和人性的自由與可貴，用無限傾慕的筆調加以頌揚。兩相比較，突出地反襯出當時整個社會的黑暗和儒林階層的卑污，作品的思想意義得以很好地體現。《儒林外史》以其巨大的思想價值確立了它在中國文學史和思想史上的傑出地位。

《儒林外史》所取得的藝術成就是多方面的。作品最大的藝術特色是成功地運用諷刺手法來表現人物和事件。作者抱著嚴肅、認真的態度，懷著強烈、鮮明的愛憎情感，把一些常見的、看似平凡卻又發人深省的情節巧妙地組織在一起，運用洗練、準確、生動的語言，極為傳神地勾畫出對象的可憎、可笑、可憐、可嘆之處，讓人在笑聲和眼淚中領悟到事件的底蘊，通過對對象的假、醜、惡的揭露，激發人們對真、善、美的肯定和讚美。作者能夠把握諷刺藝術的兩個基本原則，即真實和誇張，區分不同的對象和性質，在藝術真實的基礎上加以合理合情的誇張，對筆下的人物作出恰如其分的諷刺批評，如對周進撞號板，范進中舉發瘋，作者的基本態度是同情和可憐，因而諷刺之中帶有善意；對嚴氏兄弟、胡屠夫之流，作者極為憎厭，因而諷刺之中包含著嘲弄和鄙薄。《儒林外史》代表了中國古典小說諷刺藝術的最高水平。

作品在生活場景的描繪和細節刻畫上，也表現出作者駕馭生活的能力和高超的藝術才能。《儒林外史》記錄了一代知識分子的精神面貌和生存境況，它不同於以往的英雄傳奇和歷史題材小說夾雜著過多的超現實的東西，故事的內容與現

實生活有著無法消除的距離。在《儒林外史》中，所有的情節都來源於生活的真實，許多人物都有原型。作者抱著現實主義的創作態度，客觀真實地把觀察到的事物描繪下來，小說的內容具有強烈的立體感，和現實生活本身一樣自然、生動、豐富多彩。在細節刻畫尤其是人物心理描寫上，作品有許多令人稱道的地方。書中寫王玉輝勸女兒殉節一節，作者緊緊抓著主人公的心理變化，寫得生動感人：為了青史留名，勸誘女兒殉節，在女兒死後，還「仰天大笑道：『死得好！死得好！』」讓人覺得他是何等的麻目和無情。但到了大家送女兒入烈女祠的時候，他卻「轉為心傷，辭了不肯來」，又讓人感覺到骨肉之情的難捨。後來在蘇州看到船上一位穿白色衣服的年輕婦女，他情不自禁地聯想起自己的女兒，「心裡哽咽，那熱淚直滾下來」。作者就是通過幾處非常微小的、不易為人察覺的生活細節，把他極度矛盾的心理世界呈現在讀者面前，揭示出深受封建禮教毒害的王玉輝愚昧、虛榮而又不失憐子之心的性格特點，讀來讓人欲哭無淚。如此細致入微的刻畫人物的方法，作品中還有多處。

《儒林外史》的結構，魯迅先生概括為「雖雲長篇，頗同短制」。全書沒有貫穿始終的主要人物和中心事件，「事與其來俱來，事與其去俱去」[21]。這一獨特的藝術形式顯然接受了《水滸傳》的影響，但更主要的是出於作品藝術表達的需要。作者主要表現的是某些特定人物的特定的人生片段，而不是這個人的全部人生；要表現的是一群人而不是孤立的幾個人。這種結構形式對作者來說是適宜的，也比較容易駕馭。

《儒林外史》運用語言的水平很高。全書語言純熟、生動、洗練，富有形象性和表現力。往往能夠用三言兩語把所要表現的對象刻畫得活靈活現，入木三分。

《儒林外史》問世之後，在社會上產生了很大的影響。有人評論說：「慎勿談《儒林外史》，讀之乃覺身世酬應之間，無往而非《儒林外史》也。」[22]這正是

---

21 魯迅：《中國小說史略》。
22 惺園退士：《儒林外史序》。

作品豐富的現實包容性和巨大的批判力量的表現。在中國小說發展史上，它開創了長篇諷刺小說的先河，為晚清譴責小說的興起提供了成功的範本。

四、曹雪芹和《紅樓夢》

曹雪芹，名霑，字夢阮，雪芹是他的號。他的祖先原來是漢人，但很早就加入了旗籍。從他曾祖父曹璽開始，三代世襲做了六十五年江寧織造。祖父曹寅除任織造外，後期還兼任兩淮鹽政，有兩個女兒被選作皇妃。康熙皇帝六次南巡，四次都把曹寅任內的江寧織造署作為行宮。曹寅死後，他的兩個兒子先後繼任江寧織造。雍正五年（1727年），曹家被罷官抄家，一年後舉家北遷入京定居，家道從此衰敗。

曹雪芹像

曹雪芹生於一七一五年左右，一生親歷了曹家由盛到衰的過程。十三歲之前，他在南京過了一段「錦衣紈綺」的豪奢日子。定居北京以後，生活一落千丈，晚年住在北京西郊，依靠賣詩畫、親友接濟維持生計，「蓬牖茅椽，繩床瓦灶」，落魄潦倒。他唯一的愛子也在這個時候夭折。曹雪芹悲傷成疾，於一七六三年含恨離開人世，結束了他悲苦淒涼的人生。

《紅樓夢》寫作的具體過程已不可考，大概作於曹雪芹的晚年。小說第一回中寫：「曹雪芹於悼紅軒中，披閱十載，增刪五次。」由此可知作家創作之認真和艱苦，所謂「字字看來全是血，十年辛苦不尋常」。但遺憾的是，曹雪芹生前沒能完成他的創作計劃。作品只留存了前八十回，其餘部分都已散佚。

曹雪芹的未完稿原名《石頭記》。最初，這部作品只是在朋友中傳閱，後來又以手抄本形式在社會上流傳開來。乾隆五十六年（1791年），程偉元第一次用

活字版排印出版。出版時，書名由《石頭記》改名為《紅樓夢》，全書內容也由八十回增至一百二十回。一般認為，後四十回是由高鶚續補。高鶚，字蘭墅，漢軍鑲黃旗人，乾隆進士，為官內閣侍讀、刑科給事中等，他是一位《紅樓夢》愛好者，曾給自己取別號「紅樓外史」。他根據原書提供的線索，把小說組織成一個結構完整、故事首尾齊全的文學名著，對這部書的流傳起到了重要的作用。

《紅樓夢》的內容，主要是描寫貴族青年賈寶玉、林黛玉和薛寶釵三個人之間的戀愛和婚姻悲劇。小說以這一愛情婚姻悲劇為中心，反映了當時具有代表性的賈、王、史、薛四大封建家族的興衰史，揭露和批判了行將崩潰的封建社會的黑暗現實和罪惡，客觀上揭示出封建社會終將覆亡的歷史命運。同時，作者熱情地歌頌了以賈寶玉、林黛玉為代表的封建叛逆者，大膽地肯定了他們追求自由、幸福的愛情婚姻生活的可貴精神，深刻地剖析了導致這一悲劇的社會根源。作品觸及當時社會的各個方面，上至宮廷貴族，下至社會最底層的平民百姓，在全書中都有精彩的描述，藝術地勾畫出封建社會末世的眾生相，有著無比豐富的生活內容和深刻的思想意義，是一部無比形象、生動、豐富的百科全書式的封建社會史。

賈寶玉是書中愛情婚姻悲劇的男主人公，封建貴族家庭的叛逆者，也是作者傾注最大的心血來謳歌和讚美的新生力量的代表人物。他生在一個「鐘鳴鼎食之家，翰墨詩書之族」，過著錦衣玉食的生活。從他一降生起，家庭就為他安排好了一條功名富貴、光宗耀祖的人生道路。但賈寶玉卻沒有按照家庭的意志老老實實地走下去，而是自覺自願地逐漸走上一條完全背離這個貴族之家和上流社會所期望和認可的叛逆之途。當時社會和家庭中各種錯綜複雜的矛盾也隨著賈寶玉的不斷成長，一步步地展開和發展，交織進行，相互衝突，最後終於釀成家破人散、骨肉飄零的悲劇。

在賈寶玉身上，有一個顯著的性格特點，就是對世俗男子的輕蔑與憎惡、對周圍美麗純潔少女的喜愛與同情。賈寶玉生活在一個極其特殊的小天地裡——大觀園中，環繞在他周圍的是兩個截然不同的人物階層，一方面是以賈母為首的貴族家庭成員和親朋故舊，一方面是服侍這個家庭的眾多奴婢丫環。以賈母為首的

家長們，是封建制度和傳統秩序的維護者，而那些貴族小姐、特別是被奴役的丫環們，則是要求個性自由、富有反抗精神的社會叛逆力量的代表。賈寶玉對世間的男子和天真女子有著截然不同的看法，認為「天地間靈淑之氣只鍾於女子，男兒不過是些渣滓濁物而已」，這種極其怪誕的思想是對傳統社會中「男尊女卑」觀念的反駁，是源於他對社會生活的認識和覺悟。賈寶玉有一顆敏感、早熟的心靈，他所接觸到的家族男性成員和社會上許多男子，多是不學無術、利欲熏心、口是心非的無能之輩，自私、虛偽、奸詐、無聊、平庸，缺乏生命力和蓬勃向上的精神，表現出太多的人性缺陷和弱點；而進入他的視野和他朝夕相伴的女孩子，全是一些涉世不深的天真爛漫的少女，受社會不良習氣的影響很小，對未來的生活和世界充滿了無限的向往，美麗純真，天性善良，代表著人性真、善、美的一面。所以，賈寶玉「見了女兒便覺清爽，見了男子便覺得濁臭逼人」。這種獨特的思想意識表現出賈寶玉善良的心靈和進步的人性觀念。

與此相連的是他對個人意志的尊重和對個性解放的大膽追求。賈寶玉對封建社會約定俗成的一切東西都非常反感，他厭棄功名，討厭科舉考試和封建道德說教，不甘心與貴族家庭的成員同流合污，一心追求自由自在、不違心性的生活。他恨自己生在侯門公府之家，抱怨「『富貴』二字，真真是把人荼毒了」，「素日本就懶與士大夫男人交談，又最厭峨冠禮服賀弔」。賈政要他刻苦攻讀，結交官場人物，把重振家聲的希望寄託在他身上。但賈寶玉卻偏偏不聽這些，認為科舉仕宦不過是「鬚眉濁物」、「國賊祿蠹」之流用來沽名釣譽的手段。有人勸他講一些「仕途經濟」的話，便覺得逆耳，斥為「混賬話」。對貴族之家的奢華富貴生活，也表現出異乎尋常的冷漠。他和林黛玉的愛情正是建立在相互理解和尊重的基礎之上的知己之愛，對封建社會的大膽叛逆是他們共同的性格特徵。賈寶玉的行為，一開始就遭到家族的堅決反對和無情的壓制，隨著他思想認識的昇華、叛逆行為的日漸強烈，及對外界環境永不妥協的鬥爭，兩者之間的矛盾愈演愈烈，達到無法調和的地步，最終釀成他愛情與人生的雙重悲劇。

從賈寶玉的思想性格中不難發現，這個人物形象有著全新的社會意義和文化價值。無論是他對封建社會的勇敢叛逆，還是對自由生活理想的熱烈追求，都具有劃時代的新意。他對自己家庭的徹底決裂和對現實的反抗，清楚地證明了當時

社會的腐朽和對人性的極度壓制。這一嶄新的藝術典型形象，是當時社會新思想的萌芽，有著鮮明的時代特點，是封建社會末期新舊兩種勢力鬥爭的產物。

　　林黛玉是書中另一個貴族叛逆者，也是愛情悲劇的女主人公。她出生於「清貴之家」，聰慧過人，自幼就有一種「孤傲自許，目無下塵」的性格。後來父母雙亡，寄居賈府。孤苦伶仃的人生遭遇和寄人籬下的生活，造成了多愁善感的心理，種種因素造就了她強烈的叛逆精神。她時刻感受著周圍環境對自己的壓抑和摧殘，敏銳地覺察到生活中缺乏愛意和溫情。高潔的天性和不甘居人後的心理，決定了她不願接受現實生活的安排，屈從於外在的壓力，而是始終以自己率真和鋒芒畢露的言行，頑強地維護著自己的尊嚴，大膽地追求理想的愛情和幸福。她的這種叛逆思想在日常生活中多表現為言語尖刻、行為孤僻，與周圍的環境格格不入，被人誤解，使她時常陷入無邊的痛苦中。在賈府「一年三百六十日，風霜刀劍嚴相逼」的生活中，只有自幼和她耳鬢廝磨、朝夕相伴的賈寶玉才是她唯一的知己，也是她經過無數次的試探和考驗，希望把此生託付與之的意中人。但她體弱多病的身體、孤苦伶仃的身世、招人忌恨的性格，特別是大膽的叛逆精神，決定了她不會被賈府所接受。無論她與賈寶玉兩個人是如何地相愛，最終也無法與以賈母為首的整個封建家族相抗衡，只能以失敗而告終。對於林黛玉來說，愛情和她的生命緊密地聯繫在一起。可悲的是，封建勢力不但剝奪了她選擇愛的權利，拆散了她與賈寶玉兩人的姻緣，還扼殺了她年輕美麗的生命。林黛玉的死，再一次證明了封建社會中女性命運的悲慘。

　　在這個愛情婚姻悲劇中，薛寶釵也是一個令人感嘆思考的女性形象。她是封建貴族家庭培養出的一個標準的淑女，聰明、美麗、活潑，安分守己，謙恭有禮，對封建禮教篤信不疑，處處事事都遵照著傳統的觀念來行事，從不越雷池半步。同時，她對自己的婚姻也抱有很高的期望，盼望自己將來能過上「夫榮妻貴、相夫教子」的圓滿生活。她對自己出身的家庭和生活的上流社會抱著忠順的態度，也希望用自己的聰明才智換取一個理想、幸福的婚姻家庭。她很有心計，善於處理周圍的人際關係，知道如何去贏得別人的好感和幫助。在生活中，她是一個最有人緣、最討人喜愛的貴族小姐。所以，賈府最終選中了她和賈寶玉結成金玉良緣。這樁婚姻的背後，有著賈、王、薛三個貴族大家庭的共同利益所在，

有著強有力的後盾支持。這也是寶黛愛情失敗的深層原因。但是，這種形式上的婚姻並沒有給薛寶釵帶來她所夢想的幸福，她與賈寶玉思想上的隔閡永遠無法克服，寶玉出家之後，薛寶釵落得一個獨守空閨的結局，成了封建婚姻制度的一個可憐的犧牲品。從這一人物形象上，人們不難看出，封建社會不僅殘酷地壓制和扼殺與之對立的叛逆力量，而且也剝奪了忠順於它的自己人的生活幸福，造成整個社會的失衡，其腐朽沒落可見一斑。

《紅樓夢》在展示賈寶玉、林黛玉、薛寶釵三人愛情婚姻悲劇的同時，還通過對賈、王、薛、史四大家族生活的描寫，全面地暴露了封建社會後期的腐朽和罪惡。小說不厭其煩地描繪出貴族之家的豪奢荒淫的生活。賈府平日用的、吃的、穿的，無不窮奢極欲。吃一種茄子，要配上幾十種佐料，辦一桌酒席要花費上百兩銀子，這只是平時的開銷。一旦有事，如賈母做壽、秦氏出殯、貴妃省親，更是靡費，「銀子花得淌海水似的」。而一牆之隔，外面卻是「水旱不收，盜賊蜂起」，民不聊生。通過劉姥姥進大觀園一節，作者有意識地對比了這兩種完全不同的生活，也說明賈府這樣豪華的生活，主要靠封建地租的剝削和放高利貸，是廣大農民的血汗餵養著這一幫吸血蟲。小說還通過賈珍收租的場面，暴露出這個貴族大家庭經濟入不敷出的情況愈來愈嚴重，日漸走向衰敗的現實。伴隨著生活上的腐化墮落，是貴族之家精神上的極度空虛和無聊。在這個所謂「昌明隆盛之邦，詩書簪纓之族」，每天都有鉤心鬥角、荒淫無恥的事件發生。鬚鬢蒼然、兒孫滿堂、道貌岸然的賈赦，偏要逼母親的丫環做妾；賈珍、賈璉、賈蓉之流，不僅在平時聚賭嫖娼，不務正業，即使熱孝在身，一面「稽顙泣血」，一面還「狂嫖濫賭」；「酷愛讀書」的賈政，也是一位昏庸迂闊、不通世務的庸人。家庭內部，人與人之間為了各自的利益，互相欺詐和傾軋，「一個個都像烏眼雞似的，恨不得我吃了你，你吃了我」。在封建家庭成員中，王熙鳳是一個典型代表。「毒設相思局」、「弄權鐵檻寺」等情節，無不顯示出她的陰險、毒辣、貪婪的性格。作者通過她的所作所為，更加徹底地暴露了封建貴族之家的腐朽和罪惡，以及封建禮教的虛偽。這樣一個腐朽沒落的貴族家庭，在當時有著鮮明的典型意義。

曹雪芹在小說中集中塑造了「金陵十二釵」等一系列女性形象。除此之外，

小說還藝術地反映了封建社會的諸多方面的現實問題，對各種社會現象都進行了嚴肅認真的剖析，以無比豐富和深刻的內容展示了封建勢力和叛逆者之間激烈的矛盾衝突。需要指出的是，儘管曹雪芹對封建社會作了深刻的揭露和批判，但他對自己出身的家庭卻抱著無限的同情，對家族的沒落也懷著深深的惋惜，加之世界觀的局限，作品中充滿了感傷、虛無、宿命的思想。

《紅樓夢》是中國古典小說現實主義的頂峰。魯迅先生說：「自有《紅樓夢》出來以後，傳統的思想和寫法都被打破。」[23]它的成功，不僅在於思想內容的無比深刻和豐富，也在於它形成了最能表現其內容的完美的藝術形式。小說在廣闊的社會背景之下，成功地塑造了一大批個性鮮明、生動豐富的人物形象。全書中有名有姓的人物就有四百多人，其中上至皇親國戚、貴族官僚，下及村姑老嫗、道姑相士，三教九流，無所不包，這些人物面目迥異，性格分明，構成一個豐富複雜的人物世界。作者善於選取生活素材，精心提煉，通過不同的情節和角度細致入微地刻畫出他們最主要的性格特點。作品內容雖然基本上是日常生活的描繪，但經過作者的提煉，一般都富有典型性和傾向性。同時，作者善於把對象放置在生活衝突的漩渦中，用人物自身對待外在衝突的態度和行為方式來揭示其思想品質和精神面貌。在塑造人物的過程中，能夠做到用人物自己的語言和行動來表現其性格，注意運用心理描寫來勾勒人物最本質、最深層的思想意識。另外，作品中外在環境的烘托渲染和細節刻畫對人物塑造也起到必不可少的作用，運用得也非常成功。

曹雪芹把中國章回小說的形式發展到空前成熟的高度。《紅樓夢》的藝術結構極其宏偉和複雜，作者成功地把如此眾多的人物和事件有機地聯繫在一起，構成一個完整的藝術整體。書中有許多人物和事件常常是在同時活動和發展，但作者並沒有把複雜的社會內容簡單地處理為生活片段的連綴和單線演進，而是力求依照生活本身的多樣性來安排故事情節，最大限度地反映出社會生活全部的複雜性和多重意義。作品最主要的情節是寶、黛愛情故事，但作者絕不把視野局限在

---

23 魯迅：《中國小說的歷史變遷》。

這一主題之上，而是在他們戀愛故事的周圍穿插、布置了無數大大小小的生活事件，編織成一個廣闊的社會畫面，通過這一重大主題，全景式地展現了封建社會末期的面貌。

《紅樓夢》的語言運用達到了爐火純青的境地，具有豐富巨大的藝術表現力。它繼承中國文學語言的優良傳統，並在此基礎上加以豐富和發展。不管是古典語彙的熔鑄，還是民間口語的加工，都顯示出作者駕馭語言的高超水平。人物語言得體貼切，敘述語言凝練雅潔。在整體上表現為多姿多彩，自然流利，形象生動，帶有濃厚的生活氣息和詩一樣的美感，形成新鮮活潑、準確精煉、簡潔華美的風格特點，對中華民族語言的發展起到了巨大的推動作用。

《紅樓夢》對民族文化傳統的繼承是多方面的，前代的詩歌、小說、散文、戲曲、繪畫、建築，等等，都給曹雪芹一定的影響，同時也顯示出作者傑出的藝術造詣。《紅樓夢》正是在繼承中國優秀文化傳統的基礎上進行天才般的創造，為世人奉獻出一部劃時代的不朽巨著，登上了中國古典小說現實主義的最高峰。

《紅樓夢》一經問世，立刻在社會上產生很大的反響，風行海內外。人們不僅競相傳閱誦讀，而且把它搬上戲曲舞臺。同時，社會上陸續出現大量的續書，如《後紅樓夢》、《紅樓補》、《紅樓復夢》、《紅樓圓夢》等，但這些續作都沒有繼承曹雪芹的優秀創作精神，而是才子佳人小說的再版，藝術價值不高。對《紅樓夢》的研究也備受世人重視，成為一門專門的學問——「紅學」，這在中國文學史上還是第一次，也再一次證明了《紅樓夢》內容的博大精深和藝術成就的傑出。

第四節·
繁榮興盛
的戲曲文學

　　清代前期是中國戲曲文學繁榮發展的重要時期。戲曲發展大致可分為三個階段：第一階段，從清初到康熙末年，以昆山腔和弋陽腔為代表的傳奇劇目盛行於戲劇舞臺，並開始出現宮廷和民間兩極分化現象；第二階段，從康熙末年到乾隆中葉，新興的地方戲如雨後春筍般地湧現，蓬勃興起；第三階段，從乾隆末年到道光末年，傳統的雜劇、傳奇和宮廷化的昆曲逐漸走向衰落，地方戲曲繁榮發展，占據戲曲舞臺的中心地位。在清代戲曲的發展過程中，最大的變化是「雅部」的衰亡和「花部」的興起。所謂的「雅部」，就是指以昆曲形式演出的雜劇和傳奇；「花部」也稱「亂彈」，是指以弋陽腔、梆子腔、秦腔、皮黃腔等唱腔為主的各種地方劇種。這些地方戲以嶄新的面貌、旺盛的生命力勃興於劇壇，不僅與傳統的雜劇和傳

清宮藏戲劇圖冊《柴桑口》

奇分庭抗禮，而且還逐漸壓倒了它們，在全國範圍內形成了「諸腔競奏」的繁榮局面，為近代京劇和地方戲的發展，作了充分的準備。

這一時期，劇作家們創作出大量的戲劇作品，廣泛地反映了封建社會的生活畫面和人們的精神世界，塑造了一批生動形象的舞臺人物。不少劇作家突破過去才子佳人生旦團圓的套路，抱著嚴肅的現實主義創作態度，選取富有典型意義的歷史和現實題材，為清代戲曲舞臺貢獻出一批優秀的劇目。清初李玉的《清忠譜》、康熙年間洪昇的《長生殿》和孔尚任的《桃花扇》、乾隆年間的《雷峰塔》等作品，就是最突出的代表。另外，戲曲研究有所加強。李漁的《閒情偶記》，較為系統和全面地總結了中國戲曲史上的寶貴經驗，提出了一些有價值的見解，成為戲曲理論史和文學批評史上具有重要意義的著作。再者，戲曲作品集不斷問世。特別是《綴白裘》等戲曲選本，收錄了一些地方劇目，成為了解和研究清代地方戲曲的重要資料。

一、李玉和《清忠譜》

清初，剛剛經過農民起義和民族鬥爭的洗禮，戲曲舞臺呈現出一派新氣象。在這個時期，以李玉為活動中心的蘇州專業劇作家們，經歷了明清易幟、民族存亡的歷史巨變，思想意識發生了很大的變化，自覺地把一些重大的歷史事件和當時人們所關心的現實問題搬上戲曲舞臺，創作出了不少富有現實意義的社會劇，在一定程度上反映了那個時期社會的主要矛盾。另外，還有一部分文人作家，以吳偉業和尤侗為代表，借助戲曲來抒發自我的人生感慨，創作出一些帶有濃重個人感情色彩的歷史劇。這些劇作家及其活動，基本上代表了當時戲劇創作的整體狀況。

在清初的劇作家中，李玉是一個承前啟後的、最有代表性的人物。

李玉，字玄玉，別號蘇門嘯侶、一笠庵主人，江蘇吳縣人。生卒年月不詳，大約生於明萬曆年間（約 1600 年前後），卒於清康熙年間（1671 年前後）。李玉

出身低微，長期生活在昆曲藝術的中心——蘇州，是一位多產作家，據考證，他一生創作了三十四種劇本，現存世的有十八種。

在明末，他即以「一、人、永、占」（《一捧雪》、《人獸關》、《永團圓》和《占花魁》）四個劇本負有盛名，其中以《一捧雪》成就較高。《一捧雪》寫明代權奸嚴世蕃為謀取玉杯「一捧雪」，迫害其主人莫懷古的故事。相傳，明代王世貞的父親王抒藏有宋人張擇端的《清明上河圖》，嚴世蕃指派蘇州裱褙匠湯勤去索取，王抒用一幅假圖代替，結果遭到誣陷迫害。這一劇本就是根據此事加以變更，敷演成戲。劇中突出刻畫了湯勤這個忘恩負義的小人形象。他為了巴結權貴，竟然忘記了當年落魄時曾受莫懷古的救濟，賣友求榮，屢次出謀劃策，設計陷害莫懷古，最終被懲，落得一個可恥的下場，作品對這一無惡不做的惡棍進行了有力的揭露和鞭撻。這一劇本對後世劇壇影響較大，京劇、川劇、漢劇、閩劇、秦腔等地方戲都有它的改編本。從李玉的前期作品來看，雖然他比較熟悉當時社會的人情世態和舞臺藝術，但作品的題材廣度和思想深度都有待進一步深化。

經歷了明朝覆亡、清兵入關的戰亂生活以後，李玉對現實的認識有一定的提高，他寫下了《萬里圓》、《千鐘祿》等作品，把創作視野轉向了明末清初的現實生活，思想內容超過了早期劇作。如《千鐘祿》寫明初燕王朱棣為爭奪王位，舉兵攻陷南京，建文皇帝裝扮成和尚出逃的故事。劇本中一些曲文真實地反映了當時動盪不安的社會生活，蒼涼淒楚，深深地打動了無數的聽眾。其中（傾杯玉芙蓉）「收拾起大地山河一擔裝」一曲廣為時人傳頌，有「家家『收拾起』，戶戶『不提防』」的俗諺（「不提防」指《長生殿》中的（一枝花）「不據防餘年值離亂」一曲）。

李玉的主要代表作，是他與朱素臣、畢萬後、葉雉斐共同創作的《清忠譜》。

《清忠譜》在中國戲曲史上有著特殊的意義。在這一劇作中，作者跳出了許多士大夫作家一貫描寫才子佳人悲歡離合或借歷史故事排遣個人情緒的窠臼，引入了戲曲舞臺前所未有的新題材、新人物和新主題。《清忠譜》以明末天啟六年

（1626 年）蘇州市民因東林黨人周順昌被逮一案而罷市，向閹黨魏忠賢展開鬥爭的真實事件為題材，描寫了市民群眾支持正義、反對暴政的鬥爭場面，揭露了魏忠賢等禍國殃民的罪行，歌頌了顏佩偉等五位市民愛憎分明、敢於鬥爭的優秀品質，有著鮮明的時代特色。劇作較為成功地塑造了顏佩偉、楊念如、周文元、馬傑、沈揚五位市民階層的正面形象，儘管他們在劇本中並不是主角，他們的活動也沒有占據主要篇幅，卻以其生動感人的行動給人留下了不可磨滅的印象。在《義憤》、《鬧詔》、《捕義》、《戮義》等折中，作者集中刻畫了他們堅持正義、不怕犧牲的高貴品質。其中《義憤》和《戮義》兩折，描寫得最為感人，後來以《五人義》為名在戲曲舞臺上盛演不衰。

自明朝末年以來，東南沿海地區商品經濟發展到一定的規模，市民階層的力量不斷壯大，成為一股強大的政治勢力，在社會生活中的作用越來越大。作為一種新興力量，他們與封建統治階級之間的矛盾日漸擴大。在商品經濟比較發達的蘇州，曾先後發生過兩起市民暴動。市民運動是封建社會末期出現的一種新生事物，代表了一個嶄新的社會力量的誕生，預示著新的社會變革即將來臨。李玉也看到了這一新的社會變化，運用藝術家特有的敏銳眼光來評判這一事物，及時地把這一前所未有的社會題材搬到戲曲舞臺，給予熱情的支持和褒揚。從這個角度上說，《清忠譜》開闢了中國古典戲曲新的題材範圍和表現領域，使戲曲藝術更加貼近現實生活，增強了戲曲藝術表現和評判社會生活的功能。劇作把握著當時各種社會變化的內在規律，把這場具有歷史意義的市民運動放在明末複雜的政治鬥爭背景中來描寫，把市民的反抗鬥爭和閹黨與東林黨人之間的矛盾有機地結合在一起，較為全面地展示了明末錯綜複雜的社會政治生活。在封建專制主義的高壓下，東林黨人與市民運動在反對封建頑固派的鬥爭上有著共同的要求。周順昌被捕這件事，之所以成為引發市民運動的契機，正說明兩者之間有著相互支持和需要的關係，而這一現實又是由明末特定的政治氣候和社會發展形勢造成的。李玉如實地反映了這種特殊的社會政治現象，表明他是一個政治眼光十分敏銳的現實主義作家。這是他超出同時代劇作家的地方。

《清忠譜》創作思想上的弱點暴露得也很清楚。劇本仍沒有跳出忠奸鬥爭的舊譜，過多地宣揚封建倫理綱常，對市民運動的意義挖掘得不夠深入。作者把市

民運動單純地看成是為了營救一個清官，把這一場暴動納入東林黨人反閹黨的狹小範圍中，沒有認識到這場鬥爭的背後包含著市民階層對自身解放的迫切要求，這就不可避免地降低和削弱了這場鬥爭的偉大意義，作者不自覺地賦予顏佩偉等五人以封建「義僕」性格，原因即在於此。

李玉是一個熟悉舞臺藝術的作家，他的創作既能夠適應舞臺規律，便於演員表演，又能照顧到觀眾藝術欣賞的需要，有著很好的演出效果。《清忠譜》全劇共二十三齣，始終圍繞周順昌及蘇州市民的反閹黨鬥爭這一情節，主題突出，線索分明，結構緊湊。劇本的語言非常適合舞臺演出的需要，李玉不像一般文人作家那樣不重視道白，注意運用道白來塑造人物，推動情節發展；在一些抒情場面中，劇作家又常常用長篇套曲來抒發人物的感情，感人至深。這些藝術成就對中國古典戲曲的發展產生了積極的影響。

在清初劇壇上，除李玉一派作家之外，還有以尤侗和吳偉業為代表的另一類型的作家，他們的作品大都借歷史故事表現個人懷才不遇的感喟和故國黍離之思，風格上更接近於詩歌，洋溢著意境之美，通篇都可以捕捉到作者的影子。這些劇本，適合於讀者誦讀而不大宜於演出，在文人中擁有較多的讀者，但在群眾中影響不大，這是「案頭劇」的共同特徵。吳偉業的劇作主要有《秣陵春》傳奇，《臨春閣》、《通天臺》雜劇。其中《秣陵春》寫南唐徐適與黃展娘的愛情故事，借憑弔南唐亡國之悲劇，寄託自我懷舊之意緒；《臨春閣》寫南朝陳後主亡國之舊事，歌頌貴妃張麗華的才華；《通天臺》寫梁尚書沈炯憑弔漢武帝通天臺遺跡後，夢中被武帝徵召，力辭出關。這些作品流露出作者矛盾、痛苦的心情，調子低沉。尤侗（1618-1704年），字展成，號悔庵，江蘇長洲（今蘇州市）人。著有《鈞天樂》傳奇，《讀離騷》、《吊琵琶》、《桃花源》等雜劇，這些作品的共同之處，就是借古諷今，披古人之衣冠，寫個人之懷抱，完全是一種個人情緒的宣洩，缺乏深刻的社會內容，有著一種揮之不去的感傷風格。由於尤侗擅長詩文，精審音律，所以劇本的詞曲成就較高，說白部分則過於古奧艱深，篇幅拖沓，不太適宜舞臺表演，是典型的「案頭劇」。

二、洪昇和《長生殿》

洪昇（1645-1704 年），字昉思，號稗畦，浙江錢塘（今杭州市）人。他出生於一個「累葉清華」的仕宦之家，從小就受到很好的文化教養。在他青少年時代，適逢明清易代的動亂歲月，在北京做了二十多年的國子監監生，意在求取功名，卻始終事與願違。後因父親被誣遣戍，家庭破裂，被迫自謀生路。由於他為人疏狂孤傲，不順時趨，所以生活十分坎坷。在困頓潦倒的日子裡，洪昇積十餘年之辛苦，完成了《長生殿》傳奇的創作。康熙二十八年（1689 年），因在佟皇后喪期內演出此劇，得罪被削籍回鄉，從此失去了仕進的機會，時人有詩曰：「可憐一出《長生殿》，斷送功名到白頭。」晚年，他懷著「多難無復成，傷哉百感病」的抑鬱和苦悶，縱情山水之間，尋求解脫。一次，在乘船訪友途中，因酒後失足，墮水而死。

洪昇在文學上的主要成就是戲曲創作。他的戲曲著作一共九種，現存的只有《長生殿》和《四嬋娟》。《四嬋娟》的體制與徐渭的《四聲猿》相仿，由四個短劇組成，分別寫謝道韞、衛茂漪、李清照、管仲姬四個才女的故事。洪昇還是一個有才華的詩人，早年就以詩聞名，有詩集《稗畦集》、《稗畦續集》等。

《長生殿》是洪昇用畢生精力創作的一部優秀的戲曲作品。根據他在《長生殿‧序言》中所言，這部作品是他「經十餘年，三易其稿而成」。第一稿寫於入京之前，「偶感李白之遇，作《沉香亭》傳奇」；第二稿寫於他移家北京之後，聽從朋友建議，把原作中李白的情節刪去，改寫為李泌輔肅宗中興，並更名為《舞霓裳》；第三稿才正式確定敷演李隆基和楊玉環的愛情故事，最後定名為《長生殿》。這個三易其稿的過程，反映了作者思想閱歷的不斷發展和成熟，劇本的主題、情節和思想內容也得以深化和加強，最終奠定了它在中國戲曲史上的光輝地位。定稿傳出以後，被廣泛傳唱，聲名大著，和後來孔尚任的《桃花扇》齊名，有「南洪北孔」之稱。

《長生殿》的故事來源，主要是根據唐代詩人白居易的《長恨歌》和陳鴻的《長恨歌傳》，同時也吸收了唐人筆記《開元天寶遺事》和宋人樂史編寫的《楊

太真外傳》等書中有關李、楊兩人的一些民間傳說。在洪昇之前，前代不少劇作家已經寫過這一題材，較著名的有元人白仁甫的《唐明皇秋夜梧桐雨》雜劇、明人吳世美的《驚鴻記》傳奇。洪昇繼承了前人同類題材作品的部分情節內容，又結合他所處時代的現實感受，以及自己對歷史的再認識，經過藝術再加工、再創造，對原來的題材作了重大的改變，無論是思想內容和藝術成就都達到了一個新高度。所以，清人焦循說，《長生殿》「薈萃諸說部中事及李、杜、元、白、溫、李數家詩句，又刺取古今劇部中繁麗色段以潤色之，遂為近代曲家第一」[24]。

《長生殿》全劇共五十齣，分上、下兩卷。劇本的內容，主要是以安史之亂為背景，寫唐明皇與楊貴妃的愛情故事。一方面，作者通過唐明皇與楊貴妃的故事來頌揚生死不渝的愛情；另一方面，又把李、楊感情關係的發展與安史之亂等社會矛盾緊密地聯繫在一起，兩條線索互為因果，互相推進。既生動地描寫了李、楊兩人作為封建帝妃「逞奢心而窮人欲，禍敗隨之」的愛情悲劇；也真實地反映了唐代天寶年間各種錯綜複雜的社會矛盾和政治鬥爭，形象地表現了盛唐「樂極哀來」的歷史變遷，表達了作者對社會歷史興亡交替的無限感慨。作者所描寫的李、楊愛情，是一種超越歷史事實的浪漫情感，包含著作者對愛情生活的理想。作品圍繞李、楊關係的發展，對封建帝王宮廷生活的奢侈、虛偽和罪惡進行了揭露和批判，特別是通過安史之亂這一重大的歷史事件，真實地反映了封建社會的民族矛盾和階級矛盾，塑造出一系列鮮明生動的人物形象。作者把自己的理想熔鑄在他所塑造的人物當中，表現出強烈的感情色彩和鮮明的傾向性。作品對李隆基和楊玉環兩人，在揭露他們荒淫生活的同時，又憑主觀想象對他們的愛情加以美化，特別是楊玉環這個形象，作者摒棄了前人加在她身上的「亡國禍水」的罪名，賦予她痴情忠貞、生死不渝的性格特點；對安祿山、楊國忠等叛亂逆藩和賣國權奸進行了無情的批判；對郭子儀、雷海青等忠臣義士進行了熱情的歌頌和讚美。

在藝術表現手法上，與前代同類題材作品相比較，《長生殿》第一次以傳奇

---

24 焦循：《劇說》卷四。

的體制，按歷史劇的形式來表現李、楊愛情。作者對有關歷史素材進行了精心的取捨和剪裁，再加以藝術虛構，使全劇的描寫既符合歷史的基本事實，又不拘泥於某一些歷史細節；反映和總結的是古代生活，卻又深刻地寄寓著對現實社會的勸懲。這一創作追求，除了洪昇主觀思想的努力之外，也與清初文人創作在當時客觀形勢下形成的共同傾向有密切的聯繫。在清初，接二連三的社會變動和矛盾衝突，極大地震撼著知識階層，無論是由明入清的遺民，還是洪昇這樣出生在清初的人，在精神上都留下了同樣的時代傷痕。因此，抱著痛定思痛的態度，從各個不同的角度來總結這段歷史變遷的教訓與原因，一時成為知識界共同關心的話題，並在創作上加以表現和反映。但由於清政府的壓制，不少人採用比較曲折、隱晦的形式，或以古諷今，借歷史題材寫現實問題；或用一個愛情故事來反映歷史興亡，等等，成為當時文人創作的一般特點。在《長生殿》創作前後，相繼出現了一批如吳偉業的《秣陵春》和孔尚任的《桃花扇》等以一個愛情故事寫一個封建王朝覆亡的歷史劇。《長生殿》就是其中一個突出的代表。作者有意識地把對李、楊「釵盒情緣」的描寫與「垂戒來世」的目的聯繫起來，這就是作品現實主義精神的體現。

濃重的抒情色彩是《長生殿》的一大特色。許多抒情場面的描寫，使全劇籠罩著濃烈的詩情畫意。最著名是《彈詞》一出中李龜年的一段唱詞：

唱不盡興亡變幻，彈不盡悲傷感嘆，大古裡淒涼滿眼對江山。我只待撥繁弦傳幽怨，翻別調寫愁煩，慢慢地把天寶當年遺事彈。

作者通過劇中人物之口，表達了他自己的興亡之感。這一段曲詞因情切意真，感人至深，成為傳唱一時的名曲。但受作者思想認識的局限，作品誇大了「情」的作用，流露出一種宗教懺悔式的感傷情調，降低了作品的思想深度。

從劇本的結構角度來看，下卷不如上卷那樣緊湊，作者為了單純地求得兩卷對稱，故意鋪張，行文拖沓，如《仙憶》、《驛備》等出，顯得累贅，有損於作品的整體效果。

三、孔尚任和《桃花扇》

　　孔尚任（1648-1718 年），字聘之，又字季重，號東塘，自號雲亭山人，別署岸堂主人。山東曲阜人，為孔子的第六十四代孫。他生活在清初到清王朝政權鞏固的時代，年輕時讀書於曲阜縣北石門山中，受傳統教育的影響，用心於科舉之外，曾廣泛地學習「禮樂兵農」諸學，專門就教於詞曲作家，考訂古代樂律，同時博採遺聞，準備寫一本反映南明一代興亡的戲劇。

　　一六八四年，孔尚任三十七歲，康熙皇帝南巡，回京途中路經山東，到曲阜祭祀孔子。孔尚任被舉薦到御前講經，得到康熙的褒獎，被任命為國子監博士。孔尚任抱著儒家正統的政治思想，開始了他的仕宦生涯，還寫了一篇《出山異數記》，表示他對清廷知遇之恩的感謝。一六八六年，孔尚任隨刑部侍郎孫在豐出使淮揚，還參加了疏浚黃河海口的工程。這幾年當中，他的足跡遍及揚州、南京等地，結識了不少南明的遺民，一步步地認識到封建社會的黑暗和吏治的腐敗。回京以後，他先後做過國子監博士、戶部主事等官。這個時期，他完成了《桃花扇》的定稿工作。一六九九年，《桃花扇》最後脫稿，名動京城，連康熙皇帝也急於索看。次年，孔尚任升任戶部廣東司員外郎，旋即以「疑案」被謫官。罷官三年後才准許離京，退守田園。康熙五十七年（1718 年），這位卓越的劇作家卒於曲阜故鄉，終年七十一歲。

　　孔尚任的戲劇作品，除《桃花扇》外，還有與友人顧彩合撰的《小忽雷》傳奇。小忽雷是唐代宮廷樂器，他曾購得此樂器。因前人記載過唐代善彈小忽雷的宮女鄭中丞與梁厚本相愛的故事，孔尚任便以此為藍本，描寫白居易、劉禹錫等文人的生活，主題結構和《桃花扇》相似，但現實意義和藝術成就都不及《桃花扇》。此外，孔尚任有詩文《湖海集》、《岸堂集》和《長留集》等。

　　《桃花扇》是一部反映南明弘光王朝覆亡的歷史劇。作品以侯方域、李香君的愛情故事為線索，「借離合之情，寫興亡之感」。作者在劇本中集中反映了明代末年腐朽、動盪的社會現實，以及統治階級內部的矛盾和鬥爭，試圖總結明朝三百年基業最後覆亡的歷史教訓，以借鑑於當代，垂誡於後世。作者說：「《桃

花扇》一劇，皆南朝新事，父老猶有存者。場上歌舞，局外指點，知三百年之基業，墮於何人？敗於何事？消於何年？歇於何地？不獨令觀者感慨涕零，亦可懲創人心，為末世一救矣。」[25]作者用戲曲藝術的形式，評價了南明這段歷史，其用意是非常明顯的。

《桃花扇》以復社名士侯方域和秦淮名妓李香君的愛情故事為中心，描寫了眾多歷史人物的活動，廣泛地反映了當時許多重大的歷史事件，鮮明地表現出了作者對它們的態度和評價。作品展現在舞臺上的是一幅波瀾起伏的晚明敗亡圖：李自成農民起義軍攻下北京，崇禎皇帝縊死煤山，漢奸吳三桂勾結清兵乘機入關，閹黨餘孽馬士英、阮大鋮等擁立福王朱由檢為帝，改年號為弘光，建立起南明小朝廷，竊取權柄，偏安江南，昏君奸臣，同惡相濟。他們不顧大敵當前，國家危亡，一味苟且偷安，選優買妾，沉溺於聲色淫樂之中。以馬士英、阮大鋮為首的奸佞集團，抱定「幸國家多故，正值我輩得意之秋」的醜惡目的，對內私結黨羽，排擠忠良；對外結歡清兵，求得偏安江左。左良玉率百萬雄師鎮守長江上游，防禦李自成、張獻忠的義軍，卻置下游的清兵於不顧，叫囂什麼「寧可叩北兵之馬，不可試南賊之刀」。江北四鎮帥將黃得功、高傑、劉良左、劉澤清等人，竟然認為「國仇猶可恕，私仇最難消」，驕橫跋扈，洩私憤，圖報復。整個朝廷文爭於內，武鬥於外，而忠於朝廷的史可法卻孤軍無助，沉江殉國。南明的半壁河山就這樣斷送在這幫昏君亂臣之手！

作品塑造了一大批真實生動的人物形象。李香君是作品中作者著墨最多、傾注最大熱情予以歌頌的一位可敬的女性。李香君是一個具有反抗精神的下層女性，身為秦淮歌妓，雖然出身低微，卻能關心國家安危，恥與奸黨為伍，臨難不懼，有著反對權奸、愛憎分明、堅貞不屈的高尚品質。她對侯方域的愛慕，主要是出於「東林伯仲，俺青樓皆知敬重」，愛的是清流的名節。所以當侯方域出乎她的意料，同意接受阮大鋮贈送的妝奩時，她堅決地拔簪脫衣，嚴詞拒絕。作品在「辭院」、「拒媒」、「守樓」、「寄扇」、「罵筵」等一連串的情節中，鮮明地表

---

25 孔尚任：《桃花扇小引》。

現了她的性格特點。在山河破碎、國難深重的歷史背景之下，一個出身卑賤的歌妓，能夠具有這樣可貴的氣節和美德，十分感人。

孔尚任對南明敗亡的歷史感觸很深。他幾乎是用一生的心血來創作這部現實主義傑作。他希望用歷史本身所提供的教訓而不是空洞的說教來感染讀者，所以他特別重視戲劇情節的真實性，生怕「聞見未廣，有乖信史」。為了達到這個目的，他通過多種渠道廣泛地搜取豐富的歷史知識，力求做到「朝政得失，文人聚散，皆確考時地，全無假借」[26]。但這並不等於說作者照搬歷史，而是選取典型事件和典型人物，在不違背歷史真實的前提之下，對手中的素材進行了大量的藝術加工、提煉和虛構，使之源於生活而又遠遠

孔尚任像

高於生活，成功地表現了那段歷史的真實面貌及蘊涵的深刻意義。作者這種可貴的現實主義態度是作品取得成功的關鍵因素。像許多傳奇作品一樣，《桃花扇》以生、旦的悲歡離合作為全劇貫穿始終的情節線索，但與一般作品不同的是，《桃花扇》只是「借離合之情，寫興亡之感」。在孔尚任的筆下，通過侯方域和李香君的感情糾葛，用一把「桃花扇」把一部包括了南明興亡變遷的戲劇情節，有機地編織在一起，組成作品宏大的結構，表現出劇作家概括生活的高超的藝術能力和獨具慧眼的匠心。有人把它與《長生殿》並題為明清傳奇的壓卷之作，的確當之無愧。

應當指出的是，孔尚任生活在清王朝的統治已趨鞏固的康熙朝，由於清朝在文化上推行專制主義政策，這樣的政治背景之下，使得劇作家不得不對涉及清廷的有關史實採取了回避態度；加之作者的階級立場和局限，對李自成、張獻忠等農民起義軍，自然不可能有正確的看法。因此，作者也就無法正確地認識這一段

---

26 孔尚任：《桃花扇凡例》。

歷史興亡更替的必然進程，看不到社會進步的主導力量，使得整個劇作流露出濃厚的悲觀感傷色彩。這是該劇作一個明顯的缺陷。

四、《雷峰塔》

《雷峰塔》是一部美麗的神話劇。它是繼《長生殿》、《桃花扇》之後，在清代戲曲史上占有重要地位的一部優秀作品，自清初盛行於戲曲舞臺，兩個世紀以來，在民間一直搬演不衰，其故事情節和人物形象，深入人心，婦孺皆知，深受廣大勞動人民的喜愛。

劇本的內容，主要描寫蛇仙白娘子思凡下山，在西湖邂逅許宣（許仙），喜結良緣；但他們的婚姻卻受到金山寺法海禪師的無端干涉，白娘子被鎮壓在西湖雷峰塔下，兩人的愛情婚姻以悲劇告終。

白蛇的傳說故事，早在宋代已經流行於民間，宋元話本小說及明代擬話本小說都記載了這個故事。第一個把白蛇故事搬上戲曲舞臺的，是明代的陳六龍，但他的作品已經失傳。現在可見的描寫白蛇故事的戲曲創作，最早的當推黃圖珌創作於雍乾之際的《雷峰塔》傳奇。乾隆中葉，由於藝人的不斷創造，先後又出現了梨園舊抄本和方成培改編的水竹居本《雷峰塔》。經過多位劇作者的先後加工，白娘子的故事在思想上和藝術上達到了一個新的高度。

劇作中的白娘子，是一位大膽追求愛情幸福，敢於鬥爭，不怕犧牲的女性形象。她有一顆美麗善良的心，有純真質樸的性格。她在西湖邊上與許仙邂逅相遇，一見鍾情，終生不悔。她對許仙的感情，完全是一種忘我無私的情感。為了救助自己摯愛的人，她可以冒生命危險到仙山盜取靈芝；為了奪回被剝奪的愛情和幸福，她可以不顧毀滅自己的威脅，毅然投入到與強大對手的鬥爭中。她對理想生活的嚮往和追求，已經達到了忘我、獻身的境地，雖九死其猶未悔。這樣一位敢於鬥爭和勇於自我犧牲的蛇仙，在法海等衛道士眼中，卻被視為「異端」，遭受到無情的迫害和鎮壓。面對強大的頑固的保守勢力，白娘子雖然做了堅決徹

底的反抗，終因寡不敵眾，力量孤單，最後還是以失敗而告終。在正義與邪惡的較量中，美麗的對象被毀滅；在強烈的悲劇衝突中，完成了白娘子的性格塑造。在她身上，寄託著廣大勞動人民對美好生活的無限嚮往，對純真感情的肯定。她的追求及反抗精神，贏得了人們的普遍讚譽；她的命運悲劇，得到了觀眾的深切同情，同時，也激起人們戰勝邪惡勢力的決心和鬥志。許仙這個形象，則是一個典型的患得患失、左右搖擺不定的小市民形象。他愛白娘子，但又擔心白娘子會加害於己，對白娘子的「異端」行為非常恐懼。一方面，他感到白娘子能滿足自己的感情需要，是個親密的伴侶；另一方面，他覺得白娘子不同尋常的舉止時刻會威脅到自己的正常生活，是個危險的伴侶。因此，他對白娘子既愛且懼。這種自我矛盾的複雜性格，導致許仙在白娘子與法海的激烈鬥爭中，不由自主地來幫助法海，親手毀滅了深愛自己的人，同時也毀滅了自己的幸福和一切美好的希望，最後悔恨之下遁入空門。而舞臺上的法海，則是一個破壞人間幸福的罪魁禍首，殘忍地製造了一個人間大悲劇，千百年來一直遭受人們的唾罵，在民間廣泛流傳著法海逃入蟹殼避禍的傳說，可見人們對他的痛恨。

舊抄本和水竹居本《雷峰塔》傳奇問世不久，許多地方劇種相繼搬演了這個劇目，取名《白蛇傳》。經過廣大民間藝人的加工和改造，地方戲《白蛇傳》在思想上更加健康、深刻，在藝術上更加完整、豐富。較之前代《西廂記》、《牡丹亭》等充滿浪漫主義精神的劇作，該劇所塑造的悲劇主人公，其無比鮮明的思想性格尤為廣大勞動人民所喜愛和接受。從宋元話本，到《雷峰塔》傳奇，再到地方戲《白蛇傳》，這個劇目在思想性和藝術性上都達到了很高的水平，成為中國戲曲發展史上一部不可多得的傑作。

第五節 ·

成就斐然
的少數民族文學

中國是統一多民族國家，漢族與各少數民族在共同締造中國歷史過程中，在文學方面也各自作出了貢獻，創造出輝煌燦爛的中華民族文學。清前期是中國少數民族文學發展的重要時期，隨著統一多民族國家進一步鞏固和發展，中原與邊疆地區的文化聯繫也日益加強，因而少數民族文學呈現出絢麗多彩、繁榮發展的景象。

一、蒙古族文學

清前期蒙古族文學有了新的發展，這一時期不僅出現了許多本民族的優秀作品，同時還翻譯了大批漢文文學名著。

從蒙古族創作的文學作品來說，在明代就出現了史詩《江格爾傳》與小說《烏巴什洪臺吉的故事》兩部優秀作品。《江格爾傳》是蒙古族民間的長篇英雄史詩，其中某些篇章早在蒙古民間有所流傳，經過長期充實與提高，至十五世紀得到進一步完善與定型，成為蒙古族民間流傳的口頭文學中的代表作。這部史詩產生於西蒙古衛拉特部落，後來通過民間藝人的演唱流傳到蒙古族各個地區。其

內容以主人公江格爾為主線，描述了盟主江格爾為首的十二名「雄獅」與六千名勇士英勇抵抗侵略其家鄉的各種敵人而取得勝利的故事。史詩成功地塑造了江格爾、洪古爾等英雄形象，表現出蒙古民族頑強的鬥爭精神與濃厚的游牧民族氣息。

《烏巴什洪臺吉的故事》又稱《烏巴什洪臺吉與衛拉特牧童》。這是根據民間口頭傳說加工而成的一部中篇小說，作者佚名。小說以明代東、西蒙古封建主之間長期混戰為背景，描寫和碩特部一個貧苦牧奴之子同喀爾喀封建主烏巴什洪臺吉之間的鬥爭。小說在歌頌牧童於反侵略戰爭中機智勇敢與不屈就義的同時，揭露了烏巴什洪臺吉的殘暴、貪婪與腐朽，給人們以善與惡、美與醜的鮮明對比。小說的手抄本流傳於杜爾伯特部民間。上述一切，為清前期蒙古族文學的發展奠定了基礎。

入清以後，蒙古族文學又有了新的發展，出現了一些民歌、童話、寓言和故事等作品，其中《格斯爾傳》便是民間文學中的一部典型作品。蒙文的《格斯爾傳》即藏文的《格薩爾王傳》，早於蒙、藏民族人民中流傳，它是蒙藏民間流傳最廣的一部英雄史詩。此外，《額爾戈樂岱的故事》、《巴拉根倉》等也是這一時期流傳在蒙古族民間的文學作品。

這一時期，在內蒙古東部民間還盛行演唱《好來寶》。《好來寶》是蒙古語音譯，為「聯韻」之意，即蒙古說書藝人演唱的一種聯頭韻的口頭即興詩，演唱內容多為蒙古民間文學中的傳說人物，演唱形式有單人、雙人、多人三種，表現方法風趣幽默，語言通俗易懂，頗受蒙古族人民群眾的喜愛。

在清前期，大批漢文小說被譯成蒙文也是蒙古文學史上的新發展。一些蒙古族翻譯家把漢文著名小說如《三國演義》、《水滸傳》、《西游記》、《紅樓夢》、《聊齋志異》、《今古奇觀》等都譯成蒙文，這對加強蒙、漢民族文化的聯繫與交流有著重要意義。

這一時期，蒙古文字語言學的研究也有了新的進展。首先應該提到的是托忒蒙古文字的創制。一六四八年，和碩特部著名喇嘛與學者咱雅班第達在回鶻式蒙

文基礎上，吸取衛拉特人民日常方言，創制了衛拉特民族自己的文字——托忒文。據《西域圖志》載：托忒文「共十五個字頭，每一字頭凡七音……其法直下，右行，用木筆書」[27]。這種文字密切了書面語言與口頭語言之間的關係，能清楚地表達衛拉特方言，因此衛拉特人民把這種文字稱為「托忒」，即「清楚」、「明確」之意。

二、回族文學

在清代前期，由於回族多受清統治者歧視，其文學發展落後於元、明兩代，因而在文學成就上不甚明顯。在詩文方面，較有成就者有馬世俊、丁澎、蔣湘南、沙琛等人。馬世俊，江蘇溧陽人，善詩文，長於書畫，著有《巨庵集》。丁澎，浙江仁和人，與其弟丁景鴻、丁潄均以詩文見長，時人稱之為「三丁」。蔣湘南，河南固始人，著有《春暉集》、《七經樓文鈔》。沙琛，雲南大理人，著有《點蒼山人詩鈔》。此外，還有江蘇華亭回族學者改琦，不僅能詩詞，且擅於畫人物，是當時著名的畫家。

三、藏族文學

清代前期，由於藏傳佛教的發展，影響著藏族文化領域中的各個方面，這一時期的文學，在一定程度上刻有藏傳佛教的烙印。

清前期藏族文學除傳記文學外[28]，詩歌占有重要地位。自十一世紀以來流傳於藏族民間的《格薩爾王傳》英雄史詩，是享譽國內外文壇的一部思想性和藝術性極高的民間文學巨著，是中華民族文化寶庫中的瑰寶。

---

27 參見該書卷四十七《雜錄一》。
28 參見本書第十章第五節。

至於藏族的作家詩更是源遠流長，早在吐蕃時期即已出現。十五世紀由噶舉派僧人桑吉堅贊集錄的《朱拉日巴道歌集》便是影響深遠的一部詩集，在藏族作家詩中形成著名的「道歌體」詩派。與此同時，在藏族詩壇上還湧現出「格言派」、「年阿派」和「四六體」等詩派，寫出了不少著名的詩作。其中特別值得提出的是，十七世紀末六世達賴倉央嘉措寫出的「四六體」名詩《倉央嘉措情歌集》，以清新明快的語言，表述了真摯純潔的愛情，開創了西藏作家詩壇上的新詩風。倉央嘉措是西藏門隅人。康熙三十六年（1697 年），被第巴桑結嘉措指定為達賴五世之轉世靈童，並於同年迎入布達拉宮，正式坐床，稱為達賴六世。倉央嘉措自幼生活於民間，接近人民群眾。他家中雖然世代信奉寧瑪派佛教，但他卻不是虔敬的佛教徒，而是一位才華出眾、風流倜儻的詩人。他被立為達賴六世後，十分厭倦布達拉宮裡清教徒式的禁欲生活，一心追求自由、放任的愛情，經常「易服微行，獵豔於拉薩城內」[29]。時和碩特蒙古拉藏汗與第巴桑結嘉措交惡，康熙四十四年（1705 年）拉藏汗起兵殺第巴桑結嘉措。清政府據拉藏汗的奏報，倉央嘉措被捕拿解送北京，據說在解經青海的途中死去。

　　《倉央嘉措情歌集》絕大部分是「四六體」，即六音節四句格式的詩歌。其內容多寫男女愛情，譏諷佛教清規戒律與封建農奴制的束縛，表現出詩人對愛情的真摯追求與自由向往，因而他的詩歌集是一部反映人民願望的現實主義作品。

　　十七世紀後半期，藏族民間詩歌逐漸發展起來，其中以藏族游牧民於山野間放牧時唱的山歌較為盛行。這種山歌，其歌詞長短不一，是牧民們優美的口頭文學，屬於西藏民歌的「魯體」形式。西藏民歌除「魯體」形式之外，還有「諧體」民歌，它是由「魯體」民歌發展而來的。上述《倉央嘉措情歌集》就是運用四句六音節的「諧體」形式寫成的，而倉央嘉措「情歌」的廣泛流傳，對「諧體」民歌的繁榮與發展起了一定的促進作用。

　　西藏流傳的民間故事，也是藏族悠久文學的重要組成部分。民間故事分口頭

---

29 曾緘：《六世達賴倉央嘉措傳略》，轉引自黃顥、吳碧雲編：《倉央嘉措及其情歌研究》，40 頁，北京，民族出版社，1983。

流傳的與書面記錄的兩類。其中書面故事《廣語的故事》，長期流傳於民間。這部故事頌揚了人們之間的友愛互助精神，抒發了人們對邪惡統治的不滿與反抗思想，是一部頗有積極意義的民間文學作品。

在小說創作上，自十四世紀以後，在藏族作家的文學作品中呈現出繁榮景象，相繼出現了劇本小說、長篇小說與寓言小說多種形式的作品。在劇本小說中以《諾桑王子》為代表作。書中通過北國額登巴國王子諾桑與仙女益超拉姆悲歡離合的敘述，歌頌了一對忠於愛情的青年男女，揭露、鞭撻了封建農奴制下婚姻不自由的醜惡現象。

在長篇小說中，《熏努達美》和《鄭宛達哇》是當時的兩部優秀作品。前者是由《頗羅鼐傳》作者多卡夏仲・策仁旺傑所寫，描寫某國王子熏努達美與另一邦國公主益雯瑪為反抗封建包辦婚姻與爭取美好愛情生活而經歷的種種磨難，以及最後一起出走修行得道的故事。後者是十八世紀西藏達普寺第四代活佛羅桑登白堅贊所作，書中敘述某國王子被奸臣陷害後，被神鳥所救，取名為鄭宛達哇，並得授靜修之法，一生於林中為鳥獸說法而終成正果。

寓言小說《猴鳥的故事》則是一部以動物寓言形式出現的文學作品。小說以生動活潑語言，描述某山的猴子侵擾鳥兒和平生活而引起神鳥白松鶴與猴子交涉的故事，情節曲折，引人入勝，反映出藏族人民反對外來侵略、熱愛和平生活的願望。關於小說的作者，說法不一，有人認為是十八世紀末的多仁・丹增班覺所寫。因為作者親身經歷了乾隆五十三年（1788 年）和乾隆五十六年（1791 年）廓爾喀兩次入侵西藏事件，而其小說所寫正是以廓爾喀侵略西藏為寓言的。

四、維吾爾族文學

維吾爾族有著悠久的歷史與文化。成書於十一世紀敘述長詩《福樂智慧》以及民間口頭文學《阿凡提故事》等，作為維吾爾族文化寶庫中的瑰寶，一直為人們所喜愛，反映出維吾爾族文學的獨特風格與豐富多彩。但自十四世紀末至十六

世紀末二百年間，中國新疆地區察合臺汗國後王之間的長期割據與混戰，阻礙了維吾爾族社會經濟與文化的發展。十七世紀初期，統一的葉爾羌汗國建立後，維吾爾的文學又得到了新的發展。

十八世紀中期以後，清朝政府平定准噶爾割據政權與大小和卓反清勢力、統一天山南北後，在新疆地區建立起軍府制統治，其統治措施影響到維吾爾族的文化領域，其文化成果表現出日益擺脫伊斯蘭教束縛的趨勢。

從文學作品來說，十八世紀中後期出現的作品，在一定程度上都擺脫了伊斯蘭教禁錮，而帶有較為明顯的非宗教傾向。在這方面，維吾爾族作家阿布杜熱依本·尼札里的長詩《熱碧婭──賽丁》具有代表性。這部長詩通過一個維吾爾族農村青年愛情悲劇的描述，憤怒地控訴了不合理的封建社會制度，無情地鞭撻了封建勢力的殘暴行為與凶狠本質，熱情地歌頌了勞動人民追求自由幸福的渴望與堅貞不屈的品德。作者除了《熱碧婭──賽丁》長詩外，還寫有其他方面的大量詩歌，被收入《愛情長詩集》中。

五、苗、瑤、黎、彝、壯等族文學

在中國南方廣東、廣西、貴州、雲南、四川、湖南、海南等省，自古以來居住著眾多的少數民族，他們在開發、建設中國邊疆的歷史過程中，創造出各自的民族文化，構成中華民族輝煌古老文化的組成部分。

在清前期，苗、瑤、黎、彝、壯等族的文學，隨著中國統一多民族國家發展，也有了進一步繁榮與進步，呈現出絢麗多彩的南方民族文學。

（一）苗族文學

苗族是中國南方的一個古老民族，多聚居於貴州、湖南，它有著悠久的歷史與文化。這一時期，苗族的文學、詩歌都有進一步的發展。

苗族沒有自己的文字，其文學主要是以口頭相傳的民間文學。這種文學可分為傳說故事與詩歌兩類。苗族的傳說故事是有悠久歷史的，在清代貴州苗民中盛傳的《哈邁》故事，是頗具民族特色的民間文學。這是一部反對苗族傳統舊俗「還娘頭」[30]的故事，講述了某仙女的女兒哈邁因反抗其舅父強迫她與舅父之子成婚，以致最後悲慘而死的內容，揭露了由苗族傳統舊俗所造成的社會弊端。此外，以反抗統治階級為內容的《花邊姑娘》、《老獵手和皇帝》等也都流行於貴州、廣西苗族地區。

苗族的詩是以口頭歌唱形式表達的，因而這種詩也就是歌。苗族詩歌有其獨立曲詞，與音樂密切結合，其歌詞通俗易懂，但也有苗族獨用的詞。苗族的詩歌有「古歌」、「苦歌」、「反歌」（亦稱起義鬥爭歌）和「情歌」。清前期，在苗族地區流行較多的是傾訴苗家苦難的苦歌與歌頌苗民反抗起義的反歌。

苦歌多產生於明清時代，其內容是苗族勞動人民傾訴所受階級壓迫與剝削的苦難，對社會黑暗的詛咒。特別是清朝在苗族地區實行改土歸流後，在清政府流官與土官等共同壓榨下，造成苗民更大的苦難。所以這一時期出現了大量反映統治者掠奪苗民土地與清朝安屯設堡給苗民帶來痛苦的苦歌。

由於封建王朝對苗族人民的殘酷統治與壓榨，引起苗民多次起義反抗，清代乾隆、嘉慶年間石柳鄧、吳八月領導的黔湘苗民起義時期，苗族人民便以詩歌熱情地頌揚了苗民反抗清朝統治的英勇鬥爭，以明快手法描繪了起義領袖石柳鄧、吳八月的英雄形象。

（二）瑤族文學

瑤族是中國南方古老民族之一，多數分布於廣西，此外在湖南、雲南、貴州、廣東等地也有少量分布。在長期歷史發展中形成了自己的文化，清前期文學也有了一定的發展。

---

30 「還娘頭」，是苗族傳統的舅權婚姻制，即舅家有優先娶姑母女兒為兒媳的權利。

瑤族沒有自己民族的文字，文學作品大多是口頭相傳的民間文學，少量詩歌或神話傳說有漢文抄本或唱本。瑤族是一個能歌善唱的民族，因而瑤族民歌在其民間文學中占有重要地位。清代學者李調應說：「瑤族最尚歌，男女雜沓，一唱百和。」[31]瑤族民歌的內容豐富，其中有男女之間談情說愛的愛情歌，有敘述本民族史事的敘事歌，有從事生產勞動的生產歌，還有以歌代詞、互通音訊的信歌等。瑤族民歌有用瑤語唱的，也有用漢語唱的。瑤族民歌中以《盤王歌》流傳最廣，具有代表性，是瑤族人民祭祀時唱的民歌，在長達八百多首的歌詞中，敘述了瑤族來源、農業生產、男女愛情等，內容極為廣泛，歌唱時間可持續幾晝夜。瑤族民歌中也有是謳歌農民反抗鬥爭的。如清道光年間趙金龍領導湖南、廣東瑤民反清起義時，瑤族民歌中就有「金龍出大洞，海馬歸池塘」的歌句，生動形象地唱出了瑤民義軍抗擊清軍的情景。

（三）黎族文學

黎族自古以來就居住中國南海上的寶島——海南島（今海南省），他們與苗、漢、回等族雜居，在共同開發中國南部海疆這塊寶島的過程中，創造了黎族自己的歷史與文化。

黎族有自己的語言，屬漢藏語系壯侗語族黎語支，由於長期與漢族接觸，有些黎族人民兼通漢語，但沒有本民族文字。因此，黎族的文學主要是流傳下來的口頭文學，其中有神話、故事、歌謠和諺語等。在這些流傳下來的口頭文學中，描述了黎族的生活習俗與風土人情，述說了勞動人民開發邊疆的生產鬥爭，頌揚了人們理想中的英雄人物，揭露了反動統治者的殘暴與罪惡。如反映古代黎族人民生活與鬥爭的《洪小的故事》和《葫蘆瓜》，就是流傳於黎族人民中最為廣泛的神話傳說。此外，還有反映階級壓迫與階級鬥爭的《五妹與南蛇》、《竹寶筒》和頌揚男女忠貞愛情、反對父母包辦婚姻的《少女和小龍戀愛的故事》等民間故事。這些故事反映了黎族人民對勞動人民的極大同情與對反動統治階級的嚴厲鞭

---

31 李調應：《粵東筆記》卷一。

撻。由於黎族與漢族長期雜居與來往，在文化上得到了廣泛交流，許多漢族著名民間故事如《梁山伯與祝英臺》、《董永的故事》等都流傳於黎族地區。

黎族人民還盛行民歌，唱民歌是他們日常生活中和節日裡不可缺少的娛樂活動。民歌內容多為情歌，也有勞動歌、婚禮歌、盛典歌、哀嘆歌等。黎族人民在長期唱歌中形成了各種優美的腔調，如瓊中、保亭兩縣的「羅哩調」，東方縣的「滾龍調」、「歐歐調」等，曲調優美抒情，激昂高亢，反映出黎族人民樂觀、剛毅的性格。

（四）彝族文學

彝族是中國南方古老的民族之一，主要分布於四川、雲南、貴州、廣西等地。元、明以來，中國漢文史籍上多稱之為「羅羅」或「裸羅」。彝族人民不僅以勤勞勇敢著稱於世，而且以自己的聰明才智創造出豐富多彩的民族文化。

彝族有自己的語言、文字。彝語屬於漢藏語系藏緬語支，而彝族的文字曾被稱為「爨文」，其形如蝌蚪狀，據說創制於唐代，在明代已有相當發展，當時貴州即有人教授彝文，並用它從事著述。彝文書籍和碑刻保存下來的很多。

彝族人民在長期生產鬥爭和階級鬥爭的實踐中，創造出自己民族的文學。彝族的文學作品多以民謠、傳說和山歌等形式在廣大人民群眾中傳誦。而這些作品又多以奴隸社會的階級壓迫為背景，揭示出奴隸社會尖銳的階級對立，生動地反映了彝族人民的情感與愛憎。如《居齒（孤兒）約呷》和《一個奴隸的故事》都生動地傾訴了奴隸群眾在奴隸制壓榨下的痛苦生活。《媽媽的女兒》更是一首廣泛流傳於彝族地區的歌謠，它通過一個青年女子在被迫出嫁前夕，對奴隸社會買賣婚姻罪惡的哭訴與哀怨。描寫細膩，感情逼真，音調淒涼感人。

彝族民間文學中還流傳有許多神話傳說與民間故事，而其中故事占有相當大的比重。彝族的民間故事多以童話形式流傳下來，其中多數反映奴隸社會的情景，富有現實鬥爭意義。如反映對奴隸主諷刺與反抗的《唱歌的狐狸》，以寓言童話的形式表達出彝族人民對奴隸主鬥爭的堅決意志。

（五）壯族文學

壯族是中國少數民族中人口最多的一個古老民族。主要分布在廣西、雲南、廣東、貴州、湖南等地。自古以來，壯族人民就創造出本民族色彩斑斕的文化，清前期又有了進一步發展。

在歷史上，壯族的文學作品多是由本民族口頭流傳下來的，其中保存許多古代神話，如創世神話《布駱駝》、射日神話《候野射太陽》等，反映壯族先民對大自然奧秘的探索精神。至於故事傳說則在壯族民間文學中占有很大的比重，它既是壯族人民口傳歷史，也是優美動人的文學作品。如很早就流傳下來的《莫一大王》、《儂智高》故事，反映了勞動人民與封建統治者的鬥爭，頌揚了古代英雄人物的事蹟。特別到了清代，更出現了反映壯族人民反抗鬥爭故事的傳說。

壯族除了民間流傳的口頭文學外，一些精通漢文的壯族知識分子也寫出許多文學作品。到了清代出現了更多的詩人，如鄭獻甫就是負有盛名的壯族詩人，著有《補學軒詩集》十六卷，存詩二千餘首。再如韋華豐也是壯族一大詩家，著有《今是山房吟草》，其中有些詩作反映了人民的苦難，具有一定的現實性。

第十二章

多彩的藝術

　　清代前期，隨著政治、經濟的發展，繪畫、書法、篆刻、音樂、舞蹈、戲劇、園林等多種藝術也表現出一定的繁榮。各種藝術從形式到內容，絢麗多彩。繪畫進入了鼎盛階段。書法進入了碑學新時期。篆刻出現了許多新流派。俗樂成為這一時期音樂方面的主要特徵。民間舞蹈日益興盛，舞蹈在戲劇中得到了很大發展。地方戲劇有了長足的進步。皇家行宮、皇家園林、私家園林建築群體的出現，反映了這一時期園林藝術的發展進入了新階段。

第一節 ·
百花齊放
的繪畫

　　清代前期，由於清王朝統治者鞏固封建統治的需要，加之統治者個人的愛好與藝術情趣，對繪畫大力倡導與保護，因此，清代前期成為中國古代繪畫藝術史上的鼎盛時期，畫家人數之多，藝術流派之繁，形式技法變革之大，均堪稱首屈一指。

　　清代前期繪畫藝術，就畫家的群體而論，可分為宮廷畫家、文人畫家和民間畫家三大群體。就繪畫藝術的表現形式而論，則有文人畫家的山水畫、花鳥畫、魚蟲畫；宮廷畫家的室內裝飾畫、山水花鳥畫、自然風光畫、典祀職貢等圖式與寫生畫、帝王生活畫、重大政治事件畫、帝后功臣與少數民族代表人物肖像畫、宮苑風光畫；民間畫家與藝人的壁畫版畫等。在繪畫藝術的流派上，又可分為文人畫家中的「正統派」與「野逸派」，地方畫派，揚州八怪畫派；宮廷畫家中的中國畫派與西洋畫派；民間畫家中的版畫畫派與壁畫畫派等。就繪畫藝術與技法而言，隨著西洋畫家的東來與供奉內廷，宮中畫院畫中，出現中西合璧與交融的新畫風。在繪畫藝術的發展變革上，清中期以後，宮廷畫家承襲清初「正統派」風格，保守而毫無新意；而「揚州八怪」等新派畫家群體，則弘揚清初「野逸派」的創新精神，形成極富個性化的藝術語言與表現形式，進而為清代繪畫藝術的發展，帶來了一股清新的變革氣息。在民間畫家、藝人、工匠的創作藝術活動

中，清前期的寺觀、宮廷壁畫的發展呈現頹勢，而版畫藝術則繼續發展，且與新工藝相結合，呈現出一派新氣象。在繪畫藝術的活動中心上，清代亦有變遷，清初的繪畫藝術活動中心在江南地區，清中期以後，繪畫藝術活動中心則轉移到北京和商業繁華的揚州兩地。在繪畫藝術名著的編纂上，清代前期達三百五十餘種之多。其中涵括繪畫論著、技法著述、資料匯編三大門類，這些著述，體例嚴謹，內容新穎詳實，在藝術見解上，不乏獨創與新說。

一、繪畫的多種形式和派別

清前期，在繪畫藝術的表現形式與派別方面，清初與清中期有區別；至於文人畫家、宮廷畫家與民間畫家、工匠藝人，在藝術表現形式、風格與流派上，則更不相同。

（一）清初的繪畫技藝形式與流派

清代初期，繪畫藝術活動的中心在江南地區，而源自不同地域、各有師承、文化背景各異的畫派，在繪畫技藝形式、藝術風格情趣上，則大相徑庭。具體而論，一類畫家強調對傳統繪畫的繼承，在繪畫技藝形式上，則注重對前人筆墨技法的沿襲與臨摹，他們是以「四王」（王時敏、王鑑、王原祁、王翬）為代表的「正統派」；另一類畫家則在繪畫藝術活動中，時時處處強調藝術創新精神，在繪畫技藝形式上，則展現了時代的變遷和個性的創意，其藝術風格具有強烈的時代感，他們是以「四僧」（髡殘、弘仁、八大、石濤）為代表的「野逸派」。這些畫派的形成與出現，既取得了各自不同的藝術成就，更為清初繪畫藝術的發展，作出了相應的貢獻。此外，尚有許多地方的畫派與畫家，他們在繪畫技藝風格上，亦各有個性與特色，並取得了不同的藝術成就。

第一，承襲傳統的正統畫派及藝術成就。

清初，以四王、吳歷、惲格為首的正統畫派，多為明代董其昌繪畫技藝的師

承者與追隨者，故在繪畫藝術風格上，刻意工整穩健、明淨清潤；在繪畫技法上，則以臨古為主，承襲古人的筆墨布局，延伸了乾筆渴墨層層渲染技法的藝術表現力。由於墨守前人的清規戒律，致使其作品充滿「士氣」與「書卷氣」，缺乏源自生活的自然情趣。在審美情趣上，處處充斥「工筆美」而乏「真實美」的靈秀風韻。在畫派的構成上，又分兩代，前代為王時敏、王鑑、吳歷、惲格，他們身為前明遺民，卻無遺民意識，作品中更無遺民精神的表現。後代為王原祁、王翬，前者為王時敏之孫，後者為王鑑的得意門生。他們供事朝廷，時沐皇恩，一味摹古守法、不出己意、溫潤和柔的藝術風尚，深受統治者的賞識，並確立了其正統地位。故其藝術風靡大江南北，朝野上下，代表了清初繪畫藝術的主流。

王時敏《仿王維江山雪霽》

在正統畫派中，「四王」尤以擅畫山水畫為長。他們又可分為二支系：一是太倉王時敏（1592-1680 年）、王原祁（1642-1715 年）祖孫，以黃公望技法為師，藝術風格上以細膩精緻見長，其繪畫獲得了熟而不甜、生而不澀、淡而且厚、實而且清的藝術效果，世稱「婁東派」；一是太倉王鑑（1598-1677年）、常熟王翬（1632-1720 年）師徒，他們並不專仿某家某派，而是兼容並蓄，

雖刻意學古，但能將臨古與寫景結合，致使繪畫中有某些生活與實景的感受，世稱「虞山派」。

「四王」與山水畫藝術「四王」畫派當以王時敏為首。王時敏在明代曾官至太常寺卿，入清後退隱不仕，作畫著文並授徒。在藝術主張上，堅持恢復古法，以正本清源。在藝術實踐上，刻意摹古，以豐富自身技法與題材，且專以黃公望技法為師。早年時，繪畫作品風格上規矩嚴謹，筆觸交織密集，墨色渲染上乾濕融洽，設色上則雅淡相混，從而其畫面呈現出一派秀嫩且蒼潤的藝術情致。中年時所繪《雲壑煙灘軸》，在技法上則有調整，減少了人為雕琢的痕跡，由於乾濕筆的互用效果，使畫面既有秀潤的韻致，亦呈雅拙的情調。至晚年時，他在技法上，用筆更乾更松秀，且披麻皴上增加苔點，畫山體多以小塊圓石堆砌排列組成，使構圖平穩寧靜。在藝術風格上，暮年雖仍以黃氏為主，但兼采眾家，加以融匯吸收。他的《落木寒泉圖軸》（72 歲時作品）、《仙山樓閣圖軸》（75 歲時作品），運筆空靈，且皴擦點染諸技兼施，致使畫面上喬木鬱鬱蔥蔥，峰巒重疊起伏，收到了渾厚華滋的藝術效果。王時敏的繪畫作品雖刻意臨摹而缺乏新意，但在古人繪畫技法的規範化、嚴謹化、程式化上，亦有一定的藝術成就。

「婁東派」的另一代表人物為王原祁，他是王時敏之孫，在清代曾官至戶部右侍郎，且供奉內廷，深得康熙帝賞識，常出入南書房，鑑定古書畫。王原祁早年的山水畫，多因襲古人法度，毫無己意。中年畫風漸為獨立，技法上兼用乾濕運筆，且層層皴染。畫面布局，則以山體的運動趨向、虛實、平衡的調度，來滿足和體現山水的「龍脈」，故缺乏縱深感與真實感，而僅為自我心象的表現。其技法、藝術風格則趨於程式化，而乏創意。中年所作《仿大痴富春山居圖》、《仿王蒙山水軸》，先用濕筆，後用乾筆皴擦，層層積染，更以局部烘染以求畫面統一，致使在確定山石陰陽向背和體量感上，收到奇特的藝術功效。晚年時，將宋元大家筆法摻融己技，繪《仿大痴山水軸》，技法趨簡而穩重，畫面風格秀潤中蘊涵渾厚。而繪畫《仿梅道人雲山圖軸》（前畫為 70 歲時作，此畫為 72 歲時作），則技法更漸隨意與簡率。但王原祁作品的視覺效果給人以雷同感，尤乏真山真水之趣與生活的韻味。

「虞山派」的代表人物王鑑，為明末文人王世貞的孫子，曾在明代官至廉州太守，入清後隱居不仕，寄情於繪畫。早年山水畫作品，多為仿古之作，毫無新意。以後雖以臨古為本，但融諸家技藝以為己用，漸成個人畫風。繪畫《仿古山水屏》、《仿古山水冊》，雖技師宋元諸大家，細密簡疏相間，松秀蒼老相成，亦有己意。在技法上，王鑑以青綠設色山水見長，作品《松溪漁父圖》，在仿趙孟頫的基礎上，設色明朗淨潔，雖豔麗而秀潤，故有自具的藝術風貌。中年所繪《夢境圖》，由於墨氣濕潤得當，故畫面呈蒼莽氣象，至於水的畫法上，更有高過古人技法的地方。晚年作品，在山水的設色上，色、墨相融，淺絳、青綠相間，致使其畫面雖穠麗而有溫雅之態。其《長松仙館圖》，所繪山水筆墨，多以渲染烘托為主。

王翬是「虞山派」的另一代表人物，亦是「四王」中成就突出、技法較為全面的畫家。康熙三十年（1691 年）時，他曾應詔主繪《南巡圖》，深得康熙賞識，故聲名日隆，晚年曾被譽為「畫聖」。王翬的繪畫作品甚豐，早年作品《仿荊浩山水圖》，技法稚嫩，為仿古習作。中年以後，雖刻意臨古，但能博採眾家，冶其技為一爐，以為己用。作品《岩棲高士圖》（41 歲時作），技法上墨色濃淡相間，山石皴法多為披麻、斧劈、折帶兼用，而非定型刻板。繪畫《仿王蒙秋山草堂圖軸》，技法精謹嚴整中亦淨潔明朗，亦見己意。可見他師古而不泥古，精妙且有生氣。繪畫《虞山十二景寫生冊》（53 歲時作），雖寫家鄉景致，仍用古人筆法，卻寓有天然雅趣。六十歲主繪的《康熙南巡圖卷》，畫卷長達半里，其場面之宏闊，內容、人物之繁雜，技法筆墨之多樣，實為繪畫中的鴻篇巨製。布局、結構、人物安排，紊而不亂，體現了王翬的藝術駕馭能力。他晚年作品多為應酬之作，且粗製濫造，而無任何新意。

「四王」正統畫派後繼者甚眾，「婁東派」的畫家主要有唐岱、董邦達、華鯤、黃鼎、方士庶、張宗蒼、錢維城、王昱等人。「虞山派」的主要畫家則有王疇、王玖、楊晉、李世倬、蔡遠、胡節、徐瑢、宋駿業、唐俊、顧昉等人。

吳、惲與花鳥畫藝術　吳、惲係指吳歷（1632-1718 年）、惲格（1633-1690 年）二位畫家，他們與「四王」並稱「清初六大家」，同屬正統派畫系，但在技

法上各有創新，在藝術成就上亦各有貢獻。

吳歷青壯時，未肯出仕做官，中年後皈依基督教，到澳門學道，晚年常往返於上海、嘉定間。其作品青壯時，遍臨宋元諸家，但不拘古法，且能融眾家技長，以出己之新意。中年後，隨著社會生活與思想的變遷，藝術風格上為之一變。作品布局取景較為真，且富於變化，不似「四王」千篇一律的畫風。技法上還汲取西法之長，致使山水有明暗立體的表現，而富有真實感。畫中山勢起伏連綿，且分明界定起訖有序，視覺上使人有遠近感。同時，他還擅長施用重墨、積墨，並採細微皴

王翬《江南早春圖軸》

法刻畫山體陰陽向背，使得畫面出現「氣韻沈鬱，魄力雄傑」的氣勢。但晚年作品生氣則乏，遠不及中年之佳作。

惲格字壽平，號南田，以擅長畫花鳥畫著稱於世。在技法上，惲格在吸取宋元明諸家之長的同時，重視對物寫生，力求形神兼備；在色彩運用上，多用柔美的色調、輕捷的筆法，對花鳥進行細膩的描繪，整個畫面呈現出雅致清新的氣韻。晚年時，其作品藝術風格更加放逸清蒼。對此，《國朝畫徵錄》一書曾對惲格的繪畫藝術進行評價說：「斟酌古今，以北宋徐崇嗣為歸，一洗時習，獨開生面，為寫生正派。」其代表畫作《雙清圖》、《春花圖》、《落花游魚圖》、《錦石

秋花圖》等，描繪花鳥魚蟲，生機盎然，妙趣橫生。

吳、惲的花鳥畫繪畫藝術，其後繼者甚眾，影響歷久不衰，著名的畫家則有馬元馭、張子畏、范廷鎮、唐芙、繆椿等代表人物。

第二，刻意創新的野逸畫派及藝術貢獻。

王鑑《煙浮遠岫圖軸》

在清初的畫壇上，與正統派對峙的，則是在藝術上刻意創新的野逸派畫家。他們以髡殘（1612-1673年，俗姓劉，號石谿，電住道人，湖南醴陵人）、弘仁（1610-1663年，俗姓江，為僧後號漸江，安徽歙縣人）、八大（1626-1705年，姓朱，名耷，俗名統鋻，號雪個，江西南昌人）、石濤（1641-1707年，法名原濟，號苦瓜和尚、大滌子，原名朱若極，廣西全州人）四個和尚畫家為代表，包括「四僧」、金陵八家等一大批遺民畫家。

「野逸派」畫家從身世到藝術風格、藝術實踐均有其獨特之處：他們多以亡明的遺民自居，入清後隱居不仕。他們均有強烈的遺民意識，通過佛門避世且通過繪畫藝術活動，尋求內心的慰藉。他們在繪畫作品中，或抒發亡國之恨，寄情人世之蒼涼；或移情畫中山水，以洩筆底波瀾；或畫筆如天馬行空，以寓對命運的搏擊，從而有著鮮明

的藝術個性、藝術特色。他們在繪畫藝術實踐中，勇於突破形式主義的空殼與某些程式化束縛，追求源於生活、源於自然的內心真情實感的藝術再現。故其作品有著旺盛的藝術生命力，在視覺上則有著強烈的藝術感染力。

四僧的繪畫與藝術風格　就藝術風格而論，四僧的繪畫亦各有特色。髡殘、弘仁二人精於山水畫，而八大、石濤則擅長於花卉、蟲鳥畫。其中，髡殘在繪製山水畫時，多從自身對大自然的體驗與感受出發，其山多有深邃雄闊的氣勢。在技法上，則善用渴筆與禿筆，層層皴擦，致使山色厚重而不板；著色上則多用赭石著色，雖施墨較重卻少用墨水渲染，在山石輪廓線上喜用焦墨勾提，並以濃墨點苔，使畫中山川更顯深厚凝重。其代表作有《層岩疊壑圖》、《報恩寺圖》等。如果說，在繪畫藝術風格上，髡殘以「草木華滋」、「緬邈幽深」而著稱的話，那麼，多以故鄉黃山寫實寫意為題材的弘仁的繪畫，則以「蕭散冷寂」的藝術風韻而傳世。弘仁曾繪製《黃山真景冊》五十幅，幅幅各異，寫山寫水繪松繪人皆傳神會意，富有生氣與朝氣。在技法

吳歷《湖天春色圖軸》

上，他繪山石多使用線條空勾，很少設墨，也不作皴擦，致使筆力剛健如截鐵，以此縱橫交錯勾繪出黃山的內在雄魄氣勢與外貌山勢特徵。《黃山松石圖》一畫中，所繪松樹與山岩，奇而有韻，古中見蒼，藝術地再現了黃山兀立蒼穹的獨特

氣勢，蘊涵著作者獨具的藝術個性與藝術語匯。弘仁的畫風、藝品，當時影響頗為深遠，清人周亮工在《讀畫錄》中曾稱道其時「江南人以有無定雅俗，如昔人之重雲林然」。以弘仁為首的「新安畫派」從者甚眾，後繼者亦多。

朱耷《牡丹竹石圖》

八大（朱耷）的繪畫，以花鳥畫成就最高。他承陳淳、徐渭之長，發展了潑墨寫意的畫法，其繪畫藝術作品往往借物抒發憤世嫉俗之情和國破家亡之痛，且將象徵、寓意、誇張等手法並用。筆墨洗練雄肆，構圖空靈，景象奇險，風格冷雋奇特。在技法上，常將物象人格化，以示自己孤傲不屈的個性品格，故花鳥形象多為藝術誇張變形，畫面藝術風格，以取勢為主，大開大合，虛實相生，筆下縱橫，不拘成法，自成一格。代表作《河上花》、《荷石水禽圖軸》、《花鳥圖冊》、《安晚帖》等，充分展現了精妙奇絕的繪畫技藝。對清中期揚州八怪和後世大寫意花鳥畫影響重大。石濤以山水畫居多，亦擅長畫花鳥。其作品卓然而立，構圖新穎；筆墨豐富多變，風格雄渾蒼潤，是清初最具創造力的畫家。他師承黃公望、王蒙，但更法自然，寫重山復水密而不塞，從自身的漫游中，得其靈性，非宗一派一家。代表畫作《潑墨山水卷》、《餘杭看山圖》、《搜盡奇峰打草稿》、《山水清音》、《巢湖圖》、《柳岸清秋》、《巨壑丹岩畫》，均藝術風格奇絕。石濤的花鳥畫成就也頗大，所

繪花果竹蘭、鳥禽，用筆豪放，著色用墨淋漓酣暢，圖中墨竹，形象生動自然，清幽勁拔而富於變化。

金陵八家繪畫與技藝特色　金陵八家係指清初在南京（金陵）的龔賢、樊圻、吳宏、葉欣、高岑、鄒喆、胡慥、謝蓀八位遺民畫家及其傳人。這批畫家在藝術風格上，既有其共性，更有其獨具個性。他們隱跡山林，潔身自好，師法自然，以金陵一帶的風光為題材，揭山川之美，抒個人胸臆之情愫。他們廣學前人，力求突破成規，風格雖不盡相同，但卻都有新意。龔賢（1618-1689 年）作畫追求藝術個性的表現，所繪丘壑岩石，既「安」且「奇」，氣勢雄渾。在技法上，獨創「積墨法」，使著墨獨具特色。又常用黑白對比，以繪岩石上的強光與陰影。代表作《木葉丹黃圖軸》，構圖變化有致，不著暈染卻粗放疏淡，畫品格調非同凡響。樊圻（1616-？年）以畫山水、花卉、人物著稱，他師百家之技，卻融為一己之長，技法上用筆細膩，著色淡彩烘染有韻致，使畫面意境清逸高妙。代表作《花蝶圖卷》，運筆工細，花蝶清幽雅致。高岑擅畫山水、花卉，且能「寫意入神」。代表作《仿宋人秋山萬木圖》、《仿元人秋溪策杖圖》、《山居圖軸》、《山水卷》，山水氣勢高峻秀麗，運筆工細纖秀。所畫水墨花卉尤為世人稱道，據《江寧志》載，當時人稱其為「清逸雅秀，有超然出塵之致」。鄒喆，以畫花卉山水著稱，著色上墨色蒼秀，技法上筆力工穩中蘊涵粗放，畫面構圖更以凝重蒼勁為勝。代表作有《松林僧話》、《山水軸》等。吳宏（1616-？年）擅畫墨竹、山水、人物。他的藝術風格最為奔放，筆底縱橫，氣勢豪邁。據《江寧志》稱，他「於縱橫放逸中，見步伍嚴正之法」。代表作《江山行旅圖卷》，《秋山草堂圖軸》，畫面意境深遠而富有生活氣息。所畫墨竹，粗枝大葉，不拘古法成規，自成一格，尤為當世所稱道。葉欣對山水畫最工，布局尤為奇特而有實景韻致，技法上以運筆著色細秀而工整著稱。胡慥的花卉、山水畫著稱一時，所畫菊花，尤有韻味，《桐陰論畫》一書稱其為「老筆紛披，思致瀟灑淡岩，有高超勁逸之趣」。山水畫《仙居觀梅圖》，雄渾而俊雅；花鳥畫《梅竹白頭扇面》則著色淡雅秀麗，用筆工整嚴謹。謝蓀則以畫花卉、山水見長。作品有《青綠山水軸》、《策馬探勝扇面》、《荷花冊頁》，所繪山水，意境奇峭有韻致；而花卉則莖葉工整細膩，富有生機。

第三，地方畫家及其流派。

清初，在江南的安徽、江西、江浙等地區，湧現出一大批畫家，並形成諸多流派。

新安畫派　該派由弘仁為首的一大批安徽新安地區亡明遺民畫家組成，著稱者有汪之瑞、孫逸、查士標、鄭旼、祝昌、汪注、姚宋等人。他們師法黃山等自然，藝術風格上，刻意追求淡寂與寧靜的意境；在技法上，則多用焦墨渴筆，運筆亦老到疏放。

姑孰畫派　此派指安徽蕪湖的一批畫家，以蕭雲從為首，其中有蕭雲倩子姪、方兆曾、孫據德、黃鉞等。蕭雲從的山水畫，據《國朝畫徵錄》稱，在藝術技巧與風格上「不專宗法，自成一家，筆亦清快可喜」。其時，正統派畫家畫山水多用曲線柔條潤墨，而蕭雲從的畫，山石呈幾何體積，甚重骨體，筆法枯瘦方折，著色則用淡墨渲染山體，視覺上收到了獨具一格的藝術效果。

宣城畫派　安徽宣城畫派，以梅清（1623-1697 年）為首，其兄弟、子姪、孫輩中畫家亦眾。梅清擅長畫松石、山水，技法上提倡創用己法，運筆用墨淋漓酣暢，在畫黃山時，構圖險峻奇特，整個畫面充溢著偉壯氣勢。

江西畫派　在江西畫派中，以羅牧的藝術成就最為出色。其畫作以意境空靈，墨氣瀚然，著色運筆別具一格而取勝。《國朝畫徵錄》稱其畫作「江淮間亦有祖之者，世上所稱江西派是也」，足見時人之推崇。

武林畫派　此為江浙地區傳統院畫風格的畫派，皆由藍瑛族人畫家組成。武林畫派藝術活動多在杭州地區，故又被呼為「浙派殿軍」。作品藝術風格「士氣」頗重，技法上多用傳統的由近而遠構圖法、細而密的折皺法，但著色上較為明快，故畫面較為清爽雅致。

袁氏畫派　此畫派盛行於揚州地區，以袁江為首，派中亦有袁耀、袁雪、袁瑛等畫家。他們以擅長畫樓臺亭閣與界畫而著稱，技法上運筆用墨細膩工整，著色清麗雅致，所繪景物曲折而有韻味，承襲了古代院畫的表現手法。

（二）清中期的繪畫形式與畫派

清中期係指康熙、雍正、乾隆三朝時期，在此期間，在繪畫形式與畫派方面，則是繼清初畫壇正（統）、野（逸）之分而來的，為宮廷畫院畫派與揚州八怪畫派的南北峙立。

第一，宮廷畫院畫派及其作品。

清代宮廷中正式設立畫院，始自雍正年間。清廷在養心殿造辦處下設「繪畫處」，用以管理御用畫家。郎士寧、丁觀鵬、陳枚、金昆、賈全、唐岱等供職該處。乾隆初年又設「如意館」、「畫院處」兩個機構。「如意館」在圓明園內，以繪畫為主兼顧製作手工藝品，畫家唐岱、沈源、盧湛、冷枚、金昆、陳枚，及西洋傳教士畫家郎士寧、王致誠、艾啟蒙等供職此館。至於乾隆元年（1736 年）開設的「畫院處」是依皇帝旨意組織藝術創作的職能機構，由員外郎陳枚負其責，供職畫家有陳枚、沈喻、張為邦、丁觀鵬等人。畫院中的人又分為畫畫人、畫樣人、畫工、畫匠等，畫畫人為畫家，分為一、二、三等，待遇有差，他們又稱「畫院供奉」、「畫院供奉候選」，受皇帝雇傭，一般無官秩。

宮廷中畫院供職的畫家，所繪製的「院畫」，題材多樣，據嘉慶時胡敬所作《國朝院畫錄·序》中稱，院畫可分為御容、肖像、筵宴、馬伎、臨雍、冰嬉、萬壽、南巡、秋獮、狩獵、大閱、文翰、鑑賞、行樂、園林、水法、人物、佛道、風俗、山水、界畫、舟車、犬馬、鳥獸、龍、魚、花卉、草蟲等題材，畫作有的用卷、軸、冊等通行的裝潢；有的則用作橫披、斗方、聯屏等「貼落」，即室內裝飾。這些題材中，反映帝王生活，如萬壽、巡幸、木蘭、筵宴、行樂圖等作品；帝王、帝后、功臣、少數民族代表的肖像圖；典祀、職貢、耕織、農具、陶冶、方域、產業、操典等寫生作品；表現重大政治事件，如征戰、平叛等畫作；描繪宮苑風光，如圓明園全景、避暑山莊的作品等，均具一定的歷史價值與藝術價值。

值得注意的是，供奉宮中畫院的一批西洋傳教士畫家，帶來了西洋畫的明暗、透視法，創造了新畫風，培養了不少弟子。其中最著名的有郎士寧（1688-

1766 年）（意大利人，代表作有《嵩獻鷹芝圖》、《馬術圖》）、王致誠（1702-1768 年）（法國人，作品有《十駿圖冊》、《萬樹園賜宴圖軸》）、艾啟蒙（1708-1780 年）（波希米亞人，作品有《八駿圖》）、賀清泰（1735-1814 年）（法國人，作品有《賁鹿圖軸》）、安德義（？-1781 年）（意大利人，作品有《乾隆平定准部回部戰圖》）、潘廷章（意大利人，作品有《廓爾喀貢馬象圖卷》）等人。受其影響，畫家焦秉貞、冷枚的作品中便將中西畫技結合，其作品《仕女圖冊》、《十宮詞意冊》、《仕女梳裝圖軸》、《避暑山莊圖軸》等，均採明暗對比、透視法，使所繪人物、景物、花卉，均有立體感。其後畫家丁觀鵬、張為邦、王幼學曾藝從郎士寧為師，所繪《宮妃話籠圖軸》，則以中法為主，兼用西法，使畫中景物、器用、陳設，色彩對比強烈，立體感強，整個畫面則氣息清新，雅致諧美。

第二，揚州八怪畫派及其創作。

清中期「揚州八怪」畫派，係指以金農（1687-1764 年）、黃慎（1687-？年）、鄭燮（1693-1765 年）、李鱓（1686-1762 年）、李方膺（1695-1754 年）、高翔（1688-1752 年）、汪士慎（1686-1759 年）、羅聘（1733-1799 年）八位畫家為首的一批畫家，其中尚有華嵒、高鳳翰、邊壽民、閔貞、李勉、楊法等人。在藝術風格與藝術創作中，他們步石濤、朱耷的足跡，創造了個性鮮明、風格怪異的藝術，在畫壇上獨樹一幟。他們有類似的經歷和遭遇，其性格、行為較獨特、怪異、狂放、高傲、孤僻，寄情於畫形成了「怪」的藝術。他們的畫作多在題材

鄭燮《歲寒四友圖卷》

方面取梅、蘭、竹、菊等，且以寓意手法比擬清高的人品、孤傲的性格、野逸的志趣，從而使作品具有較強的思想性。

「揚州八怪」畫派，在繪畫藝術創作實踐活動中，有如下特點：其一，師承「野逸派」，但在藝術上更力求創新，刻意追求藝術個性的體現、藝術風格的形成。重於在畫作的藝術「語匯」的使用與表述上，更自成一格。如金農畫梅，以淡墨為乾，濃墨寫枝，畫風蒼勁古樸；鄭燮寫竹，挺拔透逸，尤以墨竹取勝；黃慎畫中乞兒、纖夫、貧婦、漁夫，取自民間，花鳥畫更有大寫意之風；李鱓繪製花卉，豪放潑辣；李方膺取捨大膽，不專形似，所作梅花瘦勁硬挺，用筆豪放，以抒其志未酬的「孤傲之情」；汪士慎作畫，揮毫潑墨，所畫梅花蘭竹，或枝繁蕊密，師法自然，或清氣溢人，雅韻欲流；羅聘畫鬼魅以傳神，諷喻時政；高翔畫山水，運筆簡練，畫格清寂空靈，獨繪山水之神韻；華嵒畫中山水、花鳥、人物，立於形似而有誇張，清新中蘊涵逸格；閔貞筆下所繪人物，白描生動，呼之欲出；邊壽民擅畫蘆雁，羽美體豐，栩栩如生。其二，創作視野廣闊，題材選取多樣。他們既描繪自然物色風光，更關注社會人情冷暖；常在萬千氣象中，尋繪自然精氣神韻，亦在尋常人物庶民中，覓畫社會真善美情。故其選材，以「奇」、「特」、「怪」、「新」著稱。在畫人物上，著眼於社會最底層，有乞兒、娼妓；而非才子佳人。在畫社會、自然景物上，只畫茅舍土屋、野草閒花；而非高樓亭閣、猛禽巨獸。在畫鬼神世界上，只畫鬼魅；而非神仙。在畫騎乘上，只畫瘦馬；而非良駒馬匹，便充分地證實了此點。其三，在繪畫理論與創作技法上，亦有新創與突破。在理論上，強調藝術家自身的創作靈感的重要性，而非單純直寫、直畫、直繪自然與社會。如他們畫竹，便將「眼中之竹」、「手中之竹」、「胸中之竹」三者結合，經過藝術加工、提煉、昇華，最終使「畫中之竹」成為藝術品。在技法上，更將畫、印、詩、書有機結合，在畫面上巧為布局，成為不可或缺的藝術構件之一，進而成為有機和諧的藝術整體。其四，「揚州八怪」畫派的畫家，長期生活在現實社會生活之中，接觸最多的為中下層民眾。通過繪畫作品，畫家既可抒自身的喜怒哀樂，又可一定程度地反映現實社會的興衰得失。這就使藝術對現實社會生活的參與度、關注度、導向度大為提高，同時，亦可增強藝術家的社會責任感。

（三）清前期的民間繪畫藝術

清代前期，民間的畫家、工匠、藝人，創作了大量的民眾喜聞樂見的繪畫藝術作品，其中主要包括寺廟、宮廷壁畫與民間的版畫、年畫等。

第一，衰變中的寺廟、宮廷壁畫藝術。

清代前期，民間畫家、工匠、藝人繪製的寺廟、宮廷壁畫，從總的發展趨向看，較之前代而言，是處於衰變之中。衰退的原因在於：一是清代人們的審美情趣已發生變化，對卷軸式繪畫作品的欣賞度遠高於壁畫，並將它裱飾後作為室內裝飾品，以美化居室。二是大規模寺廟、宮殿建築，已因財力的限制，遠不及前，致使壁畫製作的空間大為縮小。三是民間畫家、工匠、藝人的壁畫繪製技巧，因長期沉湎於舊傳統，有僵化趨勢，加之傳繼群體隊伍的萎縮，亦有衰退之勢。

但是，清前期寺廟、宮廷壁畫走向衰退的同時，亦是新的變革的開始。市民階層的興起，各種新的社會生活、社會經濟新因素的刺激，新的社會需求的出現與增長，國內各民族藝術與中西藝術的交融，均是這種變革的巨大推動力，更為這種變革提供了廣闊的市場和發展空間。這種變革又具體表現在如下方面：第一，寺廟壁畫的民俗性、世俗化增加，使原有的宗教化內容為之一變。如在清初由民間工匠繪製的蘭州金天觀的壁畫，處於東西兩廊，內容則是老子的故事傳奇，人物多達千人以上，栩栩如生；情節曲折感人，蘊涵頗多世俗色彩的內容。而山西定襄縣關帝廟中的壁畫，則取材於民間廣為流傳與喜聞樂見的《三國演義》的故事，由工匠梁廷玉等八十二人繪製完成。其中人物的繪製，反映了民間的審美情趣和意向。第二，宮廷壁畫在內容與繪製技法上，亦有重大變革。內容上，增添了民間流行的小說的情節內容，一定程度上，是現實社會生活的「寫實」、「寫景」、「寫照」。如長春宮回廊上的壁畫，取自《紅樓夢》的故事和人物，頗富生活氣息。在壁畫繪製技法上，亦有中西繪畫技藝交融的痕跡，長壽宮回廊的壁畫，便採用焦點透視的空間處理辦法，且人物繪製施用油彩，增加立體感等便是如此。第三，在民族地區的宮殿壁畫中，亦有民族藝術交流的碩果。如

清代拉薩布達拉宮靈塔殿東的集會大殿內，由民間畫家、工匠、藝人繪製有《五世達賴見順治圖》，形象地再現了五世達賴喇嘛率領三千人的龐大使團朝見清順治皇帝的歷史性場面。具有重大的歷史價值、政治價值、藝術價值，以及審美價值。在繪製的技法上，採用連環畫形式，將眾多人物和情節有機地連貫起來；同時，還融進了藏漢的壁畫繪製技藝，且有創新和突破。第四，在民間的壁畫中，多繪製在清代的會館、戲臺、宗祠中，這些壁畫取材於民間傳說、民間故事、民間戲曲的內容，題材多樣，人物眾多，情節曲折動人，加之繪製時以精工彩繪著色，故深受百姓的喜愛和歡迎。第五，清代民間與壁畫相近的藝術形式為江浙與閩贛地區流行的「門神畫」，這些門神畫多為民間諸神中的保護神，有祈福佑民的功效。在門神畫上，線條清晰可見，油彩則耀眼奪目，充滿生活的氣息與情致。

第二，版畫藝術的發展與興盛。

清前期的民間版畫藝術，較之明代進一步獲得發展與興盛，同時，亦出現了一些新的時代藝術特點：一是出現了一大批戲曲與小說的精美版畫插圖藝術品，如在清初順治年間鐫刻的《繪像三國志》、康熙年間坊刻的《揚州夢》、乾隆年間民間鐫刻的《紅樓夢》中的插圖版畫，無論是在題材內容的擇取上，抑或在版畫鐫刻與印製技藝諸方面，均較之前代有所提高與創新。二是版畫的傳統流派，在清代更獲發展，其版刻技藝提高到一個新的高度。如版畫的傳統流派「徽派」，便在清初湧現出一批著名的畫家、工匠、藝人，並製作出一批高水平技藝的版畫傳世之作。其中，順治年間，由徽派工匠、藝人旌德、湯義、劉榮、湯尚所鐫刻的畫家蕭雲從畫作《太平山水圖》共四十三幅，在藝術風格上具有風景與山水版畫的特性，鐫刻技藝上，刀法細微，複雜多變，且運用調度十分得體，大有減一刀則損、增一刀則繁之勢。此版畫被日本人譽為《太平山水畫帖》，廣為世人臨摹，故傳至日本後對日本的繪畫與版畫藝術的發展，影響甚巨。三是專業畫家與民間版畫工匠、藝人的有機結合，既推動了清代版畫藝術的發展，更為版畫藝術在民間社會的廣泛傳播，提供了新的活力。清前期，諸多專業畫家的著名畫作，均被製作成版畫在社會上廣為流傳，並深受民人的喜愛。如蕭雲從的作品《離騷圖》被製成版畫，其中《天問》、《九歌》等幅，形象逼真，鐫刻細膩，是

在原作基礎上進行藝術新加工、新創造的成果。又如，畫家劉源的《凌煙閣功臣圖》、乾隆時畫家上官周的《晚笑堂畫傳》等作品，被製作成版畫後，人物、景物線條更加清晰，形象更為傳神，畫面更富有活力。此外，尤值一提的是，康熙十八年（1679 年），由南京（金陵）畫家王概兄弟製作的版畫《芥子園畫傳》初集的出版問世，更是版畫藝術界的一件大事。此畫傳是王氏兄弟據明人李流芳的稿本增輯後製版的，在鐫刻技藝上，則使用了「餖版」的工藝（餖版為木版水印的習稱，它是明清時期在安徽民間廣為流行的一種在套版基礎上發展為多色迭印的美術作品印製方法。其製作工藝流程是，先根據版畫稿設色的深淺濃淡、陰陽向背的不同，進行分色，刻成多塊印版，然後依色調套印或者迭印，因其刻版堆砌拼湊，有如餖飣，故稱之為餖版），從而使畫面的線條、著色、比例，更為清晰、精美、準確，是版畫藝術品中難得的佳作。畫傳初集，加之後來相繼出版問世的二集、三集、四集，民間廣為流傳的同時，民人將它作為初學者的入門教材、範本使用。四是清代民間版畫藝術在發展變革的同時，也傳入宮廷之中，與宮廷藝術相結合，形成「殿版」畫藝術，其特點是鐫刻工藝精美，著色豔麗華貴，必求工、求精、求美、求貴（華飾）；在題材內容上，則多為統治者頌德樹碑、粉飾太平、謳歌盛世之作，亦有形象地再現重大歷史事件場面的版畫創作；在製作技藝上，則融進了中西版畫製作工藝交流的成果，且獲得了一些新突破。其中，代表清前期「殿版」畫藝術水平的作品有：康熙三十五年（1696 年），北京工匠藝人朱圭鐫刻畫家焦秉貞的畫作《耕織圖》版畫作品；康熙五十六年（1717 年）冷枚刊印的《萬壽盛典圖》，乾隆年間刊刻的《南巡盛典圖》等版畫作品，它們具有場面盛大、刻工精細、線條清晰、幅數甚多、調色華美等特點。此外，乾隆時期，乾隆帝為己「十大武功」的業績樹豐碑，命宮廷畫家專門製作平准噶爾、平定回部、大小金川戰役、統一臺灣、服安南、降廓爾喀等戰役的宏大戰功圖，且自題御詩其上，它們多由西洋畫家參與繪製，後由法國版畫工匠製作成銅版鐫刻印刊，每圖高二尺許，闊達三十尺。刻版技藝中，採用明暗立體與遠近透視之法，加之線條清晰、明快、精緻，使版畫圖面更為清新動人，為作品增輝增色不少。

第三，木版年畫藝術的興旺與成就。

清代前期，在民間廣為流行的木版年畫藝術，具有濃厚的鄉土氣息，且為民眾喜聞樂見。這些木版年畫，多為年節民俗、驅邪祈福、喜慶吉祥、消災避禍等思想內容，充分體現了庶民百姓的審美情趣和特定的審美心理。為此，清前期，全國各地相繼出現了一批木版年畫的刻印、銷售中心，其中最著稱者有：天津的楊柳青，蘇州的桃花塢，河南的朱仙鎮，河北的武強，山東的濰縣，陝西的鳳翔，四川的綿竹，湖南的邵陽，福建的漳州與泉州，廣東的佛山，臺灣等地。在這些地方，聚集了一大批掌握了傳統版畫技藝的民間畫師、技工、工匠、藝人，他們繪製和刻印了大量各具特色、風格各異的木版年畫，滿足了社會與民眾的廣泛需求，從而使得木版年畫藝術出現了興旺的局面，且取得了相應的成就。

楊柳青年畫《打金枝》

在題材的選取上，清前期木版年畫可分為以下幾類：其一，民間吉祥風俗年畫。其二，小說戲曲及民間傳說年畫，反映了民眾的愛憎、道德觀念和生活態度。其三，仕女、仙女、美女及孩童等美好的人物形象年畫。其四，時事新聞、大事內容的年畫，表現出人民對國家命運前途和政治生活的關注。其五，風景花卉類年畫，往往有吉祥的寓意，如松鶴長壽，玉堂富貴（含玉蘭、海棠、牡丹），四季平安（四季花）等。其六，民間寓言及諷喻故事類年畫。其七，門神及神碼類年畫。

若就清前期木版年畫的藝術風格而論，它們與文人畫不同，清木版年畫反映

了民眾的感情嚮往、追求與信念。它們以表現人物為主，造型生動、俊美、活潑，注重面部的刻畫，常常寥寥數筆便眉目傳神，還十分重視情節的引人入勝。在構圖上，則講求飽滿勻稱，主次分明，常於對稱穩定中求變化。同時，常用數張一套的連環畫形式、四扇屏形式，來表現連續的情節與故事內容。在年畫的技藝上，有的突破透視法則，章法分層排列，用色超出了生活的真實，追求強烈的鮮豔的效果。這些木版年畫，繪製者還根據民間裝飾環境用途的各異，創造了中堂、四扇屏、門畫、窗畫、燈畫、炕圍畫、對聯畫等形式和品類。這些木版年畫，在藝術格調上，則對於生活持積極樂觀的態度，而無文人類版畫中所流露出的某些消極避世的情調和悲觀情緒。

二、繪畫名著的編纂

　　清代前期，在繪畫名著的編纂方面，亦十分興盛，多達三百五十餘種之多。這些著述在編纂的體例與內容上，亦富有特色。就總體而言，繪畫名著的編纂，又可分為繪畫理論著述、繪畫技藝著述、繪畫資料著述三大門類。

（一）繪畫理論著述的編纂

　　清前期，清人對繪畫理論著述的編纂十分重視，留下了一些有學術價值的成果。

　　由於畫家流派的產生與分野，加之不同的藝術實踐活動，導致了清代前期不同畫派在繪畫理論上的各異見解。其中，一些著述在繪畫理論上，多沿襲明人董其昌「畫分南北宗」的舊說，無多大新見解。如沈宗騫的《芥舟學畫編》、唐岱的《繪事發微》、王原祁的《雨窗漫筆》等著述即是如此。然而，一些非正統派的畫家，他們源於長期的藝術實踐活動所獲取的真知灼見，再經過理性思維的加工後，不僅形成了一些頗有價值、頗具個性特色的藝術見解；而且，還導致了新的繪畫理論體系的形成和相關著述的編纂。這些著述中，當首推石濤的《畫語

錄》一書。

《畫語錄》共分十八章。書中，作者不僅對古代的繪畫理論提出自己的評說，而且還提出了獨具特色的理論創見。首先，石濤認為，繪畫理論應隨時代變遷而變，應有新的理論內容與特色，不可過於拘古。即繪畫筆墨與創作理論「當隨時代」，「達則變，明則化」。其次，對古代繪畫理論，畫家當以為鑑，但「借古」、「師古」，則是為「開今」，為形成自身的藝術風格與特色，即達「我之為我，自有我在」的境界。再次，在繪畫理論上，石濤強調畫家當師法自然，師從造化，勇於創造，特色獨具。書中的《山川章》指出，畫家當「搜盡奇峰打草稿也」，即是此意。「奇峰」在胸臆之中，既可創藝術的真實與美景，更可形成自我藝術理論的「草稿」。此處奇峰，意指高峻突兀，而非平淡無奇，意蘊深厚。最後，在繪畫理論的形成途徑上，石濤提出「尊受」說的可貴見解。在書中，他還闡釋了「受」與「識」的辯證關係，即畫家的感受源於自然、造化，是畫家的自身體驗；而認識既可加深感受，同時，感受亦可啟發與增強新的認識，即「山川與予神遇而跡化也」。在此，石濤實際上探討了畫家在進行藝術活動與實踐時，如何由感性認識上升到理性認識這一重大課題。畫家的「尊受」即尊重客觀的存在，尊重自身對客觀世界的體察感受，然後在此基礎上，再進行藝術加工與創造，而非主觀的臆斷、臆造。

此外，在清初頗具影響的《畫筌》一書，是作者笪重光對歷代畫理進行選裁後，用六千四百餘字的駢體文寫就的。書中，著者明確指出，畫家應擺脫脫離造化、脫離自然，只單純玩弄筆墨技巧的弊病，更不應單純摹古；繪畫藝術與理論，只有源於生活，源於社會，源於自然，源於造化，才能有所獨創。

（二）繪畫技藝著述的編纂

清代前期，有關繪畫技藝的著述編纂與出版甚多。其中有：龔賢的《畫訣》，王概的《學畫淺說》，蔣松的《寫竹雜記》，高秉的《指頭畫說》，蔣驥的《傳神秘要》，丁皋的《寫真秘訣》，鄒一桂的《小山畫譜》，王概、王著、王臬的《芥子園畫傳》等書，最為著稱。

康熙時，以擅長畫人物肖像畫著稱的丁皋著有《寫真秘訣》一書，書中正文（28 篇）、圖譜（49 幅）外，首有丁思銘《寫照提綱》一文，卷末有「退學軒問答」八則。此書為清代論述肖像畫繪製技藝的著作。

此外，龔賢的《畫訣》（57 則）一書，則專述山水畫的繪製技藝。鄒一桂的《小山畫譜》（上下卷），則述花卉畫的畫理、畫技，書中提出的八法（章法、筆法、墨法、設色法、點染法、烘暈法、樹石法、苔襯法）、四知（知天、知地、知人、知物），述前人所未述，頗有獨見。《芥子園畫傳》共分三集：初集為山水卷；二集為蘭竹梅菊四譜；三集為花鳥草蟲卷。內容上，則分畫法、歌訣、起手式等部分，述畫理、畫技、畫規，較為詳盡完備。

（三）繪畫資料著述的編纂

在繪畫資料著述的編纂方面，清代前期，頗有集大成之勢，具體又可分為叢輯、收藏名跡名錄匯集、畫家史傳三大門類。

1. **叢輯類資料匯編**　此類資料匯編，集名家書畫述論、著錄與畫家史傳為一書，在資料編纂體例、考訂上亦有特色。較為著稱的匯編有：康熙時，孫岳頌、王原祁、宋駿業、吳暻、王銓奉帝命編匯的《佩文齋書畫譜》，書中匯集歷代名家畫論、歷代繪畫鑑賞、歷代畫家傳略等資料。由卞永譽匯集前人有關考訂之書而成的《式古堂書畫匯考》（60 卷）一書；彭蘊璨按畫家姓氏為序、將畫史與小傳合一而匯編的《歷代畫史匯傳》（72 卷，附錄二卷）一書等。

2. **收藏名跡名錄類資料匯編**　該類資料書，因於清代公私收藏繪畫之風盛行而成。此類資料書甚豐，其中較具代表性的有：乾隆時，張照等人奉帝命著錄內府所藏歷朝書畫資料而匯編的《石渠寶笈》（44 卷）一書；由張照等人奉帝命匯編內府所藏釋典道經的書畫等資料而成的《秘殿珠林》（24 卷）一書；此外，奉帝命匯編的資料書，還有《石渠寶笈、秘殿珠林續編》（40 冊），嘉慶時的《秘殿珠林、石渠寶笈三編》（172 冊）等。私家有關匯編資料則有顧復的《平生壯觀》、繆日藻的《寓意編》、吳其貞的《書畫記》、吳升的《大觀錄》、安岐的《墨

緣匯觀》、高士奇的《江村消夏錄》、孫承澤的《庚子消夏記》等書。

3. 畫家史傳類資料匯編 此類資料書，多匯編歷代畫家傳記資料而成。其中，周亮工的《讀畫錄》（4 卷）一書，匯集明末清初七十七位畫家的生平、家世、畫藝源流、述評等資料。張庚的《國朝畫徵錄》（3 卷）一書，則匯集清初至乾隆時的一千一百五十位畫家生平、師承、藝術特長、畫技畫法、理論見解、著述目錄、有關述評等資料，較為翔實可靠，且編纂體例嚴整；資料考訂精詳，為一部有較高學術資料價值與使用價值的資料匯編性質的著述。[1]

第二節 ·

形式多樣
的書法和篆刻

書法藝術是中國的傳統藝術之一，亦是中華民族的國粹。它以漢字為表現媒介，並通過章法、結構、用筆來表現中國漢字的特殊藝術魅力。作為一種特殊的藝術，書法既有語言文字所具有的實用價值，也具有欣賞的藝術價值。書法藝術在用筆上講究藝術技巧，包括筆法、筆力、筆勢、筆意等。筆法是指用筆的方法，包括起筆、收筆、圓筆、方筆、中鋒、側鋒、露鋒、藏鋒等。筆力是指筆畫的內在力量，在用筆中表現的強弱力量和力度。筆勢指用筆時所形成的氣勢，筆

1　本節在撰寫過程中，曾參考《中華文明史》第 9 卷（清代前期）（河北教育出版社，1994），楊伯達：《清代院畫》（紫禁城出版社，1993）二書的部分內容，謹此致謝。

斷而意不斷，點畫形狀雖各不相同，但其勢則渾然一體。筆意是指筆畫線條所表現的感情、意趣。書法在結構上也十分講究。結構又稱結體或間架，結構處理得好，字形才美觀。書法的結構往往將文字的結構規律和審美情趣作合適的安排。其規律有虛實、欹側、勻稱、和諧、聚讓、呼應等。筆畫的長短、粗細、俯仰、伸縮，與偏旁構件的高低、寬窄、欹正，既要搭配得合乎字體常規，又要體現作者的審美理想和情趣。古代的書法藝術注重章法的安排。章法是指字與字、行與行之間的整體關係和布局。書法藝術除了要考慮疏密、均衡等關係外，還要上下顧盼、左右輝映、行行相互聯繫、氣脈連貫，使整個作品形成既和諧又有變化的整體。特別是草書和行書，常常增加筆畫的牽絲、引帶、彼此呼應，使整個作品有一種音樂般的韻律和節奏感。除用筆、結構、章法三要素外，中國古代的書法藝術還講究墨法。用墨的方法，有濃墨、淡墨、乾墨、渴墨、漲墨等。書法藝術的字體，古代主要有篆、隸、草、楷、行五種。一幅好的書法藝術作品，既給觀者以審美享受，又可借以引起無窮的意境和趣味。

清代前期的書法藝術，在發展中突破了宋元明以來「帖學」的樊籠，開創了碑學。特別是在篆書、隸書和北魏碑體方面的成就，可與唐代的楷書、宋代的行草、明代的草書等書法藝術的成就相媲美，從而形成了雄渾淵懿的書法藝術風格。尤其是清代前期的碑學書法藝術家，在書法藝術實踐活動中所獨具的借古開今的精神和表現藝術個性特色的書法藝術創作，更使書法藝術界活躍異常，且流派紛呈，出現了一派興盛景象。

在書法藝術家方面，清代早期的書法藝術家以王鐸、傅山為代表。王鐸的行草藝術，渾雄恣肆，一時獨步；傅山的書法藝術風格，則蕭然物外，自得天機。到了清代中期，書法藝術界碑學風氣漸開，致使碑學書法藝術家不斷湧現，較著稱的有金農、鄧石如、伊秉綬等人。其中，金農為揚州八怪之一，其書法藝術取法魏晉南北朝碑刻，創造所謂的漆書藝術，力追刀法的效果，強調金石味。鄧石如為清代學碑的書法藝術巨匠，其篆書藝術突破了秦以來李斯、李陽冰的玉筋篆筆法，進而開創了篆書藝術的新風格；其隸書藝術繼承漢分隸法，形成了遒麗綿密的新體；楷書藝術與行草書藝富有金石風格。伊秉綬則擅長隸書，以顏書筆法體勢作漢隸，故書法藝術風格魄力恢宏，有獨特的氣勢與風貌。

一、清初的書法藝術與流派

清初，有成就的書法藝術家，多來自明代遺民群體。這些藝術家在入清以後，均隱居不仕，移情翰墨，且在草書行書書法藝術上，取得不斐的成績。其中，著名的書法藝術家有傅山、王鐸、朱耷、石濤等人。

傅山（1607-1684 年）的書法藝術，曾先後師法晉唐楷書，趙孟頫、董其昌書體，唐顏真卿書法等，並形成自己的書法藝術風格。其書法藝術的作品有《丹楓閣記》、《草書孟浩然詩卷》、《行書七言詩軸》等。他的書法藝術，行書、草書自由飛動，筆鋒跌宕縱逸，且分隸筆力雄奇；在藝術風格上，書法藝術作品不僅氣度非凡，更在率真之中顯得生氣蓬勃。王鐸（1592-1652 年）入清後雖官至禮部尚書，但仍存濃厚的遺民思想與遺民意識。王鐸的書法藝術，諸體兼備，但

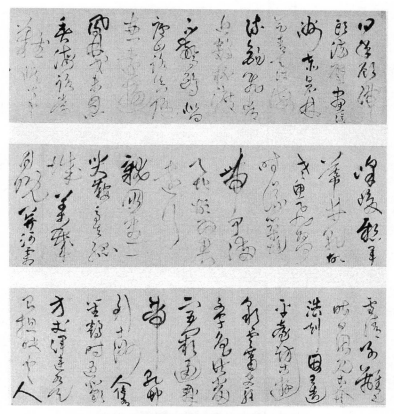

王鐸《草書杜甫詩卷》（局部三段）

行草書法藝術最為出色。他具有代表性的書法藝術作品有《草書學古帖卷》、《草書杜甫詩卷》等，其行草書法，運筆時摻有米芾的筆意，故筆力不僅以力取勝，且更顯著老勁健。在書法的結體、章法方面，頗為怪異奇特，既能求奇布險，又能恰到好處，從整體上形成跌宕起伏、和諧統一的氣勢。

此外，朱耷的書法藝術，以行書、草書成就最高。在運筆上，他不僅擅長用禿筆，且藏鋒有度；字體雖大小參差，卻能偏中求正。書法藝術的代表作品有《百字銘》、《草書軸》等。《畫徵錄》一書曾稱道朱耷說：「八大山人（朱耷）有仙才，隱於書畫，書法有晉唐風格。」石濤在書法藝術方面，擅長行楷書法藝術，在運筆、結體上，變化萬千。其八分書書法藝術，尤為時人稱譽。

二、碑學的興盛與清中期書法藝術

清代中期，書法藝術的發展中，一個重要特點，便是帖學的盛中有衰與碑學書法藝術的興盛，且均有一批書法藝術家。

帖學書法藝術的興起，與歷朝帝王的書法嗜好有關。順治帝喜歐陽詢書法，多仿歐體字法藝術；康熙帝先喜王羲之書法，後又喜董其昌字體；乾隆帝則對趙孟頫書法藝術情有獨鍾。上有所好，下必盛焉，臣下爭趨帝王書法藝術嗜好。以成一時之盛。至於開科殿試，金榜題名者，順治時皆仿歐體字；康熙時，則多臨董帖；乾隆朝，則多臨趙氏法帖。

（一）帖學名家與「館閣體」的形成

清代康熙、乾隆時期，出現了一大批帖學名家。其中，康熙朝時有笪重光（1622-1692 年）、沈荃（1624-1684 年）、姜宸英（1628-1699 年）、查昇（1650-1707 年）、汪士鋐（1658-1723 年）、何焯（1661-1722 年）等人。笪氏書法臨蘇軾、米芾之法帖，但筆意超逸，與姜、何、汪並稱康熙時四大書法家。姜氏字體俊秀飄逸，多獲米、董書法風韻。何氏則字體平正，且蘊俊秀之氣。汪氏書法則

帖臨趙孟頫、褚遂良，運筆挺勁，字體結構疏朗。沈氏書法，帖宗、董、米，書風閒雅雍容而華貴，故深得康熙帝喜愛，多奉敕手書碑版、殿廷屏障、御座箴銘等。查氏書法，臨董氏之法帖，並工於小楷，字體清俊透逸，有美雅之態。乾隆朝的帖學名書法家，因南北而異，且交相互映，同時，名家較前更多，書法技藝更為精工。其時，北方有翁方綱（1733-1818 年）、劉墉（1720-1804 年）、永瑆（1752-1823 年）、鐵保（1752-1824 年）等人；南方則有梁同書（1723-1815年）、王文治（1730-1802 年）、姚鼐（1731-1815 年）、錢灃（1740-1795 年）等人。翁氏書法，曾帖臨顏、歐，筆力渾厚，但因拘於法度而乏風韻，較為板結。劉墉書法，曾帖臨董、蘇諸家，筆力筋脈搖聚自如，靜趣之中有動態。永瑆為乾隆帝十一子，曾帖臨趙、歐字體，其書法尤擅長篆隸，並有一定法度。鐵保亦工於書法，曾臨顏氏楷書、王氏草書字帖，其書法與翁氏、劉氏齊名。梁同書，曾臨帖多家，其書法富於變幻，碑版筆力渾厚，尤擅書大字，字體氣魄強健，獨具風韻。王氏書法，曾臨帖董其昌字體，其書法瀟灑透逸，別具一格。姚氏書法，帖臨王獻之，其行草宕逸有致，而小楷潔淨生輝。錢氏書法，曾帖法顏真卿字體，以筆力雄渾蒼勁著稱於世，且字體韻勢，自成一家。

清代的「館閣體」書法，源自明代的楷書「臺閣體」。因清代館閣及翰林院中的官僚，擅寫這種字體，故有此名。此外，自清初至清中期，科舉取士，考卷的字，要求寫得烏黑、方正、光潔，大小一律。至清代中期，要求更嚴，使書法藝術達到了僵化的程度，不利於其發展。應當指出的是，由於清代前期「館閣體」書法，源自董其昌、趙孟頫的書風，故才追求「烏、方、光」的筆墨字體效果，且其後規範嚴謹，幾近死板，其要求恰如康有為在《廣藝舟雙輯》一書中所述：要求書寫字體「分行布白，縱橫合乎阡陌之徑，引筆著墨燦乎珠玉之彩。縮率更、魯公於分釐之間，運龍跳、虎臥於格式之內。精能工巧，遏越前載。」其代表書法家有常為乾隆帝代筆的張照（1691-1745 年）和董誥、汪由敦等人。

（二）碑學名書家與碑學的興盛

碑學書法的漸興，始自清初。其時，一批有識且富藝術個性的書法家，不滿

於當時逐漸纖弱衰頹，且毫無個性特色的「帖學」書法風氣，主張從秦漢碑銘書法中，尋求書法藝術的靈感、神韻與真諦，於是在書法藝術的實踐活動中，另闢蹊徑。他們擅長隸書，運筆遒勁有力，字體結構則精當雅緻。其碑學名書法家則有鄭簠（1622-1694 年）、朱彝尊（1629-1709 年）、陳恭尹（1631-1700 年）、王時敏、巴慰祖等人。其中，鄭氏書法，擅長隸書，研習漢碑，得其樸拙奇古之神韻，後更參照草書筆意，在書法藝術上頗有創造，使字體結構嚴整而運筆又飄逸多姿，當時人稱之為「草隸」，頗負盛名。朱氏善隸書，精研《曹全碑》，有一己之創意，其字體用筆秀勁堅韌，其作品充溢超逸神趣。陳氏書法，藝宗蔡邕，擅長八分書，運筆腕力尤勁，為「嶺南三大家」（外有屈大均、梁佩蘭二人）之一。王時敏的書法，隸書師宗秦漢，尤善榜書八分之藝。巴氏書法，長於隸書，研習秦漢碑刻，得其神韻，用筆健勁，且講求險峻飄逸的韻格與氣勢。

清中期乾隆朝時，出土面世的古代碑刻增多，摹習範圍擴大；兼則「揚州八怪」書法藝術家的加入，致使「碑學」書法藝術更為興盛。此時，「碑學」較之以往，出現了一些新的特點：其一，在書法藝術的用筆上，將秦篆、漢隸與北朝碑刻的筆法，加以融會貫通，且以整肅奇變而生新意、新藝、新韻。其二，書法藝術與繪畫技藝有機結合，致使書如其畫。如鄭燮的書法藝術，一如其畫，充滿「狂」、「怪」、「奇」、「絕」的雅趣和神韻。他曾研習楷書、篆隸書法技藝，然後再融入畫法，獨創出「六分半書」的書法技藝。他將行楷、隸書、行書的運筆有機結合，並雜以蘭竹畫技，致使字體扁形誇張，充滿秀雅奇絕的韻味，大有神來之筆的書法奇技。其三，在書法藝術的技法上，有的書法家獨創新技，以體現強烈的藝術個性。金農書法藝術，本源自《天發神讖碑》、《國山碑》，且研習漢隸書法。然他卻有個人獨創，即將金石篆刻藝術與作畫運筆藝術，有機地匯入書法藝術之中；並在書寫時，常剪去筆之毫端，致使字體點畫濃重，棱角分明，加之運筆側鋒轉換，呈現出一派古朴而堅挺的韻致，故世人將其書法藝術作品譽之為「漆書」。金農獨創的「漆書」書法藝術，也恰是他強烈的藝術個性的體現。其四，在書法藝術的風格上，不少「碑學」書法家，崇尚古樸，亦追求脫俗的書法藝術個性。如李鱓書法古樸，布局隨意而別有情趣，故不同俗格。高翔擅長隸書，晚年用左手寫字，字體奇古而精絕。楊法書法，除精於篆籀外，其狂草飄逸

奔放，不拘一格。高鳳翰晚年中風後，用左手作書，字體放縱，然筆力卻更為老練。汪士慎暮年雙目而盲，卻能運意握筆作狂草，可謂「碑學」書法奇才。

三、書法著述

清代前期，有關書法藝術的著述甚豐，其中包括書法理論著述、書法技法著述、書法資料著述三類。

（一）書法理論著述

清前期，書法理論方面的著述，以阮元所著的《南北書派論》、《北碑南帖論》二書最有價值。在《南北書派論》中，阮元提出了「書（法）分南、北兩派」的見解，並在書中研討了書法發展脈絡與南北兩派的分合興衰的狀況。《北碑南帖論》一書，雖論帖、碑各有所長，但強調書碑卻能更好地存古法、具筆力；若一味臨帖，則有失古人遺意。作者極力推重北朝碑版，對「碑學」漸興，有助瀾之功。

（二）書法技法著述

有關書法技法的著述，清前期最具代表性的為《隸書偏旁五百四十部》、《漢碑體舉要》二書。前書為顧藹吉著，書中分為變體、或體、省體、偽體等內容，對初習隸書書法者大有裨益。後書為蔣和撰，書中例舉與楷法不同

鄧石如的篆書

字八百餘字，並舉其異體、或體、本字、俗字、同字、通用、借用、所以、所省等內容，加以編次解說，對初學者裨益甚大。

（三）書法資料著述

清前期，書法資料著述不少。其中，孫岳頒等人編纂的《佩文齋書畫譜》中，有歷代名家書法論，歷代書法作品鑑賞考識，歷代書法家傳略等。卞永譽的《式古堂書畫匯考》一書中，亦有書法考，並按時代編排。至於康熙時由馮武編著的《書法匯傳》，則是專論書法藝術資料之書，全書共十卷，前四卷選錄元明人書法論著；五至七卷收錄魏晉至明代時，諸書法大家論書技的論要；八至十卷則為書法家傳略、魏晉至唐名跡的流傳情況等內容，洋洋大觀，內容宏富詳實，堪資借鑑。

四、篆刻藝術

清前期的篆刻藝術，既是中國古代源遠流長的篆刻藝術的重要組成部分，亦是中國傳統的藝術形式之一。具體而論，它係指中國古代書法與鐫刻相結合，來製作印章、印鑑的藝術。由於古代印章、印鑑字體，一般採用篆書，先寫後刻，故稱篆刻。其中，金屬印章，多數先刻印模，隨後澆鑄。晶玉印章，則用手工琢成。至於石、牙、角等印章，則直接用刀鐫刻。自元至清，用花乳石（青田石之類）刻印，因鐫刻方便，故廣為流傳。清前期，在文人士大夫中研討篆刻藝術的風氣日漸盛行，且湧現出諸多篆刻藝術家，形成許多篆刻藝術的流派。

中國古代的篆刻藝術出現於先秦時期，盛於漢代，隋唐之後篆刻藝術風格各異。到了元代，由於書法藝術家趙孟頫對篆刻藝術的極力提倡和宣揚，致使篆刻藝術正式歸入藝苑門類之中。及至清代前期，篆刻藝術不僅成為書畫藝術中不可或缺的構成部分，且書畫家多兼長於篆刻藝術。恰因治印之風盛行，故形成篆刻藝術的各家流派。其中，主要的篆刻藝術流派有徽派、浙派、鄧派、閩派等。

「**徽派**」**篆刻藝術家與藝術風格**　此藝術流派由清代安徽地區的篆刻印學藝術家組成。繼明代著名篆刻藝術家何震之後，清前期又有諸多新生的篆刻藝術家加入此派。在篆刻藝術風格上，此派篆刻藝術精研秦漢篆刻之技藝，章法謹嚴，故學人頗眾，以巴慰祖、胡長庚、江肇龍等篆刻藝術家最為著稱，有「歙中四子」之美譽，他們專學秦漢篆刻技藝，自成一派。乾隆、嘉慶年間，還有董詢、王聲等篆刻藝術家。其中，董詢篆刻亦學秦風，所刻朱文小印技藝超絕，款識則蒼古而不俗。王聲之篆刻則自然神妙，頗為世人稱道與推崇。

「**鄧派**」**篆刻藝術家與藝術風格**　該派篆刻藝術家，以清代最著稱書法家、篆刻家之一的鄧琰為代表。鄧琰，字石如，號完白山人，安徽懷寧人，他擅長書法藝術，並長期研習秦漢書篆技藝，得其神韻，且有己創，故在篆刻藝術上，獨成門派。其篆刻作品，在藝術風格上，雄健沉厚、姿態萬千，且人品書品均超世脫俗，有大家風格，不僅為皖宗奇品，而且為從學後繼篆刻者們反覆摩習的藝術傑作。

「**浙派**」**篆刻藝術家與藝術風格**　此派因清前期時，杭州著名篆刻藝術家丁敬等八人篆刻藝術在風格上獨樹一幟，故稱「浙派」。丁敬為浙派篆刻藝術家始祖，師從他的篆刻藝術的有八人，故世稱「西泠八大家」。

「**閩派**」**篆刻藝術家與藝術風格**　該派又稱「莆田派」，為清代前期篆刻藝術的著名流派之一。它為清代福建莆田的著名的篆刻藝術家宋珏所開創。宋珏本人長期研學秦漢璽印篆刻技藝而受文彭、何震的影響，故篆刻藝術風格清麗雅尚。同時，宋珏還擅長八分書，曾以八分入印，從而為篆刻藝術增輝添彩。此派後繼者甚眾，其中尤以吳晉等人的篆刻藝術成就最大。[2]

2　本節在撰寫時，曾參考《中華文明史》第 9 卷（清代前期）中部分內容，謹此致謝。

第三節 ·
風格各異
的音樂

　　清代前期，在音樂方面，取得了長足的進步與發展，獲得了諸多的成就。風格各異的宮廷音樂、民間音樂、少數民族音樂，不僅在發展中形成了自身的特色，而且在統一的多民族國家內，隨著各民族交往的密切和加深，這三者之間還相互滲透和影響。

　　中國古代音樂藝術的發展歷程，經歷了各個不同的歷史時期，各有其藝術特色和傳統。其中，先秦時期的音樂藝術傳統與特色，使該時期成為「雅樂時代」；秦漢魏晉時期的音樂藝術傳統與特色，使此時期成為「清樂時代」；南北朝至唐宋時期的音樂藝術傳統與特色，使這一時期的音樂成為「燕樂時代」；及至清代的音樂藝術傳統與特色，則使此一重要歷史時期的音樂成為「俗樂時代」。

　　清代前期除宮廷音樂形成相當的規模和獨具的藝術特色、風格外，民間音樂和少數民族音樂的發展，亦取得長足的進步。民族民間音樂體系中的「五大門類」，即民歌（俚曲）、民族器樂音樂、說唱藝術音樂、歌舞藝術音樂、戲曲音樂，此時均已詳具規模，且產生了諸多的藝術流派，極大地豐富了清代城鄉民眾的精神生活與文化生活的內容，滿足了社會的諸多需求。與此同時，這些藝術本身亦在豐富多彩的社會生活中，獲取了藝術的滋生「養料」與「沃壤」。

一、宮廷音樂

清王朝歷代統治者從鞏固政權、維護封建禮制禮儀的目的出發，對宮廷音樂尤為重視。在宮中或外出的許多重大的政治禮儀性活動中，由於皇帝本人的出現和參與，音樂活動極為隆重，以示天朝大國的尊威和皇權的神聖不可侵犯。其中，為宮廷祭祀活動所用以演奏的宮廷祭祀音樂，宮中朝會活動演奏的宮廷朝會音樂，宮中筵宴活動演奏的宮廷宴樂，帝王巡幸活動使用和演奏的帝王巡幸音樂四大類音樂，編寫了許多歌詞、樂譜，詳盡地規定了音樂活動中的諸多禮儀、規制細則。

除上述四大類政治禮儀性活動使用的「典制音樂」外，在清前期，在後宮、行宮、御園內，亦有一些音樂活動，它帶有一定的娛樂性質，故又稱「內廷音樂」，以與前者的「外朝音樂」（典制音樂）相區別。

清宮碧玉描金龍紋編磬

（一）宮廷祭祀音樂

在中國古代，歷朝歷代封建統治者均奉行「國之大事，在祀與戎」的政治信

條和準則，因此，對祭祀活動格外重視，場面盛大，禮儀繁縟。清代前期，亦不例外。凡宮廷祭祀活動時，演奏和使用的宮廷祭祀音樂，由兩部分構成，即「中和韶樂」與「鹵簿大樂」。

中和韶樂　宮廷祭祀時所用中和韶樂，係宮廷的傳統雅樂，它的規模最大，規格最高。演奏時使用的樂器，由金、石、絲、竹、土、革、匏、木共八種材料製作而成，故又稱之為「八音」。其中，金屬樂器有鎛鐘、編鐘；石製樂器有特磬、編磬；絲弦樂器有琴、瑟；竹製樂器有箎、排簫、簫、笛；土陶樂器有壎；革製樂器有建鼓、搏拊；匏屬樂器有笙；木製樂器有柷、敔。這些樂器，大部分為民間久已不用的古代樂器。每件樂器一至十件不等。[3]

皇帝大祀南郊祭天時，演奏的「中和韶樂」規格最高，規模宏大。其中，演奏者包括「歌生」和擔任文舞、武舞的「舞生」在內，共達二百〇四人。所演唱的歌詞內容，多是強調皇帝與神明的特殊關係，藉以抬高統治者至高無上的地位，並鞏固其統治權。為配合這套歌詞的演唱，又編製與譜寫了一套「雅樂」式的古典音樂曲譜。[4]所謂「雅樂」，是專供帝王祭祀天地、祖先及朝賀、宴享等大典所用的樂舞，儒家奉之為樂舞的最高典範，認為它的音樂「中正和平」，歌詞「典雅純正」，以示與「俗樂」相區別。清前期，皇帝祭祀時所演奏的「雅樂」式古典音樂曲譜，曲調莊重、典雅，與其他朝賀、宴享時所奏「雅樂」大有區別。

鹵簿大樂　皇帝參與的祭祀活動中，因皇帝出入有儀仗（即鹵簿），故要演奏和使用「鹵簿大樂」，其中，規模最大、規格最高的是祭祀時所用的「大駕鹵簿」。鹵簿樂中，又包括前部大樂、鐃歌大樂、鐃歌清樂等，在不同的場合則使用不同的樂隊。「鹵簿大樂」為邊行進邊演奏的器樂，演奏時使用龍鼓、畫角、大銅角、小銅角、金、鉦、龍笛、杖鼓、拍板等樂器，一般組成樂隊的人員有一百一十六人。其中龍鼓要用四十八面，畫角要用二十四件。演奏樂曲雖不複雜，但聲勢壯觀。具體而論，在皇帝南郊大祭時，使用「大駕鹵簿」時，用前部

3　《律呂正義後編》卷四十五。
4　《律呂正義後編》卷四十五。

大樂、導迎樂和鐃歌大樂。鐃歌大樂是規模最大的樂隊，樂器有銅鼓、銅鈸、金、行鼓、銅點、笛、雲鑼、管、笙、龍鼓、杖鼓、拍板等，演奏者多達二百三十六人。[5]

（二）宮廷朝會音樂

凡在宮中舉行朝會活動時，所演奏的宮廷音樂，由「中和韶樂」、「鹵簿樂」、「丹陛樂」、「鐃歌樂」組成，統稱「宮廷朝會音樂」。

中和韶樂　朝會所演奏的「中和韶樂」，不包含歌和舞，樂器種類則與祭祀時演奏中和韶樂完全相同，但每件樂器的數量已大為減少，演奏者亦只用四十人。歌詞多為頌揚皇帝功德偉業的詞句，藉以神化與美化最高封建統治者；所配樂調，亦是「雅樂」式，但曲譜則與祭祀時所奏大不相同。[6]

鹵簿樂　宮中朝會活動時，所用的鹵簿樂為「法駕鹵簿」，使用時亦用前部大樂、導迎樂和鐃歌大樂。其中，鐃歌大樂所用樂器、演奏者規模，大體與祭祀時所用「大駕鹵簿」基本一致。

丹陛樂　由於朝會多在宮中大殿舉行，除用「中和韶樂」與「鹵簿樂」外，還要使用「丹陛大樂」，此樂隊由二十四人組成，使用大鼓、方響、雲鑼、管四種樂器，由演奏者站立演奏，有時還加上簫、笛、笙、杖鼓等樂器，其曲調亦十分莊重，威嚴。[7]

鐃歌樂　如果朝會內容涉及出兵凱旋等節目時，亦要加奏「鐃歌樂」。而朝會凱旋時所用「鐃歌樂」，樂器用金、大銅角、小銅角、鑼、銅鼓、鐃、鈸、花腔鼓、金口角、得勝鼓、小鈸、海笛、管、簫、笛、笙、篴、雲鑼等，連領班官和歌者在內，共達一百〇四人。[8]

5　同上。
6　同上。
7　同上。
8　《律呂正義後編》卷五十八。

（三）宮廷宴會音樂

凡在宮中舉行「除夕宴」、「修書宴」、「凱旋宴」、「鄉試宴」、「鹿鳴宴」、「恩榮宴」、「經筵宴」、「臨雍宴」、「宗室筵宴」、「上元節宴」、皇帝「萬壽宴」、「千叟宴」等盛大宴筵活動時，均要使用和演奏朝廷規定的「宮廷宴會音樂」，它分別由「中和韶樂」、「清樂」、「慶隆舞」、「笳吹」、「番部合奏」、「高麗國俳」、「瓦爾喀部樂舞」、「回部樂」、「鹵簿樂」、「丹陛樂」等音樂（含歌舞）部分組成。

中和韶樂 宮中舉行宴享活動時，皇帝出入奏此樂，和朝會音樂中的中和韶樂基本相同。

清樂 宮廷宴會中，除用中和韶樂外，還設有中和清樂與丹陛清樂兩個樂隊，他們是在宴會中，向皇帝進茶、進酒、進饌時分別演奏的。「清樂」用笙、笛、管、雲鑼、杖鼓、手鼓、拍板等樂器，由二十二人演奏；其歌詞形式，則模仿漢族民間流傳的長短句曲牌形式，內容多為頌揚皇帝聖德、粉飾太平盛世等溢美過譽之辭；樂曲也為「雅樂」式的[9]。

慶隆舞 清代宮廷宴筵時樂舞又稱「隊舞」，它們均源自滿族的傳統民間樂舞。據《清史稿·樂志》與《皇朝通典》記載，「隊舞」最初名為「莽勢舞」（或稱「莽式舞」、「蟒式舞」）。「莽勢」，又稱「莽式空齊」，為滿語「禡（瑪）克式」（舞）的變音。乾隆八年（1743年），改稱「慶隆舞」，它包括「揚烈舞」、「喜起舞」等舞蹈。乾隆十四年（1749年）與乾隆二十五年（1760年）時，清軍進軍金川及新疆等地獲勝，清政府為慶祝勝利，又專門創製了「德勝舞」，用於凱旋筵宴。此外，後又增加了「世德舞」，用於宴享宗室時演奏和舞蹈。此為巡酒時所奏樂舞，侑食則奏「清樂」。

「揚烈舞」 此舞表演者為四十人，其中由三十二人扮作野獸，八人則騎著馬，帶著弓箭，代表「八旗」武士。宮中除夕大宴時，首先就要表演此樂舞。表

9　《律呂正義後編》卷四十五。

演時，十六人身著黃布畫套，十六人穿黑羊皮套，均戴有象徵某種怪異野獸的面具「跳躍擲倒」；另外八人騎竹馬並「介冑弓矢」，分兩翼上場，向北面叩頭之後，就奮然奔馳旋轉作舞，象徵八旗軍武士。隨後，當一個扮異獸的人被射中一箭之後，接著其他「異獸」也都被「懾服」了。象徵武功已成。對於此舞的具體表演情況，清人姚元之在《竹葉亭雜記》中有介紹：「以竹作馬頭，馬尾彩繪飾之，如戲中假馬者。一人踩高蹺騎假馬，一人塗面，身著黑皮衣作野獸狀，奮力跳躍，高蹺者彎弓射。旁有持紅油簸箕者一人，箸刮箕而歌。高蹺者逐此獸而射之，獸應弦斃，人謂之『射媽孤子』。」

「喜起舞」　此舞由二十二（或作十八）名大臣表演。即是九對（或作十一對）雙人舞；有十三人唱歌，有六十六人用琵琶、三弦、奚琴、箏、節、拍等樂器伴奏；連舞者歌者和演奏者在內，總共為一百三十七人。表演者著「朝服」，佩「儀刀」上場。進入正殿後，三叩頭，「退東位西向立」，然後分成兩隊進舞，一隊舞畢，叩頭，退下，「次隊繼進如前儀」。可見，它是一種儀節性的舞蹈表演。但在後來，「喜起舞」的表演者，在不同的場合中，亦有所變異。不再由大臣們親自表演，而由訓練過的「侍衛扮大臣而舞」。清人福格的《聽雨叢談》說，此舞「皆以侍衛充之」，他們表演時「披一品衣佩儀刀，起舞蹁躚，宣揚功烈」，此舞「即古之手舞，人舞也」。

笳吹　宮中大宴時所奏笳吹音樂，為蒙古樂曲。演奏時用笳、胡琴、箏、口琴等樂器，連歌者在內，共八人。[10]

番部合奏　宮廷宴會時所演奏的「番部合奏」，也是蒙古樂曲。演奏此曲時，用箏、琵琶、三弦、火不思、番部胡琴、笙、管、笛、簫、雲鑼、二弦、月琴、提琴、軋箏、拍等樂器，共十五人。[11]

高麗國俳　宮廷宴會中的「高麗國俳」又稱「朝鮮國俳」，它是朝鮮族的樂舞技藝表演。演奏時，用笛、管、鼓等樂器，連「俳長」和「擲倒伎」（雜技跟

10 《律呂正義後編》卷五十八。
11 同上。

頭）者，共計十八人。[12]此樂舞表演時，「俳長」一人戴面具從右邊上場，「擲倒伎」（雜技跟頭）者若干人則從左邊上場，從東向西依次表演各種技藝。「俳鼓如龍鼓而小，懸於項擊之。」

瓦爾喀部樂舞　宮廷宴享時，所演奏的瓦爾喀部樂舞，原係瓦爾喀部的民族民間樂舞。該部原居吉林長白山麓和黑龍江中下游，是女真族的一個部落。在十六世紀末至十七世紀初時，先後被努爾哈赤與皇太極合並。演奏此樂舞時，用阮、觱栗等樂器，連舞者在內共十六人。[13]

回部樂　清宮中宴會時，所演奏回部樂又稱「回部樂技」。它是清代新疆地區的民族樂舞。演奏時，用手鼓、小鼓、胡琴、揚琴、二弦、胡撥、管子、金口角等樂器，連舞者和擲倒者（雜技跟頭）在內，共十八人。[14]此樂舞表演時，先奏樂曲，接著二人對舞上場，最後為兩個舞盤表演，舞者雙手執盤，指間夾筷子，擊節而舞。

鹵簿樂　宮中宴饗時，皇帝出入要有儀仗，就要用「鹵簿大樂」。此為邊行邊奏的器樂，情況基本同於祭祀音樂中的鹵簿大樂。

丹陛樂　宮中宴享時，所奏丹陛樂，又稱「丹陛大樂」，為筵宴時，臣工行禮時所奏。基本情況同於朝會音樂中的丹陛樂。

宮中筵宴時，除演出前述樂舞外，還有時演奏以下樂舞：「蒙古樂」，此為蒙古族的傳統樂舞。「番子樂」，此為藏族樂舞。乾隆時，清軍進入大小金川地區，獲勝後所擄藏民中有能歌善舞者，曾受命進宮獻演歌舞，其獻演即此樂舞。「廓爾喀部樂」，此為尼泊爾樂舞。「緬甸國樂」，此為緬甸樂舞。「安南國樂」，此為越南樂舞。

---

12 同上。
13 同上。
14 《律呂正義後編》卷五十八。

（四）帝王巡幸音樂

清代前期，帝王巡幸時，要演奏「鐃歌樂」、「鹵簿樂」等音樂。

鐃歌樂 帝王出巡時演奏的「鐃歌樂」，又稱「鐃歌大樂」。此樂演奏時，「鐃歌鼓吹，則車駕遊幸所至，於馬上奏之」[15]。樂器則用大銅角、小銅角、金口角、雲鑼、龍笛、平笛、管、笙、金、銅鼓、銅點、鈸、行鼓、蒙古角等。除歌者外，奏樂者共四十八人。[16]樂曲歌詞則多稱頌皇帝武功聖德，讚揚巡幸沿途的風光美景、盛世的歡樂太平等應景之作。然其曲調，則為民間由人民創造的樂調。其中，「鐃歌大樂」分別由器樂與聲樂交相組合而成，器樂樂段的「樂譜」，是由民間廣泛流行的「朝天子」曲牌移植過來的；而配有歌詞的樂譜，更是由民間歡快熱烈的「嗩吶調」搬移來的。

鹵簿樂 帝王出巡時，為示其威嚴，均有儀仗（鹵簿）隨行，故有專門供巡幸時所用的鹵簿樂。其中，皇帝巡幸皇城內時，用「鑾駕鹵簿」，故只用「導迎樂」。而皇帝外出巡省時，則用「騎駕鹵簿」，此時要演奏「鐃歌清樂」和「鐃歌大樂」，具體演奏為：駐宿御營每朝鳴角，每夕（晚）奏「鐃歌清樂」。凡巡幸中大閱兵時，皇帝駕出則奏「鐃歌大樂」，開操時鳴畫角，皇帝回鑾時則奏「鐃歌清樂」。

（五）宮中內廷音樂

宮中的內廷音樂與外朝音樂有所不同。宮中內廷音樂也有一部分典制音樂，如內廷朝會、祭祀用樂等。其中，內廷皇太后、皇后在典禮中使用的也是中和韶樂和丹陛大樂，但演奏人員與外朝典禮中用的有別，外朝由和聲署的人演奏，而皇帝在內廷舉行典禮和皇太后、皇后在內廷舉行典禮時，則由內務府掌儀司中和樂處的太監來演奏樂曲。此外，娛樂性音樂活動，多在後宮、行宮、御園等範圍

---

15 同上。
16 同上。

內舉行。

二、民間音樂

　　清代前期的民間音樂，屬於「俗樂」範疇，不僅體系完備，分別由民歌（俚曲）、民間器樂、說唱音樂、歌舞音樂、戲曲音樂構成，而且內容宏富，具有很高的藝術性、思想性。

（一）民間歌曲

　　清前期，隨著諸多新的城鎮的興起，吸引了大量的農村剩餘人口進入城鎮，他（她）們為城市注入活力的同時，也將大量的鄉間民間歌曲帶入城鎮，在民間傳唱。又經過文士們的加工、整理、改編後，用民歌、小曲的歌詞集與曲譜集保留下來。現存的有：李調元輯解的《粵風》；清乾隆甲子（1744 年）刊本《時尚南北雅調萬花小曲》；王廷紹據三和堂曲師天津人顏自德的抄本點訂的《霓裳續譜》，乾隆六十年（1795 年）刊本；無錫人華文彬的《借雲館小唱》，嘉慶戊寅（1818 年）刊本；山東歷城人華廣生編的《白雪遺音》，道光八年（1828 年）刊本等。在這些集子中，專門輯錄的清代民歌、小曲歌詞，已有一千七百一十二個單曲和套曲，然這也不過是民間流行的一小部分而已。

　　關於清前期民間流行的民歌、小曲的具體曲調，在蒲松齡所著的《俚曲》一書及李斗所著《揚州畫舫錄》等書中，有詳盡的載錄，共二百一十九曲，這還只是部分。清前期民歌、小曲（俚曲）深受廣大人民的歡迎，故在市井廣為流傳。清人劉廷璣在《在園雜志》一書中說：「小曲者，別於《昆》、《弋》大曲也。在南則始於《掛枝兒》。……一變為《劈破玉》，再變為《陳垂調》，再變為《黃鸝調》。……在北則始於《邊關調》。蓋明時遠戍西邊之人所唱，其詞雄邁，其調悲壯，本《涼州》、《伊州》之意。……再變為《呀呀優》——《呀呀優》者，《夜夜遊》也，或亦聲之餘韻，《呀呀喲》。如《倒扳槳》、《靛花開》、《跌落金錢》，

不一其類，又有《節節高》一種。」

在藝術方面，民歌、小曲亦富有特色。其一，是一曲的變體，即由某些曲調產生多種變體，以表達較為複雜的內容。如前述的《寄生草》、《岔曲》、《剪靛花》等，均有同一曲調的多種音樂變體。其二，是一曲前後部分分開運用，即某些曲調，在需要時，可前後拆開，靈活運用。如《疊落金錢尾》、《寄生草尾》、《岔尾》等。其三，是一曲可重疊運用，即連用時旋律節奏上前後相應變化，以描寫較複雜題材。如《南詞》、《西湖十景》等。其四，是多曲可聯成一套。如《北寄生草》──《平岔》──《銀紐絲》──《寄生草尾》;《剪靛花》──《南詞》──《正調》等即是。其五，是曲間可以加說白。對此，在《霓裳續譜》、《白雪遺音》等書中均有實例。其六，是曲間可以加幫腔。在《白雪遺音》中所謂《馬頭調帶把》，即指《馬頭調》加幫腔而言。

清前期，民歌、小曲雖還僅是供清唱的一種藝術歌曲，但卻為說唱音樂、戲曲音樂藝術的新發展，提供並創造了條件。如《南詞》加說白，用來講故事，就成了「彈詞」;用有《岔曲》頭尾的聯套來講故事，就成為「單弦牌子曲」。在地方戲曲中，如「越劇」、「錫劇」、「甬劇」中，均包含利用小曲形式填詞的部分，即是明證。

（二）說唱音樂

清代前期，民間說唱音樂藝術亦十分繁榮，特別是在沿海及商品經濟較為發達的地區，此種民間音樂藝術更深受城鄉民眾的喜愛和歡迎。在漢民族聚居的地區，說唱音樂藝術所形成和發展的品種，有彈詞、鼓書、琴書、漁鼓、時調小曲、牌子曲、雜曲等，多達一百四十六種。其中，尤以彈詞、鼓詞、清曲、南管、時調小曲等影響較大。

彈詞類說唱音樂藝術　「彈詞」說唱音樂藝術在南方地區廣為流行，有蘇州「彈詞」、揚州「弦詞」、四明「南詞」、紹興「平湖調」、長沙「彈詞」等，其中，又以蘇州「彈詞」最為著稱。

「彈詞」分為「土音」與「國音」兩類。「土音」彈詞以吳音者為最多,其唱本多以愛情為題材,如《義妖傳》、《珍珠塔》、《玉蜻蜓》等;「國音」彈詞則以北京話為基礎,其唱本多以描寫歷史故事、反映政治鬥爭為內容。在演出中,「彈詞」的聽眾,以小市民和婦女為最多,亦有不少婦女彈詞表演藝術家,更有「彈詞」唱本女作家。如陶貞懷(《天雨花》作者)、陳瑞生和梁德繩(《再生緣》作者)、邱心如(《筆生花》作者)等人即是。此外,城鎮聽眾中,亦有部分轎夫、馬夫等人。在鄉村,「彈詞」也十分流行。在表演藝術上,「彈詞」以伴奏使用彈弦樂器而得名。表演時,一般可分為「單檔」與「雙檔」兩種形式。「單檔」由一人用琵琶或三弦伴奏,自彈自唱;「雙檔」由一人彈琵琶,一人彈三弦,輪流說唱,同彈伴奏。也有加二胡、揚琴,由多人表演的。

清代前期,蘇州「彈詞」湧現了一批著名的表演藝術家。乾隆時,有王周士,在乾隆帝南巡江南時,聽過他的演唱,頗為讚賞,並封他為七品京官。後他因病回鄉,於乾隆四十二年(1777年)創立了說書藝人團體「光裕社」。他曾撰寫「書品」、「書忌」各十四則,對一生的藝術實踐加以總結,對後世影響頗大。嘉慶時,又有陳(遇乾)、姚(豫章)、俞(秀山)、陸(士珍)四大家。其中,陳調蒼涼粗獷,宜於老生、老旦、淨角唱腔;俞調婉轉優美,馬調質樸雄健。對此,清人黃協壎在《淞南夢影錄》一書中曾評述道:「《彈詞》有俞調、馬調之分。俞調係嘉、道間俞秀山所創也——婉轉抑揚,如小兒女綠窗私語,嚅嚅可聽⋯⋯」

鼓詞類說唱音樂藝術 清代前期,「鼓詞」主要流行於北方,演唱時演員自己擊鼓,掌握節奏。使用伴奏樂器,除鼓之外,還有三弦、琵琶、四胡等弦樂器及別的打擊樂器。「鼓詞」又稱「大鼓」,分為「大書」(長篇)、「小段」(摘其精彩片斷)兩種,清中葉後,「小段」更為盛行。

在全國流行的「大鼓」達幾十種之多,其中較為著名的有:「木板大鼓」、「西河大鼓」、「梨花大鼓」、「樂亭大鼓」、「唐山大鼓」、「東北大鼓」、「安徽大鼓」、「湖北大鼓」、「溫州鼓詞」、「梅花大鼓」、「京韻大鼓」等。「西河大鼓」產生於河北冀中一帶,前身為「木板大鼓」,如「河間木板大鼓」、「滄縣木板大

鼓」、「保定木板大鼓」、「弦子書」、「漁鼓」等。經藝人馬三峰的大膽改革與創新，使「木板大鼓」終於為後來的「西河大鼓」奠定了基礎。在音調上，他從戲曲和民歌中吸收了許多新的音樂語彙，加用了新的板式，創造了新的聲腔。在伴奏樂器上，他將北方的小三弦改成大三弦，將木板改成鐵片。其演唱深受民人歡迎。

「梨花大鼓」原在山東農村流行，後流入濟南一帶，得到更大發展，並分為「北口」與「南口」兩派。伴奏時用小鼓、「梨花筒」鐵片。

「安徽大鼓」是受山東地區流傳的「河間調」（「西河大鼓」的早期形式）影響，並結合了當地流行的曲調而發展起來的。它起源於泗州一帶，原名「泗州大鼓」；後流行於淮河兩岸，又名「淮河大鼓」；遍及安徽後，乃叫此名。伴奏用板和鼓，演唱者自己操作，不用絲弦樂器。因唱腔不同，分為「南口」、「北口」、「花口」三派。

此外，尚有「八角鼓和單弦」、「揚州清曲」等曲種。其中，「八角鼓和單弦」為清前期在京師地區滿族八旗子弟中興起的說唱曲種，屬牌子曲類，以伴奏樂器而得名。單弦原為八角鼓演唱藝種之一，後獨成曲種。「單弦」在表演形式上，以演員自彈三弦自唱為主，有時也可以由兩人合作，一人演唱並敲「八角鼓」，另一人彈三弦伴奏，此又稱「雙頭人」。樂器「八角鼓」因鼓身呈八角形而得名，鼓框用木製作，單面蒙以蟒皮。據稱「八角鼓」的八邊象徵滿洲八旗，「八角鼓」說唱藝術原在關外滿族民間流行，為行圍打獵之餘的自娛形式。清軍入關後，它仍在八旗軍中盛行，士兵在征戰中有時思鄉厭戰，便以樹葉青黃為題，記述季節變化而演唱，被稱為「脆唱」。後來，它傳播甚廣，且衍化出許多新曲牌，如山東聊城「八角鼓」的《打面缸》有十一個曲牌；《佳人算卦》有十個曲牌；《小二姐做夢》則有十四個曲牌。單弦、八角鼓曲調優美，婉轉動聽，深受民眾喜愛和歡迎。「揚州清曲」，是清前期「時調小曲」類說唱藝術中最著名的一種。在表演形式上，它的唱腔細膩抒情，曲調優美動聽，加之曲目與伴奏豐富，不僅可用一個曲牌演唱短段，且可多個曲牌相連而演唱長篇故事，故深受民眾歡迎。在揚州、南京、鎮江、上海地區十分流行，並流傳至北方與西南、華南

一帶。

（三）歌舞音樂

清代前期，廣泛流行於漢族地區的歌舞音樂藝術，主要是「秧歌」，以及由秧歌而派生衍化出的花鼓、採茶等曲種。太平鼓亦是。

「秧歌」主要流行於黃河流域的北方各省，它的起源與民眾的田間勞作實踐活動密切相關。清人吳錫麒曾在《新年雜詠抄》一書中寫道：「秧歌，南宋燈宵之村田樂也。所扮有耍和尚、耍公子、打花鼓、拉花姊、田公、漁婦、裝態貨郎、雜沓燈術，以得觀者之笑。」清人李調元在《南越筆記》卷十六中，對此說得更具體：「農者每春時，婦子以數十計，往田插秧。一老撾大鼓。鼓聲一通，群歌競作，彌日不絕，是曰秧歌。」它的發展與演變大致經歷了以下階段：由伴隨勞動實踐活動的小曲到獨立的歌舞音樂藝術，然後再往小戲方向發展。內容多為神話傳說、民間故事等。如河北唐山一帶「地秧歌」，便有「小車會」、「旱船」、「大頭」、「跑驢」、「打熊瞎子」、「捉蝴蝶」、「姊弟聯歡」等傳統節目；北方地區流行的「太平鼓」，便有民人喜聞樂見的「跑走馬」、「拉大踞」、「捕蝴蝶」、「拾棉花」、「彈棉花」、「撈飯」、「烙餅」、「獅子滾繡球」、「瘸拐李」、「豬八戒看媳婦」、「滾元宵」、「三家串門」、「姑娘夾包袱」、「請姑爺」等節目。

「花鼓」，又稱花鼓子、打花鼓、地花鼓、花鼓小鑼等，它也是「秧歌」形式之一，且由此衍化而來。花鼓在清前期主要流行於安徽、浙江、江蘇、湖南、湖北、山東、山西、陝西等地城鄉民間。在表演形式上，通常是一男一女，男執鑼，女背鼓，邊歌邊舞。最著名的花鼓有四種：即安徽鳳陽花鼓、山東花鼓、湖南湖北花鼓、陝西山西花鼓等。對鳳陽花鼓，清人袁啟旭在《燕九竹枝詞》一書中曾描述過：「《秧歌》初試內家裝，小鼓花腔說鳳陽。」清人王廷紹輯《霓裳續譜》一書中更載有唱詞：「鳳陽鼓，鳳陽鑼，鳳陽人兒唱《秧歌》。」可見其「花鼓」實為「秧歌」的別支之一。

「採茶」，亦稱茶歌、採茶歌、唱採茶、燈歌、採茶燈、茶藍燈等。它流行

於清代南方廣大盛產茶葉的地區。在表演形式上，一般為一男一女或一男二女，身著彩服，腰繫彩帶。男執錢尺、鋤頭、撐桿等道具，女執花扇或紙製燈具，表演種採茶的全部過程。它也是「秧歌」的一種，亦是其分支。對此，清人吳震方在《嶺南雜記》一書中說：「湖州燈節，有魚龍之戲。又每夕各坊市扮唱《秧歌》……而《採茶歌》尤妙麗。飾姣童為採茶女，每隊十二人或八人，手挈花籃，迭進而歌。」可見，此時的「採茶」表演者已發展至十人或十餘人左右。

除此之外，「秧歌」在全國其他地區，還有許多別名，如在湖南各地，則稱「地花鼓」、「對子戲」、「車燈」、「花燈」、「採茶燈」、「蚌殼燈」、「竹馬燈」、「荷花燈」、「花棍」等；有時亦稱「腰鼓」、「太平鼓」。

（四）民間器樂

清代前期，在弦樂類樂器與嗩吶類蘆簧樂器方面，較前更為豐富與發展。此時，除原有的二弦胡琴或二胡之外，又出現了四弦的四胡，專用於伴奏京劇的京胡，以及專門用於伴奏梆子戲的板胡等。此外，尚有湖南的大筒、廣東的粵胡等。在嗩吶方面，新增了多種大嗩吶和小嗩吶。

在地方民間器樂藝術方面，清前期，亦湧現了不少樂曲曲種。最著稱者，有如下數種。

陝西鼓樂　演奏陝西鼓樂所用打擊樂器有座鼓、戰鼓、樂鼓、獨鼓四種鼓；大鐃、小鐃、大鈸、小鈸四種鐃鈸；大鑼、馬鑼、玎璫、雲鑼；再加上星、大小梆子。吹樂器有幾種笛、幾種笙，尤以笛為主。陝西鼓樂的大型鼓樂套曲，有「法鼓段」和「八拍鼓段」兩種形式。這兩種形式在結構上又均分為前後兩部，且有用打擊樂器樂段作為「過渡橋梁」。但「法鼓段」較「八拍鼓段」更龐大複雜，在使用器樂曲、用器配器、藝術氣氛上亦不相同：它的前部用大鑼鼓，如座鼓、戰鼓、大鑼、馬鑼、鐃、鈸等，奏短的曲調，偏於熱烈歡快；後部則使用小鑼鼓，如樂鼓、梆子、雲鑼等，奏長的曲調，偏於清雅悠揚。陝西鼓樂演奏的曲調，有的出於南北曲牌，有的則為民歌曲調與民間歌舞曲調、戲曲曲調等。

京師寺院管樂　京師寺院中，智化寺等較大寺院均有管樂，且有百餘種單個曲調可供演奏。演奏時，常用樂器為：管二個、笙二個、笛二支、雲鑼二副；再加配鼓、鐺子、鐃、鈸、銛子（即小鈸）等樂器。其中，「笙」有十七管，且每管均有簧。演奏的曲牌多為民間流傳已久的器樂曲牌，僅有少數與宗教活動有關的曲牌。由此可見，宗教寺院此時的世俗化程度已經很深。

山西八大套　「山西八大套」演奏時所使用樂器為：大管、小管、嗩吶、笛、雲鑼、小鈸、板、鼓等。該套曲每套均由二三個至八九個曲牌構成。曲牌包括：「南北曲」如《山坡羊》、《朝天子》、《棉達絮》；「民間歌舞與戲曲」如《王大娘》、《掉棒槌》、《採茶》等；「民間器樂曲」如《到春來》、《鵝郎》、《八班兒》等。在演奏時，每套前後由散板、慢板、中板而至快板、急板構成，氣氛逐漸由歡快到熱烈。

十番鼓　「十番鼓」流行於江蘇地區，它又名「十番笛」、「吹打曲」、「蘇南十番鼓」等。演奏時，所用樂器有：笛、笙、簫、小嗩吶、主音胡琴、托音胡琴、板胡、三弦、琵琶、雲鑼、板、點鼓、同鼓、板鼓等。對於此種器樂藝術在民間受到歡迎的情況，清人李斗在《揚州畫舫錄》中生動地描述說：「十番鼓者，吹雙笛，用緊膜，其聲最高，謂之悶笛，佐以簫管，管聲如人度曲。三弦緊緩，與雲鑼相應，佐以提琴。鼉鼓緊緩、與檀板相應，佐以湯鑼。眾樂齊，乃用單皮鼓，響如裂竹，所謂頭如青山峰，手似白雨點，佐以木魚、檀板，以成節奏，此十番鼓也。是樂不用小鑼、金鑼、鐃鈸、號筒，只用笛、管、簫、弦、提琴、雲鑼、湯鑼、木魚、檀板、大鼓十種，故名十番鼓——番者，更番之謂。」在演奏形式上，「十番鼓」套曲，有「正套」與「散套」之分。「正套」多由同一曲牌的多種旋律變奏組合而成；「散曲」則由多個不同曲牌，按一定次序連接而成。套曲節奏中有慢、中、快板式之別，且多由慢而逐漸轉為快節奏。

十番鑼鼓　「十番鑼鼓」流行於江蘇民間，它又稱為「鑼鼓」、「十番」、「十樣錦」、「十不閒」等。清人葉夢珠在《閱世編》卷十「紀聞」中稱：「吳中新樂，弦索之外，又有十不閒，俗訛稱十番，又曰十樣錦。其器僅九：鼓、笛、木魚、板、撥鈸、小鐃、大鐃、大鑼、鐺鑼，人各執一色，惟木魚、板，以一人兼司二

色，曹偶必久相習，始合奏之，音節皆應北詞，無肉聲。諸閈遊子弟，日出長技，以鼓名者，前有陸勤泉，號霹靂，今為王振宇。以笛名者，前有某，今為孫霓橋，以吹笛病耳聾，又號孫聾。若顧心吾、施心遠輩，或以鐃名，或以鈸名，皆以專家著者也。其音始繁而終促，嘈雜難辨，且有金、革、木而無絲、竹，類軍中樂，蓋邊聲也。」「十番鑼鼓」稱管弦樂器為「絲竹」，有粗、細之別，演奏時，粗細絲竹相間，更番迭奏，形成對比。如鼓有同鼓、板鼓二種；鑼有大鑼、中鑼（更鑼）、春鑼、喜鑼、湯鑼五種；鈸有七鈸（小鐃）、大鈸、小鈸（骨子）三種；另有雲鑼、拍板、小木魚、又磬（星）（碰鈴）等。在演奏曲牌方面，據李斗在《揚州畫舫錄》一書中載稱，有《雨夾雪》、《大開門》、《小開門》、《七五三》等，演奏名藝人則有韋蘭谷、熊大璋「二家為最」，且形成「韋派」、「熊派」的不同藝術流派。

冀中管樂 「冀中管樂」流行於河北中部的農村民間。演奏時，所用樂器為：管、海笛（小嗩吶）、笙、笛、梆胡、胡琴、龍頭胡琴（低音胡琴）、雲鑼、小鐺鐺、大鼓、小鼓、大鈸、小鈸、鐃、梆子等。所演奏的曲調，除古時的南北曲牌外，則有民歌、民間歌舞、民間戲曲曲調等。

此外，清前期的民間器樂，還有廣陵揚琴派演奏的「七弦琴音樂」，如《梧葉舞秋風》、《水仙操》、《龍翔操》、《鷗鷺忘機》等曲牌、曲目。琵琶藝術在清代前期出現了新的繁榮，演奏曲目增多，如《霸王卸甲》（又名《四面埋伏》）、《炮打襄陽》（又名《將軍令》）、《平沙落雁》等；且湧現出一批琵琶藝術家，如一素子、王君錫、陳牧夫、鞠士林等。

（五）戲曲音樂藝術

戲曲音樂藝術在清代前期發展的一個重要特點，便是以「弋陽腔」、「梆子」、「皮黃」為代表的新興聲腔和劇種的出現、興盛。

弋陽腔的興盛與發展 弋陽腔雖為傳統聲腔，但在清前期，由於與各地的地方語言與地方戲曲結合後，一方面產生諸多新的聲腔藝術，另一方面則派生出

「高腔戲」。對此，清人李調元在《劇話》一書中稱：「《弋腔》始弋陽，即今《高腔》，所唱皆南北曲。……京謂《京腔》，粵俗謂之《高腔》，楚、蜀之間謂之《清戲》。向無曲譜，祇沿土俗，以一人唱而眾人和之；亦有緊板、慢板。」由於受「弋陽腔」的影響，全國各地在清前期產生出諸多新的聲腔：如「四平腔」、「京腔」、「衛腔」、「梆子腔」、「亂彈腔」、「巫娘腔」、「嗩吶腔」、「囉囉腔」（見劉廷璣《在園曲志》一書）；「亂調」、「下江調」（見張際亮《金臺殘淚記》一書）；「灘簧」（見顧祿《清嘉錄》一書）；「西秦腔」、「甘肅調」、「琴腔」（見吳長元《燕蘭小譜》一書）；「秦腔」、「梆子腔」、「亂彈」（見李調元《劇話》一書）；「二黃腔」、「胡琴腔」、「湖廣調」（見許九埜《梨園軼聞》）等。此外，在清代的「川劇」、「湘劇」、「桂劇」、「婺劇」、「贛劇」中亦有不少「高腔戲」劇目，經常演出。

「梆子」的形成與流傳　「梆子」是在北方民間曲調基礎上產生的多個劇種的通稱。它初為陝、甘一帶的民間曲調，後來，「甘肅調」與陝西西部民間音樂相結合，形成了陝西的「西路梆子」；與陝西東部民樂結合，形成了陝西「東路梆子」；陝西的「東路梆子」流傳至山西，與該地方民間音樂相結合，則形成了「山西梆子」；在河南成為「河南梆子」；在河北民間則形成了「河北梆子」。這些戲曲音樂藝術，在藝術風格、情調上，以其高亢激越著稱，亦因其糅有民間曲調而哀婉動人。

「皮黃」的形成與流變　「皮黃」係由「西皮」與「二黃」兩種聲腔構成。其中，「西皮」由西北的「梆子腔」衍化而來，屬北方戲曲音樂；而「二黃腔」則源出江西，後傳至安徽、湖南、湖北、廣西後，又衍化為「湖廣調」，係南方戲曲音樂，二者結合並經湖北、安徽藝人加工，成為「皮黃腔」。乾隆五十五年（1790 年），四大徽班進京，又將「皮黃腔」帶至北京，後開始形成「京劇」。此外，「皮黃」、「梆子」也與「弋陽腔」一樣，對諸多地方戲曲影響頗大，其中，如「湘劇」的「彈腔」即由「二黃」與「西皮」組成；「滇劇」的唱腔，則以「二黃」、「西皮」為主；「川戲」中的「彈戲」是四川化的「梆子」，而「胡琴戲」則是四川化的「皮黃戲」等，便是其具體表現。

三、少數民族音樂

清前期，由於統一的多民族國家的最終確立與形成，為國內各民族加強政治、經濟、文化方面的聯繫與交往，各民族自身經濟、文化的發展進步，提供了極為有利的環境和條件。在這一歷史時期，國內少數民族的民族音樂（包括民歌音樂、說唱音樂、歌舞音樂、戲曲音樂等），也獲得了空前的發展，出現了頗為繁榮的局面，為有清一代風格各異的音樂藝術的興盛，做出了重要的貢獻。

（一）少數民族的民歌音樂

少數民族的民歌音樂，形式多樣，內容豐富。其中既有想像宇宙形成、人類起源、民族來源的「古歌」；也有歌頌本民族英雄人物的「史詩歌」；還有敘述本民族傳說故事、描寫生產勞動、歌唱愛情的「敘事歌曲」等。不過，這些可總稱為「敘事歌」。

達斡爾族的「舞春」（亦為「烏春」）是一種誦調式敘事歌曲，內容有反映勞動生產的，如農家苦、打魚、伐木等，亦有反映士兵厭倦清政府強迫其征戰的《薄坤綽》。它以四句為一節，全曲有十幾節乃至幾百節不等。

維吾爾族的敘事民歌，稱「達斯坦」，它由說、唱、演奏等多種形式組合而成，內容多為民間傳說故事，如《艾裡甫與西芩》、《塔赫爾左胡來》、《好漢斯依提》等。

柯爾克孜族的敘事古歌、史詩歌帶有神話色彩，如《庫爾滿別克》、《庫加牙西》、《瑪納斯》等，曲調雖較簡單，但卻仍悠揚。

錫伯族的古老民歌，稱為「菲散布熱烏春」，內容有反映民間困苦生活的，如《亞其那》；有反映西遷歷程的《西遷歌》。其音樂曲調，分為上下兩個樂句，反覆吟唱。

彝族的敘事民歌，在楚雄稱「梅葛」，在紅河稱「先基」，在永仁稱「米果

庫」。內容有史詩《梅葛》、《阿細的先基》，讚美愛情的敘事歌曲《阿詩瑪》等。

侗族的敘事民歌，在演唱上頗具特色，有一人用琵琶或牛腿琴自彈自唱的「敘事長歌」，有一唱眾和的「大歌」，更有眾人合唱的「大歌」。內容則有古老故事與民間傳說，如《三百斤油》、《莽細和劉美》、《珠郎娘美》等。

苗族的民間敘事歌曲，稱為「古歌」，內容有神話故事，如《開天闢地歌》、《說古歌》；有反映遷徙歷史和生產勞作的，如《跋山涉水》、《高宜的傳說》、《龍烏支離》、《楊老話》、《格桑格魯之歌》、《庚自爺老月覺比考》、《爺覺力唐》等。

此外，布依族的敘事民歌有《出兵記》、《洪水朝天》、《十二個太陽》、《梁祝十二月》、《告狀》等。瑤族有《盤王大歌》、《盤王古歌》、《水浸天門》、《盤成豪起義》、《千家洞》等敘事民歌、古歌與史詩歌曲。僮族的敘事民歌，有《控告土官歌》、《唱秀英》、《達穩王歌》等。土族則有《唐德格馬》、《降王莽》等敘事民歌。藏族更有二十餘部散韻文並用，邊說邊唱的長篇敘事史詩歌曲《格薩爾王傳》。傣族的敘事民歌《召樹屯》歌唱了王子與孔雀公主堅貞的愛情。仫佬族亦有敘事古歌《伏羲兄妹》、史詩歌曲《八寨趙金龍》等。蒙古族的敘事古歌有《江格爾》。塔吉克族的敘事歌曲有《麥依麗斯》。哈薩克族的敘事民歌有《阿爾卡勒克》。裕固族亦有敘事古歌《西志哈志》等。

（二）少數民族的說唱音樂

在清代前期，說唱音樂這種藝術形式，在少數民族中亦深受喜愛，並形成了富有本民族特色的說唱音樂藝術。其中，最為著稱的有：蒙古族的《好力寶》，內容為說唱民間故事。朝鮮族的說唱音樂，有敘述歷史故事的，如《楚漢相爭》、《赤壁之戰》等；有說唱傳說故事的，如《春香傳》、《沈清傳》等；有說唱美景風光的，如《花草短歌》、《游山歌》等。白族的說唱音樂藝術，稱為「大本曲」，它是由本民族山歌、小調，用曲牌套連的形式，加以說唱，其中有民間故事《秦香蓮》、《梁山伯與祝英臺》、《董永賣身》等，深受民人喜愛。

（三）少數民族的歌舞音樂

　　清前期，少數民族的歌舞音樂，形式多樣，曲調悠揚。其中，朝鮮族的歌舞樂曲達四十餘種，如慶豐收的《農樂舞》舞曲，群眾性的《雜舞》舞曲，田間勞作休息時的《拍手舞》舞曲和《西瓜舞》舞曲等。蒙古族有《筷子舞》、《盅碗舞》、《手絹舞》等單人舞曲。達斡爾族有反映勞動生活的《打獵》、《採野菜》舞曲，有反映婦女生活的《思娘家》、《搖籃曲》舞曲；有熱愛家鄉的《美麗》、《四色》、《八愛》等雙人舞曲。鄂溫克族有反映狩獵生活的《愛達哈喜楞》舞曲。四川藏族有《鍋莊舞》、《弦子舞》、《熱巴舞》等舞曲。羌族也有《鍋莊舞》、《皮鼓舞》等舞曲。布依族有反映勞動生活的《織布舞》、《轉場舞》、《打粑舞》等舞曲。壯族則有《扁擔舞》、《撈蝦舞》、《舂米舞》、《銅鼓舞》等舞曲。怒族有反映勞動與生活的《秋收舞》、《割麥舞》、《婚禮舞》、《猴找蝨舞》、《腳跟舞》等舞曲。傣族有反映勞作與熱愛家鄉的《孔雀舞》、《馬鹿舞》、《魚舞》、《鶴舞》、《蝶舞》、《象舞》、《婦女舞》、《即興集體舞》等舞曲。彝族有《打跳》、《跳月》、《四弦舞》、《花鼓舞》等舞曲。土家族有《擺手舞》舞曲。瑤族有《長鼓舞》、《傘舞》、《花棍舞》、《跳盤王》等舞曲。苗族、侗族也有《蘆笙舞》舞曲等。

　　在民族歌舞音樂藝術中，清前期最具特色的，當屬維吾爾族的「木卡姆」與「賽乃姆」；藏族的「囊瑪」等。

　　「木卡姆」與「賽乃姆」　維吾爾族的木卡姆又稱「十二木卡姆」。「木卡姆」阿拉伯語意為「最高的位置」，在音樂上，即「大型樂曲」之謂，全部應有十二套。其中，每套套曲，由「大拉克曼」（即大曲）、「達斯坦」（即敘事歌曲）、「麥西熱普」（即娛樂，包括歌唱、舞蹈、猜謎、對詞等）三大部分構成。「賽乃姆」是成套歌舞舞曲之一，共有八套，每套流傳地區不同，音樂亦有差異，但其音調均熱烈歡快，節奏鮮明。在伴奏的樂器上，「木卡姆」大型舞曲，常用手鼓、沙塔爾、彈布爾、沙巴依、揚琴、卡龍、皮皮、都塔爾、熱瓦甫、艾捷克等；而「賽乃姆」演奏時，則多用彈布爾、熱瓦甫、都塔爾、手鼓、它石、嗩吶、皮皮、艾捷克、沙塔爾、笛子、揚琴等樂器來伴奏。

「囊瑪」　藏族的「囊瑪」是一種古典歌舞，在西藏的拉薩、日喀則、江孜等城市中經常演出。它的音樂與舞蹈均來自民間，但經過上層貴族的加工。「囊瑪」這種歌舞音樂，由三部分構成：第一部分為「引子」，由器樂演奏；第二部分為「歌曲」，較為柔美且抒情；第三部分為「舞曲」，由器樂伴奏，情調歡快熱烈，並形成舞曲高潮。「囊瑪」伴奏的樂器，有六弦琴、揚琴、特琴、京胡、笛、根卡、串鈴等。

（四）少數民族的戲曲音樂

清代前期，少數民族的戲曲音樂藝術十分豐富。

藏族的戲曲音樂　藏族地區流行「藏戲」，其戲曲音樂亦富有民族特色。在上演的諸多傳統劇目中，藏戲音樂的曲調優美動聽，富於變化。其中，有反映民人生活與願望的《桑諾》、《卓瓦桑姆》、《囊薩姑娘》等，亦有仙女與漁夫相愛故事的藏戲《炎錯拉莫》等，均有很高的藝術價值。

彝族的戲曲音樂　彝族地區盛行「花燈」戲，其唱腔與戲曲音樂均十分優美，並富有彝族文化特色。著名的劇目有《阿佐分家》等，深受彝族民眾的喜愛歡迎。

侗族的戲曲音樂　聚居在湖南、廣西一帶的侗族的戲曲，形成於嘉慶朝初年，它的戲曲音樂與唱腔，富有侗族的民族特色。其傳統劇目《莽子》、《美道》、《朱郎娘美》、《郎耶》、《雪妹》、《吳勉》、《顧老元》、《女鷹》、《奶桃補桃》、《鴛侗》等，多反映侗族社會歷史與傳說故事。

布依族的戲曲音樂　聚居在貴州的布依族有「地戲」與戲曲音樂，是乾隆年間由廣西藝人在「花燈戲」傳入的基礎上加以衍化形成的。其唱腔戲調與戲曲音樂，旋律優美，富有布依族民族特色。

白族的戲曲音樂　白族的古老戲曲為「吹吹腔」，在白族居住地區十分流行。唱腔與戲曲音樂，優美動聽，富有白族的民族特色。上演劇目多取材漢族民

間傳說故事，如《三國演義》、《楊家將》等。

毛難族的戲曲音樂　毛難族的戲曲與戲曲音樂，是在嘉慶、道光年間逐漸形成的，其曲調與唱腔均富有本民族的音樂色彩。傳統戲目的內容多為民族民間傳說與歷史故事，如《莫一大王》、《魯班仙》等。

錫伯族的戲曲音樂　早在乾隆年間，聚居在東北的錫伯族西遷之前，便已在當地形成了本民族的戲曲與戲曲音樂「小曲子」。它是在漢族「秧歌劇」的基礎上，加以衍化而形成的。其唱腔、戲曲音樂，富有錫伯族的民族民間音樂色彩，旋律優美動聽。

塔吉克族的戲曲音樂　聚居在新疆地區的塔吉克族有本民族的戲曲與戲曲音樂，其中，傳統劇目《阿朵恰阿不西卡》便是從乾隆年間開始上演的。這些戲曲與戲曲音樂，富有塔吉克族民間音樂色彩，深受民眾喜愛。[17]

第四節 ·
引人入勝
的舞蹈

　　清代前期，舞蹈藝術的發展走過了一條漫長而又曲折的道路。一方面，隨著

---

17 本節在撰寫過程中，曾參考楊蔭瀏著《中國古代音樂史稿》（人民音樂出版社，1981）、《中華文明史》第 9 卷（清代前期）二書的有關內容，謹致謝忱。

清代社會經濟文化的發展，城鄉人民的物質文化與精神文化生活日益豐富多彩，民間舞蹈藝術的興盛為此增添了新的內容，滿足了社會的多種文化需求，故深受城鄉民眾的喜愛和歡迎。另一方面，清政府深恐民間趁年節時的群眾舞蹈活動，聚眾鬧事、造反，故嚴加禁絕。據《元明清三代禁毀戲曲小說史料》一書記載，康熙五十七年（1718年）十二月，江蘇頒行了禁止「唱秧歌、舞把戲……跳傀儡、駕龍燈」的地方法令。道光十五年（1835年），又頒行過查禁並驅逐「扮演高蹺及女金（筋）斗、爬竿索等」民間藝人的政令。這一切均對民間喜聞樂見的舞蹈藝術活動給以了重大打擊。然而，卻未能阻止清代舞蹈藝術的發展歷程，舞蹈藝術仍取得了長足的進步。這表現在清前期漢族民間舞蹈與少數民族民間舞蹈的興盛，以及舞蹈在戲曲中的發展之中。

一、漢族民間舞蹈的發展與興盛

清前期，由於戲曲藝術的發展，使許多傳統的舞蹈被吸收到戲曲中，成為戲曲的組成部分。如各種以手袖為內容的舞蹈，手執兵器的舞蹈等，都被戲曲融合為表現人物情節的手段。與此同時，民間舞蹈仍流行於人民生活之中，且較前更為興盛與發展。漢族由於地域分布廣，故民間舞蹈南北風格、東西情趣有很大不同。

漢族的民間舞蹈，在清前期呈現出一些較前不同的新特點：其一，是農耕文化的藝術體現。這些舞蹈體現了在農耕文化中人與宇宙、與世界的諸種關係。在人與宇宙的關係中，舞蹈往往是溝通人與神的工具。在人與現實生活的關係中，舞蹈一般是民眾自娛的手段，並體現了人與社會的經濟、政治和文化方面的種種關係。其二，清前期的漢族民間舞蹈，在區域文化與藝術的個性特色上，是「南柔」而「北剛」。其三，在活動的時間上，清前期的漢族民間舞蹈多在民間傳統節日、婚喪嫁娶、迎神賽會中表演。其四，在表演形式上，多用打擊樂器與吹奏樂器伴奏，擅長道具運用，講究場面構圖，並融入諸多武術雜技技藝。其五，清前期的漢族民間舞蹈，在分布上呈以中原地區農業文化區域為中心的輻射型。以

「秧歌」為例，這一舞蹈形式多集中在河北、河南、山西、陝西、山東、安徽等地區。比較著名的有河北的「地秧歌」，山東的「鼓子秧歌」，山西的「花鼓」，陝西的「安塞腰鼓」，關外的「高蹺秧歌」，甘肅的「太平鼓」，青海的「社火」，安徽的「花鼓燈」等。其六，清前期的漢族民間舞蹈，常通過「走會」、「花會」等形式，在燈節或迎神賽會時，與其他藝術種類相結合，成為年節文化活動中的一個重要組成部分。如清代的《北京走會圖》，便形象地再現了這些活動的情景。其中有「秧歌」、「高蹺」、「獅舞」、「胯鼓」、「旱船」、「小車」、「竹馬」、「大頭和尚」等民間舞蹈；有「五虎棍」、「少林拳」等；亦有「耍石鎖」、「翻槓子」、「耍罈子」等雜技；更有「扛箱」等滑稽遊藝節目表演等。

在清代前期的漢族民間舞蹈中，流行地區較廣、並深受人民喜愛的有如下幾種：

太平鼓 此原為宗教儀式中「巫師」所跳舞蹈，故又稱「太平神鼓」。到清代前期，它已成為民間年節中重要的舞蹈形式。清人何耳作《燕臺竹枝詞》中，稱此舞「鐵環振響鼓蓬蓬，跳舞成群歲漸終。見說太平都有象，衢歌聲與壤歌同。」此外，亦有《詠太平鼓》詩稱：「鞔得圓圈繭紙輕，左執右擊伴童嬰。喧如答臘高低節，響徹胡同內外城。」清人在《松風閣詩抄》中，也描述此舞說：「太平鼓，聲冬冬，白光如輪舞索童。一童舞索一童唱，一童跳入光輪中。廣場駢集四方客，曼衍魚龍咍元夕。姹女弄竿竿百尺，驚鴻婉轉凌風翼。今夜金吾鐵鎖開，銅街踏月人不歸。」至於「太平鼓」的具體形制，清人李聲振在《百戲竹枝詞》中載：鼓「形圓平，覆以高麗紙，下垂十餘鐵環，擊之則環聲相應，曲名『太平年』，農人元夜之樂也」。同時，亦記述此舞的情況道：「句麗畫紙黑連環，春鼓聲中不夜天。怪道燈街杖農樂，歌聲已是『太平年』。」每年的燈節、燕九節時，民人跳「太平鼓」舞最盛。

秧歌 民間舞蹈「秧歌」起源於農業勞作生活，清人吳錫麒在所著《新年雜詠抄》一書中認為，它是由宋代的「村田樂」衍化而來的。清人李調元著《粵東筆記》一書也稱：「農者，每春時，婦子以數十計，往田插秧，一老撾大鼓，鼓聲一通，群歌競作，彌日不絕，是曰秧歌。」其實，「秧歌」不僅在農村流行，

而且在城市中也盛行。清人柯煜在《燕九竹枝詞》中記述：「秧歌小隊咽春陽，轂擊肩摩不暇狂。人說太平行樂地，更須千步築毬場。」[18]清人袁啟旭在《燕九竹枝詞》中描繪了「秧歌」演出的盛況：「秧歌初試內家裝，小鼓花腔唱鳳陽。如蟻游人攔不住，紛紛擠過蹴毬場。」[19]清人陸又嘉則在《燕九竹枝詞》中，記述了在戲館（即酒館）中上演「秧歌」舞的歡快情景：「早春戲館換新腔，半雜秧歌侑客觴。偏是醉歸人似蟻，太平鼓咽蹴毬場。」[20]在演出形式上，「秧歌」舞蹈分為「大場」與「小場」兩種表演形式，演出人數多可至數百人，少可幾十人甚或兩三人，但均以鑼、鼓、鈸、嗩吶等樂器伴奏。「大場」是集體隊舞，舞者扮成日常生活、戲曲故事、歷史傳說中的各種人物，手持手帕、扇子、鼓、傘、棒等道具，由領舞者帶頭扭舞成各式各樣的隊形圖案。其中有：「單龍擺尾」、「二龍吐須」、「三連環」、「撐四角」、「五星開花」、「六角掛斗」、「卷七層」、「繞八字」、「九蓮燈」、「花十字」，以及「蒜瓣子」、「卷席子」、「剪子箍」等。「小場」則是由三兩個人表演的秧歌，這些秧歌舞蹈的內容多為情節較簡單、人物富有個性的歌舞小戲，或民間傳說、神話故事等。

在地方民間的秧歌舞蹈表演中，有時也伴以高蹺、旱船、竹馬燈、花鼓等歌舞表演。清前期的秧歌民間舞蹈中，各地區亦有不同的藝術特色，其中，河北「地秧歌」以丑角及逗樂表演別具一格。「陝北秧歌」隊伍可以走上百種圖案隊形；「安塞腰鼓」更是隊伍壯觀，氣勢磅礴，令人嘆絕。「山東秧歌」給人以雄壯有力、熱情矯健之感，表現了齊魯農民堅忍不拔、質樸憨厚的性格，表演時還有丑角尾隨秧歌隊，伴以風趣、幽默逗樂的表演，令觀眾忍俊不禁。「山西秧歌」中的小曲唱腔則頗具特色。

花鼓燈　花鼓燈歌舞又稱安徽「鳳陽花鼓」，它流行於淮河兩岸城鄉民間。它的來歷，據傳是由明代的「玩紅燈」舞蹈衍化而來的。在舞蹈的表演形式上，既可有眾多人數參加的「大場子」，也可由三兩個人參加的「小場子」。在舞蹈

18　《清代北京竹枝詞》，北京，北京古籍出版社，1982。
19　同上。
20　同上。

的藝術「語匯」上，由於吸收了民間武術的許多動作，故顯得健美、粗獷、豪放。

跑竹馬　「跑竹馬」舞蹈，又稱「竹馬燈」、「跳馬燈」。對其具體舞蹈活動，清人李聲振在《百戲竹枝詞》中載述：「竹馬燈，元夜兒童騎之，內可秉燭，好為『明妃出塞』之戲。」且賦詩加以形象生動的描繪：「豈為南陽郭下車，篠驂錦襖倩人扶。紅燈小隊童男好，月夜胭脂出塞圖。」[21]可見，它是一種由兒童或少男少女參加的民間舞蹈。

旱船　「旱船」舞蹈又稱「跑旱船」。對此，清人富察敦崇在《燕京歲時記》一書的「耍耗子、耍猴兒、耍苟利子、跑旱船」條下載：「跑旱船者，乃村童扮成女子，手駕布船，口唱俚歌，意在學遊湖而採蓮者」，「凡諸雜技皆京南人為之，正月最多」[22]。清人李聲振也在《百戲竹枝詞》中，對此舞蹈介紹稱：「旱船，陸地行舟，以錫片鋪地作水形，亦水銀江海之意也。」且賦詩描述：「罔水行舟古所難，居然一葉下銀灘。無邊陸海吾何懼，穩坐鰲魚背上看。」[23]在表演形式上，清人蔡省五在《一歲貨聲》中「跑旱船」條下記述：此舞蹈由「一人攜兩兒，戴女冠，荷木駕船，行敲鑼鼓，入人家唱山西曲」。可見，這是由三人共舞的表演形式，別具風韻。

霸王鞭　此舞蹈在清前期又稱「打花棍」、「打連廂」、「金錢棒」。清人李聲振在《百戲竹枝詞》中稱此舞：「霸王鞭，徐沛伎婦，以竹鞭綴金錢，擊之節歌，其曲名『疊斷橋』，甚動聽。行每覆藍帕，作首粧。」並賦詩具體描繪：「窄樣春衫稱細腰，蔚藍首帕髻雲飄。霸王鞭舞金錢落，惱亂徐州『疊斷橋』。」[24]清人藝蘭生在《側帽餘譚》中，更詳述了此舞蹈的演出過程：「範銅為乾，約二尺許，空其中，綴以環……蓋一二雛伶，喬扮好女郎，執檀板，且歌且拍，先置乾於指尖，旋轉自如，錚錚作響，繼移置眉宇間，仰面注目，不稍欹側，復作勢一

21 《清代北京竹枝詞》。
22 富察敦崇：《燕京歲時記》，北京，北京古籍出版社，1981。
23 《清代北京竹枝詞》。
24 同上。

聳，跳至鼻端，技至此為入神。」「方在眉宇間旋轉時，左手敲板，右手旋扇，口唱《紅繡鞋曲》，五官並用，汗出如漿。」由此可見演員演技的高超和動人之處。

大頭和尚　清前期，「大頭和尚」舞是民眾十分喜愛的民間舞蹈之一。清人李聲振在《百戲竹枝詞》中，介紹此舞說：「大頭和尚，即『月明僧度柳翠』事。」表演時，「人戴大面具扮演之。事見徐天池《四聲猿》曲」。同時，他還賦詩描述稱：「色色空空兩灑然，好於面具逗紅蓮。大千柳翠尋常見，誰證前身明月禪。」[25]此外，清人黃模詩形容此舞「即看春柳翠，行處月明多。笑著袈裟舞，輕將裊娜馱。」清人黃杓在詩中也繪聲繪色地記載此舞的演出景況：「鼓鈸應嬋娟，游春啞戲傳。脫離和尚氣，參出老婆禪。面目迷藏裡，機鋒捉裊邊。團團成一笑，行腳又翩然。」足見此舞的風趣、逗樂與迷人之處甚多。

高蹺　此民間舞蹈在清前期又稱「高蹺秧歌」，或稱「扎高腳」。清人李聲振在《百戲竹枝詞》中，對此舞介紹稱：「扎高腳，農人扮村公村母，以木柱各二，約三尺，縛踏足下，幾幾長一身有半矣。所唱亦秧歌類。」至於演出情景，他則賦詩說：「邨公邨母扮邨邨，屐齒雙移四柱均。高腳相看身有半，要知原不是長人。」[26]《都門瑣記》一書中載述此舞時稱道：一隊十四五歲的少年，踩著三四尺長的高蹺，竟表演出許多高難度的舞蹈動作，如「屈一足於背，以木向上，以一木踸踔而趨，仍以手相搏，備諸險勢，或自投開兩胯，橫伸其足，平坐於地，將起，但聳身一躍，已相率急走」等，故尤使觀者為之驚嘆。清人孫雄在《燕京歲時雜詠》中，亦記述此舞說：「高蹻（即高蹺）秧歌蹻捷足，群兒聯臂欲升天。可憐立腳無根據，跼蹐終朝傀儡牽。」[27]可知此舞演出時，演者與觀者的歡欣情景。

龍舞　該民間舞蹈在清前期又稱「龍燈舞」、「龍燈」、「龍燈斗」等。清人李聲振在《百戲竹枝詞》中，解釋此舞時說：「龍燈斗，以竹篾為之，外覆以

25　同上。
26　《清代北京竹枝詞》。
27　《北京風俗雜詠》，北京，北京古籍出版社，1982。

紗，蜿蜒之勢，亦復可觀。」對此舞的演出景況，他賦詩形容稱：「屈曲隨人匹練斜，春燈影裡動金蛇。燭龍神物傳山海，浪說紅雲露爪牙。」[28] 每屆民間年節時，城鄉民間，在音樂鑼鼓鞭炮聲中，龍燈起舞，民人祈望五穀豐登，平安吉祥。清代的龍舞在藝術技巧、舞蹈動作上「語匯」極為豐富，且演出形式多樣。其中，有用竹篾扎成龍頭、龍身、龍尾，在晚間耍舞的「龍燈」；有每節之間用彩綢相連，可在白天耍舞的「布龍」；有用青藤、稻草、枝條等扎成的「草龍」；有在草龍身上插滿香火的「香火龍」；有用荷花燈、蝴蝶燈組成的「百葉龍」；有用草、彩綢在板凳上扎成的「板凳龍」；還有「紙龍」、「段龍」、「水龍」等。因此，清代諸多詩人在詩中描繪了此舞蹈的熱烈動人場面，如清人金江聲在《武林踏燈詞》中寫道：「畫鼓聲喧百面雷，燭龍驚起上春臺。遊人盡道開光好，爭向龍神廟裡來。」清人項朝榮的《龍燈》詩則形容此舞：「鰲山浮月出，陸地戲珠來。電激一條火，波翻百面雷。回頭笑魚鱉，隨列上燈臺。」此外，尚有清人汪大綸的《龍燈》詩：「鱗甲倏噴火，飛騰照夜分。市聲沸似海，人影從如雲。」清人姚思勤在《龍燈》一詩中也稱：「燈節人似海，夭矯燭龍蟠。雷馭千聲鼓，琉珠一顆丹。」如此等等。這些詩句均是清代年節時，民間龍舞演出情景的生動寫照。

獅舞　此民間舞蹈在清前期又稱「耍獅子」、「獅子滾繡球」、「獅子舞」等。清人李聲振在《百戲竹枝詞》中，介紹此舞時說：「獅子滾繡球，以羊毛飾為獅形，人被之，滾毬跳舞。」並賦詩描述此舞蹈演出時的情景：「毛羽狻猊碧間金，繡毬落處舞嶙峋。方山寄語休心悸，皮相原來不吼人。」[29] 在具體表演時，「獅舞」一般由兩人扮演，一人戴獅頭道具，另一人身披獅皮，俯身抱住前人腰，兩人合成一個大獅子。也有一人身披獅皮道具，俯身成小獅子，另有一人手持能轉動的繡球，逗引獅子而舞。在表演中，「獅舞」的舞蹈形式多樣，其中，有「手獅」舞、「手搖獅」舞；以及舞獅前唱一段的「贊獅」舞；會噴火的「火獅」舞，「琉璜獅」舞和「板凳獅」舞等。

28　《清代北京竹枝詞》。
29　《清代北京竹枝詞》。

燈舞　該民間舞蹈，清前期又稱「舞燈」。清人孔尚任在《舞燈行留贈流香閣》一詩中，記述了他在康熙年間海陵（江蘇泰州）一大戶人家觀看「燈舞」的情景，主人令技藝之人表演「春燈舞」時，「須臾滿堂燈俱吹，微茫星漢窺窗戶。久久簾動一燈來，一燈一燈陸續吐。十二金釵廿四燈，燈光人面添娟嫵。」在表演中，各種彩燈及舞蹈令人目不暇接，「忽而金蟾噴虹影，忽而青天燦銀星，忽而燭龍旋紫電，忽而碧紗亂流螢。最後湧出滿輪月，圓暈三重光皎潔，中有嫦娥繞桂行」。這些生動的描述，再現了當時「春燈舞」表演時的變幻莫測、歡快驚喜的盛況。「燈舞」作為手持燈具而舞的民間舞蹈，品類繁多，達上百種。其中，有手握燈把而舞的「持燈舞」，如「花燈舞」、「鼓燈舞」、「星燈舞」；有手持連線的吊燈或手持細棍，細棍接吊燈而舞的「提燈舞」，如「宮燈舞」、「九蓮燈舞」、「兔子燈舞」、「花盒燈舞」；有手持各種動物造型而舞的「舉燈舞」，如「鯉魚燈舞」、「蛇燈舞」、「龍燈舞」、「大象燈舞」；有人在燈上而舞的「盤燈舞」，如「荷花燈舞」、「車燈舞」、「馬燈舞」；有人居燈中而舞的「蚌殼燈舞」、「蝴蝶燈舞」；有圍著茶燈樹表演的「茶燈舞」；有甩動用繩子繫燈的「甩球燈舞」；有燈中安軸可以轉滾的「滾燈舞」、「轉燈舞」等。

　　面具舞　該民間舞蹈在清前期又稱「鬼臉」、「面鬼」。清人李聲振在《百戲竹枝詞》中，對此舞有介紹：「咘五鬼，童子戴面具，繡帽持花棒，五人相舞。俗以面具為鬼臉，殊可笑。」同時，他還賦詩生動地描述面具舞舞蹈的情景：「繡帽童初花棒過，五方面具舞婆娑。覯然絕倒都如許，莫誚人間鬼臉多。」[30]清代的面具，多用紙製作，然後再繪染成各種圖案、圖形的「鬼臉」。這樣，舞者戴上面具，不僅輕快易於舞蹈，而且製作成本很低，民間舞蹈時，可製作多件各式面具，從而使舞蹈場面更為歡快熱烈。

　　採茶燈　清前期，此種民間舞蹈流行於南方盛產茶葉的地區，它源於採茶的生產勞作過程之中，再經民間藝人的藝術加工，成為此舞蹈。這是一種民間的集體舞蹈，且有多人參加表演；同時，此舞蹈還有「邊唱邊舞」的特點；此外，該

---

30 同上。

舞蹈演出時，多在農曆正月的年節，且有專門的歌曲、歌詞、曲調，供舞者使用。對此，清人李調元在《粵東筆記》一書中，有詳盡記述：「粵俗歲之正月，飾兒童為彩女，每隊十二人，手持花籃，籃中燃一寶燈，罩以絳紗，以縆為大圈，緣之踏歌，歌『十二月採茶』。」伴舞演唱的歌詞有「二月採茶茶發芽，姐妹雙雙去採茶。大姐採多妹採少，不論多少早回家」。「四月採茶茶葉黃，三角田中使牛忙。使得牛來茶已老，採得茶來秧又黃。」可見，通過舞蹈，茶農們既表現了採茶生產活動的全過程，更反映了他（她）們的喜怒哀樂的心情。

此外，清人李聲振在《百戲竹枝詞》中，所列舉與描述的民間年節舞蹈，還有「波斯進寶」舞、「跳鐘馗」舞、「迎拗芒」舞、「春官」舞、「賽龍神」舞、「春婆」舞、「師婆」舞等。

二、千姿百態的少數民族民間舞蹈

清代前期，少數民族民間舞蹈不僅呈現出千姿百態的特點，而且，在舞蹈文化的特徵上，則是牧業文化與農耕文化的兩種反映。其中，北方少數民族舞蹈多是牧業文化的反映，而南方少數民族舞蹈則多是農耕文化的反映。同時，由於少數民族居住生活的地區大多在邊陲和高原地帶，因而，特殊的地理環境、生活習俗與生產方式，使少數民族民間舞蹈具有特殊的風格特點。其總體而言，均具有本民族的文化特色與影響。如青藏高原的藏族民間舞蹈的風格是古樸蒼勁；新疆地區的維吾爾族與哈薩克族的民間舞蹈風格則熱烈歡快；西南邊陲的傣族民間舞蹈風格更秀美多姿；北方草原蒙古族民間舞蹈在風格上則是開闊雄健；朝鮮族民間舞蹈風格呈外柔內剛；而長江中下游地區的土家族、苗族和瑤族的民間舞蹈，則具有濃厚的巫舞風貌；沿海一帶的黎族的民間舞蹈，在風格上更有著熱帶文化的情韻。由此可見，這一切均與少數民族的生產、生活、宗教信仰、風俗習尚、文化心理、愛情等，有著極為密切的關聯。

（一）苗族的民間舞蹈

清前期，每屆年節，在苗族聚居的地區，民眾所喜歡跳的民間舞蹈，有「蘆笙舞」、「銅鼓舞」、「拋彩球」舞、「調年鼓」舞、「面具舞」等。

蘆笙舞 據清代《清朝通典》記述，貴州花苗「每歲孟春合男女於野，謂之跳月，男吹蘆笙女振鈴，旋躍歌舞。東苗跳月與花苗同……西苗延善歌祝者導於前，童男女百數十輩相隨於後，吹笙舞踏歷三晝夜以賽豐年」。在清代《廣輿勝覽》一書中，則載有一幅苗族《蘆笙舞》圖，畫一苗族青年男子邊吹蘆笙，邊起步舞蹈，一女子梳高髻，穿花衣裙，左手執巾，右手搖鈴而舞。同時，圖上注明苗族風俗「每歲孟春，擇平地為月場，男吹蘆笙女搖鈴，盤旋歌舞，謂之跳月」。苗族的「蘆笙舞」在表演形式上，有自娛性、競技性、祭祀性三種。其中，祭祀性「蘆笙舞」具有祀祖和祭神的巫舞性質。

銅鼓舞 《清朝通典》一書記載，「兩廣苗俚人最貴銅鼓，鑄初成懸於庭中，置酒招同類，來者以金銀為大釵，執以扣鼓，因遺主人，名為納鼓釵，有是鼓者，極為豪強，號為都老」。此民間舞蹈與古老的祭祀活動有關，多表現狩獵勞動和農事活動內容。

拋彩球舞 清《廣輿勝覽》一書中，繪有貴陽安順等處仲家苗族「拋彩球」舞圖。畫面上有一男一女，中間為一彩球，一男正向由女方已拋起的彩球方向奔去，舉手作欲接之態。畫上題記：「卡龍仲家衣尚青，以帕束首，婦女多纖好，長裙細褶，腰拖彩帕，髻裹青巾，孟春跳月，結彩球視所歡者，擲之。」可見，這是清代苗族青年男女表達愛情、傳遞信物的群眾性民間舞蹈。

調年鼓舞 此舞清前期又稱為「猴兒鼓」舞，它是湘西苗族地區流行的民間舞蹈。據清代《湖南通志》載稱：「每歲正月，各寨置鼓平陽商阜地，數人互擊之，跳躍騰擲，狀如猿猱；婦孺環視，歌聲唱合不絕，曰《調年》，又曰打《猴兒鼓》。」在表演形式上，群眾擊鼓作舞，節奏變化自由，表現插秧、鋤地、推磨、梳頭等生產、生活過程。

面具舞　在《廣輿勝覽》一書中，繪有廣順、貴定等地「仲家諸苗」跳「面具舞」的圖畫。一幅為「仲家諸苗」圖，畫中男右手執矛，左手執假面，女子微傾身向前，曲舉雙手，呈畏懼之態。此畫題記稱：「仲家諸苗……歲首迎山魈，以一人戎服假面，眾吹笙擊鼓以導之，蓋亦古人大儺之意。」另一幅畫則是「廣順土人大儺圖」，畫上一人頭戴長翎手捧面具，一人左手執旗，右手執面具覆蓋臉上；另二人擊鑼開道，一人坐地擊鼓，一人坐地吹喇叭。畫中生動再現了此舞蹈時的情景。

　　此外，「銅鼓舞」、「蘆笙舞」、「面具舞」等民間舞蹈，亦在清代前期南方其他一些少數民族中流行。

（二）瑤族的民間舞蹈

　　清前期，在瑤族地區，每逢年節時，民眾喜歡跳「調花鼓」舞、「會閬」舞等民間舞蹈，以慶豐收和自娛自樂。

　　調花鼓舞　據清代《連山綏瑤廳志》記述，每年年節時，「三月三日賽飯食神。六月六日賽土神，十月十六日名曰散地節」，又「七月七日，男女會，名曰耍秋排」，在這些年節中，瑤民男女皆「歌舞以為樂」。所跳舞蹈，即擊「以木為之，但兩端圓徑如一，中細如腰鼓狀」的鼓而舞，「名曰調花鼓」。對此，顧炎武在《天下郡國利病書》中，也載稱瑤民跳此舞「賽之日，以木為鼓，圓徑一斗餘，中空兩頭大，四尺長，謂之長鼓。二尺者，謂之短鼓……有一巫人，以長鼓繞身而舞。又二人，復以短鼓，相向而舞。」可見，這是一種一邊以手拊鼓、一邊跳舞的民間舞蹈。

　　會閬舞　清代瑤族的這種民間舞蹈，與以往的「踏歌」相似。清人張祥河在《粵西筆述》一書中寫道：「瑤人風俗，最尚踏歌」，每年從秋收後到次年春耕前，即「會閬之期」時，尤其是在元宵節、中秋節時，瑤民男女則穿著豔麗的民族服裝，前往茂林修竹的空地，唱歌跳舞，「一唱百和」，引人入勝。這種歌舞活動即是「會閬」舞。

（三）彝族的民間舞蹈

清前期，每屆年節時，在彝族聚居地區，民眾喜歡跳「火把舞」、「跳左腳」舞等民間舞蹈以賀年慶節。

火把舞　據清代《扎樸》一書載述，彝民為紀念先人，每年「六月二十五日夕，家家樹火於門外，謂之火把節」。屆時（或六月二十四日），彝族民眾穿起節日盛裝，手執火把，成群結隊至山壩草坪彈唱跳舞，至夜不肯散去，以此來慶賀此節。

跳左腳舞　此彝族民間舞蹈清前期又稱「跳腳」舞，或「墮（跥）左腳」舞，在雲南的彝族民間流行。據清代道光《定遠縣志》記述：「裸儸（對彝族的舊稱），黑白二種……每年三月二十八日赴城南東岳廟趕會」，「至晚，男女百餘人，噓葫蘆笙，彈月琴，吹口弦，唱夷曲……墮左腳，至更餘方散」。可見此舞蹈頗富有彝族民族特色與藝術風韻。

（四）土家族的民間舞蹈

土家族民眾每逢年節時，均喜歡跳「擺手舞」，以慶賀節日。

擺手舞　據清乾隆《永順縣志》記述，在土家族聚居的「各寨有擺手堂……每歲正月初三日至十七日止，夜間鳴鑼擊鼓，男女聚集，跳舞唱歌，名曰《擺手》」。清代《龍山縣志》更載：「土民賽故土司神，舊有堂，曰擺手堂」，土家族男女「入酬畢，披五色花被飾帕首，擊鼓鳴鉦，跳舞歌唱竟夕乃止」，「歌時男女相攜，蹈躍進退，故曰之『擺手』」。這是清代前期土家族民間的一種獨具民族特色的群眾性舞蹈。

（五）藏族的民間舞蹈

在藏族聚居地區，清代前期每逢歡樂與喜慶之時，藏族民眾喜跳的民間舞蹈

有「鍋莊舞」、「弦子舞」、「踢踏舞」、「熱巴舞」等。

鍋莊舞　藏族的民間舞蹈「鍋莊舞」，有自娛性集體歌舞和表演性歌舞之分。乾隆時的《衛藏圖識》一書中，對藏族婦女跳此舞有載：「俗有跳歌妝《鍋莊》之戲，蓋以婦女十餘人，首戴白布圈帽，如箭鵠，著五色彩衣，攜手成圍，騰足於空，團團歌舞。度曲亦靡靡可聽。」可見，這種舞蹈，既有大的騰跳動作，也有旋轉動作。清代《皇清職貢圖》一書更描述了男女合跳「鍋莊舞」的情景：「雜谷本唐時吐蕃部落（藏族），男女相悅（相愛）攜手歌舞，名曰『鍋椿』。」在表演形式上，它的舞蹈動作，分為快、慢兩種節奏：一種是舞蹈與音樂節奏緩慢，舞姿優美舒展；另一種則是音樂與舞蹈節奏急促，舞姿激越奔放。這些歌舞勞動生活氣息濃郁，故節奏與動作均與勞作有關。舞蹈中還有許多模擬飛鳥、野獸與狩獵生活的動作，如「猛虎下山」、「雄鷹盤旋」、「孔雀開屏」、「野獸戲耍」等。在舞蹈時所唱歌詞中，則是藏族民眾心聲的反映。其中，既有反映狩獵生活的，也有歌頌家鄉的，亦有表達與傾訴青年男女之間的愛情的。如有一首《鍋莊》歌詞唱道：「要跳跳個好鍋莊，跳個孔雀吃葡萄。好舞不能隨便跳，喇嘛轉經才能跳。」「要跳跳個好鍋莊，跳個宇宙的神雕鳥。好舞不能隨便跳，土司辦事才能跳。」這既是藏民對幸福生活渴望心靈的反映，更是清代土司與奴隸主役使農奴民眾、將「鍋莊」作為每逢祭祀時農奴們服役的社會現實生活的真實寫照。

弦子舞　在清前期，「鍋莊舞」在藏語中稱「卓」；而「弦子舞」在藏語中則稱「諧」。此種藏族民間舞蹈中，多有模擬飛鳥和狩獵生活的動作。舞蹈「弦子舞」時，由一男子拉著弦子（類似二胡的一種弦樂器）樂器在前領舞，一群人則跟隨其後，圍圈歌舞，其伴奏音樂曲調悠揚動聽；藏民們舞蹈時，則長袖輕拂，舞姿優美柔和動人。

踢踏舞　該舞蹈在清前期藏語中，稱之為「堆謝」。藏民們在跳「踢踏舞」時，常以腳部的踢、踏、騰、跳、踩、擦等歡快動作，舞蹈出各種清脆、響亮、複雜的節奏。整個舞蹈氣氛熱烈，情緒開朗，舞姿則矯捷健美而富有感染力。

熱巴舞　在清前期，「熱巴舞」是一種綜合性的、表演性的藏族民間舞蹈。

在藏語中，它又稱之為「熱巴卓」、「果卓」。這種表演性民間舞蹈一般由藝人表演，在藏族傳統的節日和喜慶活動中演出。此類舞蹈重技巧，包括了鼓舞、擬獸舞、性格舞等。在形式上更加自由活潑，專由賣藝的民間「熱巴」藝人表演，其中有鈴鼓舞、雜技、說笑話等內容。這種藏族民間舞蹈，多在昌都、工布地區和四川、雲南藏族地區民間流行。

此外，在清前期，與藏族民間舞蹈有直接關聯的，尚有西藏宮廷中的「噶爾」舞蹈；喇嘛寺廟中的「羌姆」宗教舞蹈。「噶爾」是專業性表演歌舞，同時也是具有民族特色的宮廷舞蹈。由男性兒童表演古典室內燕樂「囊瑪」廣泛流傳於民間，表演者和觀眾任意邊歌邊舞，內容多是驅邪迎祥、歌頌政教昌隆、讚頌達賴喇嘛的。舞蹈受西域樂舞和中原漢族的武舞的影響較大。「羌姆」這種喇嘛寺廟中的宗教舞蹈，內容包括驅鬼酬神、解說因果關係、表演佛經故事等。「羌姆」是根據印度佛教，又吸收了本教內容，同時融合了自然崇拜的巫舞、擬獸舞、法器舞等綜合形成的。它多在宗教節日、寺廟跳神活動中表演。表演者頭戴面具，手執法器和兵器，以眾神的形象起舞。表演中穿插有摔跤、角鬥等表演。在清代藏民民眾的傳統觀念中，認為跳「羌姆」這種舞蹈，能消除一年中的災難，祈求一年的福佑。

（六）蒙古族的民間舞蹈

清前期，蒙古族的民間舞蹈有「倒喇」舞。據清人所著《歷代舊聞》一書記述：「倒喇傳新曲，甌燈舞更輕。箏琶齊入破，金鐵作邊聲。」原注說：「元有倒喇之戲，謂歌也……又頂甌燈起舞」，此舞的音樂有著鮮明的蒙古族風格特色，舞蹈時舞者頭頂燈起舞，舞姿翩翩。清人陸次雲在《滿庭芳》中，形象生動地描繪了「倒喇」舞的具體表演過程：樂聲起，「舞人，矜舞態，雙甌分頂，頂上燃燈，更口噙湘竹，擊節堪聽」，接著，描寫伴奏音樂越奏越快，舞者則像流風卷雪似的快速旋轉，令人目不暇接。[31]

---

31 參見王克芬：《中國古代舞蹈史話》，北京，人民音樂出版社，1981。

（七）滿族的民間舞蹈

清前期，滿族民人每逢年節時，喜歡跳「秧歌舞」。清人楊賓在《柳邊紀略》卷四中，曾記述了康熙時寧古塔滿族民眾在上元節時跳「秧歌舞」的情況：「上元夜，好事者輒扮秧歌。秧歌者，以童子扮三四婦女，又以三四人扮參軍，各持尺許兩圓木，戛擊相對舞。而一持傘燈賣膏藥者前導，旁以鑼鼓和之，舞畢乃歌，歌畢更舞，達旦乃已。」可見，這是一種年節性、風俗性的民間舞蹈。

（八）高山族的民間舞蹈

清前期，臺灣高山族的民間舞蹈，有「豐收舞」、「慶婚舞」、「祭舞」、「喪舞」等多種。

豐收舞　這是清代臺灣高山族跳的民間集體舞蹈之一。每年豐收完結後，高山族民眾即要舉行「賽戲酬歌」，名曰「做年」的歌舞活動。每年進行一二次，亦有三四次者，每次二三日，時間多為八月初及三月初，總以稻熟時為准。歌舞的具體日期，有的是由「番社」互相約定，也有的是訂好日期後由「麻達」登高傳呼。屆時，社中男女老幼皆盛裝而至。每次歌舞前都要舉行「會飲」，準備豐盛的酒席，在公廨前的草坪上，「聚薪燃火，光可燭天」[32]。男女老幼，在聚飲後便是歌舞。清人繪《東寧陳氏番俗圖・番戲》的題記中，描繪了舞蹈的情景：「衣錦紵簪珠花，一老番鳴金，一執羽幟相引，以為進退之節。各皆飲酒，朱顏酡鮮，挽手連臂合圍，歌唱跳舞，踴躍得得之聲，韻洽齊度。通事坐列公廨，會眾讙譁。」

慶婚舞　清代，高山族青年男女婚後三日，便要邀請親友飲宴。屆時，婦女皆豔妝，頭戴野花或草箍，項間飾以瑪瑙或螺貝串珠。男子則頭戴草箍，插鳥羽，手戴各式臂鐲，腰轉鹿皮，成群集赴，盡皆痛飲至醉，並隨後進行歌舞活動。

---

32 黃叔璥：《臺海使槎錄》，《番俗六考》。

祭舞　該舞蹈是清前期高山族以部落為單位的集體民間舞。參加人數由數十人至數百人不等，舞蹈時，男女互相交叉拉手成一字形或環形，自右向左移動而舞。能歌善舞者皆列於最前，大家隨歌而舞。如臺灣高山族中的賽夏族的「矮靈祭舞」，阿裡山曹族的「粟祭舞」，阿美族的「成年祭舞」等均是。

喪舞　這是清代臺灣高山族的民間喪事舞蹈。據道光《彰化縣志》的「風俗志」載稱：高山族人，凡家有喪事時，「番女十數輩，挽手擁一貓踏，跳擲旋轉而歌，歌畢而哭」。即人死之後，高山族親友先以歌舞送別死者，然後歌舞畢再轉至悲傷慟哭，可謂別具一格。[33]

三、舞蹈在戲曲中的發展

清前期，各種地方戲曲藝術得以充分發展，各個地區的民間歌舞逐漸發展且轉化成諸多風格不同的歌舞小戲，舞蹈藝術在戲曲中找到了另一個重要的發展新天地，開闢了戲曲舞蹈的新領域。

戲曲舞蹈在清前期，不僅是諸多戲曲中重要的表現手段，而且是戲曲藝術中的重要組成部分。在戲曲表演的「唱」、「念」、「做」、「打」中，「做」、「打」是由舞蹈轉化和演變而來的。戲曲中的「水袖」、刀槍棍棒武打場面、人物身段韻味和舉手投足，都是戲曲表演藝術中的獨具特色的舞蹈成分。

在清前期，全國流行的風格各異的地方戲曲中，有許多是由民間歌舞逐漸衍化而形成的。

花鼓戲　它是由「地花鼓」、「花燈」等民間歌舞發展衍化而成的。據乾嘉時代清人諸聯所著《明齋小識》一書記述：「花鼓戲傳來三十年，而變者屢矣，始以男，繼以女，始以日，繼以夜，始於鄉野，繼於鎮市，始盛於村俗農畝，繼

---

33 參見劉如仲、苗學孟：《清代臺灣高山族社會生活》，福州，福建人民出版社，1992。

沿於紈袴子弟。」「花鼓戲」流行於湖南、湖北、安徽、江蘇、浙江等地區。當它傳到蘇北後，與當地戲曲、歌舞結合，最後又形成了「揚劇」。在「揚劇」曲名中的「跌懷」、「背肩」、「跨馬」、「磨盤」等，則與舞蹈表演動作有直接的關聯。

採茶戲　它是由民間歌舞「採茶燈」（或稱「茶籃燈」）發展衍化而成的。清人李調元在《粵東筆記》一書中，對廣東地區流行的採茶戲的表演情況，有生動記載：「而採茶歌尤善，粵俗，歲之正月，飾兒童為彩女，每隊十二人，人持花籃，籃中燃一寶燈，罩以絳紗，以絙為大圈，緣之踏歌，歌《十二月採茶》。」在它的形成過程中，最初則有小丑、小旦兩個角色，後來又加上小生，才稱之為「三角班」。直至後來，又加添了老生、花臉等角色，方才形成了較為完備的地方戲曲劇種。

泗州戲　它是由安徽民間歌舞「秧歌」、「號子」發展衍化而成的。在演出時，正戲開臺之前，要由男女演員各一，進行對唱對舞表演，其中有「百馬大戰」、「門外窩」、「燕子拔泥」、「鳳凰雙展翅」、「蛇脫殼」、「剪子股」、「蕩子踢球」等歌舞節目。可見，泗州戲有許多民間歌舞的演變痕跡。

黃梅戲　這是清代流行在安徽等地的地方戲曲，它是由湖北黃梅縣的「採茶調」等傳入安徽後，與當地的「龍船」、「獅子」、「連廂」等多種民間歌舞結合後，才逐漸衍化發展並形成了這一劇種。

莆仙戲　此戲流行於清代莆田、仙遊一帶地區。在該戲的表演程式中，有許多戲曲動作是由傀儡式舞蹈「語匯」衍化而來的，如生部的「雀鳥跳」、「步蛇」、「鳳凰手」、「花魚腿」、「黑雲蓋頂」等表演程式；淨部的「雞母步」、「偷步」、「三步行」、「搖步」等表演程式；丑部的「對面看」、「搖步」等表演程式；旦部的「掃地裙」、「月亮彎」、「幻蝶」、「鯉魚擺水」等表演程式，即是如此。

秦腔　這是清代流行於陝西等地的戲曲。它的唱腔來自西北民歌，在戲曲表演上，則吸收了陝西民間歌舞小戲「文社火」中的許多舞蹈動作，且加以衍化發

展，最終形成了「秦腔」戲曲中豐富的表演程式。[34]

第五節 ·
興盛的
地方戲劇

　　地方戲劇是中國古代燦爛文化的一個重要組成部分。它以演出的不同形式教育人民，娛樂大眾；同時，它又以群眾所喜聞樂見的藝術手法，反映時代的政治風雲變幻、階級鬥爭和社會各種現實，一定程度上表達了廣大人民群眾的鮮明愛憎、願望和痛苦，因此，大大地豐富了群眾的社會文化生活。其所起的社會教化作用之大、影響之深，遠遠超過了詩、文、詞、賦等藝術形式；並成為古代表演藝術園地中一朵永不凋敗、璀璨奪目的奇葩。有清一代，是地方戲劇的興盛時期，由於有宋、元、明三代的戲文、雜劇為戲劇藝術的繁榮奠定了堅實的基礎，劇作家們又以複雜多變的閱歷和生活感受，為其戲劇創作提供了豐富的素材和營養，寫出了一批緊扣時代「脈搏」跳動、感人至深、催人淚下的優秀劇本，使戲劇得以迅速發展和興盛。其具體表現是：劇壇上人才輩出，湧現出一大批戲曲理論家和優秀的劇作家、戲曲表演藝術家；而戲劇作家人數之眾，問世作品之多，都達到了前所未有的水平。不但昆曲的興盛達於頂峰，而且各省古老的地方戲劇劇種也各有其不同程度的繁榮。還有許多新興戲劇劇種（如京劇等），亦像雨後

---

34 參見《中華文明史》第9卷（清代前期）有關內容。

春筍般地破土而出並茁壯成長。更有諸多邊疆少數民族的地方戲劇，在清代前期，亦得以迅速發展起來。

一、地方戲劇的發展

清前期地方戲劇經歷了清初到嘉慶年間不同的發展階段。

（一）清初地方戲劇的興盛

明末清初，「昆曲」的發展進入了全盛的時期，其顯著的特點是，湧現了不少多產的劇作家和具有獨到見解的戲劇理論家，從而使昆曲在劇壇上的地位更加鞏固，在清人社會文化生活中的影響更為廣泛深遠。

由於清初社會階級矛盾和民族矛盾相互交織，且民族矛盾上升為主要矛盾，其具體表象是清朝統治者殘酷壓迫漢族，尤以具有反抗民族壓迫思想的漢族知識分子階層為直接鎮壓對象，因此，這一時期劇作的中心內容便貫穿著一條主線——反抗清王朝統治階級及其政策舉措。這既反映了當時的社會殘酷現實，又在一定程度上表現了廣大下層民眾的反抗精神、憤怒情緒、痛苦與呼聲，從而使之具有強烈的現實感與藝術感染力。有的戲劇劇目久演不衰，在群眾中廣泛流傳。這一時期，著名的地方戲劇作家和戲劇理論家有三十餘人，其中，李玉專研地方戲劇，頗有造詣，編有《北詞廣正譜》，詳論金元以降的北曲。其所著劇本據考證有三十七種之多，而最負盛名者為《一捧雪》、《人獸關》、《永團圓》、《占花魁》四種，簡稱「一人永占」。他在清初編寫成的《清忠譜》、《萬里圓》等戲，思想內容和藝術水平則較前期為高。他在戲劇中善於表現動人的場面，頭緒繁多而不紊亂；善於揣摸和刻畫劇中人物，所塑造的各種人物形象，生動逼真，性格鮮明，栩栩如生，各具特色。再如李漁，他傳世常見的戲劇劇目是《笠翁十種曲》。他所編寫的劇目，很能把握住劇中每個人物的藝術個性與共性，劇本結構新奇，情節生動曲折，唱詞音律協調，演唱時娓娓動聽，感人至深，故演出時

很受觀眾的喜愛和歡迎。但總的說來，其思想與藝術格調不甚高，有時還故意追求新奇，以迎合觀眾的低級庸俗情趣，因而有造作牽強的痕跡；個別劇目中，還略帶些穢褻內容，實屬糟粕，理當揚棄。

（二）康雍年間的地方戲劇與特色

康熙、雍正年間是清朝盛世的重要發展時期，這一時期，社會政治、經濟相對穩定，人們的社會文化生活的內容，較前亦更加豐富。從而使地方戲劇在思想性與藝術性方面，較前大為提高。而社會物質文化生活與精神文化生活的繁榮，長期以來各種藝術形式的勃興和藝術實踐經驗的積累，則更為地方戲劇本身的進一步發展與提高，提供了十分堅實的基礎。其劇作家人數之多，流傳和產生的劇目數量之大及質量之高，均達於一個新的高峰；與此同時，在地方戲劇理論方面，亦產生了新的巨著。這一時期，見於記載的地方戲劇作家有二十餘人，其中，最具代表性的人物是洪昇與孔尚任。洪昇擅長詩文詞曲，又精通音律。他所創作的戲劇劇目代表作有《長生殿》、《四嬋娟》、《迴龍記》、《錦繡圖》、《高唐》、《節孝坊》、《舞霓裳》、《沉香亭》、《天涯目》、《青衫濕》等。而《長生殿》更是清代傳奇中最為有名的一個。《長生殿》取材於唐明皇與楊貴妃的愛情故事。這個題材自唐中葉以來，在詩歌、小說、戲曲和說唱文學中多有採用，如唐白居易的《長恨歌》、陳鴻的《長恨歌傳》，宋樂史的《楊太真外傳》，元白樸的《梧桐雨》和明朝吳世美的《驚鴻記》等就是其中影響甚大的作品。洪昇在繼承和發展這些作品成就的基礎上，經過十餘年努力，數易其稿，終於寫出了《長生殿》，從而成為轟動一時、影響最大的地方戲劇作品之一。《長生殿》的特點是抒情色彩極為濃厚，曲詞清麗流暢，充滿詩意，遣詞用韻，極為講究，致使全劇在情節和唱詞方面，有著極強的藝術感染力，收到了極佳的藝術效果，深受清代廣大觀眾的喜愛歡迎。

楊柳青年畫《蘇小妹三難情郎》

　　孔尚任是著名的地方戲劇劇作家，知識淵博，喜攻詩文，又精通樂律，著有《桃花扇》傳奇等。其中，《桃花扇》在地方戲劇發展史上，與《長生殿》齊名。該傳奇以明末崇禎年間復社文人侯方域和秦淮名妓李香君離合悲歡的愛情故事為主線，描寫了南明弘光小朝廷的覆亡悲劇，抒發了作者的興亡之感。《桃花扇》的創作，十分重視歷史的真實。劇中的「朝政得失，文人聚散，皆確考時地，全無假借」[35]。但在劇情發展時，又並不忽視戲劇本身特定的藝術手段的調動和運用，例如，為了塑造劇中的典型人物，對某些事實也「稍有點染」[36]，收到了歷史的真實與藝術的真實二者之間較好結合的效果，從而使《桃花扇》成為一部思想性和藝術性相統一的古典戲劇名著。

（三）乾隆年間的地方戲劇與繁榮

　　乾隆時期，是清代國力鼎盛的時代，亦是清代政治、經濟、文化發展最為繁榮的時期。在這一時期，與清代社會各個階層文化生活密切相關的地方戲曲，自然也得到了迅速發展。宮廷中，除歷代相傳的「承應戲」之外，又產生了長達

---

35 孔尚任：《桃花扇・凡例》，北京，人民文學出版社，1963。
36 同上。

二百四十齣的歷史大戲，並成為傳奇的一支。由於宮廷戲劇與民間地方戲劇的相互影響，在演出方面，無論劇情、場面、腔調、行頭、臉譜、道具、做工等都較前有了很大程度的改進，並影響到了全國各個地方劇種的興盛與發展。此時，最顯著的特點是出現了「花部」和「雅部」相互爭雄的局面。「雅部」指昆曲，「花部」則是各種地方戲劇的總稱，或稱「亂彈」。清人李斗在《揚州畫舫錄》一書中記載：「兩淮鹽務，例蓄『花』、『雅』兩部，以備大戲。雅部即昆山腔；花部為京腔、秦腔、弋陽腔、梆子腔、羅羅腔、二黃調，統謂之『亂彈』。」其中，地方戲劇的曲文雖不如昆曲，但音調優美，語言通俗流暢，表演生動多樣，富於生活氣息。對此，清代著名學者焦循評論說，昆曲「蓋吳音繁縟，其曲雖極諧於律，而聽者使未睹本文，無不茫然不知所謂」；而地方戲劇卻是「其詞質直，雖婦孺亦能解。其音慷慨，血氣為之動盪」。故此「花部」備受民間歡迎，「郭外各村，於二八月間，遞相演唱，農叟漁父，聚以為歡，由來久矣」；「天既炎暑，田事餘閒，群坐柳蔭空棚之下，侈談故事，多不出（花部）所演」[37]。因此，乾隆時期是地方戲劇大發展、大繁榮，各種地方戲劇劇種之間，相互學習、彼此影響的時期，進而形成戲劇劇壇上由昆曲獨霸轉為與地方戲劇分庭抗禮的局面。這一時期的戲劇作家有二十餘人，其中，最具代表性的人物是楊潮觀和蔣士銓。

（四）嘉慶年間以後的地方戲劇

從嘉慶時期到清末，清代的戲劇，從宮廷到民間都不曾再有乾隆時期的盛況。此時，昆曲開始走下坡路，由於統治者的喜好和扶持，皮黃戲得到了較大的發展。

這一時期，雖然戲劇作品、劇作家數量仍不少，但在作品質量、作家成就上均已不能與乾隆以前相媲美了。較為著稱的戲劇作家有瞿頡、李斗等三十餘人。

---

37 焦循：《花部農譚》。

二、劇種與風格

清前期，在戲劇劇壇上，作為地方戲劇劇種之一的昆曲的霸主地位是從乾隆時期開始發生動搖和變化的。在此之前，由於清廷對「雅部」（昆曲）採取扶持的態度，對「花部」（其他地方戲劇）則多次明令禁演；所以昆曲儼然是戲劇劇壇上「一統天下」的當然盟主，影響及於全國各地，至於其他劇種則居於附庸地位，這些地方戲劇大多只盛行在各個地方。北方的京師雖也有一些「花部」班子演出，但其聲勢遠不及昆曲，且主要在民間演出，宮廷和官僚士紳府第所演出大部分卻是昆曲。迄至乾隆年間，這種情況開始發生變化，一些地方戲劇中，藝術造詣較高、較精深的劇種，相繼來京演出，奪走了昆曲的部分觀眾和演出場所。其中，歷史悠久、技藝高超的弋陽腔首先在京師和昆曲競勝；繼之有秦腔大師魏長生來京演出，轟動朝野，提高了秦腔的地位和聲譽；接著，自乾隆五十五年（1790 年）始，「四大徽班」陸續進京獻藝演出，譽滿京城，同時，昆曲、弋陽腔、秦腔、皮黃等大的地方戲劇劇種又相互競爭、相互交流借鑑。歷經嘉慶、道光兩朝之後，皮黃（即京劇）勢力壯大起來，在戲劇劇壇上逐漸形成壓倒一切的優勢，從而取代了昆曲在戲劇劇壇上的盟主地位。與此同時，清代各地方的戲劇劇種，亦呈現出「繁花似錦」的興盛局面。這一切，不僅成為清人社會文化生活中一個重要的轉折點，而且，它亦多層次、多側面、多角度地豐富了這一文化生活的內涵。

在戲劇藝術與聲腔藝術風格方面，清前期的地方戲劇劇種雖多，但就新興戲劇聲腔而論，則基本上可以歸納為弦索、梆子、亂彈、皮黃四種戲劇聲腔藝術系統，且各具有重要藝術特色。

弦索戲劇聲腔系統　大約在明末清初，俗曲經由說唱已衍變為戲曲。清初，蒲松齡曾用「俚曲」編寫說唱和戲曲腳本。興起於山東，流行於魯西南、中南、豫東、冀南、蘇北一帶的柳子戲是以演唱民歌、小曲為主，所唱曲調有《柳子》、《山坡羊》、《鎖南枝》等。還有女兒腔（亦稱弦索腔）、大弦子戲、囉囉腔、絲弦、越調等以演唱俗曲為主，構成以演唱清代俗曲為特點的弦索戲劇聲腔系統。

梆子戲劇聲腔系統　梆子腔淵源於明代陝西、甘肅一帶的民歌、小曲，因演唱時用梆子樂器擊節，故稱此名。它在清代首先形成的劇種是秦腔（陝西梆子），隨後在廣泛流傳過程中，又同各地方言、民間曲調結合，陸續形成了山西梆子、河南梆子、河北梆子、山東梆子等劇種，並對四川、湖北、雲南、安徽、浙江等地諸多劇種曾有不同程度的影響，構成了梆子戲劇聲腔系統。梆子腔首先在唱腔上創造性地運用了板式變化體聲腔，導致了戲劇音樂結構的一次重要的革新和發展，為清代地方戲劇的發展開拓出一條新的道路。

亂彈戲劇聲腔系統　此處所謂的「亂彈」，是指流行於浙江、江西等地，以「二凡」、「三五七」兩種腔調為主的地方戲劇聲腔而言。它形成於清代戲劇聲腔興盛發達的皖南地區，並盛行於揚州，在浙江衍變為紹興亂彈戲劇、浦江亂彈戲劇、溫州亂彈戲劇、諸暨亂彈戲劇等。有的則成為多聲腔劇種的組成部分之一，如婺劇中的浦江亂彈戲劇等，即是如此，它們構成了亂彈戲劇聲腔系統。

皮黃腔戲劇聲腔系統　皮黃腔是以西皮、二黃兩種腔調為主的戲劇聲腔。西皮起源於秦腔，二黃是由吹腔、高撥子演變而成的。在清初時，西皮是漢調的主要戲劇腔調，二黃則是徽調的主要戲劇腔調。後來，隨著漢調戲劇、徽調戲劇的成熟以及二者合流演變而成的「京劇」在全國各地的流傳，西皮、二黃這兩種戲劇聲腔對南方許多戲劇劇種產生了深遠的影響，並發展、衍化出一些以皮黃腔為主的戲劇劇種，如京劇、漢劇、徽劇、粵劇、桂劇等。有的則成為清代當地多聲腔劇種的重要組成部分之一，如川劇的胡琴戲，贛劇中的二凡戲、西皮戲等，從而構成了清代皮黃戲劇的聲腔系統。

清前期，全國各地方戲劇劇種，品類繁多，技藝、風格各異，它們均是清代戲劇園地裡大放異彩的藝術奇葩。

陝西的地方劇種與風格　陝西省是北方「北曲」的發源地，長期以來，陝西戲劇影響所及，幾乎遍及全國各地。清代前期，陝西最重要的地方戲劇劇種有：同州梆子，發源於西安迄東的大荔（古稱同州）一帶。鄜鄠劇，流行於陝西各地、湖北西部、河南西部及南部、山西中部和南部，以及甘肅、青海一帶地區。秦腔，一名「西安亂彈」，流行於陝西、甘肅、青海、四川、新疆等地。漢調秦

腔，流行於陝西部分地區，此一劇種係由湖北傳入陝西後，與秦腔融匯而產生。
漢調二黃，此一劇種由湖北傳入，但在陝西也早已成為重要的劇種之一，它流行
於西安、漢中、安康地區，以及河南淅川、甘肅東部、四川溫江一帶地方。此
外，清前期，在陝西流行的地方戲，還有漢調桄桄、端公戲、板板腔、碗碗腔、
八岔戲、雒南花鼓戲、土二黃、跳戲、木偶戲、陝西皮影戲等劇種，它們在唱
腔、演出技藝、藝術風格上，則各具特色。

甘肅的地方劇種與風格　清前期，甘肅省當地的戲劇劇種有：高山戲，流行
於甘肅武都一帶。道情皮影戲。新興的劇種「隴劇」就是在道情皮影的基礎上，
吸收了其他劇種的表演藝術技巧之後形成的。它們在演出技巧、唱腔、藝術風格
上，各具特色。

山西的地方劇種與風格　山西省是中國古代戲劇藝術形成最早的省區之一。
正是由於山西戲劇有著深厚的歷史文化基礎，加之幾百年間的發展演變，到清前
期便形成了三十餘種地方戲劇劇種。其中，流傳範圍最為廣泛的要算中路梆子、
北路梆子、蒲州梆子、上黨梆子四大梆子和上黨落子、晉南鄘鄠等地方戲劇。它
們各具藝術特色與風格，且歷史悠久。此外，木偶戲和皮影戲也很發達和興盛。
山西地方戲劇的興盛和繁榮，不僅與山西各個地區的民人習俗、社會風尚、社會
文化生活息息相關，而且，它更是凝聚著歷代劇作家和民間藝人的心血和智慧。
清代山西的為數甚多的地方戲劇，亦曾對其他地方的地方戲劇劇種的形成、發
展，產生過直接或間接的影響。

河南的地方劇種與風格　河南省是中華文明的搖籃之一，亦是地方戲劇的一
個重要發源地。清前期，河南流行較廣的地方戲劇劇種達十餘種之多。其中，歷
史最悠久、影響最大的是越調和豫劇兩種。「越調」一名四股弦，流行於全國各
地，而以南陽為中心。「豫劇」即河南梆子，它流傳甚廣，除河南全省外，更傳
播到陝西、山西等省，以及京師、江寧（南京）、上海、廣州等大城市。它們在
唱腔設計、藝術風格、演出技藝諸方面，均各具其自身特色。

直隸的地方劇種與風格　清前期，直隸（河北）古老的大劇種除京劇外，還
有北昆、高腔、絲弦、老調、亂彈、河北梆子、武安平調等。清代，這些地方戲

劇劇種，不僅藝術造詣甚高，且傳統劇目較多。同時，北昆、高腔、絲弦、亂彈在藝術上還有長期密切的血緣關係，藝人們中間更廣泛流傳著「昆、高、絲、亂不分家」的說法，可見它們在藝術上彼此借鑑、相互滲透的情況。

內蒙古的地方劇種與風格　內蒙古的地方戲劇，清代主要有山西梆子、二人臺、木偶戲和道情劇四種。此外，滿、蒙等族的戲劇，鄂倫春、索倫、達斡爾、鄂溫克等族的音樂舞蹈，也均為各族人民所喜愛。

東北地區的地方劇種與風格　清代，流行於關外東三省的地方戲劇劇種有二人臺、吉劇、啞劇和皮影戲等。這些地方戲劇，在演出技藝、唱腔設計、藝術風格諸方面，均各具魅力與特色。

山東的地方劇種與風格　山東省是清代經濟、文化較為發達的省份之一，人們的社會文化生活也頗為豐富多彩。據統計，清代流行於全省各地的地方戲劇劇種達三十八種之多，僅梆子系統就有七個劇種：即山東梆子、河南梆子、河北梆子、平調、萊蕪梆子、東路梆子（章邱梆子）、本地梆子（即山東化了的山西梆子）。此外，還有呂劇、羅子戲、山東木偶戲和皮影戲等，亦深受民間觀眾的喜愛和歡迎。這些地方戲劇劇種，在唱腔設計、藝術風格、演出技藝等方面，均各具特色。

江蘇的地方劇種與風格　江蘇省的地方戲劇劇種，在清代，除昆曲外，主要有滬劇、錫劇、蘇劇、江淮戲、淮揚戲以及木偶戲等多種。這些地方戲劇在民間廣為流傳，且獨具鮮明的區域戲劇文化的特色與藝術風格。

浙江的地方劇種與風格　浙江省自古以來便是東南沿海經濟文化昌盛之區，更是多種地方戲劇劇種的發祥地。清代，流行於該省的地方戲劇劇種、劇目均十分豐富，數量甚多。見於記載的則有紹興大班（又稱紹興亂彈）、調腔、金華戲、和調班、桑潤戲、杭劇、溫州亂彈、姚劇、寧海平調等多種。這些地方戲劇，在唱腔設計、演出技藝、藝術風格上，則各具魅力與特色。

福建的地方劇種與風格　清代，福建流行的地方戲劇劇種達幾十種之多，其戲劇劇目則更加豐富多彩。這些地方戲劇劇種中，其最著稱者有：梨園戲、莆仙

戲、高甲戲、閩劇、薌劇、法事戲、閩西漢劇、南詞戲、梅林戲、庶民戲、竹馬戲、大腔戲、山歌戲、遊春戲、肩膀戲、灘戲等。福建的這些地方戲劇，在演出技藝、唱腔設計、藝術風格上，則各自有著獨具的魅力與風格，深受民眾的喜愛和歡迎。

安徽的地方劇種與風格　安徽省在清代流行的地方戲劇劇種，其主要者有倒七戲、徽戲、黃梅戲、泗州戲、花鼓戲、採茶戲等十餘種。這些在民間廣泛流行的地方戲劇，在唱腔設計、藝術風格、演出技藝方面，均各自有不同的風格與魅力。

江西的地方劇種與風格　江西省是中國南方戲劇的發源地之一，古典戲劇歷史悠久，經過數百年間的發展、演變，在劇目、曲調、表演藝術方面均積累了豐富的經驗。到了清代，這些地方戲劇劇種，不僅藝術風貌更為鮮明，且具有濃郁的民間與地方特色。正因為如此，清代的地方戲劇劇種，一向有著「東柳西梆，南昆北弋」的流行說法，此處的「弋」係指著名的江西「弋陽腔」而言。具體而論，清代江西流行的地方戲戲劇劇種有弋陽腔、贛劇、青陽腔、宜黃戲、秦腔、浙調、浦江調等十餘種之多。江西的這些地方戲劇，在唱腔設計、演出技藝、藝術風格上，較之以往更具魅力與風格。

湖北的地方劇種與風格　湖北省在清代時，流行的地方戲劇劇種，主要有清戲、漢戲、西路子花鼓戲、湖越調、南劇、文曲、花鼓戲、皮影戲等十餘種。它們在演出技藝、唱腔藝術諸方面，各具特色和藝術風韻。

湖南的地方劇種與風格　湖南省的地方戲劇，歷史悠久，種類繁多，大致分屬於高腔、湘戲、花鼓戲、湘昆四大系統。清代，湖南流行的主要地方戲劇劇種有：高腔、湘劇、花鼓戲、陽戲、辰河戲、荊河戲、巴陵戲、儺堂戲、簧子戲、湖南燈戲等十餘種戲。它們在唱腔設計、演出技藝、藝術風格諸方面，均各獨具魅力與特色。

廣東的地方劇種與風格　廣東省地方歌舞、戲劇遺產豐富，絢麗多彩。到了清代，廣東的地方戲劇舞臺上，所流行和演出的劇種有粵劇、潮劇、瓊劇、漢

劇、正字戲、西秦戲、白字戲、採茶戲、花鼓戲、雷州歌劇、山歌劇、花朝戲等，達十餘種之多。清代廣東流行的這些地方戲劇，上演的劇目豐富，藝術形式多樣完美，並形成了獨特的地方戲劇表演藝術風格。

廣西的地方劇種與風格　清代，廣西的主要地方戲劇劇種，有桂劇、邕劇、彩調、牛娘劇、壯劇、唱燈等十種。這些地方戲劇，在唱腔設計、演出技藝、藝術風格上，均各具藝術風韻與特色。

貴州的地方劇種與風格　貴州省在清代流行的地方戲劇劇種，主要有文琴戲、貴州戲、地戲、貴州花燈、高臺戲、獨腳戲、儺堂戲七種。這些地方戲劇，不僅唱腔設計上富有特色，而且在演出技藝、藝術風格上，亦獨具風韻。

雲南的地方劇種與風格　雲南在清代盛行的地方戲劇劇種有滇劇、花燈劇、昆腔以及少數民族的戲劇等。它們在唱腔設計、藝術風格、演出技藝諸方面，各具藝術個性與特色。

四川的地方劇種與風格　四川在清代時流行甚廣的地方戲劇劇種主要有川昆、高腔、胡琴、彈戲、燈戲五個劇種，又可統稱為川劇。[38]這些地方戲劇，在唱腔設計、演出技藝、藝術風格諸方面，各具藝術個性與特色。

通過以上論述可知，中國現存的三百二十九個地方戲劇劇種中，大部分在清代便已存在，且深受廣大群眾的喜愛和歡迎。例如，前述的「京劇」，雖正式形成於清光緒年間，但它的前身為「徽劇」（皮黃、漢劇合流），其演出的戲班又名之為「徽班」。自乾隆五十五年（1790年）「四大徽班」進京後，其演出更是轟動京師內外，大大地豐富與活躍了清人的社會文化生活。因此，它的形成過程可追溯到清代前期。

清代，清人觀看地方戲劇的演出，除宮中、王府有專門的戲臺外，民間亦陸續有戲臺、專供演出的「戲園」出現，這些戲臺較之於鄉野之中逢集趕廟會、年

---

38 參見周妙中：《清代戲曲史》，鄭州，中州古籍出版社，1987。

節社戲的臨時舞臺要固定得多，觀戲時的設施和劇場文化氛圍亦大有改進。以清代京師、天津等地的「戲園」而論，多採用購票看戲的辦法，有專人經營、管理，且向有「開戲不倒票」的規矩，常來看戲和捧場的觀眾，互名之為「票友」。至於在社會文化生活中占重要地位的戲劇演出方面，一般而言，前清的「戲園」，每天共上演三場，即早、中、晚三場。「早場」，係上午八點左右開戲，至中午十二時散場，此場一般不排「名角」上場演出，故票價較為低廉。「午場」係指下午演出，又稱為「中軸」戲。「晚場」則指晚上的演出，又名為「大軸」戲。午、晚場的「中軸」、「大軸」戲，均以「名角」上場，以招徠顧客。此外，觀戲者成分複雜，其教養與素質各異，故多有演出期間，出現與存在嗑瓜子皮、打手巾把、叫喊、起哄、喝彩、喝倒彩，甚至打鬧、大打出手等陋習，致使整個戲園，有時弄得喧囂嘈雜聲不斷，烏煙瘴氣，從而破壞了整個的演出氣氛。誠然，這是清人社會文化生活中的種種弊端與劣習，但亦必須加以指出，以便窺知其全貌。

三、少數民族戲劇

清代，許多少數民族在自己本民族的音樂舞蹈與曲藝的基礎上，發展形成了本民族的戲劇。這些民族的戲劇又與漢族的地方戲劇有著十分密切的關係。其具體表現是：漢族地方戲劇所使用的樂器和曲牌，有不少是取自於少數民族的戲劇藝術寶庫之中。同樣，少數民族戲劇的部分劇目，顯然也是從漢族地方戲劇移植過去的，其表演藝術、舞臺藝術的發展與形成，更深受漢族地方戲劇藝術的作用和影響。

現將清代各少數民族戲劇的名稱、流行地區，分述如下：

藏族戲劇與流行區域　藏族的民族戲劇為「藏戲」，藏語則稱之為「呀日賽」。它的流行區域在西藏的拉薩、日喀則、帕里、江孜等地區。「藏戲」在唱腔設計、演出技藝、藝術風格、唱詞內容、故事情節安排諸方面，具有強烈的藏族文化的色彩與藝術風韻，深受藏族民眾的喜愛。

白族戲劇與流行區域　白族的民族戲劇有「大本曲」、「吹吹腔滇戲」、「花燈戲」等。它們的流行區域，為雲南大理等白族聚居的地區。這些白族戲劇，在唱詞唱腔、演出技藝、藝術風格、傳統劇目等方面，均有著白族的民族文化藝術特色，深受白族與其他各民族民眾的喜愛和歡迎。

壯族戲劇與流行區域　壯族的民族戲劇有「隆林壯劇」、「田林壯劇」、「師公戲」、「靖德木偶戲」等多種。它們的流行區域，為廣西壯族聚居地區。這些壯族民族戲劇，在表演技藝、唱詞唱腔設計、傳統劇目、故事情節安排諸方面，均充分體現出壯族民族文化的重要特色與藝術風格，故深受壯、漢等民族民眾的喜愛。

傣族戲劇與流行區域　傣族的民族戲劇為「傣劇」。它的流行區域，則在雲南傣族聚居的地區。「傣劇」在傳統劇目、故事內容、演出技藝、唱腔唱詞設計安排等方面，均富有濃厚、強烈的傣族傳統民族文化的特色與藝術風格，深深根植於傣族民族文化的沃土之中，而為民眾所喜愛和歡迎。

侗族戲劇與流行區域　侗族的民族戲劇有「侗劇」、「侗族花煙戲」、「侗族陽戲」等多種。它們的流行區域，為貴州、廣西侗族聚居地區。這些侗族民族戲劇，在唱詞唱腔設計安排、表演程式、演出技藝、傳統劇目、故事情節人物諸方面，均有著強烈的侗族傳統民族文化的特色與藝術風韻。

布依族戲劇與流行區域　布依族的民族戲劇有「布依劇」、「雜戲地戲」等。它們的流行區域，為貴州布依族聚居的地區。這些布依族民族戲劇，在傳統劇目、故事情節、戲劇人物、唱腔唱詞、演出技藝等方面，帶有強烈的布依族傳統民族文化的色彩與藝術特色，深受布依族與其他民族民眾的喜好與歡迎。

蒙古族戲劇與流行區域　蒙古族的民族戲劇有「大秧歌」等。它們的流行區域，為內蒙古的蒙古族聚居地區。這些蒙古族民族戲劇，在演出技藝、唱腔唱詞、傳統劇目、故事情節、人物安排諸方面，有著強烈的蒙古族的傳統民族文化的特色與藝術風格，深受蒙古族和其他民族民眾的喜愛。

滿族戲劇與流行區域　滿族的民族戲劇有「太平歌」、「皮黃戲」、「二人

臺」、「吉劇」等多種。它們的流行區域，為東北滿族聚居地區。這些滿族民族戲劇，在唱腔設計、唱詞安排、傳統劇目、戲劇人物、故事情節、演出技藝諸方面，富有濃厚、強烈的滿族的傳統民族文化的特色與藝術風韻，深受滿族與其他民族民眾的喜愛和歡迎。

第六節 ·

獨具魅力
的園林

　　清代前期，分布與散落在南北各地的皇家行宮、皇家園林與私家園林等建築群體，是清代帝后、士紳大賈們進行政治巡幸、消暇與居住生活等活動時的居止場所。同時，這些建築群體的不同風格、氣勢、構建與獨具魅力，也是清人在居住生活中，等級性、宗教性、炫耀性諸特點的真實反映，更是清代帝王居住文化與民間居住文化、世俗建築文化與宗教建築文化、北方園（苑）囿文化與江南園林文化、漢族建築文化與兄弟民族建築文化、中國建築文化與外國建築文化之間，相互作用、相互影響、相互滲透的生動體現。誠然，這些建築藝術本身，也是清代多彩藝術的重要構成部分。

一、氣勢恢宏的皇家園林

　　清前期，風格獨具的皇家行宮與園（苑）林，其最著稱者為熱河行宮（避暑山莊）、盛京行宮、揚州行宮；西苑、南苑、圓明園、綺春園、暢春園等。它們是歷朝帝后外出巡游、圍獵、祭祀或避暑、賜宴、賞齎、召見少數民族王公貴族頭人所居用的宮苑建築群落。

（一）熱河行宮（避暑山莊）苑林

　　熱河行宮亦名承德避暑山莊、承德離宮。它是清代皇帝與帝后避暑、從事各種政治活動的地方。山莊自康熙四十二年（1703 年）始建，至康熙四十七年（1708 年）初步建成。乾隆時期又進行過大規模的改造與擴建。先後經過八十餘年，直至乾隆五十五年（1790 年），才最後將主要工程完成。行宮總面積為五百六十萬平方公尺，周圍修有「虎皮牆」，牆隨山勢起伏，長達十公里。宮內殿閣樓臺，星羅棋布，共有各式建築百餘處。從行宮內部的布局看，大體可區分為宮殿區和苑景區兩大部分。宮殿區，在整個行宮（山莊）的南部，是清代皇帝處理政務和居住的地方，包括「正宮」、「松鶴齋」、「萬壑松風」、「東宮」四組

清避暑山莊

宮殿建築。其中，「正宮」中的「澹泊敬誠」殿是山莊的主殿，皇帝過生日，正式接見文武大臣、國內少數民族王公貴族以及外國使節等大典，均在此殿舉行。「煙波致爽」殿是皇帝的寢宮，嘉慶帝就病逝於此。寢宮東西各有一個小院，與寢宮有側門相通，稱為東、西所，是皇帝的后妃居住的地方。清前期，熱河行宮初步建成之後，康熙皇帝與乾隆帝，幾乎每年來此地避暑，處理政務。一般是每年五月來，九、十月返回京師。他們每次來承德，都帶領大批軍隊圍獵比武，如在木蘭圍場舉行「木蘭秋獮」，或「秋獮大典」，同時指令蒙古王公貴族輪班陪同打獵。木蘭秋獮期間，清帝在圍場隨時宴賞隨圍蒙古王公，頒賞緞匹、布匹、白銀等物品，組織摔跤、騎射、賽馬等活動。清代前期邊疆的許多重大問題，均在此處理。苑景區在山莊北面，包括湖區、平原區和山區三部分。湖區是行宮風景區中心。湖沼總稱塞湖，被洲、島、橋、堤分割為澄湖、長湖、如意湖、銀湖和鏡湖等幾部分，主要建築有水心榭、「月色江聲」、如意洲、煙雨樓和金山等。湖區東北角有熱河泉。平原區在湖區北面，自東向西有「甫田叢樾」、「鶯囀喬木」、「濠濮間想」、「水流雲住」四亭和萬樹園、試馬埭、永佑寺塔等建築；西部有仿浙江「天一閣」建築的「文津閣」。山區在行宮西北部，約占行宮面積的五分之四，松雲峽、梨樹峪、榛子峪、西峪等奇峽幽谷，清雅幽靜。「四面雲山」、「錘峰落照」、「南山積雪」幾個觀景亭坐落在山峰之巔。「行宮」宮苑依山面水，群巒起伏，草木蔥蘢，湖沼洲島星羅棋布，宮殿亭榭掩映其中。三十六景各放異彩，廣採中國南北方園林建築布局與藝術風格，使行宮成為八方勝蹟縮影，與山莊外巍峨雄峙的外八廟構成一個寬廣遼闊、風韻獨具的清代皇家園林區。

（二）盛京行宮苑林

盛京「行宮之建，在未入關以前，屋不宏敞，約百餘間，四重四廂而已，一曰大清門，二曰崇政殿，三曰鳳凰樓，四曰清寧宮。」「行宮藏有古物，皆在翔鳳、飛龍二閣，翔鳳藏珠寶服飾，飛龍藏皮羊鼎盤，別有瓷器庫，藏古名瓷。翔鳳閣有高宗（指乾隆帝）佩刀兩柄，約長尺許，柄以金剛石為之，長四寸許，套以金飾之，光彩奪目，又有朝珠、珍珠、龍袍、盉、瓶、文具、大刀、銅器等

物。」[39]

（三）揚州行宮苑林

乾隆皇帝一生六次南巡，「駕幸」揚州，並要商人們出資為他建造皇家行宮園林，作為巡幸時休憩遊樂之所。揚州行宮皇家園林合計建造宮殿樓廊五千一百五十四間；亭臺一百九十六座。行宮裡面的古玩珍寶、花木竹石不可勝數。平山堂行宮中本無梅花，乾隆帝首次南巡時，鹽商們耗銀植梅萬株，專供皇上觀賞。

（四）南苑園林

南苑「在京城南，為元時南海子故址，亦名飛放泊，廣百餘里，國初（指清初）作東西二宮，有珍禽異獸，奇花佳果。乾隆以後，謁陵回蹕，輒於此行春蒐之典。晾鷹臺在苑之迆南，蒐畢，命虎槍營人員殪虎於此。乾隆時孝聖後、道光時孝和後皆嘗一幸南苑。」[40]

（五）圓明園苑林

圓明園「在掛甲屯北，距暢春園里許，園為世宗（即雍正帝）居藩邸時賜園。康熙己丑（康熙四十八年，1709 年）建。高宗（即乾隆帝）六巡江浙，羅列天下名勝點綴於園，其中四十景俱仿各處勝地為之，萬幾餘暇，題為《四十景圖詠》，命詞臣校錄刊之，頒賜王公大臣。園有門十八……為閘三：西南為一空進水閘，東北為五空水閘，為一空出水閘。園水發源玉泉山，同西馬廟入進水閘，支流派衍至園內曰天琳宇、柳浪聞鶯諸處之響水口，水勢遂分，西北高而東南低，五空出水閘在明春門北，一空出水閘在蕊珠宮北，水出苑牆，經長春園出

---

39 《清稗類鈔》第二冊，「宮苑類」，「奉天行宮」。
40 《清稗類鈔》第二冊，「宮苑類」，「南苑」。

七空閘，東入清河。大宮門前輦道東西皆有湖，是為前湖……門前河形如月，中駕石橋三，其水自西來東注如意門閘口，會東園各河而出。」[41]

（六）綺春園苑林

清代，皇家園林綺春園「在圓明園東，有復道相屬，仁宗（即嘉慶帝）三女莊敬公主釐降時，賜於此。公主薨，額駙索特那木多爾濟照例繳進，又以成哲親王寓園西爽村均並入綺春園中。道光時，宣宗（即道光帝）尊養孝和後於綺春園」[42]。

此外，清代京西的御園皇家苑林中，有所謂三山最著稱，一為「清漪園，以甕山得名，後因孝欽後（指慈禧太后）辦六旬萬壽，改名萬壽山，就其址修頤和園」。二為靜明園，「以玉泉山得名，當年園林分十六景」。三為「靜宜園，以香山得名，有二十八景」。它們自「乾隆以來，皆為遊幸之所」[43]。

二、巧奪天工的私家園林

清代前期，京師與江南地區的獨具魅力、巧奪天工的私家園林，多屬貴族、官僚、地主、富商大賈、士紳們所有。這些園林，構建不同，建築風格與氣勢亦各異。

（一）清代京師的私家園林

清代京師的私家園林中，最著稱者有京師城內及郊外的勺園、尺五莊、怡園、萬柳堂、三貝子花園等。在京師的私家園林中，「道光以前，京師西北隅近

---

41 《清稗類鈔》第1冊，「宮苑類」，「圓明園」。
42 《清稗類鈔》第一冊，「宮苑類」，「綺春園」。
43 崇彝：《道咸以來朝野雜記》。

海淀有勺園，明末萬鍾所建，結構幽邃，後來改集賢院，為六曹卿二寓直之所。右安門外有尺五莊，為祖氏園亭，清池一泓，茅簷數椽，水木明瑟，地頗雅潔，又名小有餘芳，春夏間，時有遊人宴賞。其南王氏園亭，頗爽塏，多池館林木之盛，嘉慶辛酉（嘉慶六年，1801年），為水所沖圮，明保得之，力為構葺，繕未終而明遽卒，池館半委於荒煙蔓草中矣。」[44]

怡園私家園林。清代前期，「京師北半截胡同潼川會館南院有石山，曲折有致，昔與繩匠胡同（後名丞相）毗連，為明嚴嵩父子別墅，北名聽雨樓，世蕃所居，南名七間樓，嵩所居也。康熙間，相國王熙就七間樓遺址構怡園，中饒花木池臺之勝，其聽雨樓遺址則歸查氏，諸名士文酒流連無虛日，不及百年，池塘平，高臺摧，地則析為民局面，鞠為茂草，僅餘荒石數堆，供人家點綴，潼川會館之石山即東樓故物也。」[45]

（二）清代江南的私家名苑

清前期，除京師外，揚州、蘇州、杭州、上海、桐城、桂林，以及松江、嘉興二府，都是當時江南園林薈萃之地。其中，最著名的有：江南金陵（南京）的隨園、薛廬、胡園、又來園、韜園；蘇州的拙政園、繡谷園；上海的味蒓園（亦名張園）、愚園、西園、徐園、辰虹園、東園、西園；揚州的大虹園、潔園、王洗馬園、卞園、圓園、賀園、冶春園、南園、鄭御史園、篠園（此為清初「八大名園」），片石山房、個園、寄嘯山莊、小盤谷、逸圃、余園、怡廬、蔚圃等；安徽桐城的逸園；桂林的李園等。這些耗費巨大人力、物力、財力建造的私家園林，其主人多係王公貴冑之家，或退隱官僚、文士，或鹽商巨賈。這些名苑園林精美雅緻，山石竹木，別有情趣。

1. **隨園私家園林**　隨園，在「金陵小倉山，自清涼山胚胎，分兩嶺而下，蜿蜒狹長，中有清池水田，古木翳鬱而幽邃。康熙時，織造隋某當山之北巔構堂

---

44 《清稗類鈔》第一冊，「園林類」，「勺園」。
45 《清稗類鈔》第一冊，「園林類」，「怡園」。

小飛虹・江蘇蘇州拙政園

皇，繚垣牖，蒔花種竹，都人遊者翕然盛一時，號曰隋園，因其姓也。後三十年，袁子才宰江寧，園弛為茶肆，宋廎夌剝，百卉蕪謝，因購得之，茨牆剪闐，易簷改塗，隨其陂陀紆回隆陷之勢，增營臺榭，恬然引退，遂迎養居之，仍名隨園，同其音易其字也。隨園以小倉山房為主室，宴客輒於是，而子才朝夕常坐之處，則為夏涼冬燠所，在山房之左也。壁嵌玲瓏木架，上置古銅爐百尊，冬溫以火，旃檀馥郁，暖氣盎然，舉室生春焉。夏涼冬燠所之上有樓，曰綠曉閣，亦曰南樓，東南兩面皆窗，開窗則一圍新綠，萬個琅玕，森然在目，宜於朝暾初上，眾綠齊曉，覺青翠之氣撲人眉宇間，子才每看諸姬曉妝於此。」[46]

2. **胡園私家園林**　胡園又名愚園，「在江寧城中鳳凰臺花盝岡之東南，為胡

46　《清稗類鈔》第一冊，「園林類」，「隋園」。

煦齋太守所築。中匯大池，周以竹，因高就下，置亭館數十所，地極幽僻，樹木扶疏，正門內亦有竹。歷房廊至正廳，廳三楹，廳後疊石為小山，據地不及畝許，而曲折回環，出人意表，且有亭臺可憩。假山盡處為亭軒，曲折盡致，仍達於正廳之後，廳旁有室曰水石軒，廳外有隙地，陳列盆景，護以石欄，欄外有方塘，曰秋水。石欄之西通一小徑，繞塘蜿蜒，循徑左有一水榭，右為菊山，山巔有合抱之古松，數百年物也。松旁有古石矗立，相傳為六朝遺跡。山之背，竹籬茅舍，雞犬桑麻，名曰城市山林。循菊山而南，水中有舟亭，迤東有家祠，曰棲雲閣。再東有海棠春睡軒，牖外芭蕉數本，又有鹿柵一、孔雀欄一。稍南竹深處有小屋數椽，曰竹塢。」[47]

3. **繡谷園私家名園**　清代，蘇州閶門內有私家名園繡谷園，「嘉慶中，為福州葉曉崖河帥所得，後歸謝椒石觀察，又後歸王竹嶼都轉。此園在國初（即清初）為蔣氏舊業，偶於土中掘得繡谷二大字分書，遂以名其園，園中亭樹無多，而位置極有法，相傳為王石谷所修。康熙己卯（康熙三十八年，1699 年），尤西堂、朱竹垞、張匠門、惠天牧、徐征齋、蔣仙根諸名流曾於此作送春會，王石谷、楊子鶴為之圖，時沈歸愚尚書年才二十七，居末座。乾隆己卯（乾隆二十四年，1759 年）又有作後己卯送春會者，則以沈為首座矣。先是，蔣氏將售是宅，猶豫未決，卜於乩筆，判一聯雲：『無可奈何花落去，似曾相識燕歸來。』人不解其義。迨歸葉氏，而上語應，後葉氏轉售與謝氏，謝又轉售於王氏，而對語亦應。一宅之遷流，悉有定數，亦奇矣哉。」[48]

4. **片石山房私家林苑**　片石山房私家林苑，又名「雙槐園」，是清代揚州著名園林之一。據《履園叢話》卷二十載：「揚州新城花園巷，又有片石山房者。二廳之後，澉以方池，池上有太湖石山子一座，高五、六丈，甚奇峭，相傳為石濤和尚手筆。其地係吳氏舊宅。」

5. **個園私家江南名苑**　個園是清代揚州的著名私家江南名苑，為清代嘉慶、

47　《清稗類鈔》第一冊，「園林類」，「胡園」。
48　《清稗類鈔》第一冊，「園林類」，「繡谷園」。

道光年間鹽商兩淮總商黃慶泰（至筠，別號個園）所築。據清人劉鳳浩所著《個園記》稱：該「園係就壽芝園舊址重築」。園內植竹萬竿，清風徐至，萬竿搖碧，流水灣珠，恰似「人間仙境」。

　　此外，個園還以假山堆疊的精巧而出名，園內假山以石鬥奇，採取分峰用石的手法，號稱「四季假山」。它在堆疊時，體現出如下的畫理：即所謂「春山淡治而如笑，夏山蒼翠而如滴，秋山明淨而如妝，冬山慘淡而如睡」。「春山宜遊，夏山宜看，秋山宜登，冬山宜居。」同時，亦有新的藝術情趣與意境。

第十三章

科學技術的
緩慢發展

　　清前期，隨著中國多民族統一國家的發展和鞏固，社會經濟的繁榮，科學技術也有一定程度的發展。特別是明末清初西方傳教士把西洋科學技術知識傳入中國後，進一步促進了傳統科學的變革。這其中，少數民族的科技成就引人注目。不過，由於清朝統治者實行封建專制，以崇儒重道為基本國策，用八股取士，閉關自守，在這種環境下，科學技術雖然有所發展，但是很緩慢，沒有像西方那樣發生質的飛躍而產生近代科學技術。

天文學和數學

　　清前期，在西方天文、數學知識的影響下，經過中國科學家的努力探索，在天文曆法和數學方面取得了一定成就。

一、天文曆法

　　明朝末年，耶穌會傳教士利瑪竇來到中國，帶來了西方的天文數學知識。徐光啟督修的《崇禎曆書》，就是以西法為基礎編纂的。該書總計一百三十七卷，內容包括曆法和作為曆法基礎的天文學理論、計算方法、天文表等，採用了丹麥天文學家第谷創立的天體運動體系和幾何學的計算方法，引入了地球和地理經緯度、球面天文學、視差、大氣折射等概念，介紹了哥白尼、伽利略、開普勒等人的部分科學成果和天文數據，是一部比較完整的介紹歐洲古典天文學的著作。徐光啟在編纂《崇禎曆書》過程中，還集中力量翻譯了歐洲天文學理論、計算和測量方法、測量儀器、數學基礎知識，以及天文表、輔助用表的介紹、編算；同時，也安排觀測計劃，測定全天量表，觀測日月食、日月五星的位置。然而，當時明政權處於內憂外患之中，《崇禎曆書》未能起到應有的作用。不過，它卻為清前期曆法的發展奠定了基礎。

清朝建立後，由於觀察日食時發現，「初虧、食甚、復圓時刻分秒及方位等項、惟西洋新法，一一吻合」[1]，決定採用西方曆法。順治二年（1645 年），清政府頒布了西方傳教士湯若望刪定《崇禎曆書》而成的《時憲曆》。《時憲曆》是一部應用西洋法數、保留舊曆結構的曆法。它分周天為三百六十度，改一百進位制為六十進位制，用二十四小時九十六刻計時；在二十四節氣的規定方法上，採用定氣注曆制度，即以太陽在黃道上實際移動的位置做標準來判明節氣，從而使節氣的安排更符合太陽運動的實際規律，有利於農事安排。

　　康熙皇帝還曾命西方傳教士南懷仁等按照歐洲的先進方法和度量衡制度督造天文儀器，陸續製成了赤道經緯儀、黃道經緯儀、地平緯儀、紀限儀、天體儀等。清朝欽天監用這些儀器既裝備了北京觀象臺，又對全天星座進行了多次測算。在西方傳教士的參與下，欽天監還編纂了《曆象考成》、《曆象考成後編》等重要的天文學著作。《曆象考成》四十二卷，康熙皇帝欽定。該書總結了當時的天文曆法的成果。全書分上編、下編和附表三部分。上編名《揆天察記》，十六卷，重在闡明天文學理論。下編名《明時正度》，十卷，敘述推步計算方法。附表十六卷，作為運算備用。《曆象考成後編》成書於乾隆年間，吸取了巴黎天文臺臺長比西尼的觀測成果。該書從理論到計算方法都改用了地心學的橢圓運動理論和牛頓測定的新數據，而拋棄了第谷的天體運行說。

　　清前期民間天文學研究也很活躍，代表人物有王錫闡和王貞儀。王錫闡（1628-1682 年），字寅旭，號曉庵，江蘇吳江人。他不應科舉，不入仕途，終生致力於天文曆法研究，堅持長期天文觀測，「每遇天色晴霽，輒登屋臥鴟吻間，仰察天象，竟夕不寐」[2]，「每逢交會，必以所步所測課較疏密，疾病寒暑無間」[3]。由於他刻苦鑽研和頻年實測，終於成為一個著名的曆算家。王錫闡在研究曆算過程中，從不拘於一說，而是對中西之學進行比較，「考正古法之誤，而存其是，擇取西說之長，而去其短」[4]。他的主要著作有《曉庵新法》和《五星

1 　《清世祖實錄》卷七，順治元年八月丙辰。
2 　阮元：《疇人傳》卷三十四，《王錫闡》。
3 　王錫闡：《推步交朔》序。
4 　王錫闡：《曉庵新法》序。

行度解》。在《曉庵新法》一書中，他提出了一種正確計算日月食初虧和復圓方位角的方法，創立了太白日食法，即計算金星凌日和水星凌日的凌始和凌終的方位角的方法。王錫闡還提出了細致計算月掩行星和五星凌犯的初、終時刻方法，在天文學方面做出了傑出的貢獻。

王貞儀（1768-1797 年），安徽泗州人，幼年時就喜歡讀科學著作。她的父親精通醫學，治學嚴謹，給了她很大影響。王貞儀精通天文、曆算、醫術，對天文學鑽研尤深。她常常夜觀天象，多次實驗以證實月望、日食的成因。在短短的二十九年的生涯中，她寫出了幾十卷包括天文學在內的科學著作，收在《德風亭初集》中。

此外，龔士燕和潘檉樟在天文曆法方面取得的成就也是不應忽視的。龔士燕，字武任，江蘇武進人。他年少時即通算術，長成以後，發明蔡氏《律呂新書》，推演黃鍾圜徑、開方密率諸法，對於郭守敬《授時術》尤有研究。例如求冬至時刻，上推百年加一算，以為歲周三百六十五日二十四刻二十五分之內，滿百年消長一分。與《春秋》日食三十七事核對，多相符合。又如推晦、朔、弦、望，以太陽之盈與太陰之遲，以太陰之疾與太陽之縮皆相並，為同名相從；以太陽之盈與太陰之疾，以太陰之遲與太陽之縮皆相減，為異名相消；於是得盈縮遲疾化為加減時刻之差。以此加減朔望之大、小余分，得定朔弦望等時刻。龔士燕在觀象臺工作多年，根據觀測的情況，對古法多所改進。著有《象緯考》一卷，《曆言大略》一卷，《天體論》一卷。潘檉樟，字力田，和王錫闡同鄉，二人經常在一起討論算法。他著有《辛丑曆辨》等書，強調「閏法論平氣而不當論定氣」，「閏前之月中氣在晦，閏後之月中氣在朔」[5]，對二十四節氣的制定很有益處。

5　《清史稿》卷五〇六，《疇人傳一》。

二、數學

在西方天文學知識傳入中國的同時，西方數學也以傳教士為媒介傳入中國，並在一些知識分子中產生了影響。明末翰林院庶吉士徐光啟和傳教士意大利人利瑪竇過從甚密，徐光啟痛感當時中國科學技術停滯落後，決心把所學到的西方自然科學知識介紹到中國，便開始和利瑪竇合作，翻譯了歐幾里德的《幾何原本》前六卷，刻印出版。這是中國歷史上第一部翻譯出版的西洋數學書。此外，徐光啟還和利瑪竇合譯了《測量法義》、《測量異同》等應用幾何學著作，開始了中國數學發展史上的新階段。

清前期康熙皇帝熱心於自然科學，聘請傳教士白晉、張誠、徐日升等入宮講授幾何、代數等科學知識，從而推動了數學的發展。於是，一批著名的數學家相繼湧現。

梅文鼎（1633-1721 年），字定九，號勿庵，安徽宣城人。他畢生致力於數學和曆學研究，為學兼採中西。他對剛剛傳到中國的西方數學做了大量的整理、疏解和闡述工作，「往往以平易之語，解極難之法，淺近之言，達至深之理」[6]。他著的《平三角舉要》一書，系統地闡述了三角形的定義、定理，三角形的解法以及在測量中的應用；《弧三角舉要》、《環中黍尺》等書，對球面三角形作了詳細闡發，並創造了球面三角形的圖解法。他用勾股定理證明了《幾何原本》中的許多命題，認為「幾何不言勾股，而其理莫能解。故其最難通者，以勾股釋之則明。」[7]在《幾何補編》一書中，他提出了當時尚未從歐洲傳來的各種等面體體積的計算方法和原理，找到了「理分中末線」（即黃金分割線）在量各種多面體體積中的用途。

梅文鼎的數學研究受到了康熙皇帝的重視。康熙皇帝南巡時，曾閱讀梅文鼎的著作，並大加讚賞。康熙皇帝再次南巡時，曾接見梅文鼎，和他談了三天的數

---

6 阮元：《疇人傳》卷三十七，《梅文鼎》。
7 《清史稿》卷五〇六，《疇人傳一》。

學。康熙皇帝后來對一個大臣說：「曆象算法，朕最留心，此學今鮮知者，如文鼎真僅見也。其人亦雅士，惜乎老矣。」[8] 梅文鼎著述很多，其中算學書二十六種，曆學書六十二種，總計八十八種，匯編為《勿庵曆算全書》。梅文鼎的數學研究為康熙末年編纂《數理精蘊》一書奠定了基礎。

梅瑴成（1681-1764 年），梅文鼎孫，著名數學家，曾在清宮內廷學習數學。在康熙皇帝的主持下，梅瑴成會同陳厚耀、何國宗、明安圖等學者編成了《數理精蘊》一書。《數理精蘊》是梅瑴成主編的《律曆淵源》中的數學部分。書中對明清之際傳入的西方數學和中國古代數學進行了比較全面的整理編排。該書五十三卷，分上下編，上編內容為算術、幾何學、數學起源，下編內容為面積、體積、開平方、開立方、二次方程、三次方程等解法，是當時最高水平的數學百科全書。梅瑴成還對其祖父梅文鼎的著作進行了整理，編成了《梅氏叢書輯要》一書。書中收錄了梅文鼎著作三十五種，後面附的是梅瑴成自己的著作。

明安圖（1692-1765 年），字靜菴，蒙古正白旗人，幼年入欽天監當官學生，曾參加《曆象考成》、《數理精蘊》等書的編纂工作。當時，法國傳教士杜德美來華，帶來了格里哥里三公式，即「圓徑求周」、「弧背求通弦」、「弧背求正矢」，但沒有介紹證明這三個公式的方法。明安圖經過長期的刻苦鑽研，用幾何連比例的歸納法，證明了杜德美所介紹的三個公式，還推導出另外六個新公式，即「弧背求正弦」、「弧背求矢」、「通弦求弧背」、「正弦求弧背」、「正矢求弧背」、「矢求弧背」，總稱「割圓九術」。他用三十多年時間撰寫了《割圓密率捷法》，把三角函數和圓周率的研究提高到一個新水平。明安圖的研究所取得的成就，已經具備了某些微積分思想的萌芽，為促使後來從常量數學到變量數學的發展奠定了重要的思想基礎。

這一時期在數學方面取得突出成績的還有：薛鳳祚，字儀甫，山東淄川人。少年時就喜歡算學，順治年間，和法國傳教士穆尼閣談論數學，從此接受了西方數學知識。著有《算學會通》正集十二卷，考驗二十八卷，致用十六卷。薛鳳祚

8　同上。

治學並不墨守穆尼閣之法，而是實事求是。他所算的歲實秒數是五十七，和英國人奈端的一樣，和穆尼閣則不相同。杜知耕，字端甫，號伯瞿，河南柘城舉人。精通幾何學，曾對利瑪竇、徐光啟所譯《幾何原本》加以刪改，作《幾何論約》七卷，後附十條，全部是杜知耕自己的研究心得。他還雜取諸家算學，參考西方數學知識，仿照古代《九章》格式，作《數學鑰》六卷。杜知耕強調數學沒有圖不易明白，所以他的著作中採用了詳細的圖解。杜知耕圖注《九章》，受到了梅文鼎的稱讚。[9]方中通，字位伯，安徽桐城人。他集諸家之說，著《數度衍》二十四卷，《附錄》一卷。方中通認為：「泰西之筆算、籌算，皆出九九。尺算即比例規，出三角。乘莫善於籌，除莫善於筆，加減莫善於珠，比例莫善於尺。」[10]他還著有《揭方問答》一書，對許多測算理論進行了探討。劉湘煃，字允恭，湖北江夏人。他從梅文鼎學數學，多有創獲。他曾為梅文鼎所著《曆學疑問》一書作《訂補》三卷，還著有《論日、月食算稿》各一卷，《答全椒關荀淑曆算十問書》一卷。王元啟，字宋賢，號惺齋，浙江嘉興人。他專心研究律曆勾股，著有《惺齋雜著》一書，對《史記》中的律書、曆書、天官書，《漢書》中的律曆志等多有所訂正。他還著有《曆法記疑》、《勾股衍》、《角度衍》、《九章雜論》等。其中《勾股衍》一書，分甲、乙、丙三集。甲集《術原》三卷，卷一通論術原，為勾股因積求邊張本；卷二專論立方，因及平方法。卷三專論和數開立方，所以盡立方諸數之變。乙集《綱要》二卷，是相求法一百二十三則綱要。丙集《晰義》4卷，對相求法逐則分析，以專取發明立法之意。

清前期雍正朝以後，由於西學輸入漸趨中斷，挖掘和整理古算工作遂有所開展，並取得了新的成就，貢獻最大的是戴震。他在編纂《四庫全書》過程中，從《永樂大典》中發現並整理出《海島算經》、《五經算術》、《周髀算經》、《九章算術》、《孫子算經》、《五曹算經》、《夏侯陽算經》等久已失傳的古典算書。他還從南宋刻本的毛扆影抄本中輯出《張丘建算經》和《輯古算經》，連同明刻本的《數術匯遺》，總計十種。乾隆三十八年（1773年），這十部算經被刻入《微

9　《清史稿》卷五〇六，《疇人傳一》。
10　《清史稿》卷五〇六，《疇人傳一》。

波榭叢書》中，正式題名為《算經十書》。戴震「網羅算氏，綴輯遺經」[11]的艱苦勞動，推動了整理、校勘、注釋古代天算著作工作的進一步開展。一批學者在這方面做出了成績，代表人物有李潢、李銳、駱騰鳳、項名達等。

李潢，字雲門，湖北鍾祥人。他博覽群書，尤精算學，著有《九章算術細草圖說》九卷，附《海島算經》一卷，共十卷。李銳，字尚之，江蘇元和人。他受業於錢大昕，學問根底極好，尤通中、西之學。李銳在算學上的最大貢獻，是校注了元朝人李治的《測圓海鏡》和《益古兩段》。駱騰鳳，字鳴岡，江蘇山陽人。他曾跟隨李潢學習算學，著有《開方釋例》四卷，《遊藝錄》二卷。駱騰鳳的算學著作被人認為「以正、負開方徑求得兩句，頗為簡易」，是「學開方者之金鎖匙」[12]。項名達，字梅侶，浙江仁和人。他的算學著述非常豐富，代表作有《下學庵勾股六術及圖解》。他晚年專門研究平弧三角，成績突出。

談到清前期數學方面的成就，還應提到阮元及其所著《疇人傳》。阮元（1764-1849 年），字伯元，號芸臺，江蘇儀徵人。他做過總督、巡撫，平生提倡學術，對天文、曆算無所不通。阮元從乾隆四十四年（1779 年）開始撰寫《疇人傳》，到嘉慶四年（1799 年）成書。《疇人傳》一書總計四十六卷，收集了天文、曆算方面人才總計二百八十人的事蹟，是研究清前期天文、算學方面的基本史料。

清前期是數學研究領域人才輩出的時代，不僅有皇帝、大臣熱愛數學，而且有文學家、史學家、經學家對數學也非常精熟。這種現象從一個側面反映了清前期中國數學研究的繁興。

---

11 阮元：《疇人傳》卷四十二，《戴震》。
12 《清史稿》卷五〇七，《疇人傳二》。

農業及水利

　　清前期和以往歷朝歷代一樣，仍然是以農立國，所以對農業生產十分重視，也注意通過編撰書籍，總結前人的經驗，因此，農學植物學有了一定程度的發展。出於發展農業和航運業等方面的需要，清前期也很重視水利建設，在治理黃河、修建浙江海塘、開發畿輔水利等方面，都取得了一定的成績。

一、農業技術

　　明朝人徐光啟在農學方面取得了突出的成績，他編寫的《農政全書》六十卷，對一切新引入新馴化栽培的作物，都詳盡記述。明朝人還撰有《群芳譜》等農學著作。這一切，為清前期農學的發展奠定了基礎。

　　康熙四十七年（1708 年），汪灝編成了《廣群芳譜》一書。這是在《群芳譜》的基礎上增補刪定而成的一部植物學巨著，全書一百卷，包括五穀、桑麻、瓜果、蔬菜等內容，對每一種植物都詳細敘述其形態、特徵以及栽培方法。乾隆七年（1742 年），大學士鄂爾泰從舊文獻中搜輯有關農業的資料，編成《授時通考》七十八卷，內分天時、土宜、穀種、功作、勸課、蓄聚、蠶桑、農餘八個部門。以上兩部書都是奉皇帝諭令編纂，屬官修著作，不僅反映了清政府對農學的重視，而且對清前期農業的發展產生了很大影響。

在清政府組織人力編寫農書的同時，一些生活在鄉村的知識分子，在參加和研究了農業生產之後，也寫出了一些有價值的農學著作。張履祥所著《補農書》，系統地記述了明末清初江南地區農家經營與農業生產技術的各項具體措施，特別注意農作物的栽培制度，土地的深耕通曬，施肥壯秧以及合理密植等，對除草、中耕、追肥、烤田、防蟲、收割、收藏等方面尤有詳細規定，以至於「凡田家纖悉之務，無不習其事而能言其理」[13]。

陳淏子也是清前期一位著名的農學家。他所著的《花鏡》一書，記述了三百多種花木果樹的品種和栽培方法，對植物的嫁接作用和原理也進行了新的探討，是中國現存最早的一部園藝著作。楊屾是一位著名的農桑學家，陝西省興平縣桑家鎮人。他認為農桑事業直接關係著人民的冷暖與生死，「飢之於食，寒之於衣，得之則生，失之則死」[14]。在親自參加生產勞動中，他寫成了《知本提綱》、《豳風廣義》等書。在《知本提綱》中，對耕稼、園圃、蠶桑、樹藝、畜牧進行了專門研究，還詳細介紹了各種農業生產技術。在《豳風廣義》中，他總結了自己在陝西種桑養蠶的經驗，對桑樹品種、栽桑和剪枝技術、蠶種選擇、育蠶時間、養蠶方法以及繅絲、織帛等都有詳細說明。楊屾的著作在實踐中產生了巨大效益，興平地區很快成為陝西省有名的產糧區。

農學植物學的發展，促進了蠶桑技術的提高。清代前期，對膿病、僵病、軟化病等某些傳染性的蠶病，已經有了一定程度的認識，並且知道採取淘汰或隔離的措施，防止蠶病的傳染蔓延。蠶農在製備夏蠶種的生產中，發現了家蠶的雜種優勢，從而開始了對優良蠶種的培育。山東蠶農已經有了一套比較成熟的放養柞蠶的方法，並逐漸推廣到遼東半島，以及河南、陝西、雲南、貴州等省。用柞蠶繭絲織綢製衣，已經風行全國。

農學和植物學的發展直接促進了農業生產技術的提高。精耕細作的技術在清前期更加受到重視，並得到了進一步的普及。在以糧食作物為主的間套復種方

---

13 陳克鑑：《補農書》引。
14 《豳風廣義》弁言。

面，廣泛實行了以冬麥為中心的一年兩熟制和兩年三熟制。黃河以北因地勢高低不同而採取的兩年三熟制情況，劉貴陽的《說經殘稿》中有明確記載：高地兩年三收，開始種麥，麥後種豆，豆後種穀、黍。低地也是兩年三收，種的種類和高地基本一樣，只是大秋以後種穄子。嘉慶河南《密縣志》與道光河南《扶溝縣志》，對當地兩年三收情況均有記載。密縣兩年三收，黃豆有大小兩種，五月麥後構種，七月中出莢，八月中成熟。扶溝縣是麥子收割以後種豆，次年種秋，最少也是兩年三收。蒲松齡除寫了著名的《聊齋志異》外，還寫了農書《農桑經》，對山東淄川地區一年兩熟的情況多有記述，一般是五月裡留麥茬騎壟種豆。高產栽培方法區田法在清前期得到了廣泛應用。田道人在《多稼集》裡記述：區田空行種行，隔區種區。以所種之空行，春種二麥、菜花、蠶豆，夏種豆、黍。所剩之區，一區種稻，一區仍空。此長彼生，彼長此收，各無妨礙。這樣，地既有半年休養之暇，農亦無一時忙迫之工。地無餘利，人無餘力，一年三收，畝獲百斛。河南淇縣人馮繡在《區田試種實驗圖說》中，對利用區田法實現一年三熟的情況也進行了總結：隔一畦種一畦。秋分後一畦種麥三壟，小滿前一畦種穀四壟。刈麥後，速將麥畦種玉茭一壟，帶以綠豆。今年穀畦，明年種麥和玉茭；今年麥和玉茭畦，明年種穀。如此循環栽種，人工雖多，一年可獲三熟。也可以在秋分後，一畦種麥，穀雨前一畦種高粱兩壟，刈麥後，麥畦種豇豆兩壟。還可以秋分後，一畦種麥，小滿時一畦種槐蘭靛三壟，刈麥後種芝麻一壟。山西蒲縣知縣朱蘊叔對當地區田法也做了總結：一畝分二千六百五十區，種一行，空一行，隔一區，種一區。這樣做，空地既可澆灌，也能通風，旱澇都可預防。採用區田法種植，一畝區田可收穀三十石，能供五口之家一年食用。直隸通州用區田法種植，收獲是一般田土的五倍。山東聊城採用區田法，一畝收獲比常田多二十斛。[15]

　　和農業生產技術相關的，還應提到清前期的生物學研究。清前期生物學研究也取得了進展，特別表現在遺傳育種人工選擇的應用和研究方面。其實還在明朝末年，對金魚創造性地人工選種和育種已經獲得成功。據那時出版的《朱砂·魚

---

15 參見楊懷森：《華北多熟集約耕作制度的發展與趨向》，《中國農史》，1987 年第一期。

譜》一書記載，在金魚雌雄交配時精選種魚，有意識地進行育種，選擇具有相似變異的雌雄個體進行交配，可以使符合人們需要或嗜好的變異積累起來，形成新的品種。這在當時世界上都達到了相當高的水平。清朝建立以後，這種人工育種和選種的技術又有所提高，被廣泛運用於皇家苑林和私家園林中。在選種方法的單株選擇法方面，也取得了相當突出的成績。單株選擇法，即用一個具有優良性狀的單株或單穗選育新品種的方法。這種方法在康熙年間已經相當普遍地應用了。《康熙幾暇格物編》（上冊）記載，康熙皇帝曾選育出味既甘美、性復柔和而高產的優良新粟種，「生生不已，歲盈畝頃」，「莖幹、葉、穗較他種倍大，熟亦先時」。用來製作食品，「潔白如糯米，而細膩香滑殆過之」。康熙皇帝還運用勞動人民創造的單株選擇法，選育成功了一種早熟、高產、氣香而味腴的水稻優良品種「御稻」，推廣到江浙一帶，獲得了好收成。

二、水利技術

　　清前期統治階級很重視水利建設。康熙年間，江南淮陽道按察副使傅澤洪在其幕僚鄭元慶幫助下輯錄了《行水金鑑》一書。該書一百七十五卷，按《水經》體例，博採黃河、長江、淮河、永定河四大水系有關淤澇灌溉利弊的文獻，匯為一書，對當時的水利事業建設極為有益。後來，河道總督黎世序又纂修《續行水金鑑》一百五十六卷，補進了雍正至嘉慶年間的有關內容。以上二書的編纂為清前期水利技術的提高奠定了基礎。

　　清前期水利技術的提高，首先表現在以靳輔、陳潢等人為代表的對黃河的治理。黃河是一條多泥沙的河流。清前期人們對黃河的認識，和以往相比又有所進步，已經產生了過水斷面的水文概念，對黃河泥沙來源的分析，也較以往更加正確而精闢。以上這些對治理黃河有重要意義。

　　早在明朝末年，由於朝政腐敗，治黃人才缺乏，黃河水患日益嚴重。清朝建立後，河道淤沙堵塞、堤防年久失修的情況並未解決，以致經常決口泛濫。據不完全統計，順治十八年（1661 年），黃河在各處決口達十餘次。康熙元年至十六

年（1662-1677 年），黃河決口多達六十餘次，有十餘次造成大患，不僅影響到淮河、運河，使南北交通阻絕，漕運陷於停頓，而且使河南及蘇北年年被災，有的州縣成為澤國。在這種情況下，康熙十六年，康熙皇帝任命安徽巡撫靳輔為河道總督，修治黃河。

靳輔（1633-1692 年），字紫垣，漢軍鑲黃旗人。他對水利問題一直非常重視，任安徽巡撫時就曾提出行溝田法。任河道總督後，靳輔更是兢兢業業，親自察看地形，廣泛聽取意見，甚至在一天之內接連上八個奏疏。靳輔治理黃河得到了幕僚陳潢的大力協助。陳潢（1637-1688 年），浙江嘉興人，平民出身。他入靳輔幕府後，多次考察黃河，了解水情。靳輔和陳潢在治黃過程中，在技術上吸取了以往「束水攻沙」的做法，但在具體施工中，又不局限於「束水攻沙」單一做法，而是「或疏、或蓄、或束、或洩、或分、或合」，多種辦法一起使用，「俱得其自然之宜」[16]。例如，他們根據水勢、地形的具體情況，創造了開引堵決法，即在決口上流開挖引河以減緩水勢，便於堵塞決口；還發明了放淤固堤法，即在堤外修建月堤，堤中構築涵洞，讓清水從涵洞洩到月堤外，泥沙淤積在月堤內，以固河堤；又發明了創建減水壩法，調節河水流量，防止其沖決堤岸。特別值得一提的是，靳輔和陳潢在治理黃河過程中，還發明了一種測水法，「以測土之法，移而測水，務使所洩之數，適稱所溢之數」[17]。經過十餘年的努力，黃河治理取得了成效，「水歸故道，漕運無阻」，康熙皇帝讚譽說：「其一切經理之法具在，雖嗣後河臣互有損益，而規模措置，不能易也。至於開創中河，以避免黃河一百八十里波濤之險，因而漕挽安流，商民利濟，其有功於運道民生，至遠且大。」[18]應當承認，這也是對治理黃河技術提高的肯定。

黃河經過靳輔、陳潢的治理，水患明顯減少。雍正朝十三年，僅有四次河決，而且還很快被堵住了。乾隆朝初期，黃河相對穩定，即使如此，治黃工作仍未放鬆，乾隆皇帝六次南巡，目的之一就是治理黃河。在乾隆皇帝督促和河臣的

---

16 陳潢：《治河述言》，「河性篇」。
17 陳潢：《治河述言》，「堤防篇」。
18 《清聖祖實錄》卷二二九，康熙四十六年三月戊寅。

具體統率下，改建堤壩，修築引河，加寬河堤，種種措施，表明了清前期治河技術水平又有所提高。

清前期水利技術的提高，還表現在浙江海塘工程的修建方面。浙江海塘一般指從平湖到杭州的一段，約三百里長，亦稱浙西海塘。由於浙江海塘地區地理環境特殊，江流海潮衝擊大，形成潮災，造成陸地坍塌，堤岸潰決，田禾毀壞，鹽灶淹沒，嚴重危害了人們的生產和生活。康熙四十年（1701年）以後，潮水北趨，風潮陡發，不僅威脅嘉興、松江一帶，而且江南運河也有被切斷的危險。在這種情況下，從康熙朝晚期到乾隆朝，清政府始終重視對浙江海塘的修建，尤其在乾隆朝前中期，修建工作尤為緊迫。

在修建浙江海塘過程中，永固性魚鱗大石塘工程是主體工程。此外，有的地方情況特殊，沙散無法穩固排樁，就只好先修築柴塘，以後情況變化再改建石塘。此外，為了保護石塘，在石塘外面還要添建坦水，在石塘上面則要栽種柳樹，以便通過盤結的樹根，使石塘加固。浙江海塘工程的修建，既反映了清前期水利技術的提高，也反映了工程技術水平的提高。[19]

畿輔水利的開發，從另外一個方面反映了清前期水利技術的水平。畿輔即北京周邊地區。清前期畿輔水利主要是指永定河流域的治理開發。雍正三年（1725年），海河和灤河流域發生大水災，造成了很重的災情。雍正皇帝決心整治畿輔地區的水利。他派人勘查海河與灤河流域平原地區的情況，對大小河流的流路進行探察，然後制訂了疏排蓄洩的計劃，其中就包括對永定河的治理。在這次畿輔地區的水利工程中，建閘開渠、開闢水田占有重要地位。結果，許多沼澤窪地都變成了水田，總面積約有六十餘萬畝。畿輔地區由此而大面積種植水稻，北京城市就近得到了稻米的供應。北京西郊玉泉山一帶生產的「京西稻」，在全國都享有盛譽。[20]

昆明湖工程是畿輔水利開發的又一典範。昆明湖原名甕山泊，金代曾引甕山

---

19 參見張華：《乾隆南巡與浙西海塘》，《南京大學學報》，1989年第4期。
20 參見吳邦慶輯：《畿輔河道水利叢書》，北京，農業出版社，1964。

泊水作為連接當時金中都與通州運河的水源，元代利用甕山泊水修建了白浮堰引水工程，明代甕山泊成為通惠河的主要水源。乾隆十五年（1750 年），乾隆皇帝諭令對甕山泊進行大規模拓展，改甕山為萬壽山，改甕山泊為昆明湖，用以慶賀皇太后六十大壽。拓展後的昆明湖除有攔蓄泉水作用外，還在夏秋兩季攔蓄了從香山等地流下來的洪水。不僅如此，昆明湖建有閘、壩、涵洞等，既提高了灌溉能力，使海淀一帶都可以種上水田，又為通惠河提供了水源，利於漕運。總之，昆明湖工程是具有蓄洪、供城市用水、航運、美化環境、灌溉等多種功能的綜合性水利工程，反映了清前期水利技術的水平。[21]

第三節 ·
醫藥學

　　清前期中國傳統的醫藥學得到了進一步發展，主要表現是傳統醫學理論的研討更加深入，新的藥物品種不斷出現，溫病學派形成等。

一、傳統醫學理論

　　在中醫學理論的總結方面，《內經》、《難經》、《傷寒論》、《金匱要略》等

---

21 參見侯仁之主編：《黃河文化》，470-471 頁，北京，華藝出版社，1994。

著作占有重要地位。《內經》是戰國至秦漢許多醫家搜集、整理的著作，包括《素問》和《靈樞》兩部分。《內經》認為人體本身是一個整體，人體結構各部分互相聯繫；人和天地自然也是一個整體，人和自然環境密切相關。這些見解奠定了中醫學理論的基礎。《難經》也是戰國秦漢時期的著作，對《內經》中的八十一個問題進行了討論，一定程度上發展了中醫藥學的理論。《傷寒論》是東漢張仲景所作，該書總結了傷寒等急性熱病的辨證論治原則和方法。《金匱要略》也是張仲景所作，論述了內、外、婦、兒科等方面的疾病病因、治療原則、預防方法等。上述四部中醫學著作，是歷代學習中醫的必讀著作，集中反映了中醫學的理論基礎。[22]清前期傳統醫學的理論發展，主要表現在對以上著述的闡釋和注解方面，又有了新的進步。

張志聰，字隱庵，浙江錢塘人。從順治朝中期到康熙朝初期四十年間，他和中醫界志同道合者一起，參考以往中醫藥文獻，認真討論，相互切磋，在此基礎上，注釋《素問》、《靈樞》二經，得《素問集注》和《靈樞集注》二書。在這二部書中，張志聰「集諸家之說，隨文衍義」，闡明了以往許多醫學家所忽略或回避的疑難問題，發展了《內經》中的理論見解。他還注釋了《傷寒論》和《金匱要略》，特別是注釋《傷寒論》，歷時二十年，多次修改才最後定稿。張志聰指出：「風傷衛，寒傷營，脈緩為中風，脈緊為傷寒。傷寒，惡寒無汗，宜麻黃湯；中風，惡風有汗，宜桂枝湯；諸說未盡當。而風、寒兩感，營、衛俱傷，宜大青龍湯為尤謬。」[23]上述見解，對人們認識傷寒病及其治療有新的啟示，也是對中醫藥關於傷寒理論的發展。張志聰還對《本草綱目》做了詮釋，本五運六氣之理，闡明藥性，從而發展了《本草綱目》中的某些見解。

徐大椿，原名大葉，字靈胎，晚號洄溪，江蘇吳江人。他以《內經》的經義解釋《難經》，「訓詁詮釋，則依本文；辯論考證，則本《內經》」[24]，「逐難發

22 參見丁守和主編：《中華文化詞典》，519頁，廣州，廣東人民出版社，1989。
23 《清史稿》卷五〇二，《藝術傳一》。
24 《難經經釋》，「凡例」。

揮，考證詳明」[25]，「深思體認，通貫全經」[26]，在許多方面提出了新的見解，豐富了《難經》中關於經絡、髒腑等功能的理論。徐大椿還著有《醫學源流論》一書，分九十三目。他在該書中寫道：「病之名有萬，而脈之象不過數十，是必以望、聞、問三者參之。如病同人異之辨，兼證兼病之別，亡陰亡陽之分。病有不愈不死，有雖愈必死，又有藥誤不即死。藥性有古今變遷，《內經》司天運氣之說不可泥。」[27]這些見解，有助於人們對《內經》理論的正確認識，也是對《內經》理論的發揮。

喻昌，字嘉言，江西新建人。順治年間僑居常熟，以行醫聞名於世。在別人看來許多是不治之症，經他治療多能痊愈。他著有《尚論篇》一書，是研究張仲景《傷寒論》的著作。在該書中，喻昌首先論述了《傷寒論》的基本見解，隨後辨析了王叔和編次以及林億、成無已校注的失誤，繼之以六經各自為篇。《尚論篇》一書「發仲景之精微，補正叔和之遺闕，參以妙悟，得之神解」[28]，對正確理解《傷寒論》一書的觀點很有幫助。喻昌還著有《醫門法律》一書，書後附錄的《寓意草》，都是他治病的醫案。這些醫案，多是喻昌及其門人反覆討論，講清楚為什麼如此審證用藥，和某些醫家泛泛而談某病用某藥絕不相同。喻昌的著述及其實踐，對中藥學理論有所發展。

柯琴，字韻伯，浙江慈谿人。他著《來蘇集》一書，對《傷寒論》進行了全面的闡釋。他認為，《傷寒論》經王叔和編次，已和張仲景的原書有明顯的不同。讀者應當細細分辨，哪些是張仲景的原意，哪些是王叔和的個人見解。只有一一指出王叔和所編《傷寒論》哪些地方有脫落，哪些地方有倒句、訛文、衍文，才能見到張仲景原書的真面目。以往注釋《傷寒論》者，不將全書始終理會，先後合參，隨文敷衍，彼此矛盾，黑白不分。柯琴還指出：大青龍湯，仲景為傷寒中風無汗而兼煩躁者設，此即加味麻黃湯。那種所謂傷寒見風、傷風見寒，因以麻黃湯主寒傷營、桂枝湯主風傷衛、大青龍湯主風寒兩傷營衛，實際上

25 周中孚：《鄭堂讀書記》卷四十一。
26 《難經經釋》，「凡例」。
27 《清史稿》卷五〇二，《藝術傳一》。
28 周中孚：《鄭堂讀書記》卷四十一。

是以鄭聲而亂雅樂，並不正確。柯琴還著有《傷寒論翼》，他在該書序言中指出：張仲景說六經為百病之法，不專指傷寒一科，傷寒、雜病，治無二理，都歸六經節制。治傷寒者，只局限於傷寒，不了解其中有雜病；治雜病者，又以傷寒論無關於雜病，而置之不問，這是對張仲景的藥理的錯誤理解。柯琴著述中對於《傷寒論》的闡釋，對人們正確理解中醫藥學的理論有著重要意義。

尤怡，字在涇，江蘇吳縣人。他以行醫為業，晚年醫術更高，許多疑難病症都能被他治好。他著有《貫珠集》一書，是對《傷寒論》的闡釋。尤怡認為，在正治法之外，太陽有權變法、斡旋法、救逆法、類病法；陽明有明辨法、雜治法；少陽有權變法；太陰有藏病、經病法，經、藏俱病法；少陰、厥陰有溫法、清法。凡病機進退微權，各有法以為辨，使人先得其法，才能用其藥方。尤怡的分析，特別是關於少陰、厥陰、溫清兩法的論述，對人們正確理解張仲景的《傷寒論》有指導意義。尤怡還寫有《心典》一書，是對《金匱要略》的闡釋，並補充了該書薄弱的部分。

清前期對發展傳統醫學理論做出貢獻的人還有：徐彬，字忠可，浙江嘉興人，是喻昌的弟子。他著有《傷寒一百十三方發明》及《金匱要略論注》兩書。徐彬認為：「他方書出於湊集，就採一條，時亦獲驗。若《金匱》之妙，統觀一卷，全體方具。不獨察其所用，並須察其所不用。」[29]當時人都覺得他講的非常正確。張璐，字路玉，自號石頑老人，江南長洲人。他自幼專心醫藥之書。張璐認為張仲景的書衍釋日多，原來的意思不免有所改變，於是廣搜秘本，反覆考證，著《傷寒纘論》、《傷寒緒論》等書，對人們正確認識張仲景的《傷寒論》有一定幫助。高世栻，字士宗，與張志聰同鄉。他注《傷寒論》，強調古人所說「不知十二經絡，開口舉手便錯；不明五運六氣，讀盡方書無濟。病有標有本，求其標，只取本，治千人，無一損」[30]。陳念祖，字修園，福建長樂人。他著有《傷寒金匱淺注》，對以往傳統醫學理論有所補益，人們稱他的書是「善本」。黃元御，字坤載，山東昌邑人。他對《素問》、《靈樞》、《難經》、《傷寒論》、《金

---

29 《清史稿》卷五〇二，《藝術傳一》。
30 同上。

匱玉函經》都有注釋，多達幾十萬字。他認為治病主要是扶陽抑陰。

清前期醫家輩出，著述宏富，反映了傳統醫學理論發展的盛況。儘管各醫家之間對古代醫學典籍的認識有高有低，意見不同，且爭論激烈，但是，正是這種爭鳴推動了傳統醫學理論的發展，使中醫藥學寶庫得到了更大程度的發掘。

在述及清前期傳統醫學理論發展的時候，我們還應談到《醫宗金鑑》一書。該書九十卷，官修，吳謙主纂。吳謙，字六吉，安徽歙縣人。官太醫院判，供奉內廷。乾隆年間，敕編醫書，太醫院使錢斗保請發內府藏書，並徵集天下家藏秘籍，及世傳經驗良方，分門聚類，刪其駁雜，採其精粹，發其餘蘊，補其未備，編書二部。一部小而約，供初學者誦讀，一部大而博，供學成者參考。後來情況有所變化，乾隆皇帝希望盡快把書編成，一部即可。在這種情況下，吳謙為總修官之一，負責編寫。吳謙認為，古醫書有法無方，只有《傷寒論》、《金匱要略》、《雜病論》開始有法有方。《靈樞》、《素問》以後，兩書實一脈相承，義理淵深，方法微奧，領會不准確，便很容易出錯。舊注隨文附會，難以傳信。於是，吳謙自己刪定，對二書的錯誤多所訂正，逐條注釋，並參考了以往諸家舊注有價值的部分，遂成一書，乾隆皇帝賜名《醫宗金鑑》。該書內容比較全面，既有對仲景全書的訂正，也有對名醫方論的刪補，還記述了四診新法要訣、運氣要訣、傷寒心法要訣、雜病心法要訣、婦科新法要訣、兒科心法要訣、針灸心法要訣、正背心法要訣等歌訣，是以往中醫藥學理論的總結和發展。

二、藥物學與方劑學

清前期藥物學有所發展，新的品種不斷出現。這時期在藥物學方面做出貢獻的人有：趙學敏，字依吉，號恕軒，浙江錢塘（今杭州）人。明朝人李時珍編有《本草綱目》，趙學敏編《本草綱目拾遺》，記載藥物九百二十一種，其中有七百一十六種為《本草綱目》所不載，是趙學敏補充的新藥物。在分類方面，《本草綱目拾遺》也更為合理，全書共分十八部，把《本草綱目》中的「人」部刪去，把「金石」分為二部，增加「藤」部和「花」部。《本草綱目拾遺》還對

《本草綱目》中的一些錯誤進行了訂正。吳其濬，字瀹齋，河南固始人。他著有《植物名實圖考》三十八卷。這是一部藥用植物學專著，收錄植物一千七百一十四種。吳其濬把所有植物分成十二類，對每種植物都詳細記下顏色、形狀、性味、產地、功用等，還配有插圖，說明它的藥用價值。對同一種藥物而名稱不同，或不同藥物而名稱相同，則進行詳細考訂。此外，這部書還對以往本草中的某些錯誤有所糾正，多所創見。汪昂，字訒庵。他根據《本草綱目》等書輯成《本草備要》一部，記載藥物四百六十餘種，另附插圖四百餘幅。對每味藥物，汪昂都記下功效，也寫出副作用，使人一目了然。吳儀洛，字遵程，他在《本草備要》的基礎上，編成《本草從新》一書，記載藥物七百二十餘種，比《本草備要》增加了近三百種。[31]此外，前曾提到的張志聰對藥物學也有所貢獻，他曾「注《本草》，詮釋本經，闡明藥性，本五運六氣之理。後人不經臆說，概置勿錄」[32]。

和藥物學的進步一樣，清前期在方劑學方面也比前代有所進展，不少新的著作問世。汪昂著有《醫方集解》，吳儀洛著有《成方切用》。這兩部書都選錄了許多良方，對臨床實用有很大的指導作用。此外，汪昂的《湯頭歌訣》，陳念祖的《時方歌括》，讀起來朗朗上口，便於記憶，對於初學用方劑的人很有幫助。根據《本草綱目》附方按類重新編排成書的，有蔡烈先《本草萬方針線》、年希堯《本草綱目類方》、曹繩彥《萬方類編》等。這些書在臨證查驗時非常方便。趙學敏根據著名「走方醫」趙柏雲醫方刪訂而成的《串雅》一書，搜集了大量的民間秘方、驗方，這些藥方既可以用來內治，也可以用來外治，為整理和保存民間醫療經驗做出了貢獻。[33]

在談到清前期方劑學的時候，我們還不應忽視一些著名的中醫藥店的作用。據不完全統計，清前期僅北京城就有中藥店二十餘家，其中同仁堂享譽最高。同仁堂以生產經營中藥為主，雍正年間開始供奉御藥房。同仁堂生產經營中藥最出

31 以上參見戴逸主編：《簡明清史》第二冊，321頁，北京，人民出版社，1984。

32 《清史稿》卷五〇二，《藝術傳一》。

33 以上參見《簡明清史》第二冊，321-322頁。

名的是丸、散、膏、丹，而這些成藥配本來源有三，即家傳秘方、民間有效驗方、宮廷御用方。由此可見，同仁堂等著名中藥店在清前期方劑學發展過程中，起了一定的促進作用。

三、溫病學派的形成

明清之際，中國傳統醫藥學有所發展，表現之一就是溫病學說的出現。這種學說認為，風寒、暑熱四時不正之氣，由毛孔侵入人體，將不同程度、分別深淺在人體表面營、衛、氣、血之間逐漸深入，產生一種溫熱的氣體，從而導致肌體、內臟發生病變，即所謂溫病。一年四季不同，溫病也有風溫、暑溫、濕溫、冬溫等區別，此即所謂溫病學說。[34]實際上，溫病是多種熱性病的總稱，既包括傳染性的，也包括非傳染性的。清代前期，經過多年溫病有關知識的積累，一些醫家對溫病的認識已逐漸理論化、系統化，在治療方面也掌握了一整套行之有效的辦法。其中的代表人物有葉桂、吳瑭、王士雄、薛雪等人。

葉桂（1667-1746 年），字天士，江蘇吳縣人。他的祖、父兩代都是名醫。葉桂十四歲開始學醫，先後拜師十餘人。這樣，在家學的基礎上，又廣泛吸收了各方面的理論和經驗，很快成為一個名醫。他看病處方隨實際情況而定，從不拘守於一定模式。葉桂認為：「病有見證，有變證，必胸有成竹，乃可施之以方。」[35]有一次，一位婦女難產，請過一個醫生看，未見成效。請葉桂來看，他只在原方中加了一片梧桐葉，那位婦女吃下藥，孩子便生了下來。

葉天士像

---

34 參見劉蕙孫：《中國文化史稿》，508-509 頁，北京，文化藝術出版社，1990。按，根據營、衛、氣、血學說，營是人體最表面的一層，其內為衛，衛以內是氣，再一層是血。
35 《清史稿》卷五〇二，《藝術傳一》。

這以後，別人也學習他的這種用藥方法，葉桂卻說：那天是立秋，可以用梧桐葉，其他日子就不適用了。葉桂治病療效極好，對於疑難病症，或就平日嗜好而得救法，或用其他醫生處方，稍微變通服用方法，有時甚至竟不用藥，而通過平日飲食起居慢慢調養。葉桂還能在人沒生病的時候預知其病，甚至預測幾十年以後得病的情況，都很靈驗。他曾說：「劑之寒溫視乎病，前人或偏寒涼，或偏溫養，習者茫無定識。假兼備以悻中，借和平以藏拙。朝用一方，晚易一劑，詎有當哉？」[36] 這既是他經驗的總結，也是對庸醫的批評。葉桂對傳統醫學的最大貢獻是總結了前人的經驗，著《溫熱論》一書，為溫病學說的發展奠定了理論認識的基礎。葉桂之後，其弟子和其他醫家繼續溫熱病的治療與研究，遂形成溫病學派。

吳瑭（1758-1836 年），字鞠通，江蘇淮陰人。他是葉桂的學生，學成後曾遊京師，並在江蘇、浙江一帶行醫，很有名聲。吳瑭感到葉桂許多醫案散見於雜症之中，未引起人們重視，便在整理葉桂醫案的基礎上，又「採輯歷代名賢著述，去其駁雜，取其精微，間附己意以及考驗，合成一書」[37]，名《溫病條辨》。在這部書中，吳瑭首先介紹了溫病的成因，然後詳細介紹了風溫、溫熱等九種溫病的治療方法，最後附錄雜說、救逆、調治等篇，介紹各種婦女病、小兒病和其他病症的治療辦法。這本書內容豐富，立論嚴謹，發展了葉桂的溫病學理論，得到了醫學界的普遍重視，人們認為它「其為方也約而精，其為論也閎以肆」[38]。總之，《溫病條辨》一書，對當時溫病的診斷和治療起了重要作用。

王士雄（1808-1867 年），字孟英，浙江海寧人。他輯纂《溫熱經緯》一書，既有《內經》、《傷寒論》等書中關於溫病的記述，又有葉桂等醫家關於溫病的論述，還有以往醫家對上述論著的注解，以及王士雄本人的見解。《溫熱經緯》把許多家論述溫病的理論匯集在一起，採集精當，對溫病學派的形成和發展起了促進作用。王士雄還著有《霍亂論》一書，對霍亂、熱症的分析十分詳細、透

36 同上。
37 《溫病條辨》，「自序」。
38 《溫病條辨》，「朱彬序」。

徹，被許多醫生奉為必讀的參考書。

薛雪（1681-1770 年），字生白，自號一瓢。和葉桂同鄉。他博學多通，工於詩畫，對醫學有獨到見解。薛雪曾刪定《內經》，成《醫經原旨》一書，分疾病、論治等十四類，既廣集諸家之說，又結合了自己的心得體會，多有見地。他還著有《濕溫篇》，專談濕溫熱病的防治，為溫病學說的形成和發展做出了貢獻。

清前期溫病學派的醫家還有：繆遵義，江蘇吳縣人，乾隆二年（1737 年）進士，做過知縣，後因母病，通醫書，棄官為醫，用藥每有新意。他的醫案和葉桂、薛雪刻在一起，人稱「吳中三家」。吳貞，浙江歸安（今吳興）人。他著有《傷寒指掌》一書，對葉桂的醫案宗旨多所發揮。章楠，字虛谷，浙江會稽（今紹興）人。著有《醫門棒喝》一書，認為葉桂、薛雪的醫學見解最符合《傷寒論》的本意。他還把葉桂的著作《幼科心法》等整理改名為《三時伏氣外感篇》、《外感證溫篇》刻印出版，成為當時醫者的必讀書。

四、臨床各科的成就

清前期醫學方面取得的成就，還表現在臨床各科的進展上。當時許多醫家都兼通內外婦兒各科，並編有綜合性的醫學著作。張璐著《張氏醫通》，總計十六卷，一百一十門。前十二卷，計十六門，敘述中風及嬰兒的病症和治療情況。每一種病都先列《內經》及《金匱要略》中的論述，然後再引以往各醫家的注說，最後是附錄各病的診治醫案。後四卷，計九十四門，主要講的是方藥主治，多係前人的經驗，也有張璐本人的意見。沈金鰲著《沈氏遵生書》，總結臨床經驗，特別重視氣功療法，在藥物、脈象、傷寒、雜病等方面，把許多醫家的方法匯集到一起。林珮琴著《類證治裁》，雖專談內科，但對外科、婦科、雜病也概括介紹，最後附有醫案，實際效果很好。王清任著《醫林改錯》，特別重視髒腑的情況。他在四十多年的行醫過程中，深感髒腑對一個人太重要了，一個醫生如果對髒腑情況不明，那是很難治好病的。王清任曾說：「著書不明髒腑，豈不是痴人

說夢；治病不明臟腑，何異於盲子夜行。」[39]於是，在懷疑古籍中有關生理和病理論述不準確的同時，他利用一切機會深入刑場、義冢，觀察屍體的臟腑，並和動物的內臟進行比較，終於繪成《親見改正臟腑圖》。這張圖連同王清任的其他醫學論述，構成了《醫林改錯》的主要內容。

有關外科的醫學著述，王維德的《外科證治全生集》比較著名。王維德家四代為醫，積累了大量的臨床經驗，他把這些經驗加以總結，提出了許多前人未曾提出過的觀點。王維德認為：「癰疽無死證，癰乃陽實，氣血熱而毒滯；疽乃陰虛，氣血寒而毒凝。皆以開腠理為要，治者但當論陰陽虛實。」[40]在治療方法上，他強調「凡治初起以消為貴，以托為畏，尤戒刀針毒藥」[41]。王維德還在臨床實踐中創製了「陽和湯」、「犀黃丸」等名方，療效極好，為醫界重視。馬培之著《外科傳薪集》，也是一部較好的外科醫學著作。這部書補充和發揮了《外科證治全生集》一書的內容和論述，具有便捷、實用等特點。此外，高秉鈞的《瘍科心得集》也是一部值得重視的外科醫學著作。這部書強調內外科的辯證關係，主張因病施治，在醫界有一定影響。

傅山著《傅青主女科》，是清前期關於婦科病治療的綜合性論述的專著。這部書特別強調在治療婦女病時要調和氣血，培補脾胃。書中所載專方，對治療各種婦女病極有效果。

夏鼎著《幼科鐵鏡》，陳復正著《幼幼集成》，是清前期有關兒科方面的醫學專著。前書對兒科的寒熱虛實分析甚明，後一種書對痘疹的治療有真知灼見。兩書對兒科的其他方面疾病，也都有綜合性的論述，是當時醫界治療兒科疾病的必備書籍。[42]

在談到清前期臨床醫學成就的時候，還應提及種痘法的推廣。還是明朝隆慶年間（1567-1572 年），寧國府太縣（今安徽省太平縣）勞動人民發明了人痘接

---

39 《醫林改錯》，「臟腑記敘」。
40 《清史稿》卷五〇二，《藝術傳一》。
41 同上。
42 參見《簡明清史》第二冊，323-325 頁。

種法，後來推廣到全國。[43]康熙二十年（1681 年），清政府曾專差迎請江西省痘醫張琰，為清王子和旗人種痘。張琰在《種痘新書》中寫道：「種痘者八九千人，其莫救者，二三十耳。」康熙三十四年（1695 年），張璐在《醫通》一書中，記述了痘漿、旱苗、痘衣等法以及種痘法推廣的情形：「始自江右，達於燕齊，近者遍行南北。」由此可見，清前期種痘法不僅推廣到全國，而且技術也相當完善。康熙二十七年（1688 年），俄國醫生到北京來學習種人痘方法，不久，此法又傳到英國、印度、土耳其以及日本等國。

第四節 ·

其他科技方面的成就

清前期在地理學、手工業技術、建築等方面和前代相比，也都取得了一定成就。

一、地理學

中國的地理學作為一門科學，擺脫歷史的附庸地位，而逐漸走向實地考察，

---

43 參見俞茂鯤：《痘科全鏡賦集解》。

是從明代開始的。偉大的地理學家徐霞客應運而生，就是一個明顯的標誌。清朝建立後，繼續重視實地考察，在地圖測繪方面也取得了重大成就。

清前期，清廷曾兩次派人考察黃河源頭。第一次是在康熙四十三年（1704年）四月。康熙帝派遣侍衛拉錫等往探黃河源頭，要求務須直窮其源，凡流經等處要詳細記述。拉錫等人受命後，五月中旬至青海，六月上旬至星宿海東，見鄂陵澤周圍二百里，而登山遠眺星宿海，則見星宿海源頭有小泉萬億個，周圍是群山。南面是古爾班吐爾哈山，西邊是巴爾布哈山，北邊是阿克塔因七奇山。每座山下都有許多泉，三山泉流出三支河，三河東流入札陵澤，自札陵澤一支流入鄂陵澤，從鄂陵澤流出，便是黃河。此外，他山泉水與平地泉水流為小河的也非常多，都歸入黃河東流而下。六月中旬，拉錫等人考察黃河源頭結束後，開始返回。當他們登上哈爾吉山的時候，見黃河東流至呼呼托羅海山，又南流繞撒除克山南，北流至巴爾托羅海山南。到冰山的時候，看見冰山最高，雲霧遮蔽。蒙古人說此山長三百餘里，有九個高峰，自古至今沒聽說過冰雪消融，經常飄降雨雪，一個月裡只有三四天晴空。自此回行十六天，至席拉庫特爾地方，又向南行，過僧庫里高嶺，行百餘里至黃河岸。見黃河自巴爾托羅海山向東北流，於歸德堡北、達喀山南，從兩山峽中流入蘭州。自京城至星宿海，共七千六百餘里。寧夏西有松山，至星宿海，天氣漸低，地勢漸高，人氣閉塞，故多喘息。[44]雖然，拉錫等人所說鄂陵澤和星宿海即黃河源頭並不準確，但是，這終究是清前期第一次對黃河源頭的考察，它所積累的資料對以後考察黃河源頭有一定參考作用。

乾隆四十七年（1782年）春，因河南省青龍岡漫口，合龍未成，乾隆帝派乾清門侍衛阿彌達前往青海，探察黃河源頭。這是清前期對黃河源頭的第二次考察。阿彌達考察結束返回覆命，並據按定南針繪圖具說呈覽。阿彌達在奏書中說：星宿海西南有一條河，蒙古語名阿勒坦郭勒，即黃金河，此河實係黃河上源。其水色黃，回流三百餘里，穿入星宿海，自此合流至貴德堡，水色金黃，始

---

44 參見中外名人研究中心編：《中國事典》下卷，2418頁，沈陽，沈陽出版社，1992。

名黃河。在阿勒坦郭勒西，有巨石高數丈，名阿勒坦噶達素齊老，蒙古語即黃金北極星石，其崖壁黃赤色，壁上為天池，池中流泉噴湧，分為百道，全是金色，入黃金河，此則真黃河上源。乾隆帝覽奏後，認為所奏河源非常明晰，糾正了康熙四十三年侍衛拉錫關於河源即鄂陵澤和星宿海的說法。乾隆帝還諭示，編輯《河源紀略》一書，把御製河源詩文冠於卷端，凡蒙古地名人名譯對漢音的，均照改定正史，詳細校正無訛，頒布刊刻，並錄入四庫全書，以昭傳信。乾隆四十九年（1784 年）七月，《河源紀略》編成，共三十六卷，繪圖列表，考古證今，雜錄沿河所見風俗、物產、古跡、軼事。不過，該書以星宿海西南阿勒坦噶達素齊老上之天池為黃河源，仍然有誤。[45]

清前期是中國歷史發展的重要時期，特別是康熙至乾隆年間，政治穩定，經濟繁榮，史稱「康乾盛世」。適應生產力的發展，特別是治理黃河的需要，考察黃河源頭便提到了議事日程。康熙和乾隆年間兩次探察黃河源頭，從一個側面反映了地理學的發展和生產發展的密切關係。不僅如此，康熙和乾隆朝還大規模測繪全國地圖，這更表明地理學在清代前期確實發展到了一個新階段。

清代前期，適應多民族統一國家的鞏固與發展，地圖測繪取得了巨大成就。西方傳教士來到中國，帶來了西方的地理知識和採用經緯度的測繪方法，康熙皇帝對此十分重視。他在出征和出巡過程中，常令傳教士隨行，以測量各地的地形、距離與經緯度。康熙四十七年（1708 年），全國統一已經鞏固，政治局面日益安定，清政府便開始了全國地圖大規模的測繪工作，參加者有西方傳教士白晉、雷孝思、杜德美，中國學者明安圖、何國宗等人。這次測繪工作採用了當時世界上最先進的經緯度測繪法。測定緯度，採用「太陽午正高弧定緯度法」，在冬至日測太陽的垂角以推算緯度，以北極星出地高度為標準。測定經度，採用月食觀察法，在不同地點觀察月食時差計算，以北京為中線，分東經和西經。計數里程，以工部營造尺為標準，五尺為步，三百六十步為里，一緯度合二百華里。在測繪過程中，清政府分派人員，前往全國各地。北至蒙古，東北至黑龍江以

---

45 參見《中國事典》下卷，2522-2523 頁。

北，西南至青海、西藏，東南至臺灣。測量人員跋山涉水，歷盡艱辛，在十年時間裡，一方面勘測各省重要地方，一方面查閱各地志書，進行實地採訪。康熙五十七年（1718 年），將各地實測結果匯總，採用梯形投影法，比例尺定為 1：140 萬，終於繪製成全國地圖，即《皇輿全覽圖》，「關門塞口，海汛江防，村堡戍臺，驛亭津鎮，其間扼險，環衛交通，荒遠不遺，纖細畢載」[46]。康熙《皇輿全覽圖》以銅版刊印成集，前有總圖，後有各省分圖。這部地圖集是當時世界上地理學的最高成就，不但是亞洲當時所有地圖中最好的一部，而且比當時所有的歐洲地圖都更好、更精確，是中國地圖繪製史上的重要成果。

不過，由於當時天山南北為厄魯特蒙古准噶爾部分裂割據勢力控制，清政府無法派人去實測，所以，《皇輿全覽圖》西部只到哈密為止。乾隆朝中葉，清政府用兵西北，平定了准部和回部叛亂，統一了新疆地區，完成西北邊疆地圖測繪的任務遂提到日程上來。清政府派劉統勳率領何國宗、明安圖以及一些外國傳教士到新疆伊犁和喀什等地進行測量，「所有山川地名，按其疆域、方隅，考古驗今，匯為一集」[47]，後來編成了《皇輿西域圖志》。乾隆二十五年（1760 年），清政府派人根據《西域圖志》，參考俄蒙文獻，對《皇輿全覽圖》修訂增補，增加了新疆地圖，改正了西藏部分的一些錯誤，西部範圍包括巴爾喀什湖以西地區，稱《乾隆內府輿圖》，內容更加詳細完備。[48]

在述及清前期地理學成就的時候，還應提及劉獻廷的地理考察活動及其地理學革新思想。劉獻廷，字君賢，又字繼廣，號廣陽子，順天府大興（今北京市）人。他少年時期勤奮好學，博覽群書。清朝修明史，他應邀參加編撰工作，不署銜，不受俸，不受官職。他還參加了《大清一統志》的編修工作。他考察過全國許多地方，覽山川形勢，觀民風土俗，訪遺侠，交豪傑，以便增加對古今成敗是非的認識，拓寬心胸，有利於國家和社會的發展。他在修史時表現出的新的地理思想可以概括為：在疆域之前，別添數條，先以諸方之北極出地為主，定簡平儀

---

46 《清聖祖實錄》卷二八三，康熙五十八年二月乙卯。
47 《皇輿西域圖志》卷首，諭旨。
48 參見《簡明清史》第二冊，310-312 頁。

之度，制為正切線表，而節氣之先後，日食之分秒，五星之凌犯占驗，皆可推求。以簡平儀正切線表為一，則諸之七十二候各不同，如嶺南之梅，十月已開，湖南桃李，十二月已爛漫……今於南北諸方，細考其氣候，取其確者，一候中不妨多存幾句、傳之後世，則天地相應之變遷，可以求其微筆……而其人情風土習俗之徵，皆可按律而求。在地理研究中，劉獻廷也提出了新的概念和方法。他認為地理研究應包括人和自然環境的關係，自然地理分布概況，自然界活動的規律等。這一認識在當時處於世界的領先地位。[49]

二、手工業技術

清代前期，紡織、陶瓷、鑄造、造船等手工業技術有所提高。

紡織業包括棉織業、絲織業、麻織業和毛織業。這一時期棉織業得到迅速發展，許多地方都能紡花織布，棉織工具和技術不斷創新，使用了用四足木棉攬車軋花，生產效率有很大提高。還有一種無足的趕車，一人即可操作，用右手轉動曲柄，左足踏動踏板，左手喂添精英。彈弓也有所改進，增加了釣竿，從而使彈花人左手把握彈弓不再成為沉重的負擔。足踏三維紡車的普遍使用，更使生產效率大為提高。絲織業在許多地方得到發展，絲織業中心地區不斷湧現。山西潞州，所產潞綢做工精細，銷往全國各地，有極高聲譽。山東半島農民放養柞蠶技術日益成熟。在麻織業中，藉人力、畜力、水力推動的大紡車的使用，使產量大增，晝夜紡織可達百斤。毛紡織業集中在陝西西安、甘肅蘭州一帶。蘭州所產羊毛絨稱為蘭絨，毛織的氈毯，質料細密，顏色鮮明，圖案美麗。

瓷器是中國獨創的發明之一，是在製陶技術不斷發展的基礎上發明的。瓷器雖然和陶器有本質上的區別，但是它們的燒製過程極為相似。明代燒瓷技術取得了巨大成就，精致白釉、彩瓷、一道釉馳名中外。清前期瓷器在明代取得卓越成

---

49 參見《黃河文化》，553 頁。

就的基礎上有了進一步發展，在造瓷技術上達到了輝煌的境界。在一道釉方面，康熙年間燒製的天藍、翠青、碧青、蘋果綠、嬌黃、吹紅、吹紫、吹綠最好。雍正年間的胭脂水、油綠、天青，以及仿汝、仿官、仿鈞、仿龍泉等仿古瓷器配料準確，火候掌握恰到好處，使人真假難辨。乾隆年間生產的各種宋釉，五彩最好。在紅釉方面，康熙年間的鮮紅、郎窯紅和乾隆年間的仿宣德霽紅以及礬紅、釉裡紅等，比明代取得了更新的成果。在彩瓷方面，康熙年間的素三彩、五彩和雍正、乾隆年間的粉彩、琺瑯彩等均名聞中外。

鑄造業中有色金屬的冶煉方面，明代已經大規模地進行金屬鋅的生產，鎳白銅的生產也得到了迅速地發展，活塞式風箱的鼓風機開始使用，焦炭已經代替煤作為燃料，用泥範鑄造大型和特大型鑄件達到了新的水平。這一切，為清前期有色金屬的冶煉取得新的進步奠定了基礎。清代前期，內務府造辦處設有專職工匠，用熔模鑄造（一般稱失蠟）較明代又有了新進展。熔模鑄造一般採用地坑造型，蠟料由牛油、黃蠟調製（油蠟是十和八之比），泥料中加入炭末以減少收縮，增加透氣性，並且使表面光潔。每斤蠟料，配銅十斤。現存故宮博物院、頤和園的銅獅、銅象、銅鶴、獬豸等，都是清前期有代表性的藝術價值很高的失蠟鑄件。頤和園銅亭的某些構件也是用失蠟法鑄成的。

中國是世界上造船歷史最悠久的國家之一，清前期造船業有了進一步發展。在船型方面，有沙船、福船、烏船、廣船、兩頭船、蜈蚣船、連環舟、子母舟等幾百種之多，其中，尤以沙船和福船馳名中外。沙船底平能坐灘，不怕擱淺，順風逆風都能航行，穩性好，航行快。福船是一種

寧波船

尖底海船，船身高大如樓，底尖上闊，首尾高昂，兩側有護板。全船分四層，上

層是作戰場所，居高臨下，易於克敵制勝。在船舶設計方面，清朝初年福建省趕繒船的設計，體現了中國古代福船系統設計放樣的精華。其特點是方法簡便，效果良好，整體局部巧妙結合，表現了中國船工的智慧和創造性。在造船過程中設計船塢，利用船臺造船，利用滑道使船舶下水，反映了當時中國造船業發展的水平。在船舶性能方面，清前期各種船型當中，如淮揚課船、江西紅船等內河船，都具有快航性能。此外，由於水密隔艙，還具有抗沉性、適航性、穩定性。在船舶動力方面，充分而靈巧地利用風力，反映了中國古代船舶技術的高度發展。清前期帆船篷帆簡化到一桅只有一帆，反映了利用風力效率的提高。在航海技術方面，還在明代，中國天文航海技術就有了很大發展，已能利用「牽星木」方法觀測星的高度來定地理緯度。在航海中還定出了方位星進行觀測，以方位星的方位角和地平高度，決定船舶夜間航行的位置。地文航海技術，包括航行儀器如航海羅盤、計程儀、測深儀的發明和創造，以及針路和海圖的運用等，也都取得了新的進展。清前期保存下來的許多海圖，證明了當時高水平的航海技術。

三、建築技術

清前期隨著經濟的發展和政治統一的增強，宮殿、園林、寺廟等建築盛極一時，在工程技術方面達到了極高的水平。輝煌壯麗的北京故宮建築群，原是明、清兩朝的皇宮。全部宮殿和庭院，共占地七十二萬多平方米。從總布局上說，這座建築群分前後兩大部分，俗稱外朝和內廷。前部主要是宮

故宮太和殿

殿，以太和、中和、保和三大殿為中心，以文華殿、武英殿為兩翼。後部由乾清

宮、坤寧宮、東西六宮組成。全部宮殿共約九千餘間。宮殿群的外圍,用十米高的紫禁城和五十二米寬的護城河環繞起來。紫禁城南端大門午門上有五鳳樓,重簷飛翅,黃瓦紅牆,氣勢雄偉。太和門內,廣闊的庭院中央,聳立著黃瓦紅牆、巍峨壯觀的太和殿,下有三重漢白玉欄桿的須彌座承托,周圍廊廡環抱,崇樓高閣錯落其間。康熙三十四年(1695年),太和殿開始重修,至康熙三十六年(1697年)告成,共用兩年多時間。太和殿是清朝舉行盛大慶典的場所。重修後的太和殿殿宇高大,氣勢宏偉。宮殿基高二丈,殿高十一丈,廣十一間,縱深五間,建築面積二千三百多平方米。大殿正脊兩端的龍吻,高達三米,簷角上排列的小獸整整齊齊。太和殿不僅外觀雄偉,殿內建築也十分壯麗。殿堂內開闊高大,七十二根大柱擎立其間,大殿中央,設有二米高的地平臺,上設金漆雕龍寶座,寶座周圍六根高大蟠龍金柱,每柱雕一巨龍,龍身纏繞全柱,柱下繪有海水江岸花紋。天花板正中有一盤龍金鳳藻井,倒垂著軒轅寶鏡。太和殿前面,廣場寬闊,占地約三萬多平方米。重修後的太和殿反映了清前期宮殿的建築水平。談到清前期太和殿的重修,還應述及該工程的主持者梁九。梁九是順天府木匠,整個太和殿的外形輪廓,結構組合,都是梁九精心籌劃。大殿梁枋檁柱,飛簷斗拱,部件數萬。梁九為了準確施工,預先手製木殿一區,以寸准尺,以尺准丈,不過數尺許,而四阿重室,規模具備。梁九的技藝被人稱為絕技,反映了清前期建築工匠的高超水平。

除梁九之外,雷發達也是一位傑出的建築師。雷發達是江西南康人,後來遷居南京。他自幼就喜愛木工技藝,努力學習繪製設計圖樣的技術,很快聞名於世。康熙初年他應召進京,參加修建皇宮的工程。由於他才藝超群,擔任了工部「樣式房」掌案,幾十年間,積累了豐富的經驗,總結了一套建築設計的技術。康熙三十二年(1693年),雷發達病逝,其子孫繼承了他的事業,先後幾代從事「官式」建築,參加過宮殿、園林、陵寢等很多重大工程的設計和營造。特別是在建築設計圖樣的革新創造和「燙樣」的廣泛應用方面,對建築學做出了不朽的貢獻。雷家設計圖樣的特點是:通盤規劃,程序井然,平面圖與個體透視相結合。雷發達及其後世積累的豐富經驗和高超技巧,為後來的著名建築專著《工部工程做法則例》、《工段營造錄》奠定了基礎。

圓明園在園林建築方面具有代表性。它是清前期修建的一座大型皇家園林，前後歷經一百五十多年時間，共占地五千二百畝。在大面積的平地上挖湖引水，堆山砌石，建築數量多，類型複雜，殿、堂、軒、館、廊、榭、亭、橋、樓、閣、廳、室應有盡有。在建築布局上，採取大分散、小集中的方式，把絕大部分的建築物集中為許多小的群組，再分散配置於全園內。在個體形象方面，小巧玲瓏，千姿百態，廣徵博採大江南北的民居，出現了多平面形式，如眉月形、 字形、工字形、書卷形、口字形、田字形，乃至套環、方勝等。圓明園集中國古代建築之大成，達到了新的高峰。還有一些外國形式的建築，例如供奉佛像的舍衛城，是仿效印度古代橋薩羅國的國都興建的。長春園北部的西洋樓，則表現了對歐洲建築和園林技術的吸收與融合。

承德避暑山莊東面和北面山麓中修建的寺廟群，即承德外八廟，代表了清前期寺廟建築技術的水平。外八廟自康熙五十二年（1713 年）至乾隆四十五年（1780 年）陸續修建，原有寺廟十一座，現僅存七座。外八廟集中、融合了中國漢、藏等各民族的建築技術和藝術，具有強烈的民族色彩，充分體現了多民族建築風格的結合。在建築材料上，除磚、石、木之外，大量使用琉璃瓦。在建築形式上，各廟主體建築各有不同。普樂寺的旭光閣為圓形，殊像寺的寶相閣為八角形，普陀宗乘之廟，主體建築大紅臺通高達四十三米，寬六十米，遠望猶如一塊紅色屏障。

磚塔建築從另一個側面反映了清前期的建築技術水平。明朝以後，中國磚石建築有較大規模的發展。磚塔多以六角或八角形為主，高度可達八十八米以上，內部結構主要採用外壁、樓梯、樓層三者相結合，全部用磚砌出一個整體，而且按層建造塔室。取消空心式結構，全部改為「壁內折上塔室式」結構。塔磚尺寸增大，長三十八釐米，寬十七釐米，厚九釐米。長身平砌，石灰漿做膠泥，塔體更加堅實。外觀方面，常常在下幾層的塔身和塔簷模仿木結構建築式樣，轉角部位施用垂蓮柱，平板枋、大額枋的表面雕刻一些花紋。僅僅用磚、木材、黃土等簡單的建築材料，就能建造出大量雄偉的高層古塔，體現了清前期建築技術上的高超水平。

四、武器製造和軍事科學

明朝末年，西方火炮製造技術傳入中國，軍隊中開始使用火炮。清政權還在關外時，在與明朝軍隊作戰中，繳獲了這類武器，開始仿造。清朝建立對全國的統治以後，由於統一戰爭、平定叛亂和抵禦外來侵略的需要，對製造火器仍很重視，一些地方設立了炮廠和火藥廠。吳三桂等人率領清軍和南明王朝作戰中，因使用火炮而不斷勝利。同樣，吳三桂等三藩之亂發生後，清軍一度因缺乏火炮而節節失利。為了取得平定三藩的勝利，康熙皇帝命傳教士南懷仁製造火炮，特別是適用於山地作戰的輕火炮。南懷仁受命後，一年之內便鑄成三百五十多門新炮，經過試射，命中率極高，在平定三藩之亂中發揮了重要作用。此外，為了取得平定三藩之亂的勝利，清政府還命令滿漢官員捐助鳥槍。這一切表明，清朝建立後相當長一段時間內，是很重視火器製造的。正因為如此，清前期火器製造一度取得很大進展。清軍在平定厄魯特蒙古准噶爾部噶爾丹叛亂中，在粉碎沙俄軍隊入侵的雅克薩自衛反擊戰中，火炮都發揮了重要作用。

在談到清前期火器製造取得的成就時，人們立即會想起傑出的火器專家戴梓。戴梓，字文開，浙江仁和（今杭州市）人。他博學多能，通曉天文、曆法、河渠、詩畫、史籍等，對機械、兵器製造尤為精通。他出生於官吏之家，自幼勤奮好學，對於兵法戰守等器械，尤其用心研習。康熙朝平定三藩之亂時，戴梓以布衣從軍。在軍隊中，他充分發揮自己的才能，創造和仿製了許多兵器。他所造的連珠火炮形同琵琶，能連續射擊，解決了舊式火銃用火繩點火、易受風雨潮濕影響的難題，同時也吸收了西洋火器能連續射擊的優點，使用方便，提高了軍隊的戰鬥力。戴梓還奉康熙皇帝之命製造了一種沖天炮，又名子母炮，長二尺一寸，重約三百斤，彈道彎曲。這種炮的炮彈大如瓜，用生鐵鑄成，彈中朝上留有空穴，可裝火藥。使用時，將炮彈裝入炮膛後，再裝火門烘藥和定炮尺。火門烘藥的用藥量根據射程遠近決定，炮尺目標也隨目標遠近而定。發射時，先點燃炮彈的炮捻，接著點燃火門烘藥。炮彈出膛後，從天而下，片片碎裂，殺傷力極大。戴梓製造的許多兵器，後來都被列入《欽定工部則例造火器式》，成為工部

依式定造的樣板，全國通用。[50]

乾隆朝中期以後，清政府對製造火器的政策發生了變化。乾隆四十二年（1777 年）二月，乾隆帝諭示民壯停止演習火槍。他說：各省地方，設立民壯，是為了巡緝盜賊，防護倉監，協助營兵，同資守禦。民壯是由鄉民招募充當，與入伍食糧兵士不同。況且火藥關係重大，也不便散給人役。如果都使演習鳥槍，並令熟練進步連環法，對於除暴防奸，並無裨益。另外，各省訓練純熟火器的人太多，則又不可不預防弊害。乾隆帝還舉例說，山東王倫滋擾一案，就是因為他們不善演放槍炮，所以很快才被平定。結果，清政府決定，各省州縣額設民壯，應盡心訓練，操演尋常技藝，與兵丁等同資捍禦，以收實效，無需演習鳥槍。[51]不久，清政府又決定武科不得改用鳥槍。[52]就這樣，火器的製造幾乎陷於停頓，更談不上有所發展了。

清前期軍事科學著作取得了一定成績。雍正年間出版的《灰畫集》，反映了軍事地理學的成果。該書作者李培，字益谿，直隸蠡縣（今屬河北省）人。他畢生致力於歷史地理學研究，為了吸取明朝滅亡的歷史教訓，求天下太平之策，寫出了《灰畫集》一書。該書內容主要是講用兵韜略，特別論述了怎麼樣經營天下的策略。作者認為，如果北上，應當先舉齊、秦，鎮撫荊襄，再伺機出兵京、洛。如果南下，則應是先荊後淮，先淮後江。如果要衛戍京師，必須採取層層設防之策，首先要守住涿州、通州、昌平州、薊州（今天津市薊縣）這些肘腋重地，其次要守住倒馬、紫荊、居庸、古北口、山海關這些重要關口。此外，偏頭、寧武、雁門三關，遼東、宣化、大寧（今內蒙古寧城）三地，也都是關係京師安危的重要地區，絕不能掉以輕心。該書作者還提出，應當邊外防邊，河外防河，即加強京師外圍的防守力量，特別是西北防務。該書主張應當大力加強樹木的種植，使其成為網絡化，形成綠色屏障，則可以有效地阻止敵人騎兵的進攻。

《治平勝算全書》是清前期又一部有影響的綜合性軍事著作。該書作者年羹

50 參見《清史稿》卷五〇五，《藝術傳四》。
51 參見《清高宗實錄》卷一〇二七，乾隆四十二年二月壬戌。
52 參見《清高宗實錄》卷一〇四四，乾隆四十二年十一月癸亥朔。

堯，字亮工，漢軍鑲黃旗人，曾官至四川巡撫和川陝總督。年羹堯長期負責西北邊防，注重研究軍事，《治平勝算全書》既是他研習歷代兵書的心得體會，也是帶兵作戰的經驗總結。該書全面論述了如何治軍、怎樣使用兵器以及戰場選擇、城池攻守、火攻水戰等內容。書中特別強調了訓練士兵的重要性，認為只有平時訓練嚴謹，戰時才能整齊劃一。書中還強調了鼓舞士氣的重要作用。對於怎樣指揮作戰，該書作者認為要趨利避害、揚長避短、攻守得宜，對於如何進行夜戰、水戰、火戰，書中也進行了充分的論述。《治平勝算全書》在中國軍事科學發展史上占有一定地位。

第五節 ·
少數民族
的科技成就

清前期中國少數民族大多已經形成單一的民族共同體。在清前期多民族統一國家發展鞏固過程中，各少數民族起了重要作用。與此相適應的是，一些少數民族在科學技術上也取得了突出的成就，在中國科技花叢中閃爍出奪目的光輝。

一、蒙古族的科技成就

蒙古族是中國北方的少數民族，清前期隨著人口的遷移，一些蒙古人也到了

內地或其他邊疆地區。清前期蒙古族的科技成就，除前面所述明安圖在天文、數學、地理學等方面的貢獻外，還表現在蒙古族居住地區內天文學、醫藥學等方面的發展。

乾隆初年，清政府曾組織對恆星的觀測，以便編纂《儀象考成》一書。這次觀測在蒙古族居住地區亦有反映。在呼和浩特的五塔寺後照壁上，有一幅石刻的蒙文天文圖。在這張圖上，中心是北極，有赤道，被畫成扁圓形的黃道和赤道相交。圖中還有二十八宿的劃分，以及銀河的走向。黃道十二宮、二十四節氣以及二十八宿的名稱，在圖的周圍標注出來。在這張天文圖上，既有傳統的恆星星座，也有一些是新測出的恆星。傳統的恆星星座有聯線，新測出的恆星沒有聯線。除了這張石刻蒙文天文圖外，還有蒙文天文書籍，書名是《天文學》。該書中有星圖，星名用蒙文標注出，由黃道分開，南、北半球各一幅。每幅圖上除了有黃極，還有赤極。這些反映了當時蒙古族的天文學水平。

清前期蒙古族醫學有了較大的發展，特別是在骨科方面，已經發明了冰凍麻醉法。在清政府機構上駟院中，設有蒙古族醫士，那是專從蒙古上三旗中挑選出來的，每旗十人。這些人精通接骨法，凡有人受傷骨折，他們便前往醫治，並保證在一定限期內治好，否則要受到懲處。這一情況也反映了當時蒙古族骨科水平很高。蒙古族醫學的發展還表現在獸醫技術水平的提高方面，許多獸醫經驗豐富，通過手術使許多牲畜起死回生。[53]

二、藏族醫學的成就

藏族是生活在中國西南邊疆的少數民族。藏族人民在長期的實踐中，積累了許多與疾病作鬥爭的經驗，從而使藏族醫學不斷地得到發展。在解剖學和生理學方面，藏族醫學成就顯著。藏醫對神經的分布及其功能很早就有深刻認識，對血

---

53 參見李迪：《蒙古族在中國古代科學上的貢獻》，載《中國古代科技成就》，670-675 頁，北京，中國青年出版社，1978。

液循環也很熟悉。藏醫診療技術豐富多彩，既有望、聞、問、切，也有穿刺放血和火灸用穴，還有冷熱敷、熏蒸浴身等。藏藥劑型也很多，湯、散、丸、丹一應俱全，特別是生等丸、悲孜丸治療關節炎，珍珠丸治療偏癱，效果顯著。這裡特別應當指出的是，在順治至康熙朝前半葉，根據《四部醫典藍琉璃》的內容，藏醫已經編繪了一套完整的醫藥彩色掛圖，總計七十九幅。掛圖內容豐富，形象鮮明，包括病理、診斷、治療、預防、養生、穴位、用藥等。這種大型醫藥彩色掛圖，在當時全世界也屬於一流水平。藏族醫藥學文獻也很豐富。帝馬‧丹增彭措所著《晶珠本草》，是藏醫關於藥物學的總結。全書載藥一千四百多種，對每種藥物的形態、功能、用法都有詳細敘述。[54]

三、新疆各少數民族在農業科技上的貢獻

新疆是中國多民族聚居區。清代前期，那裡生活著維吾爾、哈薩克、漢、回、蒙古等眾多民族。特別是維吾爾等少數民族，在農業科學技術上有許多發明創造。

新疆是瓜果之鄉，種植葡萄有悠久歷史，葡萄品種很早就傳入內地，甚至直到康熙年間，還不斷有葡萄新品種輸入內地，由此可見新疆瓜果對內地的影響。新疆葡萄品種眾多，既有紅、白、紫色，也有綠、青、暗紅色，有的像珍珠，有的似琥珀。對葡萄的培植所取得的成就，反映了新疆少數民族在園藝學和農學方面已經達到了較高的水平。還應當指出的是，由於新疆北部地區氣候寒冷，一般栽培果樹很少能活。清前期，新疆的果農便發明了一種新的栽培方法，即匍匐整形栽培法。利用這種方法，可以防凍防風，保證果樹不僅成活，而且能結出成熟的果實。

新疆哈薩克等少數民族很早就培育出了良種馬，清前期更繁育出了「伊犁

---

54 參見趙璞珊、蔡景峰：《藏族醫學的成就》，載《中國古代科技成就》，676-683 頁。

馬」。這種馬體格健壯，四肢有力，乘挽兼用，是一種少有的良種馬。清代前期內地和新疆貿易的不斷加強，伊犂馬也源源不斷輸往中原，對改良內地馬種起了重要作用。

新疆少數民族發明的「坎兒井」這種灌溉工程，反映了他們在水利方面取得的成就。新疆地區氣候乾燥。地下水利資源豐富。為了避免水分蒸發，又能充分利用水利資源，新疆維吾爾等少數民族便發明了坎兒井。據清代成書的《新疆圖志》記載，巴里坤、濟木薩、烏魯木齊、瑪納斯、烏蘇、哈密、鄯善、吐魯番、於田、和田、莎車、疏附、英吉沙爾、皮山等地，都有坎兒井。新疆各地坎兒井眾多，正反映了新疆少數民族在農業科技方面取得的成就。[55]

四、壯族人民的織造技藝

壯族是中國南方的少數民族，在織造方面有很高的技藝。著名的壯錦光彩奪目，綺麗無比，反映了壯族的織造技藝水平。壯錦的經線是棉或麻的股紗，緯線是微拈的縷絲。織壯錦時需要提花，由提花機完成。提花的顏色和形狀都可以變化，從而增加壯錦的美麗。清前期壯錦又發展到了新階段，據沈曰霖《粵西·瑣記》載：當時的壯錦「五彩爛然，與刻絲無異」。刻絲是指唐以前用斷緯織造的織物的專稱，斷緯則是中國傳統織造技術中的一種特殊方法。由於清前期壯錦更加璀璨無比，所以到壯族地區去的人，都爭先搶購。這些情況從一個側面反映了壯錦在清前期的發展。[56]

---

55 參見范楚玉：《新疆古代少數民族在農業科學技術上的貢獻》，載《中國古代科技成就》，684～692 頁。
56 參見趙承澤：《美麗精致的壯布和壯錦》，載《中國古代科技成就》，693～698 頁。

五、彝族的火器發展

　　彝族是居住在中國雲南地區的少數民族。清代前期，彝族發明創造了一種火藥武器「葫蘆飛雷」，反映了當時彝族火器製造的水平。據有的學者考證，早在乾隆年間，彝族創製的兜拋葫蘆飛雷已經用於狩獵生產，這比西方資本主義國家出現的手榴彈早半個世紀。彝族創製的葫蘆飛雷，是用當地生產的火硝、硫黃、木炭，以及鉛、鐵等礦物，加上種植的葫蘆製造成的。具體的製作方法是：把火藥和鉛塊、鐵礦石渣等放進掏盡籽實的乾葫蘆裡，在葫蘆頸裡塞入火草作為導火線。使用時，先把葫蘆放在網兜中，點燃火草，很快拋出。當葫蘆到達目標時，火草點燃火藥，發生爆炸，使鉛塊、鐵礦石渣等四處濺落，從而具有一定強度的殺傷力。毫無疑問，葫蘆飛雷的創製成功，是彝族人民智慧的結晶，在中國兵器發展史上占有一定地位。[57]

---

57 參見劉堯漢：《彝族的火器——「葫蘆飛雷」》，載《中國古代科技成就》，699～705 頁。

第十四章

清前期的
社會風俗

　　清代前期的社會風俗，受當時政治、經濟、文化發展等條件的制約和影響，顯示出當時社會發展的總體水准。無論是特權等級的生活習尚，還是漢民族或少數民族地區的社會風俗，不僅多姿多彩，而且具有自身特色。

第一節·

特權等級
的生活習尚

　　清代前期，從帝后、妃嬪、王公貴族到各級文武官員，均屬於社會特權等級群體的成員，他們除在政治、經濟、軍事上享有各種特權外，在生活習尚方面，則按照封建等級的各種「禮規」、「禮制」、「禮尚」，從事各種物質文化與精神文化生活的活動。

一、服飾與禮儀風尚

　　清前期，從帝后到官員的各色各式服飾，無論就其形制而論，抑或是條文規章而言，均較以前任何一個朝代繁複。從總體上看，清政府制定的帝后、官員服飾之制，既保留了漢族傳統服制中的某些特點，又不失其滿族本民族的習俗禮儀，如以中國傳統的十二章紋作為袞服、朝服的紋飾，以繡有禽獸的「補子」作為文武官員職別的標誌，以金鳳、金翟等紋樣作為后妃、命婦冠帽服裝上的裝飾，而廢棄了歷代以袞冕衣裳為祭祀之服及以通天冠、絳紗袍為朝服的傳統制度。這既是清代滿漢服飾文化融匯的結果，在一定意義上說，更是清代「多元一體化」服飾文明的生動體現。

（一）帝后的服飾與規制

清代前期，皇帝服飾的樣式、規儀，既因其所在的場合、所司職責的不同而異；更因其一年四季的變化而發生更易。具體而論，皇帝的服飾，有冠（朝冠、吉服冠、常服冠、行冠、雨冠）、服（袞服、朝服）、袍（龍袍、常服袍、行袍）、罩（端罩）、褂（常服褂、行褂）、裳（行裳、雨裳）、衣（雨衣）等，且配以朝珠、朝帶、吉服帶、行帶等不同飾物。各類的冠又有冬夏不同的制式。[1]

1. 皇帝冠制　朝冠，又分為冬朝冠（暖帽）與夏朝冠（涼帽）兩種。冬朝冠十一月初至次年的正月十五日（上元）期間戴用，用黑狐皮毛製作。簷上仰（反折向上），上綴朱緯，長出簷，頂三層每層有四條金龍，每條龍口含東珠一顆。頂上銜大珍珠一顆，頂的左右有小梁柱各一根，簷下兩旁垂帶交於頸項之下。夏朝冠，用玉草或藤絲、竹絲為質，表（外表）以羅，緣石青片金二層，裡用紅片金或紅紗。簷敞（不折向上），上綴朱緯，內加圈，帶屬於圈。前綴金佛，飾以東珠十五顆，後綴舍林，飾以東珠七顆，冠頂與冬朝冠相同。

吉服冠，也分冬夏二種。冬吉服冠，分別用海龍、薰貂、紫貂皮製作。簷上仰，上綴以朱緯，長及於簷，頂滿花金座，上銜大珍珠一顆，梁一亙於頂上，簷下兩旁垂帶交於頸項之下。夏吉服冠，用玉草或藤絲、竹絲為質，表以羅，紅紗綢裡，石青片金緣，簷敞，上綴朱緯，內加圈，帶屬於圈，冠頂與冬吉服冠相同。

常服冠，可分為冬夏兩種。冬常服冠，紅絨結頂，不加梁，餘制與冬吉服冠相同。夏常服冠，紅絨結頂，不加梁，餘制與夏吉服冠相同。

行冠，亦分為冬夏二種。冬行冠，用黑狐製作，或用黑羊皮、青絨、青呢製作，餘制則同於冬常服冠。夏行冠，織用玉草或藤絲、竹絲等物，紅紗裡，邊飾亦為紅色，上綴以朱犛（同氂），頂及梁緣用黃色，前綴珍珠一顆。

1　以下根據《大清會典》、《皇朝禮器圖式》、《國朝宮史》、《清史稿》等有關文獻資料寫就。

雨冠，也分為冬夏兩種。冬雨冠，高頂，前簷深，明黃色，有氈、羽緞，皆月白緞裡，有油綢而不加裡，皆用藍布帶。夏雨冠，頂平，前簷敞，餘制與冬雨冠同。

2. 皇帝服制 袞服，此為祭圜丘、祈穀、祈雨時的專用服式。服為石青色，上繡五爪正面金團龍四團，兩肩及前後各一團。左肩繡日，右肩繡月，前後篆文壽字並相間以五色雲紋。

朝服，分為冬夏兩種。均為上衣連下裳之制式。冬朝服又分二式，俱用明黃色，但祭祀圜丘、祈谷用藍色，朝日用紅色。一式冬朝服為自十一月初至次年正月十五日（上元）間使用。披領及裳，表面用紫貂皮，袖端用薰貂皮，兩肩及前後繡正龍各一，襞積（打襉）處行龍六，衣前後繡以日、月、星、辰、山、龍、華、蟲、黼黻、宗彝、藻火、粉米十二章花紋，間以五色雲紋；二式冬朝服為披領及袖，用石青色片金加海龍邊飾，兩肩前後繡正龍各一，腰惟行龍五，衽（衣襟）正龍一，襞積處前後團龍各九，裳正龍二，行龍四，披領行龍二，袖端正龍各一，前後衣裳繡以十二章花紋（其中日、月、星、辰、山、龍、華、蟲、黼黻在衣；宗彝、藻火、粉米在裳），相間以五色雲紋，下幅繡八寶平水（八寶為象徵吉祥的紋飾，一為和合，二為鼓板，三龍門，四玉魚，五仙鶴，六靈芝，七罄，八松）。夏朝服也用明黃色，但常雩祭祀時用藍，夕月時用月白色，餘制與冬朝服二式相同。

3. 皇帝袍制 龍袍，明黃色，領、袖俱為石青色，片金緣。繡文金龍九條。列十二章紋，並間以彩雲。領前後各繡正龍各一

康熙皇帝龍袍

條，左、右及交襟處繡行龍各一條，袖端繡正龍各一條。下幅為八寶立水圖案，襟為左右開，質料為棉、袷、紗、裘不等，各惟其時而已。

常服袍，為皇帝平常所穿的一種袍子，顏色及花紋隨場合而變化，裾為四開。

行袍，其制式與常服袍相同。

4. **皇帝端罩制式**　端罩，自十一月初至次年正月十五日穿用，用黑狐皮、紫貂皮製作，明黃緞作襯裡，左、右各垂二帶，帶式為下闊而尖，顏色則正反面均一樣。

5. **皇帝褂制**　常服褂，亦稱外褂。石青色，花紋則隨場合而變化，用雙龍團花花紋。裾為左右開。

行褂，較常服褂短，長與坐時齊，袖長及肘，石青色。

6. **皇帝裳制**　行裳，顏色則隨場合而定，式樣為左右各一片，前平，後中寬，上下窄緊，上用一橫幅（用石青布製作）以繫帶之。質料或氈或袷，隨季節而變更。冬用鹿皮或黑狐皮為裡。

雨裳之制有二式，所用顏色皆為明黃色。一式為左右幅相交，上緊而下漸寬，上前加淺帷為襞積。兩旁綴以紐約（襻），青色。腰為橫幅，用石青布，橫幅兩端漸細為帶，以作束繫之用。另一式前為完幅，不加淺帷，其餘與前式相同。

7. **皇帝衣制**　雨衣之制共有六式，皆用明黃色。一式如常服褂，而長與袍相稱。自衽以下加寬，上襲重衣。領下為襞積，無袖。斜帷相比，上窄緊，下漸寬。兩重俱加掩襟，領及紐約皆青色。二式用氈及羽緞製作，月白緞作裡。不襲重衣，餘制同前式。領及紐約如衣色，用油綢製作，不加裡。三式如常服褂而加領，長與袍稱。用氈羽緞製作，月白緞作裡，領及紐約與衣色相同。四式如常服袍而袖端平，前施掩襠，油綢作面料而不加裡。領用青羽緞，紐約為青色。外加袍袖，袍袖顏色與衣同。五式如常服褂，長與坐時齊，用氈、羽緞製作，月白緞

作裡。領及紐約與衣色同。六式如常服袍而加領，長與坐齊，用油綢製作，不加裡。袖端平，前加掩襟，領用青羽緞製作，紐約（襻）則為青色。

除上述冠服外，皇帝尚有朝珠（用東珠 108 顆製作）、朝帶（其制有二，皆用明黃色）、吉服帶（用明黃色）、行帶（色為明黃，左右佩係用紅香牛皮製作）等飾物。

8. **皇后等的冠服之制**　清前期，皇后、皇太后、太皇太后的冠服之制相同。其冠服與飾物，有朝冠、吉服冠、金約、耳飾、朝褂、朝袍、龍褂、龍袍、領約、朝服朝珠、彩帨、朝裙等。

朝冠，分為冬夏二種。冬朝冠，用薰貂皮製作。上綴朱緯，頂三層，貫東珠各一，皆承以金鳳。飾東珠各三，珍珠各十七，上銜大東珠一，朱緯上周綴金鳳七。飾東珠各九，貓眼石各一，珍珠各二十一，後金翟一，飾貓眼石一，小珍珠十六。翟尾垂珠，五行二就，共珍珠三〇二。每行大珍珠一，中間金銜青金石結一，飾東珠、珍珠各六，末綴珊瑚。冠後護領，垂明黃條二，末綴寶石，青緞為帶。夏朝冠，則用青絨製作，餘制與冬朝冠相同。

吉服冠，皇后、皇太后、太皇太后的吉服冠，用薰貂皮製作。上綴朱緯，頂用東球。皇貴妃、貴妃的吉服冠與此相同。

金約，是戴在冠下約髮用的飾物。金約上鏤刻有金雲十三，飾東珠各一，並間以青金石，紅片金裡。後繫金銜綠松石結，貫珠下垂，凡珍珠三二二顆，五行三就，每行大珍珠一顆。中間金銜青金石結二，每具飾東珠、珍珠各八顆，末綴有珊瑚。

耳飾，是耳環類的飾物。左右各三，每具金龍銜有一等東珠各二顆。

此外，尚有朝褂（其制有三式，皆石青色）、朝袍（其制有三式，皆明黃色）、龍褂（其制有二式，皆石青色）、龍袍（其制有三式，皆明黃色，領袖則皆石青色）、領約（鏤金製作，飾東珠十一顆，間以珊瑚）、朝服朝珠（三盤，東珠一，珊瑚二）、彩帨（綠色，繡文為五穀豐登）、朝裙（冬用片金加海龍緣，

夏以紗製作）等。

（二）官員的服飾與規制

清前期，官員係指異姓封爵的公、侯、伯、子、男、文武一品至九品官員、未入流的品官以及進士、舉人、會試中式貢士、貢生、監生、外郎耆老、從耕農官，一等、二等、三等侍衛、藍翎侍衛、侍臣等人而言。這些人的冠服，其具體制式，按官階的高低、品位，均有嚴格的規定。

清朝文官補服

1. **官員的冠飾** 朝冠，文一品、武一品、鎮國將軍、郡主額駙及子爵朝冠相同。冬朝冠，用薰貂皮、青貂皮製作。頂鏤花金座，中飾東珠一，上銜紅寶石。夏朝冠，頂如冬朝冠。

官員品級高低的最大差別與標誌，主要表現在朝冠的頂子之上：文武一品，頂紅寶石；文武二品，頂珊瑚；文三品，頂珊瑚；武三品，頂藍寶石；文武四品，頂青金石；文武五品，頂水晶；文武六品，頂硨磲；文武七品，頂素金；文武八品，陰文鏤花金頂；文武九品，陽文鏤花金頂；未入流者，同文九品。進

士、狀元，頂金三枝九葉。舉人、貢生、監生頂金雀。生員，頂銀雀。從耕農官，頂同八品。一等侍衛，頂如文三品。二等侍衛，頂如文四品。三等侍衛，頂如文五品。藍翎侍衛，頂如文六品。

吉服冠頂子：文武一品，頂珊瑚；文武二品，頂鏤花珊瑚；文武三品，頂藍寶石；文武四品，頂青金石；文武五品，頂水晶；文武六品，頂硨磲；文武七品，頂素金；文武八品、九品，頂同朝冠；未入流者，頂同文九品。進士、狀元、舉人，頂素金。貢生，頂同文八品。監生和生員，頂素銀。一等侍衛，頂如文三品。二等侍衛，頂如文四品。三等侍衛，頂如文五品。藍翎侍衛，頂如文六品。

冠頂均按官品品級戴用，不得僭越。所謂幾品頂戴（或頂帶）主要看官員帽子上是什麼頂子。官員如被朝廷降職、革職，這就是摘去或革掉他原有應戴的頂子。

2. **官員的服飾**　清代前期，官員服飾最具代表性、穿用場所和時間最多的是「補服」（或稱「補褂」，前後各綴有一塊補子）。能表示官職差別的補子，即是兩塊繡有文禽與猛獸的紋飾。據《大清會典圖》載，品官補子所繡紋飾為：

文一品，繡鶴；武一品，繡麒麟。
文二品，繡孔雀；武二品，繡獅。
文三品，繡孔雀；武三品，繡豹。
文四品，繡雁；武四品，繡虎。
文五品，繡白鷳；武五品，繡熊。
文六品，繡鷺鷥；武六品，繡彪。
文七品，繡鸂鶒；武七品，繡犀。
文八品，繡鵪鶉；武八品，同武七品。
文九品，繡練雀；武九品，繡海馬。

此外，凡都御使、副都御使、給事中、監察御使、按察使、各道的補服都繡獬豸；從耕農官，繡彩雲捧日，神樂署文舞生袍用方，繡金葵花；和聲署樂生

則繡黃鸝。

除補服外，清代官員的服飾還有朝服、朝袍、蟒袍、端罩、行褂、行袍、行裳等。

3. **官員的服飾飾物**　清代前期，官員的服飾飾物與附件，則有冠上的花翎，朝服上的披領，領衣褂上的朝珠，腰間束的帶及靴等。其中最具特色的是花翎。

花翎，又名孔雀翎，它是冠上向下垂拖著的一根孔雀尾的翎羽。由於羽尾有像眼睛樣的鮮豔花紋，故又有單眼、雙眼、三眼花翎之別。其中以三眼花翎最貴，而無眼的則稱藍翎。凡戴花翎之人，首先是有爵位的規定，其次是接近皇帝的近侍者和王府護衛人員，再次是禁衛於京師內外的武職營官，復次是有軍功者，最後是皇帝特賜者。

清朝官帽花翎

（三）帝后、官員服飾禮儀與禁忌

清代前期，帝后、官員的服飾禮儀，內容豐富，且指向性很強。它既是清代服飾文化的重要內涵與組成部分，更是這種物質文明在更高層次的昇華、並與中國古代傳統禮教相結合的生動體現。正因為如此，它具有時令性、規範性（品級性）和禁忌性等特點。

首先，是時令性。清代前期，每年從宮中帝后到百官的服飾的服用，要按季節四時進行更換。如帝后春季換夾朝衣，秋季換用緣皮朝衣，九月十五日或廿五日穿用冬朝冠服，十一月朔至次年正月十五日（上元）時冠用黑狐，服用海龍緣並表面加紫貂，袖端薰貂且穿端罩，三月十五日或廿五日則御夏朝冠服。這是以帝后冠服為例。至於百官的冠服的因時、因季的更換，清政府均有明文的規定。

其次，是規範性（品級性）。清代前期，從帝后到百官在不同的場合，其服飾衣著，也有嚴格的規範（品級）性規定，均須要加以遵循，如：凡遇登圜丘等祭祀大典，皇帝須穿龍袍袞服，王公以下陪祭及執事官穿用朝服，隨從人等穿吉服；三大節（元旦、冬至、萬壽節）期間，王公百官朝賀穿用朝袍；凡外官到任、拜牌、開印、封印、丁祭、入壇，均衣著朝服；凡下屬屬員謁見上臺，不許穿朝服，其迎送上司時只許穿補服；凡遇萬壽、上元、年節時，百官穿蟒袍，小官可不必穿，只穿補褂即可；凡遇官軍出師、告捷之典，以及經略大將軍所過地方的守土官將軍、督撫，文官司、道以下人員，皆穿蟒袍、補服迎送；凡每月朔日及初五、初十、十五、二十、廿五等日，百官俱穿補服，應服端罩者則用端罩代補服；凡每逢齋戒忌日，百官皆穿青外褂（即常服）；凡逢帝、后、太后死去，百日內不准剃髮，軍民摘冠纓，停音樂、停嫁娶，文武官紳耆老等素服摘纓；凡宮中太監不許戴花翎，只能戴藍翎，也不許用紅頂，只許戴藍頂等。

最後，是禁忌性。清政府規定：凡五爪、三爪蟒蘇緞圓補子，黃色、紫色、秋香色、玄色、米色及狐皮衣飾，即使是公、侯、伯、一品、二品、三品、四品等官員，除皇帝特賜者外，也一律不得穿用；凡五爪龍緞、立龍緞、團補服，四爪暗蟒之四團補、八團補緞紗，官民均不准穿用；凡蟒袍不是皇帝特賜者不能用金黃色，黃馬褂也只有皇帝特賜才能穿服；凡公、侯文武各官，應用帽頂束帶，且生儒衣服亦應照品級次第，不許僭越；凡因軍功而皇帝賞翎者准經常戴用，升調後亦如此，但若職任之官戴翎者，離任則須除去所戴之翎，否則以違制論處。

凡此種種，表現出在服飾制式、冠戴、用色、用料、服用等方面嚴格的禁忌。這既是封建等級性在清代帝后、官員服飾文明中的體現；更是封建法制對高層次服飾文化生活強大制約的印記。

二、日常生活與飲食習尚

清前期的宮廷飲食，係指皇帝與皇室平日與年節、外出巡幸巡獵避暑、與少數民族王公圍獵時的飲膳、宴飲而言。而官居文臣之首的衍聖公府（即孔府）的

飲食（平日、年節與接待東巡帝王的飲宴、祭孔祭食等），及風味菜肴（孔府菜）則是貴族飲食的典型。

（一）宮中筵宴與帝后年節飲膳

清代前期，按照規制，在宮中每逢除夕、元旦、上元、中秋、冬至和帝后壽辰等年節，要舉行各種筵宴。這些筵宴名目繁多、儀禮繁縟，又有明顯的政治目的，是直接服務於清代封建統治的手段之一。例如，為團結蒙古王公貴族，每年歲除之日，必於保和殿宴賞外藩蒙古王公。屆時，內外文武大臣和御前侍衛，與宴的王公貴族和官員等均按品為序，朝服入席，此為「除夕宴」。為了鼓勵和表彰儒臣翰林等官員，每當欽命編修實錄、聖訓之期，必在禮部賞宴總裁以下各官，到時群臣朝服與宴，行禮如儀，此為「修書宴」。如遇大軍凱旋，必賞宴欽命大將軍以及從征將士，皆按次為序，行酒進饌，此為「凱旋宴」。為了籠絡知識分子，於順天分試揭曉次日，必宴主考以下各官，主考以下各官朝服、貢士吉服入席，此為「鄉試宴」，亦名「鹿鳴宴」。為了宣揚皇帝的「恩榮」和「威儀」，尚有殿試傳臚次日宴於禮部的「恩榮宴」；皇帝經筵禮成，宴於文華殿的「經筵宴」；臨雍禮成，宴於禮部的「臨雍宴」。此外，宗室筵宴、上元節宴，以及皇帝「萬壽」、皇后「千秋」、皇子大婚、公主下嫁等，都要舉行筵宴。各種宮廷筵宴（皇帝同后妃共同進膳的節日家宴除外），均作為嘉禮，寫進《大清會典》，編入《大清通禮》，遂成定制，相沿遵行。此外，還有規模盛大的「千叟宴」等。

根據文獻的記載，大宴所用宴桌、式樣，桌面擺設，點心、果盒、群膳、冷膳、熱膳等數量，所用餐具形狀名稱，均有嚴格規制和區別。皇帝用金龍大宴桌，皇帝座位兩邊，分擺頭桌、二桌、三桌等，左尊右卑，皇后、妃嬪或王子、貝勒等，均按地位和身份依次入座。皇帝入座、出座，進湯膳，進酒膳，均有音樂伴奏；儀式十分隆重，莊嚴肅穆；禮節相當繁瑣，處處體現出君尊臣卑的君臣之道。

（二）帝王巡幸中的膳食與筵席

康熙帝在位六十一年，曾先後三次東巡，六次南巡，創有清一代帝王巡幸之政制。爾後乾隆帝又仿遵其先祖之制，於在位期間，亦六次南巡，並多次東巡。清代宮中檔案《江南節次照常膳底檔》（乾隆三十年正月十六日起至四月二十日止），便詳盡記錄了乾隆帝於乾隆三十年（1765 年）第四次南巡江南期間所經路線、行宮和飲膳、筵席的情況。現摘引部分，略窺其貌。

「二月十五日卯初一刻」，請駕伺候：冰糖燉燕窩一品。卯正一刻，游水路船上進早膳，用折疊膳桌擺：炒雞家常雜燴熱鍋一品、燕窩鴨絲一品、羊肉片一品、清蒸鴨子糊豬肉攢盤一品、匙子餑餑紅糕一品、竹節卷小饅首一品。上傳：春筍炒肉一品。蘇州織造普福進：糯米鴨子一品、萬年青燉肉一品、燕窩雞絲一品、青筍糟雞一品、鴨子熏餡煎粘團一品（係普福家廚役做）。銀葵花盒小菜一品、銀碟小菜四品。隨送：粳米膳一品、菠菜雞絲豆腐湯二品（係普福家廚役做）。額食二桌，一桌十二品；餑餑六品、內管領爐食四品、盤肉二品。另一桌四品：盤肉二品、羊肉二方。上進畢，賞用。總管馬國用奉旨：賞織造普福家廚役張成、宋元、張東官，每人一兩重銀錁兩個。

「二月十五日未正」，崇家灣大營碼頭進晚膳，用折疊膳桌擺：肥雞徽州豆腐一品、燕筍糟肉一品（此二品係張成、宋元做）。肥雞攢絲湯一品。後送：熏攤雞蛋一品、蒸肥雞油串野雞攢盤一品、果子糕一品（係張東官做）。豬肉餡侉包子一品、象眼棋餅小饅首一品。總督尹繼善進：肉絲鑲鴨子一品、燕筍熏白菜一品、醃菜花炒麵斤（筋）一品、火腿一品（二品為五寸盤）。小菜二品：銀葵花盒小菜一品、銀碟小菜二品。隨送：粳米膳一品、雞肉攢絲湯一品。額食五桌——奶子四品、餑餑十二品，十六品一桌；餑餑四品、二號黃碗菜四品、內管領爐食六品，十四品一桌；盤肉八品一桌；羊肉四方二桌。上進畢，賞：皇后徽州豆腐一品、慶妃鑲鴨子一品、命貴妃果子糕一品、容嬪攢盤片一品。晚間伺候：酸辣羊肚一品，醃菜炒燕筍一品、燕窩炒雞絲一品（此二品係宋元做）。總督尹繼善進：糖醋蘿卜乾一品、火腿一品。上進畢。賞：皇后羊肚一品、慶妃炒鴨絲一品、令貴妃炒燕筍一品、容嬪蘿卜乾一品。

乾隆帝南巡期間，仍循宮中用膳之制，早膳約在清晨六時用飯；晚膳約在午後兩點用膳，晚上只吃一頓點心，不作為正餐。上述膳單還可窺知當年乾隆帝南巡飲膳的盛況。

（三）避暑山莊的皇室飲宴活動

承德避暑山莊，亦稱熱河行宮或承德離宮。它是清代皇帝避暑和從事各種政治活動的地方，也是著名的園林勝地。

清代前期在避暑山莊行宮中，舉行的皇室飲宴活動是十分頻繁的。據記載，清帝在北巡途中或在行宮中用膳，較宮中簡單。平日每餐僅六七個菜，最多十個左右，另備小菜四五碟。通常先由御膳房總管擬好膳單，奏請皇帝圈閱，然後照單預備。皇帝用膳畢，所餘大部分賞給妃嬪和駐地蒙古王公等。

皇帝進早膳大多在寢宮煙波致爽或勤政殿；晚膳大多選在風光秀麗、可坐覽湖光山色的地方，如梨花伴月、水芳岩秀、煙雨樓、文津閣等處。凡壽宴、節令宴及大規模宴會，則多在澄湖畔的萬樹園舉行。宴會上還要表演摔跤（即布庫）、賽馬、馴馬，演奏蒙古族樂典──什榜和大型舞蹈等。

（四）孔府的飲宴生活風尚

清代的孔府，又稱「衍聖公府」，它是官居文臣之首的歷代衍聖公在山東曲阜城內的宅第。由於孔府要迎迓祭孔與東巡的皇帝聖駕，還要交結地方各級官員，故在飲宴風儀方面十分考究；且形成一套風味獨具的孔府菜以及府肉。

孔府的廚房分內外廚房和小廚房。其中，內廚房給內宅的衍聖公家人做飯；小廚房則只給衍聖公和夫人做飯。長期以來，它形成了一套獨特的傳統菜譜和烹飪方法。這些菜統統稱為「孔府菜」，它不僅品類繁多（菜肴 170 餘種，孔府宴席在十種以上），且自成體系。孔府每年要好幾次向皇帝和皇室進貢孔府菜。

作為典型封建貴族之家的孔府，每年進行的飲食文化活動主要有：貢納皇

帝、皇室及交結地方官員；年節壽日；祭孔與祭祀（每年祭孔 50 餘次）等；以及平日的飲食活動等。其中，據《孔府檔案》記載，孔府每年要定期向皇帝、皇室進貢，遇有喜慶壽日，更要由衍聖公親率家人進京朝賀。以乾隆四十九年（1784 年）孔府《進貢冊》材料為例，該年二月初十、五月初六，先後進貢兩次。貢品中就有山東的土特產品和食品，如餅類特產耿餅（特產大柿餅）、山藥、荸薺、掛麵、香稻米、豬羊鵝鴨、林檎、小菜、野菜、點心等。由此，既可看出孔府與皇室之間的密切關係，更反映出二者之間「食道」的交流。

三、建築與居住風尚

清代，定都北京後，清統治者在承襲明代皇宮的基礎上，加以重建與改建，而成為清代的皇家宮殿。其建築群落，較之明代而言，更加金碧輝煌、巍峨壯麗。與此同時，各官府與王公貴冑之家的高門府第建築，亦十分壯觀，陳設雅致；在建築風格上，則各有其特色。這些宮廷、官府建築群體，既是帝王、貴冑們進行政治活動之所，更是生活起居之地，故與其居住風尚直接相關聯。而建築之氣派與內部陳設之堂皇雅緻，則充分顯示其政治上的尊崇地位，更可藉此炫耀其權勢與殊榮。

（一）皇家宮殿建築與居止禮儀

清代，皇家宮殿區，名為「紫禁城」。它是清代歷朝帝后生活、居住、辦公的處所，也是皇帝日常接見臣僚、外國使節，接受朝賀、批覽奏章、臣工應對、處理各種軍政要務的地方。此宮殿建築群體，承襲明朝皇宮而加以重建與改建而成。自明永樂五年（1407 年）起，明成祖朱棣集中全國匠師，徵調了二三十萬民工和軍工，經過十四年的時間，建成了這組規模宏大的宮殿建築組群。清朝定都北京以後，沿襲此宮殿群落作為皇宮，只是部分加以重建和改建，但總體布局基本上沒有什麼變動。

清代宮廷全部建築分為外朝與內廷兩大部分，外面用宮城圍繞。宮城的正門——午門不僅是宮門，還是一座獻俘和頒布詔令的殿宇。外朝則以太和、中和、保和三殿為主，前面有太和門，兩側又有文華、武英兩組宮殿。內廷則以乾清宮、交泰殿、坤寧宮為主，是帝后居住的地方。這組宮殿的兩側有居住用的東西六宮和寧壽宮、慈寧宮等；最後還有一座御花園。宮城內還有禁軍的值房和一些輔助服務性建築以及太監、宮女居住的矮小房屋。午門至天安門之間，在御路兩側建有朝房。朝房外，東為太廟，西為社稷壇。宮城北部的景山，西部的西苑，則是附屬於宮殿的另一組建築群體。

紫禁城的主要建築，從總體上加以考察，不難發現，它基本上是附會《禮記》、《考工記》及封建的傳統禮制來布置的。例如，社稷壇位於宮城前面的西側（右），太廟位於東側（左），則是附會「左祖右社」的制度；而太和、中和、保和三殿更是附會「三朝」的制度；大清門到太和門間五座門是附會「五門」的制度；至於前三殿和後三宮的關係，則體現了「前朝後寢」的制度。整個宮殿建築群體，體現出封建社會帝王至高無上的權力，因此，它的總體規劃和建築形制用以體現封建禮法和宗法制度，象徵帝王權威的「天人感應」、「天人合一」。如為了顯示整齊嚴肅的氣氛和氣概，全部主要建築嚴格對稱地布置在中軸線上，在整個宮城中以前三殿為重心，其中又以舉行朝會大典的太和殿為其主要建築。總體布局上，前三殿又占據了宮城中最主要的空間，而太和殿前的庭院，平面方形，面積二點五公頃，是宮城中最大的廣場，有力地襯托出太和殿是整個宮城的重心。至於內廷及其他部分，顯然是從屬於外朝，因此布局比較緊湊。為了強調和突出前朝的尊嚴，在太和殿前面布置了一系列的庭院和建築。其中由大清門至天安門為一段，天安門至午門以後，在彎曲的金水河的後面矗立著外朝正門太和門，太和殿就在其後。這一系列的精心構築與設計的巍峨建築，充分體現出一種「威」、「隆」、「盛」、「勢」的神秘與莊嚴的皇家氣派。致使每一個身臨其景（境）的臣民，在嘆服之餘，不得不甘心「俯首」聽命。

在具體建築手法、風格技巧上，清代皇宮又是封建等級制度的集中體現；是封建宗法觀念的生動典型。由於前三殿是宮城的主體，所以這組宮殿的四角建有崇樓，同時太和殿是當時最高等級的建築，採用重簷廡殿的屋頂、三層白玉石臺

基、十一間面闊等；甚至屋頂的走獸和斗拱數目也最多；御路和欄桿上的雕刻，彩畫與藻井圖案使用龍、鳳等題材；色彩中用了大量的金色；月臺上的日晷、嘉量、銅龜、銅鶴等也只有在這裡才可以陳設。除太和殿以外，其他建築的屋頂制度與開間等都依次遞減，裝飾題材也有所不同。至於紅色的牆、柱和裝修，黃色琉璃瓦，則是建築皇宮時所專用的「明黃」色彩，象徵帝王的尊嚴與華貴。

　　1. **皇宮的外朝建築與陳設**　清代皇宮的「外朝」部分建築，從皇城外圍牆起，直至太和殿、保和殿、中和殿、文華殿、武英殿，這一建築群體，氣魄宏偉，陳設富麗堂皇而高雅。其主要功能是皇帝處理國家政務、接見朝臣與使節、接受朝賀的地方，亦是有清一代高度封建專制政治的具體體現的場所，更是顯示封建帝王「天下一人」、「南面獨尊」非凡氣勢的物化象徵。

　　皇城正中南向為午門，順治四年（1647 年）建，即紫禁城南門。東西兩觀對聳，上覆崇樓五，即俗所謂的五鳳樓。中樓深廣各九楹，東西四樓深廣各五楹，閣道十三楹，南北相接，崇宏壯麗。國家有所征討，凱旋獻俘，皇帝御午門樓行受俘之禮。

　　太和門內正中南面為太和殿，係皇朝正殿。康熙八年（1669 年）重建，三十四年（1695 年）再建。深廣各十一楹。中設寶座，每歲元旦、冬至、萬壽三大節及國家有大慶典，則御殿受賀。

　　太和殿後為中和殿，深廣各五楹，殿內中設寶座，凡遇三大節，皇帝先於此陞座，內閣、內大臣、禮部、都察院、翰林院、詹事府堂官及侍衛、執事人員行禮畢，然後出御太和殿。恭遇加上皇太后徽號，則於殿內閱視奏書。遇方澤大祀及祀太廟、社稷之前一日，親祭歷代帝王廟，先師孔子、朝日、夕月，皇帝俱於殿內視祝版。每歲耕耤，並於殿內閱視農器。

　　中和殿後為保和殿，殿九楹。中設寶座，每歲除夕，皇帝御殿筵宴外藩，每科朝考新進士，翰林院引入殿內，左右列試。

　　文華殿康熙二十二年（1683 年）建。殿門五楹，前殿七楹。每歲春秋仲月，皇上御經筵，講臣於殿內進講。皇上宣示御論，諸臣跪聽畢，以次列坐，賜茶於

殿內。

　　武英殿規制如文華。門前御河環繞，石橋三。殿前後二重，皆聘書籍。凡欽定命刊諸書，俱於殿左右直房校刻、裝潢。

　　2. 皇宮的內廷建築與遣用　清代皇宮的「內廷」建築，則以乾清宮、交泰殿、坤寧宮為主，是歷代帝后居住寢息生活的處所。在這組宮殿的兩側則有居住用的東西六宮和寧壽宮、慈寧宮等；最後還有一座御花園，遍植珍貴花木並置有亭榭等精美建築物。內廷建築，不僅構建精巧、氣魄宏偉，而且各宮的陳設華貴講究，皇帝御筆題寫的匾額、門聯亦特色各異。這些恰是歷代帝王身居帝位政治生活心態，以及帝王生活心境的吐露和某種寫照。

乾清宮內景

　　清代皇宮宮苑建築群體，除上述「外朝」與「內廷」建築群體外，還有景山、西苑等，這些宮苑在建築風格上，與宮殿建築群體有所區別，多為傍水而建，環海而築，自成一體。然而，它們卻與「外朝」及「內廷」建築群落，相互呼應，相互對照，從而渾然一體，且氣勢恢宏。

（二）官府宅第建築與居住風尚

　　清代前期的官府宅第建築，最具典型意義的，當為山東曲阜「孔府」以及京師（北京）的滿漢王公貴族的王府宅第等。這些宅門府第，其華美壯觀，並不亞於皇宮，僅在規模、氣勢上，建築物高度上，遜於後者而已。其內部陳設的堂皇雅致，以及生活習尚的養尊處優，則是其特權階級地位的真實反映。

　　1.「衍聖公」府府邸與豪華陳設　清代，山東曲阜「衍聖公」府及其他建築群落，是一個將居住、祭祀、享堂相結合的「三位一體」的建築群體。具體而

言，它包括孔廟、孔府、孔林三部分。其中，孔府宅第建築，是專供孔氏貴族地主居住生活的。

山東曲阜城內的「衍聖公」府，亦稱「孔府」，始建於宋寶元年間（1038-1040年）曲阜舊城內。明洪武七年（1377年），「移縣城衛廟，改建衍聖公府於廟東」，即是後來的孔府。清代時又加以擴建、增建若干建築物，使之更具規模。清代的孔府宅第，擁有各式廳、堂、樓、閣四百六十三間，九進院落，占地二百四十多畝。前四進院落，大門至二門，大堂，二堂，三堂，為孔府「六廳」官衙，是管理、懲罰、刑治地方民眾及孔府佃戶的場所。後五進院落，內宅門至前上房，前堂樓，後堂樓，以及後花園是住宅。除主建築群體外，東西兩旁則有御書樓、慕思堂、紅蕚軒、忠恕堂、安懷堂、東西南花廳、學房、佛堂樓、一貫堂等。

孔府後花園雖始建於明代，但經清代幾次修建才告完成。嘉慶年間，衍聖公孔慶鎔把附近找到的鐵礦石說成「天降神石」，助他建園，並將花園命為「鐵山園」。園內修有假山，養魚池，牡丹池，芍藥池，還按一年四季紅花盛開，樹木常青要求，搜集各地奇花異草寶樹廣植園內，同時修建三個花廳以供玩賞。為修假山，還逼佃民民伕自蘇州采運奇異太湖石一千多立方。

在孔府龐大的建築群內，陳設豪華。以接待各級官員、屬僚的「忠恕堂」為例，西、明、東三間擺有三百一十多件珍貴木漆家具，以及古玩金銀玉器等。清代孔府接待官吏的「紅蕚軒」東、西兩間的陳設古玩物品，亦頗為講究。

2. 京師衛府宅第與居住雅尚　清代，京師的滿漢王公貴族及顯赫官宦之家的王府宅第，則屬「一入侯門深似海」的深宅大院型。在居住雅尚方面，亦多有特色，其建築群落多呈封閉正方形或品字形，且有多重院落，層層相套。

恭王邸　「恭忠親王邸在京師銀錠橋，舊為和珅第，從李公橋引水環之，故其邸中山池亦引溪水。珅敗，既以賜慶僖親王，其後恭王分府，乃復得之。邸北

有鑑園，則恭所自築也。」[2]

兩公主第　嘉慶皇帝四女莊靜公主下嫁土默特貝子瑪尼巴達拉，賜第在京師德勝門內東蔣家房，與成哲親王第均賜用玉泉山水引入邸中，「城中諸邸皆無此也，其後人貝子棍布札布尚居之。高宗（乾隆帝）四女和嘉公主額駙福隆安故第在後門內馬神廟。」[3]

怡王府　「怡王載垣革爵後，其府第雖舊孚郡王奕譓，即九爺。而府中所有莊園，皆仍歸其子溥斌，字文齋，遷居於東四頭條東口之小府，即舊邸之跨院。其府中書畫玩物，皆上品也。宋板書籍多至數百種，皆賣於隆福寺三槐、同立諸書肆。畫件萬夥，至有未裱之跡。瓷、玉各物稱是。琴弦、冰弦、雅扇，皆怡府出名之物。不計其數，賣之四十年不能盡。」[4]

從上述記載可見，清代高門顯宦之家的宅第建築之宏闊與精致，居住習尚上的典雅、豪華。

四、行止儀尚

清代前期，行旅主要使用舟車轎輿、篷筏及馬牛驢騾等畜力交通工具。為了體現封建社會中尊卑貴賤的等級性，清代帝后、官員與貴族乘坐的輦輿，裝飾華貴，有特殊標誌，與民間一般人所乘所用的肩輿車轎，有天地雲泥之別。

（一）帝后車輿與出巡規制

清前期，帝后凡升殿、出巡、祀天祭地時，均乘專門車轎，通稱「龍車」「鳳輿」，並有盛大的儀衛。

2　徐珂：《清稗類鈔》第一冊，「第宅類」，「恭王邸」。
3　徐珂：《清稗類鈔》第二冊，「第宅類」，「兩公主第」。
4　《道咸以來朝野雜記》，50-51 頁。

清初定制，凡皇帝祀天地，並乘涼步輦，升殿之日，輦陳於太和門東。乾隆時又定，皇帝親詣行禮，均乘禮輿。出宮，至太和門，乘輦。凡祀畢還宮，均備禮輿，且永為定制。朝廷又於乾隆時始造玉輦，改涼步輦為金輦。大祀南郊乘玉輦；北郊、太廟、社稷壇乘金輦；其餘朝日、夕月、耕耤以下等祭祀活動，均乘禮輿。遇朝會，則輦輿並設太和門外。駕出入，御乘步輦。若外出行幸，則乘輕步輦。

玉輦的具體形制是：木質漆以朱色，圓蓋方座，飾以青銜玉版四。輦冠為金圓頂，鏤金垂雲。曲梁四垂，端為金雲葉。青緞垂幨，周為襞積，繡有金龍，繫黃絨紃四，屬於座隅。柱繪有雲龍。冬垂青氈門幃，夏易以朱簾，黑緞緣，四面各三。用三十六人抬輦。

金輦，則為圓蓋方軫，飾以泥金銜金圓版四。冠為金圓頂，黃緞垂幨，冬垂黃氈門幃，夏以朱簾，黑緞緣，四面各三。用二十八人抬輦。

禮輿，是皇帝專乘輦輿的一種，它為柫質，上為穹蓋二層，上八角，飾以金行龍，下四角，飾亦相同。輿冠為金圓頂，鏤刻有金雲，並銜以雜寶。垂幨為明黃緞，上繡金色雲龍。四柱飾蟠龍。輿內為金龍寶座，幃用明黃雲緞紗氈，各惟其時而易換。抬輿者十六人。此為皇帝法駕時使用。

步輿，則為木質、涂金，不用輿幔。中為盤龍座，冬施紫貂皮坐具，夏用明黃裝緞。抬輿者十六人。此輿作為鑾駕之用。

輕步輿，為木質所製，漆為朱色，不用輿幔。象牙為之座。踏幾漆為金色。餘俱如步輿。為皇帝騎駕時之用。

清代，除皇帝專門儀衛及輦輿外，皇太后、皇后，也有專門的儀衛、轎輿等。皇太后、皇后的儀駕規制相同，均為鳳轎一（抬轎者十六人）、鳳輿一、儀轎二、儀輿二。

（二）王公與官員的舟車行止禮儀

清代前期，清政府對王公貴族、品官的轎輿、舟車的形制、飾物、引馬數量與飾物等均有嚴格規定。在行止上，還規定運河道上，以及船過河閘時，先盡官船，次及商民貨船。

乾隆以前，京師官員，大多乘肩輿，即坐轎子上朝。乾隆以後，始易轎為車。但早在雍正時，京城已有驢車。道光初，京官有的坐轎，有的則坐車。官員乘坐的轎子，有四轎、八轎、顯轎之別。

顯轎可露坐，又稱明輿。乘坐顯轎的官員，多為各省鄉試入闈時之主考、監臨、監試、提調；郡邑迎春時之知府、同知、通判、知縣、教官、縣丞、典史等。乘輿官員「必朝衣朝冠，端拱而坐」。

八轎，又稱為八抬大轎，因有輿伕八名而得名。此轎轎伕前後左右各二，轎周圍以綠呢。據有關史籍記述，清前期京官無人坐八轎，外官中的督撫、學政，可於大典時乘坐；將軍、提督亦只是偶有乘之者。此外，凡命婦因其夫、其子被朝廷封典者，則可乘坐此轎。

四轎，有輿伕四，轎的前後伕役各二。這種轎輿，規格較前者為差。乘坐者多為京官中用輿之人及外省官員中藩臺、臬臺以下官員，亦有命婦受封典時乘用。轎四圍用藍呢裝飾，以為標誌。

至於一般官員，凡外出長途旅行者，則另乘「眠轎」，將應用各物置於轎中，且可「偃臥以憩」。這種肩輿，較普通轎輿深且廣敞。

清代官員凡行水路，則棄轎乘船。官船分為座船與差船兩種。凡官署所蓄之船，為本官所乘者，呼為座船。不載客，不運貨，並用黃布為旗，懸掛船桅之上，上書本官的官銜。其官員和船役的接待由沿途官府負責。差船，亦屬官署所有，但它專備本官的差遣所用，也不載客，不運貨，但船旗上要標明為官署的差船，以示區別。

五、婚喪儀禮規範

清前期，從帝后到王公貴族的婚喪儀禮，清統治者均用法律形式，將它們嚴格納入「禮」的範圍，必須嚴格遵守和奉行，使之制度化、合法化，而有可承性。其禮制縝密周到，又繁文縟節；同時，還時時處處體現出它不可逾越的等級性。

（一）帝后、王公的婚姻制度與禮儀

清代，皇帝結婚稱為「大婚」。皇帝大婚的典儀既莊重、華貴，又須遵守十分嚴格而繁瑣的規制。皇后選定以後，先要行「納彩禮」、「大徵禮」，迎娶時行「冊立禮」、「奉迎禮」、「合巹禮」，婚後行「朝見禮」、「慶賀禮」和「賜宴禮」等。大婚之前，內閣（後改為翰林院）要先撰寫冊立皇后冊文和寶文；禮部要製作金冊、金寶，還要備辦彩禮及大婚時用的龍亭、鳳輿（喜轎）、節案、冊案和寶案等；欽天監要選擇黃道吉日行禮。具體如下：

其一，「納彩禮」，就是向皇后家贈送彩禮時所舉行的儀式。彩禮多為馬匹、甲冑、布帛等物。是日，皇后之父吩命子弟潔掃邸第，於皇后府邸正廳面南設一節案，左右各再設一案。皇帝所派正副使節持「節」到來時，皇后之父朝服跪迎於門外。為了慶賀納彩禮成，當時在皇后家還要舉行納彩宴。

其二，大徵禮，即向皇后家送一次大婚的禮物，並告知即將奉迎皇后入宮的良辰吉日。

其三，冊立禮和奉迎禮。此禮是清代皇帝大婚典禮中最隆重的。屆時，要求京內各條街道打掃乾淨整潔，家家張燈結彩，以示萬民同慶。宮內所經御路都是紅氈鋪地，門神畫和對聯都要煥然一新。宮門、殿門紅燈高懸，且在宮內搭彩棚。行冊立禮的當天寅刻吉時，禮部堂官恭導皇帝具禮服出宮，先到太和殿閱視寶、冊，然後升殿就座，午門鳴鐘鼓、作樂鳴鞭。序班領正副使行禮，跪聽宣制；大學士援節後，皇帝還宮。正副使臣持「節」，前張黃蓋、列御仗，出太和

門去皇后家。與此同時，由結髮公主或福晉、命婦帶內務府女官，持皇后上轎時穿的龍鳳同合袍、用的蓋頭及藏香，出宮先詣皇后家恭候。是日，皇后府邸張燈結彩、紅氈鋪地。宣冊立禮時，先是皇后跪聽宣讀冊文和寶文，然後受冊、受寶行禮。當皇后的鳳輿入午門時，鳴鐘鼓；鳳輿在乾清宮停止後，預先等候在此的公主、福晉和命婦上前啟簾、升桿，恭請皇后降輿，護送皇后至坤寧宮東暖閣洞房。皇帝御龍袍龍褂，由近支親王從乾清宮恭送到坤寧宮。皇帝揭去皇后的蓋頭，皇帝、皇后升龍鳳喜床，皇帝居左，皇后居右。內務府女官設銅盆於床上，以圓盆盛子孫餑餑恭進，由公主等人伺候帝后進子孫餑餑，祝願皇帝子孫萬代。之後，請皇后梳妝上頭，戴鳳鈿，穿明黃龍袍、八團龍褂，戴項圈、手巾和朝珠，帝后進合巹宴。翌日，內務府掌儀司設「天地桌」於坤寧宮明殿內，帝后先後至此上香行禮，於東暖閣進「團圓宴」。宴畢，分別乘轎至景山壽皇殿拜見列聖、列后聖容（畫像）。後回宮拜見皇太后。

其四，朝見禮。婚後第三天行此禮，儀式較簡。主要是帝后朝見皇太后儀式，朝見畢，皇太后賜宴，宴罷各還本宮。

其五，慶賀禮。婚後第四天行此禮。皇帝御太和殿，接受文武百官朝賀，同時頒詔宣示海內。繼之，皇帝升乾清宮寶座，接受皇后、妃、嬪、公主、福晉及命婦等人的拜賀。

其六，筵宴禮。婚後第五日行此禮。屆時，皇帝在太和殿、皇太后在慈寧宮分設大宴，宴請皇后父母及親屬等。

（二）王公貴族的婚娶禮儀

清代王公貴族的婚姻儀禮規制，亦因其政治、經濟、軍事方面所享有的特權，而有其自身的特點。

據有關文獻記載，一般滿族王公貴族的婚娶禮儀，大體要經過放定、送聘禮、迎娶、回門等程式與階段。

「放定」又分為放大定與小定之區別。如探得某家之女可為子婦，可託人徵詢，如同意，則男家以釵、釧、戒指等物央媒持往，此謂「放小定」。後為男家親往求親，備整身玉如意一柄，請全福太太（即有夫、子女之婦人）兩位押往女家，並將如意捧進內室，親置於未來之新婦懷中，此為「放大定」。

　　「送聘禮」。為婚期已定，舉行通信，其禮節如漢族之「過禮」。男家以禮物上抬（欄桿桌），鼓樂前導，繼以豬、羊、鵝、酒、禽畜隨之。其羽毛皆略染紅色，酒則整壇花雕，外加彩畫，數必成雙。頭抬如意一柄、禮單及通書，通書內寫迎娶吉期，何時上轎、喜神在何方，新婦應避及之屬相。次為新婦所穿之衣服，所戴之頭面、釵釧、合歡被、褥之裡面，及新裝之棉花，並備半斤重饅頭（上印雙喜字）二百個（或一百個），分作兩抬，隨同前述之物送往女家，是為「聘禮」。

　　迎娶，男家租備大紅呢官轎一乘、八抬。前導為牛角透明質畫雙喜字高架燈十六對，或二十四對，或三十二對不等（滿族迎娶，多在夜間），後跟戴帽穿靴著外褂之家人四至八名，手持長桿大藏香一支，官吹、鑼鼓、細樂隨行吹奏。出發前須候喜房鋪設（鋪床須請全福太太）齊備，先在院中吹奏各一通，同時由童男一人持大鑼一面，在喜房內敲打三聲，名曰「響房」。喜轎隨即出發。新婦於上轎前，例須將頭髮挽一「丫」髻（俗稱抓髻），戴上頭絨花（取「富貴榮華」之意）；後在轎內向喜神方向端坐。喜轎一到男家，臨時關門，由送親者遞進喜封啟門，以銅錢向上揚撒，名曰「滿天星」；仍由執香之家人前導，轎經過火盆（須將木炭燃熾），蓋取興旺之意。轎在院中落平，其時喜房外間已預設天地神馬桌，桌上陳列弓箭、新秤桿（用紅紙裹之），即由新郎向轎門射三箭，蓋亦驅除邪祟之意；轎伕將轎舁至屋外，緊對屋門。新婦下轎時，皆須腳踩紅氈，不令鞋沾地。於是由全福太太攙扶新婦下轎，與新郎同拜天地神馬，新婦跨馬鞍子（木質金漆）進屋，與新郎並坐木炕上。即將幔帳放下，名曰「坐帳」。少頃再打開，以預備之秤桿，由新郎將蓋頭挑下，並親手將新婦頭上所戴絨花摘下，插於喜神方向之窗或牆上。兩人復在炕上盤腿對坐，喝交杯酒，吃阿什不烏密（羊腿）及子孫餑餑（清水餃）。事畢，新郎退出，新婦遂盤腿坐於炕上，名曰「坐財」。新婚夫婦臨睡前，在炕上對坐，中間扣銅盤，吃長壽麵，後同寢。次早新

婦下地、開臉、梳頭，戴鈿子、穿敞衣、外褂，依次廚房祭灶、佛堂祭神、祠堂祭祖，夫婦同到上房叩見父母、翁姑，謂之行雙禮；次分大小，本家及親戚長輩，請坐受禮；平輩相對請安行禮；小輩向新婚夫婦請安行禮。禮畢回屋，夫婦對坐炕上，由全福太太將兩人長衣之襟扯搭在一起，中間鋪紅挖單（即包袱皮），為倒寶瓶形寓祝豐收之意。時約近午，女家男女偕來，謂之「吃梳頭酒」，或曰「坐筵席」。次即新婦開箱，謂之「開箱禮」，自翁姑、伯嬸、長親，皆須備物進獻，兄弟、子姪晚輩亦均分別贈給。大抵為尺頭（綢緞衣料）、鞋、襪、活計（分七件頭、九件頭等）之類。

「回門」（即歸寧），大約擇雙日子，如婚後第二、四、六等日。回門日，新婦須於黎明前登車上路，新婿則可日上三竿，始著衣冠繼往。岳父家照例設宴款待，而後雙歸，歸時則不得遲至日落。

此外，按照滿族的風習，新婦在下地後，一切禮節完畢，即於西間跳神吃肉。新婚夫婦於神殿東間須住滿一月，始回臥室，其陪嫁之妝奩，均置於臥室內。

（三）帝后的喪葬禮制

皇帝是國家的最高統治者和主宰，因此，他的喪事在清代稱為「國喪」，全國上下都要為之服喪。皇帝死後，在上諡號入葬之前稱為「大行皇帝」。死之當日要進行「小殮」。繼嗣皇帝、諸皇子、王公、百官、公主、福晉以下，宗女、佐領、三等侍衛、命婦以上，男摘冠纓截辮，女去妝飾剪髮。小殮後，當日或次日，或過幾日進行「大殮」喪儀。定制：命親王以下，有頂戴官員以上，和碩福晉以下，佐領三等侍衛妻以上等人，均要到乾清門內瞻仰大行皇帝遺容。近支王公、公主、福晉等人，則要到乾清門內丹陛上，隨嗣皇帝舉行「大殮禮」。清制：皇帝、皇后用的棺木均用稀有的梓木（或楠木）製作，故稱「梓宮」。梓宮必須按規定漆飾四十九次，四周由喇嘛敬繕西番字樣，梓宮外邊渾飾以金，內襯織金五色梵字陀羅尼緞五層，各色織金龍彩緞八層，共十三層。大殮後，靈堂設在乾清宮內，正中寶床上停放梓宮。由於明清兩代，乾清宮均屬皇帝的寢宮，皇

帝在此停靈，含有「壽終正寢」的意蘊。在此期間，要向國內外頒發大行皇帝的遺詔，詔到各省時，文武官員要摘冠纓、穿素服，至郊外跪迎。從遺詔到時算起，二十七日後除服，百日內不准嫁娶和作樂。「遺詔」還要送往蒙古諸部及朝鮮、琉球、緬甸等國。此外，大行皇帝梓宮在乾清宮停放時間不宜過長，後奉行移殯或景山，或雍和宮暫安，移時要舉行「啟奠禮」、「奉移禮」，在梓宮未入地宮安葬前，還要舉行多次祭奠活動。除初祭、大祭、釋祭外，滿二十七日行「釋服禮」，滿月初行「初滿月禮」，繼之要行「二滿月禮」、「三滿月禮」，滿百日行「百日禮」；遇清明節行「清明日祭禮」，七月十五行「中元禮」，十月初一行「奠獻禮」，遇大行皇帝生日行「聖節致祭禮」，年終行「歲暮禮」，恭題神主升祔太廟和奉先殿時，行「恭題神主禮」和「升祔禮」，滿一年、二年時，均行「周年致祭禮」等。

清前期，皇太后、皇后的喪儀也十分隆重。如康熙二年（1663 年）二月，康熙帝母、慈和皇太后佟佳氏駕崩時，康熙帝「截髮成服，瞬踴哀號」，水漿不入，近侍感泣。日尚三食，王公大臣二次番哭。停嫁娶，輟音樂，軍民摘冠纓，服縞素。五日頒詔，文武官員素服泣迎，入公署三叩九拜，聽宣舉哀，行禮如初。朝夕哭臨三日，服白布，軍民男女素服如京師。上尊諡為「孝康章皇后」，梓宮移欑上，與世祖（順治帝）合葬孝陵，升祔太廟。可見，全國上下亦為之舉哀致祭。

（四）王公貴族的喪葬規制

清政府早在順治九年（1652 年），便對親王暨福晉等人的喪儀規製作了規定。凡親王喪聞，皇帝輟朝三日。世子、郡王喪聞，皇帝則輟朝二日。後改貝勒以下喪聞罷輟朝。在喪葬殮具方面，親王至貝勒彩棺，藉五層。貝子至輔國公棺同，藉三層。鎮國將軍以下朱棺，藉一層。初薨陳儀衛，鞍馬、散馬親王十五，世子、郡王各十四，貝勒各十三，貝子各十二，鎮國公各十。府屬內外皆著喪服，至大祭日始除。內外去冠飾，素服會集。鎮國將軍以下不會喪；公主、福晉、命婦會喪，臨時請旨行。凡親王至輔國公，皇帝御祭二，遣官至墳讀文致

祭。宗人府請賜謚，撰給碑文。工部樹碑建亭，貝勒以下碑自建，所給葬費銀兩亦各有等差。此外，奉恩將軍賜祭無文，不立碑，不予謚。王至公婚娶之子卒，許陳鞍馬，祭品各如其父母例，唯不遣官致祭。未婚娶的幼子不造墳。至於葬期的限定時間為：親王一整年，郡王七月，貝子以下五月。又，按照順治十二年（1655 年）清政府的規制，凡下嫁外藩蒙古王公的公主去世時，聞其報喪，皇帝御祭一次，遣官至塋所讀文致祭，以示哀忱之意。

六、年節娛樂風尚

清代，在全國性的民間年節時，宮中與仕宦顯貴們，除飲食外，還有其他的娛樂活動。

（一）元旦的文化娛樂活動

據清人潘榮陛的《帝京歲時紀勝》一書載，元旦日，百官趨朝拜賀，聞爆竹聲如擊浪轟雷，遍乎朝野，徹夜無停。

（二）元宵節的文化娛樂活動

清人昭槤在《嘯亭續錄》中介紹，宮中上元節（正月十五日）觀煙火，主要在西苑西南門內的「山高水長樓」。屆時，皇帝及王公、百官、外國使臣等皆「分翼入座」。放焰火時，先放「瓶花」，插入雲霄，洵異觀也；次由樂部演舞燈伎，魚龍曼衍，炫曜耳目；此後再由皇上命放煙火，其時則是火繩紛繞，萬爆齊作，轟雷震天，逾刻乃已。其場面頗為壯觀。

（三）燕九節的遊樂活動

正月十九日，稱為燕九節。清前期，每至此時，據清人富察敦崇的《燕京歲

時記》一書載，皇帝都要親自駕幸西廠子小金殿筵宴群臣，並觀看玩藝貫跤（即摔跤）。

（四）端午節的遊樂活動

乾隆初，據《嘯亭續錄》一書載，上（指乾隆帝）每於端午日命內侍習競渡於福海中，皆「畫船簫鼓，飛龍鷁首」；屆時蘭橈鼓動，旌旗蕩漾，頗有江鄉競渡之意。並每召近侍王公觀閱，以聯「上下之情」。

（五）冬至節的遊藝活動

每逢冬至節，宮中最盛行的健身慶賀活動是滑冰。屆時，在太液池例行有八旗官兵的滑冰。對此，乾隆時的《冰嬉圖》對這種遊藝活動便有藝術的再現。畫面上有花樣滑冰與冰上雜技等遊藝場景。其中，花樣滑冰有大蠍子、金雞獨立、哪吒探海、雙飛燕、千斤墜等動作；雜技滑冰則有射箭、爬桿、翻槓子、飛叉、耍刀、使棒、弄幡等活動。同時，八旗官兵還能在冰面上，表演在竿上、槓上、肩上、臂上的倒立、扯旗等驚險動作。從而，為整個活動增添了歡樂氣氛。

（六）臘八節與灶王節的娛樂活動

每年十二月初八日為臘八節；二十三日為送灶神的灶王節。據清人汪啟淑的《水曹清暇錄》一書載，此兩節在宮中有表演莽式舞的娛樂活動。其具體情景是莽式演於庭，窗眼出，皮球踢，太平鼓伐，饊枝登架，造化吃戲園，剪庖丁為上客。可見，形式頗為獨特。

漢民族地區
的社會風俗

在清代前期，由於滿族入主中原，漢民族的社會生活發生了明顯的變化。既繼承、保留了漢民族傳統的生活習俗和精神信仰，又吸納了滿人以及其他少數民族的風俗習慣，在服飾、飲食、安居、交通和節日禮俗等許多方面都體現出民族融合的特點。此外，清代社會生產力較之前代有很大的發展，物質基礎有一定的提高，為社會生活提供了較為豐富的條件，人們的生活呈現出豐富、多樣化的特點。這些特點，集中反映了清代文化的鮮明個性和演變歷史。下面從服飾、飲食、居住、交通和社會習俗等方面加以簡單的描述。

一、華夏衣冠的變遷

中國明代以前的服飾，都是由前一朝代沿襲損益而來，即使是北魏和元代也並沒有作太多的改變，所以說直到明代，漢族的服飾還是量的變化。入清之後，所謂「華夏衣冠」，就有了質的變化。

清朝定都北京後，與遼、金、元不同，基本上廢除了漢裝，改用滿洲的國

服。下令「衣冠悉遵本朝制度」[5]，強調「本朝冠服，上下有章，等威有辨」[6]，另一方面，鑑於漢族人民的強烈反對，為籠絡漢族士民，又宣布「十從十不從」，即男從女不從，生從死不從，陽從陰不從，官從隸不從，老從少不從，儒從而釋道不從，娼從而優伶不從，仕宦從而婚姻不從，國號從而官號不從，役稅從而語言文字不從。這樣，明朝服飾雖然基本上被廢除了，但是，某些方面又有所保留。

在清代，漢族的服飾形式基本上是依照朝廷規定的制式。滿族在服飾上改革了明朝的寬衣大袖，創造了適合滿族生活需要的衣袖形式——馬蹄袖，也稱箭袖。馬蹄袖因袖口的出手處上長、下短，呈馬蹄形而得名。從皇帝后妃到宗室官員的禮服朝袍、吉服龍袍，以及行服，常服等，都是馬蹄袖。這種服飾與滿族的生活習俗有關。滿族原本生活於寒冷的東北地區，以狩獵、遊牧為主要生活方式，而馬蹄袖正好便於騎射和保暖。長衫、長袍為男子日常衣著，袍服有左右開契的兩開契袍，前後左右開契的四開契袍；順治末年流行短款，長僅及膝，後漸興長款，至踝上。袍服外罩對襟褂，長的叫大褂，短的叫馬褂。馬褂比外褂短，長僅及臍，由滿族兵丁騎射時穿的服裝演化而來。馬褂有長袖、短袖、對襟、大襟、缺襟、琵琶襟等各種樣式。「雍正時服者漸眾，後則無人不服，游行街市，應接賓客，不煩更衣矣」[7]。長袍馬褂成為清代男子的典型裝束。另外，清代男子的裝束，袍服外罩除了馬褂外還有馬甲。馬甲無袖，短小及臍，四周、襟邊鑲有跳色邊，有對襟、缺襟、大襟、琵琶襟等各種式樣。這種馬甲起初只在清朝官場中穿著，後流傳到社會上，成為一種時興的裝束。這種融合了滿族服飾特點的服裝也為漢族男子所接受，成為日常服飾形式。

清代漢族女服形式上沒有多大變化，仍舊為明代漢式服裝。但在局部上也小有改變，如原來的寬大的袖口改小了一點，最寬不過一尺；將結帶改為紐扣，傳統的交領和圓領改為高領。主要的衣服為袍、褂、襖（衫）、裙。款式具有嚴格

5　《清世祖實錄》卷五，順治元年五月庚寅。
6　康熙朝：《大清會典》卷四十五。
7　徐珂：《清稗類鈔》，「馬褂」。

的等級界限。一般婦女多衣著窄袖襖、衫、坎肩、馬甲和裙。襖、衫和袍為婦女流行的上服，襖（衫）穿在裡面，褂子罩在外面；裙是下裳的主要形式，裙內套穿肥闊的繡花長褲。

與服飾密切相關的是髮式變化。清代漢人的髮型與前代有很大的差異。在明朝，漢族男子滿頭留髮，在頂部把頭髮束起來，稱為「束髮」。而滿人的髮式，是所謂的「金錢小頂」，「小頂髮辮」[8]。滿族男子把腦頂前半部分剃光，後半部分留髮，梳成單個辮子，垂於腦後。清朝入關之後，「各處文武軍民，盡令剃髮，儻有不從以軍法處置」[9]。儘管這一帶有嚴重的民族壓迫傾向的法令遭到廣大漢族人民的強烈反抗，但是剃髮令最終還是執行了。因此，清代漢族男子的髮型也變成了「小頂髮辮」。而漢族婦女的髮型變化不大。漢族婦女年齡稍長者，用綿綾包頭，梳成「牡丹頭」式樣，髮式高大，髻上插有簪、花等飾物；未成年女子則習慣於束髮辮。

與服飾相關的另一個問題是女子纏足。婦女纏足始於隋唐，盛行於兩宋，這一陋習元朝以後更加泛濫。在明代，宮內女人也纏足，穿弓鞋，上刺小金花，以此為美。滿洲貴族不尚纏足，清太宗皇太極曾降旨：「有效他國裹足者，重治其罪。」[10]清朝入關後，又多次降旨嚴禁。順治元年（1644 年），孝莊皇后諭示，纏足女子入宮者斬。順治二年又頒旨：以後民人所生女子禁纏足。順治十七年（1660 年）、康熙元年（1662 年）又兩次下旨禁止纏足，違者罪及父母家長。但是，因習俗相沿，加之清政府又禁止不力，致使清朝漢族婦女的纏足之風更盛，有所謂「小、瘦、尖、彎、香、軟、正」七字訣，不少女子以擁有一雙「三寸金蓮」為美。需要指出的是，雖然漢族婦女的纏足之風較為盛行，但也並未普及到全國各個地區。在兩廣、兩湖、浙西、贛南等一些地方，漢族婦女纏足的也較少，福建地區也僅限於廈門一帶。

8　七峰道人：《七峰遺編》第 55 回，見《虞陽說苑甲編》。
9　秦世楨：《撫浙檄草》，見《清史資料》第二輯，189 頁。
10　王先謙：《東華錄》，順治朝卷四，順治二年六月丙辰。

二、飲食結構的變化和南北菜系的發展

　　飲食活動，是社會文化的一個重要組成部分。飲食文化的發展水平，反過來又成為檢驗物質文明和精神文明發展程度的一個重要標誌，從中折射出人們的社會心態和精神追求。

　　清前期，漢族傳統的飲食結構發生了較大的變化。從美洲引進的甘薯大量種植，成為五穀雜糧中解決溫飽問題的新口糧；肉食比重有所增加；烹飪技術在前代的基礎上發展到一個新的高度，全國聞名的八大菜系又分化出小的地方菜系。茶和酒作為日常生活用品，所占的地位也更加突出。無論是宮廷還是民間，宴飲的內容和形式都具有鮮明的時代特色，尤其是在文人雅士的品茗酒觴活動中，注入更多的文化意味，形成豐厚的文化積澱。

　　民以食為天。飲食中首要的當然是食物，其中又有主食和副食之分。在主食上，南方和北方有較大的差異。南方人多以稻米為主食，做法有米粥、米飯、米糕等。北方人則多以麵粉和雜糧為主食，做法有饅頭、燒餅、蒸餅、炊餅、烙餅及各種湯麵等。南方人普遍是日食三餐。蘇州、常州一帶，早餐食粥，晚餐以水入飯，俗稱「泡飯」，中午一餐則吃一頓米飯。其他地方也多是早餐食粥，午、夜兩頓吃飯。北方人普遍一日兩餐。蘭州地區，居民每日都是兩餐，一米一飯。貧寒者無力食米，僅以麵條置水中煮熟，然後加上少許食鹽充飢。夏季晝長，富裕之家，有的可以在午後進食糕點；至於富貴之家，遲起晏寢，每日四餐也是常事。副食上南北差異也較大，基本上是產什麼吃什麼。

　　人們的飲食習慣由於受物產和民風的制約，地區性特別明顯，各個地區差別很大。北方人愛吃蔥蒜，雲南、貴州、湖南、四川人喜歡辣味，廣東人願意淡食，江蘇人愛吃糖，浙江人則愛食黴爛發酵之物。在食性方面，各地區民間也有很大差異。蘇州地區，中產之家，正餐、小吃都力求精美，尤其喜歡吃多脂肪的東西；在食物烹飪上，多用糖，愛加五香，使五味調和，盡去腥羶。寧波及紹興人每日餐前必先飲酒。福建、廣東人多食海味，每日進餐必佐以湯；廣東人好啖生猛之物，因而做功不求火候過大。湖南、湖北人即使是山珍海味，也要加有椒

芥，而且進餐時一般都有湯。河南人常餐以小麥、高粱、黍、粟、蕎麥等麵粉和小米、紅薯為主食，而下飯之物，則以蔥、蒜、韭菜等為多，佐以鹽、醋。其他地區也各有特點。

清前期，全國各地形成了不少具有鮮明地域特色的風味食品和節令食品。地方風味食品，如陝西的羊肉泡饃，山西的刀削麵，山東的煎餅，寧波的湯圓，遼寧的老邊餃子，北京的烤鴨，廣東的龍虎鬥，廣西的烤乳豬，湖南的擔擔面。等等，不勝枚舉。各地的風味小吃更是比比皆是，不可勝數。飲食上另外一個明顯的特點是節日食品的多樣化。每遇節日，各地必有其特殊的食品，例如大年初一，北方人吃水餃，南方人吃年夜飯；立春要吃春餅；農曆五月五日端陽節要吃粽子；八月十五要吃月餅。

需要特別提及的是，清代的地方菜系在前代的基礎上，又向前發展了一大步。魯、川、揚、粵是中國影響最大的四大菜系，在清代以前便已形成，清代則是在這一基礎上不斷加以豐富和完善，發展成為魯、川、揚、粵、湘、閩、徽、浙八大菜系。在這些大的菜系當中，又分別派生出許多小的菜系。如魯菜，作為北方風味的代表，進入宮廷，成為御膳的主選菜肴。在魯菜系列中，又形成濟南、膠東、曲阜三個不同風味的小菜系。其中，濟南風味菜以清、鮮、脆、嫩見長，膠東菜以擅長烹製各種海味見長，曲阜菜即孔府菜，則是著名的貴族公府菜。

安徽菜系（徽菜），是清代有影響的著名菜系之一。它由皖南、沿江和臨淮三種地方風味構成。皖南風味以徽州菜為代表，是徽菜的主流。其主要做功是燒、燉，講究火功，愛用火腿佐味，米糖提鮮，菜做成之後以保持原汁原味而為人稱道。不少菜肴用木炭火單燉，原鍋上桌，體現出典雅古樸的風格。沿江風味主要指蕪湖、安慶和巢湖一帶，以烹製河鮮、家禽見長，講究刀功，注意形色，擅長燒、蒸和煙熏製作，菜肴具有鮮嫩、鮮醇、清爽、濃香的特色。沿淮風味主要分布在蚌埠、宿州、阜陽等地方，所製菜肴具有味濃、酥脆、爽口等風格。清代徽商稱雄於世，徽商足跡遍布大江南北，在行商的同時，也把徽菜推廣到全國各地。這是徽菜在清代揚名天下的一大因素，從中可見飲食文化與經濟發展的密

切聯繫。

茶和酒是清人日常飲用和宴席之上的主要飲品。浙江杭州的龍井茶、四川蒙山的蒙頂茶、江西廬山的雲霧茶、福建和臺灣的烏龍茶、雲南的普洱茶等都是馳名全國的名茶。飲茶又稱品茗，品茶的色、香、味、形。茶具作為品茗必不可少的工具，這個時期也特別講究精美和雅緻。茶爐、茶壺、茶盞都有特別的要求，甚至煮茶的用水和煮茶的火候也講究產地和分寸，文人雅士則進一步把品茶活動上升到一個理論高度，追求所謂的茶道。清人飲酒，有低度的黃酒和高度的燒酒。全國的名酒有貴州的茅臺酒、山西的汾酒、四川的五糧液和瀘州老窖特曲、江蘇的洋河大曲、浙江的紹興酒、陝西的西鳳酒、廣西的三花酒、河南的杜康酒、安徽的太白酒等。酒以陳為美，窖藏越久，酒質越好。清人飲酒之風頗盛，社會上普遍把酒作為紅白喜事、盟誓結社、抒發情懷、狂歡助興，及至消愁解悶等活動的必備之物。文人雅士更進一步把飲酒提高到一個高度，重視酒德和酒儀，把飲酒作為一種精神追求和身份高雅的體現。

三、四合院式的聚居方式及其他

清代建築是前代建築的繼續。與前朝相比，都市裡的宮殿建築和園林構造發展到前所未有的高度；而一般民居，特別是北方平原地區，則主要體現為以四合院構造為主的聚居形式。

在清前期，漢人的宅居和前代相比，變化不是十分明顯。住宅結構從外形上看，有利用自然地形加以改造而成的「窯洞」、「地窖」，也有水上人家的「居家船」；而最為普遍的還是用土木材料建造的宅院，即上棟下宇、前後兩坡、木架結構的大屋頂住宅，是民間較為固定的住宅形式。

清代四合院的形成，肇始於明清兩代的住宅等級制度。四合院的布局，一般是四周圍高牆，院內按南北縱軸線對稱地布置房屋和院落。住宅的大門面南，通常開在東南角，大門內建影壁，使外人無法看到宅內的活動。院內建有相連的幾

進宅院。房屋建築採用抬梁式木構架，外圍砌青灰色磚牆，硬山式屋頂，牆壁和屋頂都比較厚重，目的是抵禦冬季凜冽的寒風和夏季炎熱的酷暑。四合院的設計形式，充分考慮到環境和氣候的影響，高大的院牆擋住了外面世界的喧鬧，構成一個相對安靜的居住環境；對於內部來說，家庭成員每天都可以相見，和睦樂融，既聲氣相通，又自成一格，是封建宗法禮教思想的典型體現。全國的民居，大多是依照這一原則進行營建。

另外，住房院落內部的結構也有慣例。平原地區，無論是城鎮或是鄉村，居民的院落歷來以北屋為上房，東西為廂房，或稱下屋、配房。家主夫婦常居住在北房的正屋，以下依次均住廂房。在住室內部，一般都設有供奉神靈和祖先的特定地方。北方室內以鍋灶火炕為主體，主房一般都坐北朝南。南方水鄉，房基多立於水中，牆下可通船，運送糧柴、垃圾極為方便。牆面，北方以磚紋為美，南方多塗抹灰泥。北方尚黑牆，塗黑灰，莊嚴肅穆。南方廣大地區，尚白牆，塗白灰，潔靜大方。在南方，漢族人家的灶頭一般在後間後院；在北方，則進門先見灶頭，然後才進入住室。南方睡床，雙人床男女對向睡；北方睡炕，均並頭睡，且頭一律向炕簷。

在清代，居住的屋舍同樣表現出鮮明的階級差別。房屋的形式和裝飾，根據地位的高低也都有不同規定。如北京民居，必須低於宮殿，州、縣必須低於官衙。除官衙、寺廟外，民居的朝向，不許正南正北，一定要偏一點。裝飾不得用紅牆碧瓦，當然更不能用黃色琉璃瓦。在這些規定當中，庶人的規格待遇最低，通常規定廳房不得超過三間，用料和顏色也有明確的限定，棟宇不得加彩飾，門不得施加裝飾，帳幕只許用紗絹，被褥只許用絹、布。

四、道路和交通工具

交通作為人們社會生活的重要內容，在清代前期發生了較大的變化。首先表現為水陸兩路運輸線更加四通八達。

清朝建立後，特別是在康熙、雍正、乾隆年間，隨著多民族統一國家的鞏固，驛道建置有了新的發展，規模龐大，網絡縱橫。北京地區的驛道稱為皇華驛，是全國驛站總樞紐，通往全國各地。陸路按方位分以下幾路：

東路——自皇華驛東行，經通州河驛等十個驛站連接東北驛路；自皇華驛東行至遵化石門驛，東北行至喜峰口，出喜峰口連接蒙古地區各站。

東北路——自皇華驛至熱河，由古北口外鞍匠屯連接蒙古各站。

北路——自皇華驛至獨石口，由獨石口接蒙古各站；由皇華驛至張家口，出張家口接蒙古各站。

南路——自皇華驛至涿州涿鹿驛，經雄縣、河間、獻縣、德州等驛，至山東省城濟南府，再由濟南府出發，通往江寧、安徽、江西、廣東、江蘇、浙江、福建；自皇華驛至保定，經正定、欒城、邢臺、安陽等驛，通往河南省城開封府，再由開封府通往湖北、湖南、廣東、廣西、雲南、貴州；自皇華驛經保定、正定，或居庸關外，通往山西省城太原府，再由太原出發達陝西、甘肅、四川，又由甘肅通達青海、新疆、西藏。

水路，自皇華驛經通州潞河驛，沿大運河，通往山東、江蘇、安徽、浙江、江西、福建、湖北、湖南等省。

其次，交通運輸工具更加齊備。畜力加車輛的交通運輸是主要的陸路交通工具。在主要的陸路交通幹線上，馬、牛、驢、駱駝，以及車、轎普遍作為運載工具來往穿梭。在偏遠的山區，多用背簍和背架作為運載工具。在水路，船、木筏、羊皮筏等是常見的運載工具。一般平民，北方出門多用騾車；西北還有用駱駝轎的，即兩頭駱駝身上搭一頂轎子，不但可以坐，還可以睡覺，便於長途旅行。人力車，南方人多用二把手車，北方多用獨輪車，美其名曰「一輪明月」。此外，南方水鄉，水網交織，船只普遍作為運輸的工具。

再者，交通運輸職業集團蓬勃興起。隨著經濟的繁榮發展，交通運輸出現了較為細緻的專業分工，駕車有御者，推車、拉車有車夫，行船有船家，搬運及驅

趕牲畜有腳夫。與此相適應，碼頭、旅店、貿易貨棧也日益增多，社會上車、船、轎、店、腳、牙等以運輸為職業的行當發展到了更高的水平。

這一時期的交通工具，也體現出鮮明的等級差別。清朝規定，庶民所用的車為黑油、平頂、齊頭、皂幔，不得雕飾。有一種「小鞍車」（一般轎車），沒有乘坐上的嚴格規定，庶民人等均可乘坐，隨時可雇，稱為「買賣車」；另有一種敞車，木輪，無帷幔，用畜力牽引，有單套、雙套、三套之分；冬季北方地區有一種「冰車」，木製長方形車架，上鋪氈褥墊，下有兩足，裹以鐵條，在冰上拉行。庶民所用的轎為平轎，轎身小，青布纏裹，一些富戶和商賈之家的私轎，多以藍布為轎身，較寬大。此外，還有用作辦紅白喜事的花轎、素轎等。至於宮廷和官府用車，則與平民有著不同的規格和制式。

五、禮儀和節令風俗

在傳統的民俗中，人生禮儀尤其是婚禮和喪祀，是最為隆重的禮俗，在社會生活中占有重要地位。這裡主要描述一下清代漢人婚喪方面的禮俗。

首先是婚禮。婚禮，是人生中十分重要的大禮，它標誌著一個人從此進入建立個體家庭的重要階段。清朝入關後也承認，漢族婚姻可以不從滿洲形式。所以，漢族人的婚禮基本上仍按以往制定的「六禮」進行。所謂「六禮」，是把婚禮分為六個階段，每一個階段均有不同的儀式，即納采、問名、納吉、納徵、請期、親迎。這是朱熹《家禮》一書中所訂「納采」、「納幣」、「親迎」三目的完善和發展。

納采，是議婚的第一階段。清代男女婚嫁，仍然嚴格遵循「父母之命，媒妁之言」的原則進行。男方通過媒人口頭或書面向女方求婚，女方同意議婚後，男方再備禮去女方正式求婚。問名，是男方求婚後託請媒人詢問女方姓名及生辰準備合婚的儀式。在這一過程中，除根據男女雙方生辰八字推算雙方命相外，還要議及雙方家庭的門第、財產等情況，以及男女雙方的容貌，以便確定是否可以成

婚。納吉，也稱「訂盟」或「訂婚」，是把問名後占卜得出可以合婚的結果再通知女方。這是婚禮中關鍵的一環，主要內容是男家卜吉後，再備禮到女家去定婚約。定禮多用戒指、首飾、彩綢、禮餅、禮香、禮燭，也有的用羊和豬。送過定禮後，就表明男女雙方婚約已成，不僅受到道義上的約束，而且還受到法律的監督和保護。納徵，又稱作「納幣」、「完聘」、「大聘」、「過大禮」，是訂盟後男方將聘禮送往女方，即將進入成婚階段的重要儀禮。在此儀禮過程中，男方備有禮單，裝禮品的箱籠在媒人和押禮人護送下，由人肩挑或抬送至女家，有的中途甚至伴以鼓樂。聘禮的多少及物品名稱，多取吉祥如意的含義，數目取雙忌單。女家在接受聘禮後，當日要回定禮，將聘禮中食品的一部分或全部退回男家，也有的贈送男方衣帽鞋襪作為回禮。請期是送完聘禮後，選擇好結婚日期，備禮到女家，徵得女方同意。一般情況下，多用紅紙箋寫迎娶日期和時辰，稱作「請期禮書」，也有的口頭通知協商，民間俗稱「提日子」、「送日頭」。這一儀禮過程中禮品從簡，有的在送聘禮時就已把請期手續辦好，即過大禮同時決定婚期。親迎是新婿親往女家迎娶新娘的儀式，是婚禮的主要過程。親迎儀式可有兩種形式，即迎親和等親。迎親用轎一律「雙頂」，新郎乘一頂，另選全福小男孩乘一頂「壓轎」，前往女家迎娶。等親用轎一律用「單頂」，新郎在家門外迎候。親迎中有陪新郎至女家迎娶的「儐相」，攙扶新婦上車轎的「好命人」，在儀式中都各有要求。從女家起轎時，有的女家向新郎獻四喜湯、茶，迎娶隊伍行次也都各有慣例。迎娶隊伍返回男家後，新人從門外進入室內要經過迎轎、下轎、祭拜天地、行合巹禮、入洞房等環節，每一個過程中都有幾種到十幾種形式，包括了人們對婚姻、夫妻關係美好祝願的內容，以及大量風趣、戲謔的場面，為婚禮添加了生動活潑、熱烈歡樂的氣氛。

婚禮作為風俗禮儀的一個重要方面，是社會生活的反映。在清代十分講究等級差別，不同階級和等級之間是不能通婚的。清律例中規定：奴娶良人為妻者杖八十，妄冒為良人而與良人為婚者，罪加一等。即使在婚姻儀式上，也表現出強烈的階級性。

其次是喪禮。喪禮也稱葬禮，是人結束了一生之後，由親屬、鄰里、好友等為其殯殮和進行祭奠、追悼、紀念的儀式。在廣大漢族人民居住地區，大多實行

土葬，其方法是用棺木盛屍，挖葬穴，深埋土中，以土丘為標記。儒家講究「生有所養，死有所葬」，人們把為死者處理後事看作是一件極為重大而又莊嚴的事情，在長期的社會發展中，逐漸形成了一整套葬禮程序，包括停屍、弔喪、殯儀、送葬等內容。

停屍是人死後的第一個儀式，即把屍體安放在規定的地方，脫去死衣，換上壽衣，蓋上特製的斂被，死者裸露在外的肢體（頭、手）一律用布或紙包好。停屍方向多取東西向，死者頭部位置不得在梁下，口內要放有含物。停屍過程中有供飯和點燈儀式。弔喪是喪禮的公開儀式，也是葬禮中社會往來的關鍵儀式。先是由死者家屬進行報喪，向親族通知死訊，姻、世、年、寅、鄉、誼均須通知，否則為失禮。親族穿喪服，按制分成等級，設靈堂，孝男孝女守靈，舉哀，朝夕及賓至時都要哭靈。哭喪多為歌頌死者功德或懷念死者之情的。守靈孝子孝女，尊卑長幼有別有序，分執喪杖，有不忘根本之意。來賓弔喪，主人哭拜。弔喪期間，家屬親友一般非喪事不談，女忌脂粉，食米粥淡飯，以示哀慟。殯儀又稱入殮、大殮，洗淨屍身，按制更衣。入棺前先書銘，寫好柩位；入棺時下鋪上蓋，十分嚴格。屍體入棺的時辰由家族占卜，由親屬守在左右；拾屍時由孝子抱死者頭部，蓋棺蓋時人們高喊死者稱謂。父母死，殮時要等在外兒女返家後才蓋棺，婦女要等娘家父母或兄弟姊妹到來後蓋棺。入殮時要有隨葬物，一般把銅錢、銀幣放置死者身下或棺內四角。盛殮後，設靈堂舉行奠禮。送葬又稱下葬，是全部喪葬禮的最後程序。送葬前，土葬法先有掘墓破土卜吉儀式，有的富豪官宦人家，生前就要營造墓穴。民間多是死後破土掘墓。送葬日辰、行列、祭品供物都各有慣習。祭品包括豬、羊、魚、棗、栗等，按制分等；祭酒也有定制。送葬行列儀式十分繁雜，富戶人家從先導「打路鬼」、各儀仗、僧道鼓樂，直到槓抬靈柩，孝子駕靈扛幡，孝女及親族送靈車，浩浩蕩蕩，十分熱鬧。服喪日期，父母三年，實際上是父親二十七個月，母親二十一個月，其他的期限為一年。孝子穿的喪服，全國大部分地區為「齊衰」、「麻冠」，是漢代的服裝，福建則扎軟巾，是宋代的遺制。

喪禮作為人生儀禮的一部分，也表現出鮮明的階級差異。死者如果生前是官吏，他得以公服朝服入殮。庶人只能穿常服。殮衣以多為貴。被衾的顏色也有規

定。口內的含物亦不得亂用。品官棺木可用油杉、朱漆，庶人棺只能用柏、油杉或土杉松，並且只能用黑漆，不得用朱紅。抬柩人數，清朝品官多至六十四人，庶人最多只能十六人。墳塋大小也不同，官員墓地多至周圍九十步，墳冢高至一丈八尺，少者也有二十步，高八尺，而庶人則少至九步，高僅四尺。

民間節令風俗，是經過長期發展演變形成的，有著悠久的歷史。在清前期，又因地區各異，節令有所不同。但主要的年節，大江南北差別不大。一年之中主要的年節有：

臘月初八，食「臘八粥」，準備過新年。臘月廿三日「送灶」，廚下陳糖果，並焚燒「灶碼子」（一種彩印的神紙像）。臘月三十除夕，各家先以清香請灶辭年，隨即設祭祭祖。有祠堂的，男子要到祠堂，由族長率領，按昭、穆、長、幼向祖先牌位行禮。沒有祠堂的，要在家中懸掛祖先影像，設祭請祖先回家過年。除夕日還要接灶，焚香將新「灶碼子」貼上，意味著將灶神請回。

除夕之夜，家家高焚香燭接年神，意味著進入了新的一年。全家人團聚在一起，通宵達旦，名為「守歲」。到除夕這一天，全國上下官衙封印，商店停市，戲園封箱。至正月初六，一切恢復正常。初五日子夜，商店要用三牲祭財神，名「接財神」，然後店員飲財神酒，準備初六開市。

元宵節，照例要放燈鬧元宵，通常是正月十三上燈，十六落燈，舉國歡慶。清明節，俗稱「鬼節」，每家要掃墓，修墳祭祖。又因春和景明，人們多結伴外出踏青。五月五日端午節，家家門懸蒲艾，包粽子，飲雄黃酒，小兒腕繫五彩繩，稱「續命縷」，南方要龍舟競渡。七夕乞巧，中秋祭月，大致與前代相同。九月九日重陽節，登高飲酒只有清閒的文人雅士偶而為之。冬至日，依例又要祭掃祖墳，飲食上也要有所改善。

在這些年節之外，還有一些地方性和宗教性的節日。如：正月十九日，北京稱為「燕九節」，人們要到西便門外白雲觀順星，紀念建觀的元代長春真人邱處機。正月十六日，廠橋廣濟寺燒「火判」（用磚砌成判官的形狀，中空，放炭火燒之）。四月八日，浴佛節。七月十五，中元，舉行盂蘭盆會，放河燈。六月

三十，滿地插香，紀念地藏王菩薩誕辰。十月初一，下元，送寒衣等。至於民間娛樂，在廣大的城鄉，在閒月和節日裡，通常舉行廟會，上演戲曲、雜耍，各種風味食品匯集其間，為終年勞作的百姓增添了無限的樂趣。

第三節 ·
少數民族地區
的社會風俗

中國是一個多民族的國家。清代是各民族大融合、大交流的時期。除漢族地區之外，少數民族地區的社會經濟、文化生活都有不同程度的變化。這些聚居在東北、西北、西南、東南邊陲的少數民族，各自以其獨特的生活方式和習慣，共同構成中華民族大家庭中絢麗多彩的生活畫面，成為中華文化不可分割的一部分。這裡簡要介紹一下部分少數民族的風俗習慣，包括衣、食、住、行和節令、婚俗、宗教信仰等方面。

一、滿族

清朝是滿族貴族建立的封建王朝。滿族作為統治民族，在清前期社會中，許多方面都有了重大變化。滿族的農奴制度逐漸解體，地主經濟開始居於支配地位。八旗組織這一時期也發生了變化。原來兼有行政、經濟、軍事多種職能的八

旗組織，這時期大大突出了軍事職能。八旗軍一部分駐守京師，一部分駐守在南至廣州、北達璦琿、西抵伊犁的重要城鎮和水陸要衝。八旗官兵及其家屬的居住地和漢民有嚴格界限，這就使滿族的分布呈現出在全國大分散、小聚居的特點。

東北地區作為滿族故里，許多滿族人不改易滿洲舊習，因而更多地保留了滿族的生活習俗，民族特色最為明顯。

服飾　滿族人民由於採獵生活的需要，在裝束上，男子多穿「馬蹄袖」的袍褂，袖口狹窄，上長下短，馬蹄袖口蓋在手背上。袍兩側開襟，腰間束帶，便於騎射，腰上多繫小刀、匙、箸等日常用品。婦女穿長袍，天足，著高底花鞋。在髮式上，男子剃去周圍的頭髮，頂上留小辮子垂在腦後；女子在頭頂盤髻，佩戴耳環。在早期的滿族社會中，因為地理上氣候寒冷，不適宜種棉花，所以布衣非常的貴，一般富人多穿麻布，窮人則以狍皮為衣，後來逐漸從漢人那裡學會了紡織技術，並從境外輸入更多的布匹、綢緞。貴族和富人之家穿綢緞已是常事。從衣著服飾上也反映出滿族社會貧富分化的加劇。

飲食　滿族人以農業為主，兼營狩獵和畜牧業。特別是居住在山林中那一部分滿族人，採集松子、木耳、人參、東珠，獵取狍、狍、野豬、虎、豹、鷹、貂等獸禽。日常飲食中有肉類、粟米等物，常食小米、黃米乾飯與黃米餑餑。逢年過節吃餃子，除夕吃手扒飯。平時「面食酒醪，皆和以酪，鹽醬極貴」[11]，只有富貴之家才能享用得起。除主食之外，滿族也有不少有名的風味小吃和糕點，如「薩其瑪」是滿族具有獨特風味的點心，滿人入關之後傳入北京，成為譽滿都城的滿族名吃。

居住　滿族的住處，多為草頂地房。房屋以木為骨架，外覆泥、草。屋向南開，開西窗。堂屋有灶。裡屋西、南、北三面有炕，南炕由家中長輩專用，西炕牆上供奉「祖宗板子」（同漢族的祖宗牌位）。室內沒有桌椅，有炕桌，吃飯時一家人圍著桌子盤腿坐炕上。而貴族的宅第，則逐漸採用漢制。

11　《建州聞見錄》。

出行　滿族長期生活在山林地區，狩獵活動使他們精於騎射。滿族習俗，在兒童出生時，把小弓箭懸掛在門前，象徵他將來成為一個好的獵手。六七歲時，即用木製的弓箭練習射鵠。女子執鞭也不亞於男子。這一傳統一直被保存下來，即使在入關之後，清朝統治者還要求滿人經常練習射技和馬術。日常運輸工具，多以馬車、牛車為主，嚴冬時節雪橇也被用作搬運的工具。在滿族的發祥地寧古塔，滿人「出門不賫路費，經過之處，隨意止宿，人馬俱供給」[12]，可見其民風淳厚的一面。

婚喪　滿族人實行一夫一妻制，婚姻多由父母包辦，早婚現象比較普遍，「多在十歲內，過期則以為晚」[13]。結婚前，「男家贈銀於婦家，令期跳神以志喜」。結婚時，「新婦既至，新婿用弓矢對輿射之」[14]，這種風俗完全是滿族重視騎射的表現。新娘入室之後，要在南炕上從帳一日，稱為「坐福」。滿族忌在西炕或北炕上死人，人死入棺後多由窗戶抬出。最初實行火葬，後來受漢族影響，土葬漸多，乾隆時明確規定滿族採用土葬之法，葬禮依階層等級各有差別。

宗教　早期滿族人多信仰薩滿教。薩滿即巫師，一般以女薩滿為多。努爾哈赤生前建有「堂子」，立竿祭天，凡用兵及遇到其他大事，一定要祭拜；普通的滿人則在家中供「祖宗（神）板」，院中豎索羅桿。滿族有祭天祭祖習俗。祭祀時要安放「索羅」神竿，請薩滿跳神，通過薩滿跳神等活動祈求平安。祭祀時間多在春秋或年初終。崇奉的神有天、地、山、川、動物、觀音、關公等，反映了滿族原始社會靈物崇拜的殘余和受佛教與漢族文化的影響。

節日與禮儀　滿族的年節和漢族相近。特別是關內滿族人，也過端午和中秋等節。滿族人注重禮節，平日見長輩時男子曲右膝，右手沿膝下垂；女子雙手扶膝下蹲，俗稱「打千」禮。親朋好友相見，行抱腰接面大禮，男女皆然。喜歡歌舞，多在新年或喜慶時進行。屆時主客男女兩人輪番起舞，一人領唱，眾人皆齊呼「空齊」以和之。

12　《寧古塔紀略》。
13　楊賓：《柳邊紀略》，《龍江三紀》，108 頁，哈爾濱，黑龍江人民出版社，1985。
14　昭槤：《嘯亭雜錄》，281 頁，北京，中華書局，1980。

康熙以後，滿族和漢族之間的關係有了新的發展。滿洲貴族入關之後，不僅在政治制度和統治手段上確立了以儒家思想為主導的治國方針，而且，出於享樂的需要迅速地接受了漢族上層社會的生活方式，在日用飲食上呈現出漢滿融合的特點。由於生產生活的需要，清朝統治者設置的隔離政策逐漸被打破，在聚居分布上形成了滿漢雜居的局面。一些滿族人也開始和漢族人通婚。於是，滿族加快了漢化的過程，越來越多的滿族人說漢語，改用漢姓，穿漢服，「旗民久已聯為一體，毫無畛域」[15]。滿、漢民族在文化生活中的差別性日益減少。

二、蒙古族

蒙古族是中國民族大家庭的成員之一，有著悠久的文化歷史。清朝初年，蒙古族以大漠為中心，分漠南、漠北、漠西三部分。清朝入關前，漠南蒙古已經歸附滿族貴族。康熙年間，漠北蒙古也並入清朝。乾隆朝前期，清政府通過使用武力，消除了准噶爾蒙古貴族的地方割據勢力。乾隆三十六年（1771 年），原先遷往伏爾加河流域的土爾扈特蒙古返回中國故土伊犁河流域，清政府把他們安置在今新疆天山南北。經過幾十年的努力，整個蒙古地區和蒙古族都歸依清朝政府的統治。這個時期，蒙古地區的社會經濟和文化得到了長足的發展，蒙古族的風俗習慣較之過去也有了一些變化，其變化因分布地區的不同，從事畜牧業與從事農業的區別，也有一定的差異。

服飾　清代蒙古族服飾多受滿族的影響。蒙古王公貴族由於封爵任官，一般穿清朝的官服，服制按文武品級，分不同的質料、顏色和花紋，私下時穿蒙古裝，有時穿滿族貴族的便裝。普通蒙古人穿長袍，蒙古語稱之為「特爾力克」，漢族、滿族習慣叫做「蒙古袍」。其制式與元明時期大致相同，多用紅、綠綢緞做腰帶，但因地區不同而各有差異。科爾沁、喀喇沁地區的蒙古人受滿族的影響較大，多穿寬大直筒到腳跟的長袍，兩邊開叉，領口和袖口多用各色套花貼邊；

---

15 《皇朝經世文編》卷三十五，《會籌旗人疏通勸懲四條疏》。

錫林郭勒地區的蒙古人則穿腰身肥大、窄袖鑲邊、下擺不開叉的袍服；青海地區的蒙古人穿的袍服與藏族的長袍相近，男子的長袍長度在膝蓋以下，腰身寬度比體圍大一倍以上，袍前面的擺幅有三尺二寸至三尺七八寸，袖子長度要比手指長二三寸，皮領子向外翻，大襟和袖口都飾有花邊。蒙古族婦女穿的袍服，下擺寬，有的已不開叉，在一些地方已婚的婦女穿蒙古袍不繫腰帶，蒙古人稱之為「布斯貴渾」（意為不束腰帶的女人）。在這一時期，蒙古族中穿馬褂的人也越來越多，一般是在袍子外面套上一馬褂，長不及腰，袖僅掩肘，用綢緞、布、皮等縫製，時常還鑲以花邊。蒙古王公立功者，皇帝還賞穿黃馬褂。蒙古男子喜歡戴皮帽或氈帽，婦女則結髮、束高髻，未婚女子蓄兩條工辮垂於胸前，並飾有珊瑚、碧玉等。蒙古族男女一年四季皆足穿長、短皮製或布製靴子，靴子的樣式也很多。

飲食　清前期，從事畜牧業的蒙古族人和過去一樣，多以牛、羊肉類及乳製品為主食，輔以穀物蔬菜。後來伴隨著部分地方農業的發展，從事農業的蒙古人增加，穀物蔬菜成了這部分蒙古人的主食，肉食成分相對減少。牧區、農區飲食有豐儉，均因貧富不同而各有差別。蒙古族長期以來，特別是牧區，肉食是傳統的主食。品種主要有手抓肉、羊背子、烤羊肉、烤羊腿、炒駝峰、炒蹄筋、煮肉粥等，烤全羊和蒙古八珍只是在非常隆重的上等筵宴上才能有的肴饌。蒙古八珍包括醍醐（牛奶中提煉出的酥油製品）、麆肉（獐之幼羔肉）、野駝蹄、鹿唇（犴達犴唇）、駝乳、麋肉、天鵝炙（用天鵝肉烤製）、元寶漿（黑馬）八種珍貴食品，蒙古王公貴族宴請巡幸的皇帝或是皇帝回賜王公時，用八珍席，其他場合則罕有此物。乳製品主要有黃油、奶皮子、奶酪、奶豆腐、奶糕等。蒙古人喜歡喝的飲料是馬奶酒和奶茶。清代中葉，由於商業貿易發達，行商深入蒙古大漠內外，茶葉供應便利，飲茶成為蒙古人的普遍習慣。不論貧富，茶葉是日常生活的必需品。

居住　清代蒙古人住的還是傳統的氈幕，即今天習稱的「蒙古包」。王公貴族的府第，有裝飾陳設都很華麗的蒙古包，也有漢式宮殿建築，還有氈幕與宮殿兩種形式混合在一起、反映兩種不同建築文化特色交融的府邸。在半農半牧區，人們由游牧生活逐漸轉化為定居方式，蒙古包的製作形式也發生了變化，出現土

木結構的蒙古包，也即是窨形的土牆屋。屋中央樹一柱，上蓋草頂，周圍的土牆用磚或土坯，以及沾有黏土的柳條砌成。向陽的方向開窗戶，室內有半圓形的土炕。而農業區的蒙古人，由於定居已久，已經開始習慣住漢式的平房，常見的有二間或三間，房屋門向南開，南北有窗戶，東西有廂房，外面用土築成院牆，院內存放車輛，院四周植樹。土木結構的蒙古包和漢式平房的大量出現，是清代蒙古族在居住方面發生的一個重大變化，標誌著蒙古族生活方式朝著多樣化的方向發展。

出行　蒙古族自古就是馬背上的民族，男女老少都會騎馬。馬是他們日常最常用的交通工具。運輸多用牛車，車輪高大，車上帶有車棚，可以在裡面住，也可以作為臨時倉庫。除牛車外，還有馬車、駱駝。車分等級，蒙古貴族乘坐的多為用馬或騾子拉的轎車。短途為單套，長途為雙套，車棚上有帷子，比較舒適，裝飾得也比較華麗。駝運在蒙古社會占有極其重要的地位。在清前期，蒙古地區的交通驛站四通八達，駝運業更是興旺發達，盛極一時。

婚姻　清代蒙古族的婚姻，主要是一夫一妻制，一般為早婚，多由父母包辦，媒妁撮合。一般為男方請媒人到女方家求婚，彼此同意後，男方家要給女方家送聘禮。蒙古人尚九，九是單數中的大數，清前期較重的聘禮多為馬、牛、羊，常以九為單位計算，貧窮之家不能具九數，則尚奇數，送禮由一、三、五、七不等。娶親的儀式一般分迎親、送親、典禮、認親等程序。新郎迎親要穿紅色長袍，腰繫金黃色寬帶，腳蹬長靴，左邊挎弓，腰間繫有裝五支箭的箭筒，另帶有哈達和煙荷包。迎親隊伍到女家時，還要進行一次點燃篝火、祭拜天地的儀式，來到女家後，伴郎和伴娘通常要進行一番唱答，然後新郎才被允許進門，首先要向佛像叩頭，向岳父母和女方親友送哈達和其他禮品。晚上新郎和娶親的人住宿在新娘家，女家大宴賓客。第二天送親由女方派人陪新娘上路，牧區騎馬，農區坐轎。迎親到男家，先在蒙古包外繞三圈，然後新郎和新娘雙雙通過兩堆旺火，表示愛情的堅貞不渝，也含有消災避邪、興旺發達的意思。進門後，新郎舉行掛弓儀式，新娘向佛爺像跪拜，接下來祭灶，然後向翁姑跪拜，與親友相見，並送禮品，接著新娘要梳媳婦髮式。禮成之後，舉行豐盛的酒宴，新郎、新娘向客人一一敬酒，大家聯歡直至深夜。第二天送客，男方要送數里。第三天，有些

地方還要「認親」，即新娘家的近親到男方家認親。在農區，婚禮一個月後，新娘回家住一個月，俗稱對月。清代蒙古社會中還存在著弟娶寡嫂的習俗，一家之中，如果哥哥早亡，弟弟就要娶嫂子為妻，如果寡婦改嫁，不能帶走財產。婚後，不論男女雙方誰提出離婚，都要通知親屬，男方提出離婚，要將妻送還，女方提出離婚，要退還一部分男方的聘禮。

喪葬　蒙古人的安葬形式主要有三種。一種是土葬。在沿長城附近的農業區的蒙古人實行土葬的較多。土葬以木為棺，形狀是底寬蓋窄，死者用白布裹屍，放置棺中，安葬時通常要請喇嘛誦經。下葬地點多由喇嘛占卜吉地，掘穴，親友送葬，埋後即回。前代的蒙古人土葬不留墳地，元代蒙古皇帝安葬時不設墳冢，葬後還要用馬踐踏葬地，不留一點痕跡，所以後人無從知曉他們下葬的確切地點。後來這一風俗有所改變，到了清代，蒙古王公臺吉死時，葬禮按清制葬法極為講究，不但建墓穴，葬後還要建墳陵，並設守陵戶住守在陵地。再一種是火葬。這種葬式主要是沿襲佛教的做法，喇嘛多遵從此俗。一些傳染病患者、難產而死的孕婦多將屍體塗上黃油，火化成灰，並要請喇嘛誦經超度，有的還把骨灰埋於曠野，或撒在山谷和河水中。第三種是野葬，又稱為天葬、明葬。這一形式主要盛行於牧區，多數為貧民。人死後用白布包好，裝入柳條筐中，請喇嘛選定日期，並按所卜方向，在半夜用牛車送至山頂或谷地等人跡罕至的地方，任鳥獸吞食。過三天之後，死者親屬還要到停屍的地方去，查看屍體是否被吃掉，如果已經被吃掉，就認為死者升天進入了極樂世界。倘若沒有被吃掉，就會認為死者生前有罪孽，家屬要在遺骸上塗抹黃油、灑酒，以招引鳥獸吞食，並要請喇嘛念經消災。在喪葬期間，親屬一律為素服，不准穿紅綠鮮亮的衣服，婦女不戴頭飾、耳環。

節日與祭祀　蒙古人最重視的節日是春節，蒙古語稱為白節。因為蒙古人崇尚白色，認為白色象徵著純潔和吉祥，所以把歲首稱之為白月。節前依例要進行大掃除，在蒙古包前樹一根桿子，上掛紅布，並準備節日食品。屆時男女老幼穿上節日衣服，全家歡聚一堂，置貢品，先在室外向日出的方向叩頭拜天，回室祭拜神位和祖先，然後一家人相互拜年。節日裡各寺廟舉行各種法會，人們要走親訪友。在草原上祭敖包，也是蒙古人很隆重的節日。敖包由石塊、黃土堆積而

成，蒙古人認為這是神靈所在，每年都要祭祀，一般是春秋舉行，遠近的蒙古人都要騎馬趕車前來參加，宰殺牛羊作為祭品，喇嘛誦經致祭。那達慕大會也是蒙古傳統節日，為蒙古王公貴族和上層喇嘛主持的大聚會。會上由喇嘛念經誦佛祈禱，牧民趕車前往，通常要舉行騎馬、射箭、摔跤等比賽活動。

宗教與禁忌　蒙古族普遍信仰藏傳佛教，俗稱喇嘛教。喇嘛衣服為黃紫色。蒙古人見到喇嘛，「輒免冠叩首，喇嘛手摩其頂，即喜悅歡舞」[16]。民間也信仰薩滿教。蒙古人的禁忌是多方面的。生活中，蒙古人把火看成是神聖的，是驅災避邪的聖物，禁止把刀按插入火中，或用刀撥火，在火上砍東西，也不准在火上烤腳。牧區人愛養狗，家中來客人走訪時，客人來不能打狗，打狗犯忌諱，進門也不可踩門檻，民間傳說踩門檻是踩主人的咽喉；不准帶木棍、馬鞭進門，這是對主人的不敬。禁止從食物的用具上跨過，更不許從人頭上跨過，也不可用馬鞭指人和觸他人東西，這是對人的不尊重。牧民把馬出售或送人的時候，主人一定要把馬籠頭帶回，否則認為牲畜不能繁殖。諸如此類的禁忌很多，這裡不再一一列舉。

娛樂　蒙古人擅長歌舞，音樂、舞蹈都具有曲調高亢、音域寬廣、旋律奔放的特點。被稱為「什榜」的蒙古族音樂，由笛、管、箏、琶、弦、火不思等演奏，並有聲樂伴唱，是清朝國樂之一。另外，射箭、賽馬和摔跤是蒙古人最喜愛的傳統運動項目。

三、回族

清代前期，回族的人口及分布地域有明顯的增加和擴大。回民主要聚居在陝西、甘肅、寧夏，也有一部分住在雲南、華北各地和運河兩岸。具有大分散、小聚居的分布特點，是中國分布地域最廣的少數民族。

16　《西域總志》卷二，《西域軍事》。

這一時期，回族的社會、經濟生活基本上和漢族相同，回族普遍使用漢語和漢文。以農業為主，同時經營手工業和商業，傳統的行業有皮貨業、製革業、香料業、膏藥業以及珠寶玉器、飯館、鮮貨等行業。雲南地區不少回民則進行開礦和冶煉業。

衣食住行的特點　回族男子喜歡戴無簷的白色或黑色小圓帽，婦女要戴蓋頭。男子喜歡穿白色對襟小褂，外套黑色坎肩。飲食以米麵為主食，吃牛、羊肉，不吃豬、馬、驢、騾和自死動物的肉；不飲酒，喜歡飲茶。從全國範圍來看，回民居住上呈小集中、大分散的特點，在內地與漢族雜居，在邊疆與各兄弟民族雜居。而各地回民相對集中的地方，則形成固定的回民區域，在農村自成村落，在城鎮聚居到若干相連的街巷，居室與漢族大致相同。出行因地而異，在西北地區，回民多用牛車、毛驢作為交通運輸工具。

婚喪與節日習俗　回族人實行一夫一妻制。早婚現象比較普遍。回民議婚，也有請媒、定婚期、送彩禮等過程。聘禮多少視家庭貧富而定。在青海循化一帶，富有者送馬、騾，貧者送牛，以及紅梭布、綠梭布、藍布褲料和裙料、被面、被裡等物，數量多少不等。回族人死後實行土葬。死者要淨身，用白布裹身，葬期不超過三天。屆時要進行宗教祈禱儀式。回族的節日和伊斯蘭教有關，主要有開齋節、古爾邦節、聖紀節三大節日。伊斯蘭教曆九月是戒齋月份，稱為齋月，這期間白天禁止飲食，夜間吃喝。十月一日為開齋節，要舉行慶祝活動。

宗教信仰　回族信仰伊斯蘭教。清代前期，伊斯蘭教義與中國傳統文化相結合，各地的禮拜寺多以清淨、清修、淨覺、真教命名，這一時期逐漸統一稱為清真寺，伊斯蘭教在中國也被統稱為清真教。清真教在內地承襲明代的教坊制度，由一教長負責該地的宗教事務；而甘肅、寧夏和青海，清真教形成了門宦制度。所謂門宦，是指享有宗教特權的高門世族。在門宦制度下，教主被神化，職位世襲，對所轄教徒享有絕對權威，教主的墓地也要讓教徒頂禮膜拜。

四、維吾爾族

維吾爾族生活在新疆天山南北，主要是天山以南的廣大地區，清代稱「回部」。乾隆中葉清政府統一天山南北之後，維吾爾族的社會生活發生了很大的變化。該族以農業為主，種植小麥、棉花、葡萄、瓜果。手工業以採礦業最為顯著，和闐和葉爾羌的玉石聞名天下。此外紡織業也較為發達，盛產絲綢、毛毯、棉布。商業也很活躍，喀什噶爾、葉爾羌、阿克蘇、哈密等地是重要的商業區，「內地商民，外番貿易，鱗集星萃，街市紛紜」[17]。

衣食住行　維吾爾族人民能歌善舞，在農村，結婚、節日、歡迎貴賓等喜慶的日子，男女老幼都載歌載舞。舞蹈形式多樣，著名的有頂碗舞、大鼓舞、鐵環舞、普塔舞等，具有歡快、熱情、奔放的特點。維吾爾族服飾多姿多彩。男人外衣長過膝，窄袖，無領無扣，腰束長帶。女子普遍穿寬袖連衣裙，外套黑色對襟背心。男子平時戴小帽，婦女蒙面紗。年輕女子喜歡束多條髮辮，十分美觀，戴戒指、手飾、耳環，講究打扮。靴和鞋由皮革製成，多紅、黑二色。維吾爾族以米、面為主食。日常食品有饢、麵條、抓飯、奶等，饢、烤肉和抓飯都很有名。待客和節日裡一般要吃抓飯。瓜果也為日常必需品。維吾爾族的房屋多土木結構，室內有土炕和壁爐，屋頂開天窗採光。房前屋後常種桃、杏、蘋果、桑樹，門前種植葡萄，葡萄藤搭成涼棚。出行多坐圈車。

婚俗與葬禮　維吾爾族實行一夫一妻制，普遍早婚。有的經媒人說合，也有自由戀愛。離婚較為自由。人死後實行土葬，死者以白布纏身。掩埋時請阿訇念經。

宗教與節日　從十七世紀開始，維吾爾族信仰伊斯蘭教。主要節日是伊斯蘭教的三大節：開齋節（肉孜節）、古爾邦節、諾魯孜節。一年一度的古爾邦節最為隆重，信教的人家炸油饊子，宰羊雞，男女老幼要穿新衣，互致節日問候。此外還有拜天送日的風俗，一般多在城東架木樓，每天下午，樓中鼓吹送日西入，

---

17 《西域見聞志》卷一。

阿訇等人西向禮拜念經。[18]

五、藏族

藏族主要分布在西藏地區，四川、甘肅、青海一些地方也有藏族居住。清前期西藏社會實行政教合一的制度，整個社會分為農奴主和農奴兩大階級。農奴主階級包括宗教上層人士、各級官員和貴族，他們擁有大量的土地。農奴包括差巴、堆窮以及寺院中的下層喇嘛。農奴主依靠地租生活。農奴不但要繳納地租，還要負擔各種勞役。藏族人在地勢較低、氣候溫和的河谷地帶種植青稞、豆、麥，在高原草地放牧馬、羊、犛牛，游牧業是藏族的主要經濟形式。

衣食住行的特點　藏族服飾有袍、衣、襯衫等。藏袍形制為大襟，男式以褐色為多，領、袖、襟和底邊鑲有彩條綢布。女式藏袍多為黑色，對襟，腰間扎有色彩鮮豔的腰帶，前面繫有一條圍裙。藏衣分上衣和褲子，多為勞動時穿。襯衫男子為高領白襯衫，女子為翻領花襯衫。帽子式樣很多，一般男戴紅纓氈帽，女戴紅氈涼帽。藏族穿袍一般只穿左袖。喇嘛服飾有袍服和袈裟。日常飲食以糌粑、酥油茶為主，喜歡喝青稞酒。藏族農區多住碉房，以石砌成，高二三層，平頂多窗，屋內以木板或毛毯鋪地。牧區多住帳篷，用帆布或犛牛毛織成，呈方形。犛牛是長途運送貨物的主要工具，有「高原之舟」的美稱，水上則用牛皮船或獨木舟，牛皮船是當地特有的水上交通工具。

婚喪與節日習俗　藏族一夫一妻制較為普遍，也有一妻多夫制和一夫多妻制。婚前男女交往比較自由。夫妻離異、重婚、私生子現象不受社會歧視。但不允許不同階級間通婚，農奴結婚需經雙方領主同意認可，假如男女不在同一個莊園，就需對方撥一名農奴交換或交贖身費。僧侶中藏傳佛教格魯派禁婚。藏族一般實行天葬，也有地葬、水葬。達賴喇嘛、班禪喇嘛實行塔葬，上層喇嘛和達官

18　《西域總志》卷一，《殊方風俗》。

貴人實行火葬。

藏族節日很多。藏曆元月初一是新年，商民停市，互贈禮品，互致問候。元月期間拉薩大昭寺要舉行祈禱大法會，法會期間進行布施。四月十五日是佛祖紀念日。五月十五日是林卡節。七月一日至五日是雪頓節，等等。藏族人民能歌善舞，藏戲尤其為藏族群眾所喜愛。

六、苗族

苗族大部分居住在貴州省，也有一部分居住在雲南、廣西及南方各省。明末清初，苗族一些地區開始實行「改土歸流」，但在湘西、黔東南的偏僻之地，仍然處於原始農村公社狀態，當時稱為「生界」。所以各地社會經濟發展很不平衡。

服飾與飲食　苗族服飾因地區不同而有所區別，基本特徵是男女挽髻插簪，裹以頭帕，或戴笠。男子上著短而小的大襟或對襟上衣，下穿褲子。女裝變化較大，但大部分地區的苗族婦女穿大領對襟短衣和長短不同的百褶裙。男女一般赤腳，或穿草鞋。婦女喜戴耳環、項圈、手鐲胸飾等銀飾，不少地方的男子蓄髮，挽椎髻於頭頂，也戴耳環、手鐲、項圈等飾物。日常飲食也因地區不同而各有差異，有水田的地方多以大米為主食，玉米、小麥為輔。高山和丘陵地帶則以玉米、蕎麥、土豆等雜糧和野菜為主，喜歡吃酸菜。普遍嗜酒，凡遇婚喪、節日、親友上門，都要用酒招待。

房屋建築　苗民聚居的地方稱為村寨，房屋有茅草房和竹木瓦房，地區差異很大。苗族有名的房屋建築是「吊腳樓」，樓房分上下兩層，建築形式多依照山坡斜度豎起木樁，在樁上再搭建房屋。屋頂是雙斜面，上層住人，儲存糧食，吊腳樓下堆放雜物或圈養牲畜。雲南一些地方的苗民住宅，牆壁用竹條編成，外面糊上泥土，屋頂是平面草頂。另外一些苗民住房極為簡單，僅用幾根樹幹交叉搭棚，上覆茅草，稱「樹杈房」，更有少數人住在山洞裡。

婚俗與節日　苗族實行一夫一妻制。婚姻有父母包辦，也有自由戀愛。一般來講，苗族青年男女結婚比較自由，男女通過「游方」、「坐寨」、「踩月亮」、「跳花」、「會姑娘」等活動，自由對歌，戀愛成婚。苗族婦女亦有婚後「不落夫家」的習俗。離婚自由，再婚不受社會歧視。苗族的節日很多。大多數苗族都過春節，也稱「客家年」。貴州貴陽一帶苗民過「四月八」，湘西和貴州等地過龍舟節，還有一些地方的苗民有「吃新節」、「趕秋節」。節日中苗民要舉行唱山歌、踩鼓、吹蘆笙、打千秋、爬桿、鬥牛等活動。

宗教信仰　苗族崇奉祖先，信仰原始宗教，崇拜多種鬼神。無論消災除病或是求財求子，都要祈求祖先和神靈保佑。民間有專門的巫師敬神祛鬼，儀式極為繁瑣多樣，如湘西苗民有所謂的「趕鬼」、「吃鬼」、「祭鬼」，每遇這類活動，靡費很多。喪葬多土葬，不用棺槨，由巫師主持儀式。

七、彝族

彝族分布在今四川涼山地區，以及雲南、貴州等地。清代前期，雲南、貴州的彝族地區經過改土歸流，設立府廳州縣，以流官代替了土司，地主經濟處於支配地位。在四川彝族地區，仍然實行土司制度，還處於奴隸社會。

婚姻家庭　彝族實行等級內婚制，嚴禁不同等級之間的婚姻關係，由媒妁牽線，講究聘禮，娶媳要付很高的聘金。實行一夫一妻制，也有一夫多妻制現象。普遍實行姑舅表婚，夫死實行轉房。一些地方保留有公房制度，每當夜幕降臨，青年男女相約來到村寨的公共房屋中，吹簫彈唱，互傾愛慕之情。

飲食習俗　彝族服裝顏色尚青，男女穿短衣，束腰帶，有赤腳習慣。男女頭飾講究用青布裹頭，椎髻。日常飲食以蕎、稗雜糧和一些肉類為主食，喜歡飲酒，多用木帛食器。房屋和周圍漢族相同，多木製，也有的穴居。人死後，通行火葬。信仰原始宗教，盛行祖先崇拜。

喜慶節日　農曆六月二十四日或二十五日為彝族星回節。農曆十二月為彝曆

年。在節日、婚姻等歡慶場合，彝族娛樂生活豐富多彩，一般以蘆笙伴奏，載歌載舞。較射、秋千和摔跤是彝族喜愛的體育運動。

八、壯族

壯族分布在廣西、雲南、廣東、湖南、貴州、四川等地區，清代稱之為「僮」。壯族地區是一個山水秀麗、物產富饒的地方，境內氣候溫和，雨量豐富，河流交錯，森林密布，盛產水果。長期以來，壯族人以農業為主，耕田而食，在歷史上創造出了光輝燦爛的民族文化。在清朝初葉，為了加強中央對地方的有效管理，削弱原有土司制度對地方的控制，促進當地社會經濟的發展，朝廷屬行「改土歸流」，以委任的流官代替世襲的土官。隨著「改土歸流」的逐步推行，壯族大部分地區改由流官統治，只有少數地方保留著土司管轄和原始農村公社的殘餘。原來的封建領主制被封建地主制所代替，打破了原有的土地關係和人身依附關係，消除了土官獨霸一方的割據狀態，壯族與漢族及其他兄弟民族的經濟文化交流不斷擴大，壯族地區的社會經濟得以加速發展，社會面貌與前代相比，出現了一系列顯著的變化。

服飾 壯族人服飾因地區分布各有差異，尤以婦女的服飾變化最明顯。廣西西北部，老年壯族婦女多常穿無領左衽、繡花滾邊的上衣和滾邊、寬腳的褲子，腰間束繡花腰帶，喜戴銀首飾，而其他地方，特別是西南部龍州、憑祥一帶的婦女，一般穿無領、左衽的黑色上衣，頭上包黑色方巾，穿黑色寬腳褲子。男子的服飾大體相近，多穿唐裝，外衣以黑色居多，內衣為白色。男女均常穿草鞋。一些地方還有紋身的習慣。衣料多為家織的土布。壯錦是深受壯族人喜愛的工藝織品，用棉紗和五色絲絨織成，以色彩絢麗、圖案別緻、結實耐用著稱。壯族人多拿它做床毯、被面、圍裙、腰帶、手提袋、手巾、衣服飾邊等，成為壯族人被服所需和商品交易中的暢銷品。在清代，壯錦生產遍及壯族地區。清乾隆《歸順直隸州志》記載：「嫁奩，土錦（即壯錦——引者注）被面絕不可少，以本鄉人人能織故也。土錦以柳絨為之，配成五色，厚而耐久，價值五兩，未笄之女即學

識。」

飲食　壯族地區盛產水稻、玉米、薯類。主食是大米和玉米，貧苦之家只能以山芋、薯塊充飢。一般人愛吃醃製的酸性食品，家家都能醃製各種酸菜。每到年節，每家都要用大米製成各種粉、糕。壯族婦有嚼檳榔（俗稱吃蔞）的習慣，所以壯族人結婚送聘禮時，檳榔是必備的禮品。

宅住　壯語稱住屋為「欄」或「干欄」。在桂東、桂東南、桂中等平原地帶，因與漢人雜居，受漢族影響，住房上與漢族相同，多為地居的三開間合院式建築，四面土牆，上覆瓦片或山草。最具民族特色的房屋是全樓居或半樓居的麻欄式建築。這一建築雖然經過長期的演變，形式多樣，但它的主要特徵是不變的。建築多依山傍水，分上下兩層，建築用料包括外牆以木材為主，丘陵地區以舂土和砌磚牆代之，樓上住人，一般有三開間、五開間、七開間。居住層另建有望樓、挑樓、抱廈、偏沙等。望樓是居住層半戶外空間，可用來休息、遠眺。挑樓是利用出挑來擴大空間，增加使用面積，在建築四面都可以出挑，伸出一部分。抱廈位於樓前，是望樓的延伸，而偏沙則是設在樓房受風最大的一面的房間，既可起到抗風穩定的作用，又可保護牆體不受日曬雨淋。室內設有火塘，向陽的一面通常還搭有曬排，用來晾曬衣物。居住層後邊常設有便門，直接通向屋後的山地。麻欄建築的下層用作牛欄、豬圈、雞舍、廁所和存放農具、柴草等。這一建築形式適應了當地山勢陡峭、潮濕多雨的特點，利於通風採光、節約田地，是壯族文化的典型代表，突出地反映了壯族人民的智慧和建築才能。

出行　壯族居住區地形複雜，山河相間。地處山區的壯族人，因道路崎嶇，日常人們出行多徒步，運輸用背簍、肩挑或牲畜馱運。居住在河畔的壯族人，木船來往，舟楫成為他們必不可少的交通工具。

婚俗與節日　壯族人婚姻多由父母包辦，但婚前戀愛自由。普遍實行一夫一妻制，富有人家納妾。壯族有「不落夫家」的傳統。青年男女結婚之後，新娘便回娘家居住，遇到重大節日或農忙時節才到夫家暫住上一段時間，直到懷孕後才長住婆家。「不落夫家」的時間三五年不等。這一風俗又稱「坐家」。壯族人能歌善唱，定期舉行唱山歌會，稱「歌圩」，以農曆三月三歌圩節最隆重、熱鬧。

圩場多設在山林坡地，往往有上萬人盛裝參加。歌者常常是自編自唱，即景抒懷。歌圩節通常是青年男女交往定情的好時機。青年男女見面先唱「見面歌」、「迎客歌」，探測對方來意。男子如發現自己的意中人，便唱「求歌」或「情歌」。女方答歌以後，雙方即開始相互詰問式的「盤歌」對唱，內容涉及生活的各個方面，兩情相悅，便邀請對方退出歌場，另約相會。在歌圩期間，附近村莊家家戶戶都要備酒菜和五色糯米飯，招待親友。歌圩場上，除唱山歌外，還要舉行拋繡球、碰彩蛋、搶花炮等文娛活動。

宗教信仰　壯族人沒有形成統一的宗教。普遍盛行祖先崇拜，祠堂內設有歷代祖先的牌位。除祭祀祖先外，盛行自然崇拜，信仰多種神靈，如山神、水神、觀音、土地神、灶神、太陽神、關帝等，鄉間廟宇林立，家中的神龕上往往設有十多個神位。民間信巫，有專門從事這一職業的巫公巫婆，利用「跳神」、「符咒」、「相術」、「星占」、「神簽」等手段為人推斷吉凶福禍，乃至消災祛病。

參考書目

清實錄.北京：中華書局，1986

聖諭廣訓直解.光緒十三年直隸刊本

嘉慶朝、光緒朝.大清會典事例.清刻本

康熙、雍正、乾隆、嘉慶.大清會典.清殿本

趙爾巽等.清史稿.北京：中華書局，1977

康熙起居注.北京：中華書局，1984

清朝通典、清朝通志、清朝文獻通考.北京：商務印書館，萬有文庫本

賀長齡、魏源編.皇朝經世文編.光緒十五年上海廣百宋齋校印本

蕭奭.永憲錄.古學匯刊本

黃宗羲.明夷待訪錄.北洋官報局刊本

唐甄.潛書.光緒九年中江李氏刊本

顧炎武.日知錄.宣統朝木刻本

顏元.習齋記餘.清刊本

清代北京竹枝詞.北京：北京古籍出版社，1982

徐珂.清稗類鈔.北京：中華書局，1984

張伯英.黑龍江志稿.北平 1933 年版本

王錫祺輯.小方壺齋輿地叢鈔.光緒十七年印本

錢大昕.潛研堂文集.上海涵芬樓影印本，1929

顧炎武.亭林文集.光緒十一年上海掃葉山房刊本

朱舜水集.北京：中華書局，1981

張履祥.楊園先生全集.同治九年刊本

紀曉嵐文集.石家莊：河北教育出版社，1991

洪亮吉.卷施閣文甲集.乾隆六十年貴州節署刻本

孔尚任詩文集.北京：中華書局，1962

龔自珍全集.上海：上海人民出版社，1975

陸耀.切問齋文鈔.道光二十九年木刻本

李兆洛.養一齋文集.光緒四年木刻本

章學誠.文史通義.道光十二年木刻本

戴東原集.涵芬樓印本，1919

梨洲遺書匯刊.民國四年排印本

呂留良.呂晚村文集.1929 年排印本

王國維.觀堂集林

阮元.疇人傳.光緒八年刊本

全祖望.鮚埼亭集.同治十一年木刻本

萬斯同.萬園文集.四明叢書本

袁枚.隨園隨筆.嘉慶十三年刊本

王戎笙等主編.清代全史.第 2-6 卷.沈陽：遼寧人民出版社，1991

《中國史稿》編寫組.中國史稿.北京：人民出版社，1995

蕭蓮父、許蘇民.明清啟蒙學術流變.沈陽：遼寧教育出版社，1995

楊向奎.清儒學案新編.濟南：齊魯書社，1985-1994

錢穆.中國近三百年學術史.北京：中華書局，1986

梁啟超.清代學術概論.北京：東方出版社，1996

梁啟超.中國近三百年學術史.北京：東方出版社，1996

吳雁南主編.清代經學史通論.昆明：雲南大學出版社，1993

陳祖武.清初學術思辨錄.北京：中國社會科學出版社，1992

葛榮晉主編.中國實學思想史.北京：首都師範大學出版社，1994

王茂、蔣國保等.清代哲學.合肥：安徽人民出版社，1992

湯志鈞.近代經學與政治.北京：中華書局，1984

張岱年主編.中國唯物論史.鄭州：河南人民出版社，1994

陳鼓應、辛冠潔、葛榮晉主編.明清實學簡史.北京：社會科學文獻出版社，1994

方立天.中國古代哲學問題發展史.北京：中華書局，1990

李尚英.中國清代宗教史.北京：人民出版社，1994

卿希泰主編.中國道教.北京：知識出版社，1994

卿希泰主編.中國道教史.成都：四川人民出版社，1995

中國佛教協會編.中國佛教.北京：知識出版社，1990

郭朋.明清佛教.福州：福建人民出版社，1982

杜繼文、魏道儒.中國禪宗通史.南京：江蘇古籍出版社，1993

寧夏哲學社會科學研究所編.清代中國伊斯蘭教論文集.銀川：寧夏人民出版社，1981

馬通.中國伊斯蘭教派與門宦制度史略.銀川：寧夏人民出版社，1983

張綏.東正教和東正教在中國.上海：學林出版社，1986

沈善洪、王鳳賢.中國倫理學說史.杭州：浙江人民出版社，1988

李書有主編.中國儒家倫理思想發展史.南京：江蘇古籍出版社，1992

王俊義、黃愛平.清代學術與文化.沈陽：遼寧教育出版社，1993

《滿族簡史》編寫組編.滿族簡史.北京：中華書局，1979

侯仁之主編.黃河文化.北京：華藝出版社，1994

趙雲田.清代蒙古政教制度.北京：中華書局，1989

《蒙古族簡史》編寫組編.蒙古族簡史.呼和浩特：內蒙古人民出版社，1985

張爾駒主編.中國民族區域自治的理論和實踐.北京：中國社會科學出版社，1988

蔡志純等編著.蒙古族文化.北京：中國社會科學出版社，1993

陳玉龍等.漢文化論綱.北京：北京大學出版社，1993

周一良.中朝人民的友誼關係及文化交流.北京：中國青年出版社，1954

魯波等編著.濟世養生同仁堂.知書房文化事業有限公司，1997

周一良主編.中外文化交流史.鄭州：河南人民出版社，1987

王道成.科舉史話.北京：中華書局，1988

楊榮春.中國封建社會教育史.廣州：廣東人民出版社，1985

商衍鎏.清代科舉考試述錄.北京：三聯書店，1958

王德昭.清代科舉制度研究.北京：中華書局，1984

朱解琳編著.藏族近現代教育史略.西寧：青海人民出版社，1990

楊伯達.清代畫院.北京：紫禁城出版社，1993

中華文明史.第九卷.石家莊：河北教育出版社，1994

楊應瀏.中國古代音樂史稿.北京：人民音樂出版社，1981

王克芬.中國古代舞蹈史話.北京：人民音樂出版社，1981

劉如仲、苗學孟.清代臺灣高山族社會生活.福州：福建人民出版社，1992

周妙中.清代戲曲史.鄭州：中州古籍出版社，1987

戴逸主編.簡明清史.北京：人民出版社，1984

劉蕙孫.中國文化史稿.北京：文化藝術出版社，1990

中國古代科技成就.北京：中國青年出版社，1978

尹達主編.中國史學發展史.北京：中國古籍出版社，1983

施丁.中國史學簡史.鄭州：中州古籍出版社，1987

中國文學史.南昌：江西人民出版社，1979

再版後記

　　本套叢書第一版出版於二〇〇〇年，若再上溯到一九九五年項目正式起動，則距今已有十五年之遙。十五年前的中國，改革開放正進入重要階段。隨著國家現代化建設事業的不斷推進，深層次的文化問題愈益受到普遍關注。人們也越來越意識到，所謂現代化，首先就是人的現代化；而所謂人的現代化，離不開人的道德文化素養的提升，所以，歸根結柢，現代化的實現有賴於文化的現代化。也因是之故，一九九七年黨的十五大報告即提出了建設「有中國特色社會主義的文化」的宏偉目標。報告不僅強調「社會主義現代化應該有繁榮的經濟，也應該有繁榮的文化」，而且強調有中國特色社會主義的文化，「它淵源於中華民族五千年文明史，又植根於有中國特色社會主義的實踐」。學術反映時代。明白了這一點，便不難理解，隨著文化問題自二十世紀八〇年代後期以來的持續升溫，其時中國文化史的研究也發展到了一個新的階段：關注對中國文化總體史的探究。這也正是本叢書當年創意的緣起。

　　本叢書的作者多是來自京內外高校和科研院所的中青年學者。當年既沒有什麼科研經費，也沒有什麼津貼，大家的合作主要是出於共同的學術興趣。整套叢書寫作長達四年之久，尤其是最後一年，幾乎每周末都需要開會討論問題。但大家心態平和，似乎都樂此不疲。當然，說到底，這還要感謝當年比較寬鬆的學術環境，因為那時侯高校沒有如今這樣沉重的量化考核的壓力，作者得以避免產生浮躁的心態和陷入急功近利的怪圈。當年參與本叢書編寫的作者，今天多成了有成就的學者和各單位的學術骨幹，大家有時聚首，說起來都很懷念那一段共事的時光。

由於種種原因，本叢書出版後沒有為更多讀者所熟知，也沒有產生應有的社會效益。二〇〇九年，北京師範大學出版社找到我，認為這套「文化通史」依然有著重要的學術價值，值得向廣大讀者推介，希望能夠將之再版。這一動議讓我看到了北京師範大學出版社對學術與市場雙向的判斷力，和助益學術的執著追求。所以，我當即表示欣然同意。

　　現在本叢書即將出版，我們想利用這個機會，對北京師範大學出版社的大力支持深表感謝。策劃編輯饒濤、李雪潔同志為本叢書出版付出了很多的辛勞；碩士研究生明天、李豔鳳、鞠慧卿同志為本叢書的圖片選取，也做了大量的工作，在此，一並申致謝意。

鄭師渠

於北京師範大學

二〇〇九年五月十五日

亮點書系．中國文化通史 A1001016

中國文化通史‧清前期卷　下冊

主　　編	鄭師渠
版權策畫	李　鋒

發 行 人	陳滿銘
總 經 理	梁錦興
總 編 輯	陳滿銘
副總編輯	張晏瑞
編 輯 所	萬卷樓圖書股份有限公司
排　　版	菩薩蠻數位文化有限公司
印　　刷	維中科技有限公司
封面設計	菩薩蠻數位文化有限公司

出　　版　昌明文化有限公司
桃園市龜山區中原街 32 號
電話 (02)23216565
發　　行　萬卷樓圖書股份有限公司
臺北市羅斯福路二段 41 號 6 樓之 3
電話 (02)23216565
傳真 (02)23218698
電郵 SERVICE@WANJUAN.COM.TW
大陸經銷
廈門外圖臺灣書店有限公司
　　電郵 JKB188@188.COM

ISBN 978-986-496-169-6
2018 年 1 月初版
定價：新臺幣 480 元

如何購買本書：

1. 劃撥購書，請透過以下郵政劃撥帳號：
　　帳號：15624015
　　戶名：萬卷樓圖書股份有限公司
2. 轉帳購書，請透過以下帳戶
　　合作金庫銀行　古亭分行
　　戶名：萬卷樓圖書股份有限公司
　　帳號：0877717092596
3. 網路購書，請透過萬卷樓網站
　　網址 WWW.WANJUAN.COM.TW

大量購書，請直接聯繫我們，將有專人為您
服務。客服：(02)23216565 分機 610

如有缺頁、破損或裝訂錯誤，請寄回更換

國家圖書館出版品預行編目資料

中國文化通史. 清前期卷 / 鄭師渠著. -- 初
版. -- 桃園市：昌明文化出版；臺北市：萬
卷樓發行, 2018.01
　　冊；　公分
ISBN 978-986-496-169-6(下冊 ： 平裝)
1.文化史　2.中國
630　　　　　　　　　　　　107001807

本著作物經廈門墨客知識產權代理有限公司代理，由北京師範大學出版社（集團）有
限公司授權萬卷樓圖書股份有限公司出版、發行中文繁體字版版權。